미야지마 히로시,
나의 한국사 공부

미야지마 히로시,
나의 한국사 공부

2013년 1월 18일 제1판 1쇄 발행
2015년 3월 16일 제1판 4쇄 발행

지은이	미야지마 히로시
펴낸이	이재민, 김상미
편집	박환일
디자인	달뜸창작실
종이	다올페이퍼
인쇄	천일문화사
제본	광신제책사
펴낸곳	너머북스
주소	서울시 종로구 누하동 17번지 2층
전화	02)335-3366, 336-5131 팩스 02)335-5848
등록번호	제313-2007-232호

ⓒ 미야지마 히로시, 2013
이 책의 저작권은 저자에게 있습니다.
저자와 출판사의 허락 없이 내용의 일부를 인용하거나 전재하는 것을 금합니다.
ISBN 978-89-94606-17-0 93910

너머북스와 너머학교는 좋은 서가와 학교를 꿈꾸는 출판사입니다.

미야지마 히로시,
나의 한국사 공부

한국사의 새로운 이해를 찾아서

미야지마 히로시 지음

머_리_말_

지금 우리 삶의 터전인 지구는 큰 시련 앞에 직면해 있다. 극한의 가난 때문에 어린 아이들이 영양실조로 매일 죽어가고 있는 여러 나라는 물론이거니와, 세계의 부(富)를 압도적으로 지배하는 이른바 선진국이라고 부르는 지구의 일각에서도 끝없는 경쟁 속에서 사람들은 피로곤비한 상태에 처해 있다. 이러한 시대에 역사학은 무엇을 할 수 있는가? 또 무엇을 해야 하는가? 이와 같은 물음은 역사학자라면 누구나 고민하고 있는 문제일 것이다.

이 책은 내가 최근 10년간 집필한 논문으로 이루어졌다. 각 논문은 따로따로 다양한 자리에서, 다양한 목적을 위해 집필된 것이지만, 일본인의 한국사 연구자로서 오늘날 인류가 안고 있는 시대적 과제에 어떻게 대응해 나갈 것인가에 대한 고민의 산물이라는 의미에서는 공통된 것들이다.

시대적 과제에 대해 내가 할 수 있고, 또 해야 한다고 스스로 짊어진 짐은 다음 두 가지로 요약할 수 있다. 첫째는 역사에 대한 인식, 특히 동아시아 역사에 대한 인식에 있어서 지금까지 지배적인 패러다임이던 서구 중심적 인식을 비판하는 것과 동시에, 그것을 대신할 수 있는 동아시아 및 한국사에 대한 새로운 이해를 제시하는 것이다. 둘째는 일본과 한국 사이에 존재하는 역사 인식에 관한 대립을 넘어서서 서로가 상대를 존중하고 배우는 관계를 만들기 위한 역사 연구를 추구하는 것이다. 이 두 가지 문제는 따로 존재하는 것이 아니다. 서구 중심적인 역사인식이야말로 한국과 일본의 대립을 낳게 한 요인이기 때문이다. 한국과 일본은 어쩌면 서구 중심의 근대주의의 영향을 가장 많이 받은 지역일지도 모른다. 그만큼 동아시아 역사에 대한 인식에 있어서 새로운 패러다임을 찾는 일은 인류의 보편적인 과제를 탐구하는 우리의 궁극적인 목표가 아닌가 싶다.

이러한 문제의식을 가지고 지금까지 많은 논문을 발표해 왔지만, 이 책에는 그 중에서도 특히 새로운 역사 이해를 모색하기 위해 집필된 것들을 모았다.

1부에는 내가 동아시아사를 새롭게 구상하게 된 결정적인 계기가 된 논문이라고 할 수 있는 '동아시아 소농사회론'에 관한 논문과, 그 논문을 전후한 문제의식의 변화과정에 관한 경위, 바꿔 말하면 역사학자로서의 나의 이력서에 해당하는 내용을 수록했다.

2부는 소농사회론의 각론에 해당하는 논문 중에서 특히 중요하다고 생각하는 것들을 모았다. 여기서는 농업 경영과 토지소유, 국가체제의 문제, 신분제, 지배계층, 가족사 등에 대해 동아시아 각국의 공통점과 차이점을 검토함으로써, 특히 조선시대 한국의 역사를 새로운 각도에서 밝히려고 했다. 그 외에 과거제도, 농업 기술 등에 관한 비교사적 논문들도 있지만, 여기에는 수록하지 않았다.

3부에는 주로 근대 이행기를 대상으로, 소농사회로서의 동아시아가 서구의 근대와 만나는 과정을 어떻게 이해할 것인가에 관한 논고들을 모았다. 특히 11장의 논문에서 제기한 '유교적 근대'라는 개념은 근대의 개념 자체를 근본적으로 재검토할 것을 주장한 것으로서, 소농사회론 이후 내가 도달한 현 단계를 보여주는 논문이다. 12장은 다른 부분과 달리 에세이 형식의 문장이지만, 역사연구와 역사소설의 관계를 다룬 것으로서 앞으로도 특히 중요하다고 생각되는 과제와 관련된 것이라고 생각하여 여기에 수록했다.

4부는 실증적인 연구라기보다 앞으로 동아시아와 한국에 관한 연구가 지향해야 할 방향에 대해 내 나름의 생각을 표명한 글들이다.

이 책의 내용을 보면 짐작할 수 있겠지만, 원래 경제사 분야에서 연구자로서의 길을 걷기 시작한 내가 위와 같은 폭넓은 과제를 수행하기 위해 부득이 여러 분야에 관한 논문을 쓰게 되었다는 점을 밝혀두고자 한다. 따라서 내용에 있어 미흡한 부분이 많다는 것은 누구보다도 내 자신이 잘 알고 있다. 그러므로 그 점에 대해서는 독자 여러분께서는 나름의 문제의식의 소산이라고 너그럽게 이해해 주시기 바란다.

이 책을 출판할 수 있게 된 것은 무엇보다도 지금 재직하고 있는 성균관대 동아시아학술원의 연구 환경과 훌륭한 동료 선생님들의 배려 덕분이다. 각 논문을 집필할 기회를 제공해 주신 많은 선생님들께도 감사의 말씀을 전하고 싶다. 그리고 출판을 권유해 주신 너머북스의 이재민 대표님께 고마운 마음을 보낸다.

2013년 1월 1일
미야지마 히로시(宮嶋博史)

차_례_

1부 동아시아사의 서유럽모델론 비판, '소농사회론'

1장 '소농사회론'을 구상하기까지 _14
    1. 나의 연구 이력, '도쿄에서 서울로' 15
    2. 식민지근대화론자라는 뜻밖의 오해 23
    3. '소농사회론'이라는 가설 31

2장 동아시아 소농사회의 형성 _44
    1. 주자학과 소농사회 45
    2. 소농사회의 형성과정 52
    3. 소농사회, 동아시아 역사의 분수령 72

3장 '소농사회론' 그 이후의 공부 _82
    1. 호적대장과 역사인구학 83
    2. 동아시아 속의 한국과 일본 90
    3. 나의 연구 정리 95

2부   동아시아에서 본 조선시대

4장   사대부와 양반은 왜 토지귀족이 아닌가 _100
   1. 양안, 검지장, 어린도책 비교 101
   2. 한·중·일 토지대장의 공통성 114
   3. 특권적 토지 지배의 소멸 116

5장   조선시대 신분제 논쟁 _126
   1. 왜 신분인가? 127
   2. 중국과 일본의 신분제 유형 130
   3. 양반은 신분인가? 136

6장   양반은 어떻게 만들어졌나? _152
   1. 지배계층의 정의 153
   2. 과거시험, 양반으로의 도약대 156
   3. 문과급제자, 특정의 소수가문이 독점했을까? 164
   4. 문중별 문과합격자 분석 174
   5. 조선시대 지배계층 재생산 메커니즘 185

7장   한국의 역사인구학은 가능한가? _192
   1. 인구사와 역사인구학 193
   2. 외국의 역사인구학에서 무엇을 배울 것인가? 197
   3. 한국 역사인구학의 과제 204

8장   사회적 결합에서 본 동아시아 _210
   1. 사회적 결합을 비교하는 의미 212
   2. 가족, 친족 결합의 비교 214
   3. 조선시대 '계'와 사회적 결합의 특징 232

3부   동아시아사의 가능성

9장   민족주의와 문명주의, 3·1운동에 대한 새로운 인식 _246
  1. 「독립선언서」 250
  2. 조선민족대동단의 「일본국민에 고함」 258
  3. 일본의 태도 263

10장   '화혼양재'와 '중체서용'의 재고 _268
  1. 『미구회람실기』와 '항해술기'에 대해 269
  2. 일본, 중국과 구미의 만남 그리고 그 비교 279
  3. '화혼양재'와 '중체서용'에서 '동도서기'로 313

11장   유교적 근대로서의 동아시아 근세 _318
  1. '동아시아 근세론'의 문제점 319
  2. 주희와 중국적 근대 324
  3. 동아시아의 유교적 근대 345

12장   역사학자의 소설읽기, 황석영의 소설 『심청』 _350
  1. 화폐와 여성 351
  2. 19세기 후반이라는 시기 설정 355
  3. 동아시아에서 구미의 존재를 어떻게 자리매길 것인가? 358
  4. 왜 심청인가? 361
  5. 현실은 소설보다도 더욱 복잡하고 중층적이다 365

4부   21세기 동아시아학과 한국학을 위한 제안

13장   동아시아세계 속의 한국학 _370
    1. '지역연구' 비판 371
    2. 동아시아사 연구에서의 유럽 중심주의 374
    3. 동아시아사 속의 한국사를 위하여 383

14장   21세기 동아시아 연구와 대학의 역할 _390
    1. 동아시아 각국의 대학 편성, 그 문제점 391
    2. 전통과의 단절을 왜 문제시해야 하는가? 403
    3. 전통과 근대의 이분법을 넘어서 411

참고문헌 414
미주 417
찾아보기 429

1부
동아시아사의 서유럽모델론 비판, '소농사회론'

1장

'소농사회론'을 구상하기까지[1]

1. 나의 연구 이력, '도쿄에서 서울로'

나는 일본인으로 한국사를 연구하는 사람이다. 물론 한 인간으로서, 21세기를 살아가려는 인간으로서, 더군다나 한국과 문화적으로 공통점이 많은 일본에서 태어나 성장한 인간으로서, 한국인 연구자와 같은 감각이나 문제의식을 많이 갖고 있는 것도 사실이다. 그러나 또 한편에서는 50여 년을 일본에서 생활했던 일본인이자 일본의 한국사연구자로서, 한국인 연구자와 다른 시각이나 문제의식을 가지고 연구해왔던 것도 부정할 수 없다. 나 자신은 한국인 연구자와 입장이 다르다는 것을 강하게 자각하면서 지금까지 연구를 해왔다. 따라서 한국사 학계의 여러 가지 논쟁에 대해 한국인 연구자와 같은 입장에 서서 참가한다는 것은 불가능한 일이요, 독자들이 바라는 바도 오히려 일본인 연구자로서의 입장을 분명히 하는 것이 아닐까 하고 생각한다.

'부락문제연구회'에 가입

고등학교 시절부터 역사에 관심을 가졌던 나는 대학에 진학할 때 동양사학과에서 배울 생각이었다. 당시 동양에 관한 연구에서는 도쿄대학보다 교토대학의 명성이 더 높았기 때문에 교토대학을 지망하여 무사히 입학할 수 있었다. 그러나 입학 후에는 수업에 관심을 가지지 못하고 '부락문제(部落問題)연구회'라는 서클에 가입하여 그 활동에 열중하게 되었다. 부락문제란 일본사회에서 오랫동안 차별을 받았던 이른바 미해방부락(未解放部落 직업적으로도 결혼에 있어서도 차별대우를 받아온 지역이며 그 기원은 적어도 도쿠가와시대까지 올라간다)의 문제이고, 연구회라고 하지만 어린이회나 청년회 활동을 중심으로 한 실천적 서클이었다. 나는 오사카 출신인데, 그곳에는 부락이 가장 많이 남아 있다. 부락문제연구회에 가입하게 된 것도 그런 환경에 있었기 때문일 것이다.

대학에 가서도 수업에는 출석하지 않고 서클 방에만 갔다가 저녁이 되면 어린이회 활동을 위해 부락에 다니는 그런 나날이었다. 그러던 중에 서서히 차별 문제에 대한 관심이 생기기 시작했고, 동시에 재일한국인(조선인)에 대한 관심도 싹트기 시작했다. 부락에는 재일한국인들도 많이 살았기 때문이다. 조총련계 재일조선인 유학생동맹의 방이 우리 서클 방 바로 옆에 있었기에 그들과 이야기를 나눌 기회도 가끔 있었다.

2학년 때 소위 학원분쟁(1960년대 말부터 일본의 대학에서 일어난 학생운동으로, 대학의 민주화 등을 과제로 삼았다. 학생들 사이에서도 폭력적인 대립이 심했다)이 일어나면서 3학년을 마칠 때까지는 수업이 거의 이루어지지 않았다. 동양사학과에 진학하고도 수업과는 상관없이 지냈지만, 그래도 3학년을 마치고나서는 앞으로 어떻게 할 것인가를 생각하지 않으면 안 되었다. 고등학교 시절에는 마치 추리소설을 읽는 식으로 역사서에 흥미를 느꼈는데, 부락의 역사를 배우는 가운데 역사연구는 단순히 과거를 연구하는 것이 아니라 현재와 깊은 연관성을 가지면서 해야 된다는 생각을 갖게 되었다. 그래서 대학원에 진학하여 연구자의 길을 갈까, 동양사 분야에서 차별의 문제와 가장 관계 깊은 한국사 쪽으로 갈까 하는 생각을 하게 되었다. 그 즈음에 읽은 허남기(許南麒)의 서사시「화승총의 노래」에서 받은 감명도 한국사에 흥미를 느끼게 만들었다.

당시 교토대학에는 한국사 관련 수업은 없었고, 문학부 언어학과의 수업으로 한국어 초급과 중급 수업이 있었다. 4학년 때 한국어 초급을 수강하면서 기초적인 문법을 배웠는데, 오사카 외국어대학에 외국인 교수로 있던 김사엽(金思燁) 선생이 가르치셨다. 김 선생께서는 일본사람의 서툰 발음을 듣기 민망해서 그랬는지 학생들에게 발음 연습을 거의 시키지 않고, 한국 유학에서 막 돌아온 후지모토 유키오(藤本幸夫 현 도야마(富山)대학 교수)에게만 시키셨다. 그런 이유도 있어서 한국어 발음은 뒤늦게 배웠다.

3학년 때는 수업이 거의 없었기 때문에 4년 만에 졸업하는 것을 포기하고 5학년에 올라가서 겨우 공부를 시작했다. 졸업논문의 주제는 '1920년대 노동운동'으로 정했는데 학내에는 논문을 지도해 줄 분이 없었기 때문에 조선사연구회의 안병태(安秉珆), 강재언(姜在彦), 이구치 가츠오키(井口和起) 선생님 등에게서 지도를 받았다. 당시에는 노동운동에 관한 연구가 저조하여 한국에도 김윤환(金潤煥) 선생의 논문밖에 없는 상태였기 때문에 자연스럽게 북한의 연구에 의지해야 했다. 사전을 옆에 두고 이구치 선생께 빌린『1920년대 맑스-레닌주의의 보급과 로동운동의 발전』(김인걸 저)이란 책을 번역하는 작업부터 먼저 시작했다. 사전은 김사엽 선생이 한국에서 가지고 온 『정해(精解) 한일사전(韓日辭典)』(김소운 편)이었다. 지금도 가끔 이용하는 그 사전은 1970년에 발행된 제7판으로 가격은 1,800원이었다. 당시는 1원이 3엔 정도의 환율이었기에 가난한 학생에게 한국 책은 아주 비싼 것이었다. 어쨌든 북한의 연구와 동아일보 축쇄판에 의거해서 졸업논문을 완성시키고 「1923~25년 조선 노동운동의 역사적 의의」라는 제목을 붙여서 제출했다. 이제 와서 생각해보면 매우 미숙한 논문이지만, 이렇게 해서 연구자의 길을 걷기 시작했던 것이다.

대학원생 시절

5년 만에 대학을 졸업한 1972년에도 아직 학원분쟁의 여파가 남아 있어서 졸업논문의 면접시험이나 대학원 입시도 문학부의 건물을 쓰지 못하고 학교 바깥에서 실시되었다. 게다가 졸업식도 제대로 실시되지 않아 사무실에서 졸업증서를 개별적으로 받는 변칙적인 형태였지만 무사히 졸업을 했고, 대학원에 진학하게 되었다. 그런데 진학하자마자 학과 주임교수의 연구실을 찾아갔더니 그 분은, "미야지마 군, 한국사를 공부하는 것은 좋지만 대학에 취직할 것은 단념하게"라고 말씀하시는 것이었다. 각오는 했지만, 이 말은 역시 충격이 아닐 수 없었다. 그때 일본의 대학 중에서 한국사연구자가 있는 곳은 도쿄대학과 덴리(天理)대학 정도밖에 없었으니 주임교수의 말씀은 당연한 것이었다.

대학원에 진학한 후 연구의 방향이 크게 달라졌다. 그 계기는 일본사연구회 근대사분과에 졸업논문을 보고했을 때 받았던 비판과 조언 때문이었다. 식민지 문제를 연구하기 위해서는 노동운동보다 농민운동이나 농민 문제가 더 중요하지 않은가라는 지적이었다. 수긍할 만한 의견이라고 생각해서 석사과정에서는 농민 문제를 연구하기로 결정하고 나름대로 연구서나 자료들을 보기 시작했다.

대학원에 재학하는 동안 향후 나의 연구방향에 결정적인 영향을 미치게 된 세 가지 일이 있었다. 나카무라 사토시(中村哲) 선생과의 만남, 김용섭(金容燮) 선생의 연구 성과를 보게 된 것 그리고 '중국농서(農書)연구회'에 참석한 것이 그것이다.

나카무라 선생과는 이미 학부시절에 만났지만, 수업을 듣게 된 것은 대학원에 진학한 다음이었다. 수업에서는 일본 제국주의론에서 출발하여 그 후 식민지 문제를 다루게 되었는데, 마르크스 문헌을 읽는 방법에서부터 경제학의 기초, 그리고 경제사 연구방법에 이르기까지 정말로 많은 것에 대해 가르침을 받았다. 김용섭 선생의 연구는 그야말로 충격적인 것이었다. 조선사연구회의 연구반이었던 '갑신정변연구회' 모임에서 선생의 양안(量案) 연구를 읽은 것이 첫 만남이었는데, 마침 내가 석사논문을 집필할 때는 한말 일제하의 지주제에 관한 연구가 발표되기 시작했다. 막 연구실에 도착한 『동아문화』의 논문들을 정신없이 읽곤했던 기억은 지금도 생생하다. 그뿐만 아니라 농서에 관한 연구에서도 결정적인 영향을 받았다.

김용섭 선생의 농서연구에 새로운 연구방향이 있겠다고 확신하고는 때마침 동양사연구실에서 대학원생을 중심으로 시작된 '중국농서연구회'에 참가했는데, 여기에서도 많은 것을 배웠다. 특히 중국 농서인 『제민요술(齊民要術)』(중국 북위시대의 6세기에 만들어진 농서로 화북지역의 농업에 대해 자세하게 기술되어 있다)을 강독하면서 화북 지방의 한지농법(旱地農法 건조한 기후의 지역에서 이루어지는 농법으로, 흙 속의 물을 보존하는 것이 핵심적인 기술이다. 중국 화북 지역은 이 농법 지역으로, 『제민요술』은 이 농법을 집대성한 농서다)에 대해 알게 된 것은 그후 한국농업사를 이해하는 데 큰 도움이 되었다.

이렇게 해서 대학원생이 되어 조금 열심히 공부하게 되었고, 석사논문으로 1910년대 한일병합에 이르는 과정을 농촌경제의 변동을 중심으로 쓰기로 결정했다. 문학부의 인문지리학과 연구실에 소장되어 있는 1900년 전후의 신식 호적—대한제국기에 만들어진 호적으로, 광무(光武)호적이라고 부른다—을 이용해서 거기에 기록된 고용인에 관한 정보를 연구하면 무언가 새로운 발견이 있지 않을까 생각했기 때문이었다. 석사과정 2학년 여름방학 때는 1910년 전후의 통계연보를 이용해서 농업 생산의 변동에 관한 방대한 계산을 했다. 그 무렵 나오기 시작했던 전자계산기 덕분인데, 그것이 없었더라면 도저히 할 수 없는 작업이었다. 또 부록으로 조선후기의 농업기술에 대해 짧은 논문을 덧붙여서 석사논문을 완성시켰다.

박사과정에 진학한 다음에는 석사논문을 수정해서 잡지에 발표하는 작업부터 시작했는데, 그 즈음부터 토지조사사업에 대한 관심이 점점 생겨났다. 식민지시기의 농업 문제를 생각하기 위해서는 제일 먼저 토지조사사업의 실태를 이해하는 것이 중요하다고 생각했기 때문이다. 그러나 사업 실시 과정에 관한 자료가 기본적인 것조차 알려지지 않은 상황이어서 구체적으로 어떻게 연구를 할 수 있는지도 알지 못한 채 입수 가능한 자료부터 조금씩 수집하는 것 이외에 다른 길이 전혀 보이지 않았다.

박사과정 3학년이 끝나고서도 주임교수의 말씀대로 취직할 전망은 전혀 없었다. 그래서 재일조선인 실업가이면서 기독교사 연구자이기도 한 한석희(韓晳曦) 씨가 창설한 청구(青丘)문고에서 아르바이트로 한국 관련 서책을 수집, 정리하는 일을 맡게 되었다. 당시만 해도 대학 등의 연구기관에서 한국사 관련 자료를 체계적으로 수집하는 곳은 거의 없었으므로 거기서 일하면서 많은 책을 볼 수 있었던 것은 다행이었다.

청구문고에 있을 때 한국어 발음과 회화를 처음 정식으로 배웠지만, 그때까지 한 번도 한국에 와본 적이 없었다. 한국에 온다는 것 자체가 그리 쉬운 일이 아니었지만, 그보다도 자기 연구 분야에 관한 한 일본에 있는 자료를 모두 보고 난 다음에야 한국에 갈 수 있다고 생각했던 것이다. 이러한 나의 생각을 바꾸게 한 것은 한 편의 논문이었다.

박사과정을 마친 2년 후에 다행히 도카이(東海)대학에 취직해서 관동 지방으로 옮겨가 있던 어느 날 반가운 전화를 받았다. 교토대학 시절의 선배 김홍식(金鴻植) 형이었다. 김 형은 교토대학 농학부에서 박사학위를 받았는데 대학원 시절에 한국사에 대해 기탄없이 이야기를 나눌 수 있었던 유일한 친구였다. 한국에 귀국하고 오랫동안 소식이 없었는데, 어떤 잡지에서 김 형을 온양(溫陽)민속박물관 관장으로 소개한 기사를 발견했다. 그래서 내가 편지를 보내 다시 교제가 이어졌는데, 그가 일본에 왔다며 전화를 해온 것이었다.

그 후 몇 번 만나면서 한국 학계의 새로운 동향에 대해 이야기를 들었는데, 한 번은 그가 논문을 한 편 주면서 반드시 읽어보라고 했다. 이영훈(李榮薰)이란 사람의 박사논문이었다.

「조선후기 토지소유의 기본구조와 농민경영」이라는 제목이었는데, 놀랍게도 김용섭 선생의 연구에 대한 전면적인 비판이 실려 있었다. 그때까지 나의 최대 연구 목표였던 김용섭 선생에 대한 비판이었던 만큼, 그 내용은 내게 또 다른 충격이었다. 비판은 조선시대 양안(量案 조선시대의 토지대장을 가리키는 용어이다. 4장 참조)에 대한 치밀한 분석을 바탕으로 하고 있었다. 이때 처음으로 한국에 가야겠다고 느꼈다. 즉 일본에 있는 자료만 보고서는 도저히 토지조사사업 연구가 불가능하므로 한국에 가서 직접 양안을 봐야겠다고 생각하게 되었던 것이다.

2. 식민지근대화론자라는 뜻밖의 오해

양안을 보면서

    1987년 3월에 처음 한국에 와서 머물게 되었다. 오기 전에는 한국말을 잘할 수 있겠다고 생각했는데, 막상 와서 보니 듣는 것이 불편해서 고생을 많이 했다. 그래서 낮에는 서울대 규장각에서 자료를 보고, 밤에는 술집에 가서 한국어 회화와 노래 공부를 하기로 했는데 이때는 경희대 교수가 된 김홍식 형이 매일같이 술집에 데려가 주었다. 늦은 나이에 한국어 회화를 배웠는데도 어느 정도 할 수 있게 된 것은 오로지 김 형 덕분이다.

    당시 규장각은 서울대 도서관 1층에 있었는데 양안을 보려면 마이크로필름을 빌려가지고 4층으로 가서 봐야 했다. 내가 한국에 온 그 무렵에는 학생운동이 활발해서 도서관 앞 광장에서는 매일같이 집회가 있었다. '아침이슬' 노래가 끝나면 곧 데모가 시작되고 경찰이 최루탄을 쏘는 그런 나날이었다. 도서관 안에서 그 모습을 보면서 나는 왜 이런 연구를 하고 있는가를 반복해서 자문할 수밖에 없었다. 월드컵 응원, 촛불시위가 있을 때면 1987년 6월의 그 열기가 다시 떠오른다.

    양안에 관한 이야기로 되돌아가자. 처음으로 본 양안은 기대 이상으로 흥미로운 자료였다. 형식적으로 볼 때 대부분의 양안은 비숱한 양식이지만, 자세하게 보면 미묘한 차이가 있어서 양안마다 개성이 있어 보였다. 그래서 볼 수 있는 데까지 많이 봐야겠다고 결심했다.

그 결과 조선시대의 양안은 크게 세 가지 유형으로 구별할 수 있지 않을까 생각하게 되었다. 18세기의 경자(庚子)양안이 첫 번째 유형이고, 19세기 후반 개항기의 양안들이 두 번째 유형, 그리고 1900년을 전후한 시기의 광무(光武)양안이 세 번째 유형이 될 수 있겠다는 생각이었다. 그렇다면 이런 시대적 차이는 무엇을 의미하는 것일까? 이 문제를 생각하면서 토지조사사업에 대한 이미지가 생기기 시작했다.

양안의 유형을 구별할 때 실마리가 된 것은 광무양안이었다. 그것에 대해서는 이미 김용섭 선생의 논문을 통해 알고 있었지만, 실물을 처음 대하면서 그 중에서도 두 가지 다른 양식의 양안이 존재한다는 것을 알게 되었고, 두 가지 양식이 존재하면서도 광무양안에는 이전의 양안에는 없던 각 경지의 실제 면적이 모두 기록되어 있음을 알게 되었다. 그렇다면 이전의 양안은 토지에 관한 장부인데도 왜 면적이 기록되지 않았는가? 이 문제를 풀기 위해서는 양안이란 자료의 성격에 대해 근본적으로 재검토해야 한다는 생각이 들었다.

지금까지 양안은 지세징수를 위한 기본 장부로 인식되어왔지만, 양안의 더 중요한 기능으로 수조권(收租權 국가를 대신해서 지세를 징수하는 권리)의 분여(分與)를 위한 기초 장부로서의 역할이 있었던 것이 아닌가? 예를 들어 조선시대 양안은 중국의 어린도책(魚鱗圖冊 중국

명·청대의 토지대장이다. 4장 참조)에서 영향을 많이 받았다고 생각할 수 있는데, 천자문 순으로 자호(字號)를 붙이는 것도 그 중 한 가지 예이다. 그러나 어린도책의 자호는 완전히 지역단위로 되어 있는 데 비해, 양안의 자호는 5결(結)마다 붙여져 있다. 이러한 자호가 생긴 것은 자호를 단위로 수조권 분여가 행해졌기 때문이라는 생각에 이르게 된 것이다. 양안의 세 유형도 이런 관점에서 그 발전 과정을 파악할 수 있는 것으로서, 수조권 분여를 위한 결부제(結負制)가 해체되면서 실제 면적을 파악하는 방향으로 발전해왔다고 볼 수 있는 것이다.

토지조사사업에 대해

이상과 같은 관점에서 토지조사사업을 볼 때, 그것은 결부제(結負制)에서 정단보제(町段步制 일본의 전통적인 토지면적 단위로서, 1정보가 약 1ha에 해당하며, 1정=10단=300보이다. 보는 평(坪)과 같다)로의 변화로 파악할 수 있는 것임과 동시에 수조권 분여를 최종적으로 해소시킨 작업으로서 그 역사적 의의를 부여할 수 있다. 결부제는 토지소유와 정치체제를 결합시키기 위한 제도였기에, 그런 의미에서 그것을 해소시킨 토지조사사업은 근대적 토지소유제도를 확립한 사업이었다는 생각을 갖게 되었던 것이다.

양안을 보면서 토지조사사업을 파악하는 기본적인 입장을 확보했다고 믿었기 때문에 그 이후의 작업은 비교적 쉬웠다. 국립중앙도서관에 있는 토지조사 관계 자료들을 조사해서 그때까지 일본에서 수집했던 자료와 함께 이용하면 토지조사사업에 관한 새로운 연구를 할 수 있겠다는 확신이 생긴 것이다. 그리고 국립중앙도서관에서 발견한 『조선토지조사강요(朝鮮土地調査綱要)』와 『과세지견취도(課稅地見取圖)』 작성에 관한 책들도 토지조사사업 실시과정에 대한 소중한 정보를 제공해주었다. 처음으로 한국에 머물면서 정말 큰 성과를 얻었던 것이다. 그 성과의 결실이 1991년에 출판된 나의 첫 저작 『조선토지조사사업사의 연구(朝鮮土地調査事業史の硏究)』(도쿄대학 동양문화연구소, 1991년)이다.

이 책이 출판된 직후인 1991년 4월부터 다시 한국에 체류하기로 했다. 다음의 연구 과제를 수행하기 위해서는 역시 한국에 있는 자료, 특히 양안을 더 자세하게 조사해야 된다는 생각에서였다. 이번에는 가족들과 함께 왔는데, 오자마자 나의 책에 대해 한국 학계로부터 많은 비판을 받았다. 비판의 주된 내용은 토지조사사업을 근대화를 위한 사업으로 평가한 내 입장에 대한 것이었다. 이런 비판은 나에게 그야말로 뜻밖이었다.

내가 주장한 것은, 토지조사사업이 한국의 토지제도를 근대화시켰지만 그것은 일제의 혜택이 아니라 조선시대에 이미 수조권적 토지 지배가 해체과정에 있었기 때문에 가능했다는 것이었다. 그리고 일제가 그러한 정책을 실시한 것은 어디까지나 더 효과적인 식민지 지배를 위한 것이었지 선의에 의한 것은 결코 아니었다고 생각했는데, '일제미화론'이라는 비판을 받게 되었던 것이다.

한국사 학계의 주류적 견해인 내재적 발전론(한국의 역사가 기본적으로 내부의 힘에 의해 발전해 왔다고 보는 입장이다. 이 입장은 일본 연구자들이 일제시기에 주장했던 '타율성론(他律性論)'과 '정체론(停滯論)', 즉 한국의 역사는 외부의 힘에 의해 이루어진 것이며 내부적으로 발전할 수 있는 가능성이 존재하지 않았다는 주장을 비판하기 위한 입장이다)에 입각하여 토지조사사업을 토지수탈을 위한 것이라고 파악하는 것은 자기모순이다. 왜냐하면 조선후기에 농민적 토지소유가 발전했다면 토지조사사업에 의해 쉽게 토지를 약탈당했을 리 없을 것이고, 사업 자체가 엄청난 어려움을 겪었을 것이다. 내가 보기에 토지조사사업으로 인해 농민들이 토지를 대량으로 상실했다는 견해만큼 당시의 농민을 우습게 보는 시각도 없다. 이러한 견해가 일제를 미화한 것이라는 비판에 대해서는 지금도 도저히 납득하기 힘들고, 내 책을 제대로 읽었는지 의심스러울 뿐이다.

또 한 가지 느낀 것은 근대화를 보는 입장의 차이이다. 내가 토지조사사업을 근대화 정책으로 평가할 때 거기에는 근대화가 좋다는 의미는 전혀 포함되어 있지 않다. 토지제도가 근대화되었다는 것은 어디까지나 사실의 문제이고, 내 생각은 전근대적인 지배보다 근대적인 지배가 오히려 더 심각하고 무서울 수도 있다는 것이다. 식민지시기 일제 지배의 폭력성이나 전근대성을 비판하는 입장은 근대 자체에 대한 비판을 소홀히 생각할 위험성이 있는 것이고, 해방 후의 일본이나 미국과의 관계를 제대로 파악할 수 없게 만들 우려가 있다고 생각한다.

마침내 성균관대학으로

내가 한국에 처음 온 것은 1987년이었는데, 그 전 1981년에 도카이대학에서 도쿄도립대학으로, 또 1983년 10월에는 도쿄대학 동양문화연구소로 근무처가 바뀌었다. 대학에 취직할 때까지는 시간이 걸렸지만 그 후에 더 좋은 직장에서 연구생활을 할 수 있었던 셈이다. 특히 도립대학에는 2년 반 정도 있었는데 가장 충실한 교수 생활을 보낼 수 있었던 것 같다. 대학원 수업에는 많은 한국사 전공자들이 참가해주었고 아주 활발한 논의가 전개되었다. 조경달(趙景達), 지금은 고인이 된 오와 가츠아키(大和和明), 니시다 신지(西田信治), 나미키 마사히토(並木眞人), 강창일(姜昌一), 즈키아시 다츠히코(月脚達産) 등 지금 일본의 한국사연구를 이끌어가고 있는 사람들이 참가했기에 나에게도 대단히 유익한 수업이었다. 특히 개화파나 개화사상에 관한 논문을 같이 읽으면서 그때까지 공부할 기회가 별로 없었던 정치사나 사상사에 대해서도 관심을 갖게 되었고, 경제사를 연구할 때는 느끼지 못했던 유교사상의 중요함에 대해 새롭게 생각하게 되었다. 그때까지 통설로 여겨졌던 근대 사상사에 대한 인식, 즉 실학사상에서 개화사상을 거쳐 애국계몽운동으로 발전했다는 식으로 이해한 점에 의문을 느끼게 되었고, 그와는 다른 한국의 독자적인 사상사적 전개가 있었던 것은 아닐까 하고 생각하게 되었다. 더 나아가 그런 입장에서 경제사연구에서도 마르크스주의적 발전단계론의 한계를 생각할 수밖에 없었는데, 이러한 문제의식에 입각해 「조선사연구와 소유론」이란 논문을 집필하면서 한국사의 발전과정에 대한 새로운 모색을 시작했다.

도쿄대학 동양문화연구소로 옮긴 후에는 수업 부담도 줄어들어 장기간 외국으로 갈 기회도 보장받게 되었다. 1987년의 한국행은 이 연구소에 있었기에 가능했다. 동양문화연구소에는 아시아를 대상으로 하는 인문과학 및 사회과학 연구자들이 많이 있었다. 문헌 연구뿐 아니라 현지 조사를 중요시하는 분위기가 있고 중국이나 동남아시아, 인도, 이슬람 지역 등 다양한 지역을 연구하는 전문가들과 자유롭고 활발한 논의를 할 수 있는 것이 가장 큰 매력이었던 것이다. 또한 『조선토지조사사업사의 연구』를 출판할 수 있었던 것도 이 연구소의 훌륭한 연구 조건 덕분이었다. 그런 만큼 연구소에 대한 나의 애착심도 남다른 것이었는데, 10년 이상 재직하는 사이에 내외적인 조건은 많이 달라졌다. 교수들이 바빠진 탓인지 서로 토론할 기회나 활발한 분위기 등이 사라졌다고 느끼게 된 것이다. 그래서 무언가 나름대로 연구소의 개혁이 필요한 것 같아서 여러 가지로 모색을 시도해보았다. 그러나 역사가 긴 기관인 만큼 개혁도 그리 쉬운 일이 아니어서 곧 한계를 느꼈다.

연구 면에서는 한국에 관한 연구자가 혼자뿐인 연구소의 환경 속에서 과연 내가 어떤 역할을 할 수 있을 것인가를 생각하게 되었다. 한국은 일본과 가장 관계가 깊은 외국인데도 일본에서의 한국 연구는 중국 연구에 비해 연구자의 수도 적고 연구 환경도 많이 뒤떨어져 있던 상태였다. 대학원생 시절과 비교하면 훨씬 좋아졌다고 할 수 있겠지만, 일본을 대표하는 아시아연구기관 중의 하나인 동양문화연구소에서도 한국 연구자가 한 사람뿐인 것이 엄연한 현실이었다. 이런 상황에서 한국 연구자의 존재의의는 일본의 한국 연구자가 언제나 생각할 수밖에 없는 문제이다. 또 일상적으로 접하는 연구자들도 대부분 한국에 관한 연구자가 아니었다. 그래서 항상 중국 관련 연구자나 일본 관련 연구자를 대상으로 이야기할 기회가 많았는데, 이것은 시야를 넓히기 위해서는 좋을지 모르지만 아주 피곤한 일이기도 했다. 동양문화연구소에서도 중국 연구, 일본 연구를 포함해서 동아시아 전체를 바라보는 연구가 필요하다고 주장해왔지만, 별로 적극적인 반응을 찾기 힘든 상태였다.

이렇게 해서 무언가 답답한 상황에 빠져 있을 때 성균관대학 동아시아학술원의 제안이 있었던 것이다. 한국사연구를 동아시아적 시야에서 해야 된다고 생각했던 나로서는 더 이상 바람직한 자리는 없을 것이라고 느꼈다. 또 주지하다시피 조선시대사 분야에서 새로운 자료가 많이 발굴되었기 때문에 일본에 있으면 정보 격차가 너무 커서 좇아가기 어려웠다. 그리고 무엇보다도 한국을 연구해온 사람으로서 그 본국에서 연구 생활을 할 수 있다는 것은 명예로운 일이기도 했다. 그래서 오랫동안 신세를 졌던 동양문화연구소에는 죄송한 일이지만, 마침내 성균관대학으로 옮기기로 결정했던 것이다.

그리고 토지조사사업의 역사적 위치를 가늠해보기 위해 일본이나 타이완, 중국에서의 비슷한 사업과 비교해가면서 분석할 필요가 있다는 생각이 들었다. 동아시아 지역은 다른 지역과 비교할 때 근대적 토지제도의 확립이 순조롭게 진행되었다고 볼 수 있고, 이러한 사실에서 출발해 동아시아 전근대사회의 특징을 새롭게 파악할 필요성도 느낀 바 있었다. 연구과제가 너무나 많아 더 먼 길을 가야 할 것 같다는 생각을 어렴풋이 떠올리면서.

3. '소농사회론'이라는 가설

토지조사사업의 근대성과 식민지성

    토지조사사업 연구로 출발해서 조선시대사의 연구로 옮겨간 나에게는 토지조사사업의 전제로서 조선시대상이 모순된 양면성을 가진 것처럼 보였다. 그것은 토지조사사업 자체의 양면성, 즉 근대성과 식민지성이라는 양면성이기도 하였다. 따라서 조선시대사 연구에서도 그 양면성을 어떻게 종합적으로 파악할 수 있는지가 최대의 과제였다. 그것을 위해서는 지금까지의 역사연구 방법 그 자체를 비판적으로 재검토해야 할 필요가 있지 않을까. 이런 생각을 하면서 하나의 가설로서 구상한 것이 '소농(小農)사회론'이다. 지금부터 소농사회론의 기본 골격과 그에 따른 조선시대사 연구 방향에 대해 간략하게 말해보겠다.

    토지조사사업에서 볼 수 있는 근대성과 식민지성이라는 두 얼굴은 정치와 경제를 분열적으로 파악하게 한다. 식민지화란 조선왕조의 국가체제가 19세기 후반 이후의 세계적 정세에 적응할 수 없었던 결과이다. 정치적으로는 체제 변혁에 실패했는데도 불구하고, 경제적으로는 토지조사사업이라는 커다란 변혁이 비교적 순조롭게 실시되었을 뿐 아니라 그 후의 경제적, 사회적 변화도 아주 급속하게 이루어졌다. 모순이라고도 말할 수 있는 이러한 사태를 종합적으로 이해하기 위해서는 종전의 역사이론이나 연구방법에 대해 근본적으로 다시 생각해보는 것이 필요하다. 왜냐하면 종전의 연구에서는 마르크스주의에 의거한 연구이든 그에 비판적인 연구이든 간에, 근대화 문제를 연구할 때 정치적인 측면과 경제적인 측면이 불가분의 관계에 있다는 것을 전제로 해왔기 때문이다. 그런 전제의 배후에는 근대화의 기준을 서유럽사회의 근대화에 관한 역사적 경험—봉건제 사회에서 근대 부르주아적 사회로의 이행—에서 찾으려고 하는 사고방식이 가로놓여 있었다(일본 근대사연구에서도 근대 일본의 정치적 측면과 경제적 측면의 모순을 문제로 삼아 그 모순을 설명하는 개념으로서 제출된 것이 '반(半)봉건제론'이었다. 이것도 하나의 유럽 중심주의이다).

서유럽에서는 근대로 이행하는 데 있어서 사회의 신분제적 편성을 어떻게 극복할 것인지가 최대의 과제였다. 경제적인 면, 특히 토지소유의 면에서는 귀족계층에 의한 특권적 토지영유(土地領有)를 어떻게 폐기할 것인지가 중요했는데, 토지영유권 폐기의 대상으로서 국왕의 전국과세권(全國課稅權)에 대해 동의해주는 기관으로서 근대 의회가 성립되었다고 볼 수 있을 것이다. 이와 같이 서유럽에서는 신분제적으로 편성되어 있던 옛 사회를 근대화하는 데서 경제적인 과제와 정치적인 과제가 불가분의 관계에 있었다고 생각할 수 있는 데 비해, 한국의 경우 근대화하기 위한 과제 자체가 근본적으로 달랐다.

양반은 신분인가

토지조사사업이 일제라는 외부 세력에 의해 실시되었음에도 불구하고 큰 장애 없이 진행될 수 있었던 가장 큰 원인은 이전의 지배계층인 양반이 그에 대해 저항할 힘을 갖지 못했기 때문이다. 이들에게는 서유럽의 귀족계층과 달리 토지에 대한 영유권이 없었던 것이다. 조선시대 양반들은 토지에 대해서는 비(非)양반계층과 다른 특권을 전혀 갖지 않았는데, 그것을 단적으로 보여주는 것이 바로 양안이다.

처음 양안을 보았을 때부터 아주 인상적이었던 것은 양반들 역시 노비를 포함한 일반 서민들과 함께 토지소유자로서 등록되어 있었다는 점이다. 그것은 아무것도 아닌 것처럼 보일지도 모르겠지만, 조선사회의 특질을 파악하려고 할 때는 대단히 중요하다. 예를 들어 같은 시기의 일본의 검지장(檢地帳, 일본의 토지대장을 가리키는 말이다. 4장 참조)과 비교하면 양안의 특징이 잘 드러난다. 도요토미 시대 이후 일본에서 검지장에 토지소유자인 나우케닌(名請人)으로 등록되는 사람은 농민신분에 한정되었고, 무사신분의 사람들은 나우케닌이 될 수 없었다. 왜냐하면 무사들은 토지소유자가 아니라 토지영유자였기 때문이다. 유럽의 경우를 보면 중세부터 근세에 걸쳐 영주들이 토지장부의 작성 주체였고, 따라서 토지장부에 영주 이름이 토지소유자로 등록될 리가 없었는데, 이는 일본도 마찬가지였던 것이다.

주지하는 바와 같이 양안의 작성 주체는 국가였고, 국가 이외에 개인이나 기관이 양전(量田)을 할 권리는 인정되지 않았다(4장 참조).

국가의 입장에서 볼 때는 양반도 토지소유자로서 일반 서민과 동등한 위치에 있었을 뿐, 토지에 대해 아무런 특권도 갖고 있지 않았던 것이다. 양반들이 양안에 토지소유자로 등록된 이유도 여기에 있었다. 특권적 토지소유가 없는 것, 이것이야말로 조선시대, 더 엄밀하게 말하면 조선후기 양안의 최대 특징으로서 지적될 수 있으며, 그 의미를 탐구하는 것이 조선시대의 실상을 밝히기 위한 필수적인 과제가 되는 것이다.

양반은 보통 조선시대의 지배신분 혹은 지배계층으로 간주되는데, 위와 같은 관점에 입각할 때 양반의 성격에 대해 다시 거론할 필요가 있는 것 같다. 지금까지의 신분제연구에서는 말할 것도 없이 호적대장을 이용해왔다. 이 호적대장에도 양안과 같이 양반층이 등록되어 있는데, 지금까지는 왜 호적대장에 양반도 등록되어 있는지에 대해서나 또는 그것을 양반이 지배신분이라는 것과 어떻게 관련지을 수 있는지에 대한 문제 등은 제기조차 된 적이 없었다.

시카타 히로시(四方博)에서 시작된 호적대장 연구는 처음부터 양반을 신분으로 규정하면서 행해져 왔는데 이것은 해명되어야 할 명제를 전제로 삼은, 잘못된 연구방법이 아니었을까? 호적대장 연구에 결정적인 영향을 미친 논문 「이조 인구에 관한 신분 계급별적 관찰」(『경성제국대학 법문학회 제1부 논집』 제10책, 1939년)에서 시카타는 양반을 지배신분이자 지배계급이라는 전제 위에서 분석하고 있다. 그러나 다른 한편에서 호적대장은 신분을 파악하기 위해 작성된 것이 아니라고 언급했으며, 호적대장에 나타나는 직역(職役)별 구성도 제시했다. 그 이후 호적대장 연구에서는 이 두 가지 구분,

즉 직역과 신분(계급)별 구분에 대해 어떻게 이해할 것인가를 두고 고민해왔지만, 나는 양반을 과연 신분이라는 개념으로 파악할 수 있는지를 더욱 더 근본적인 문제로 생각하고 있다.

시카타의 전제는 어떤 의미에서 아주 단순한 것이었다고 볼 수 있다. 즉 전근대사회는 신분적으로 편성된 사회이고, 신분은 대체로 계급과 일치한다는 것이 그 전제이다. 그런 전제 자체는 유럽이나 일본의 역사에서 도출된 것인데, 그것을 그냥 조선시대 사회에도 적용하려 했던 것이다. 그러나 그런 전제 자체를 재검토할 필요가 있는 것이 아닐까?

다시 말할 것도 없이 조선왕조는 주자학적 이념을 국가운영의 기본이념으로 하여 건국되었다. 이때 모범으로 간주된 것은 송대 이후의 중국이었는데, 그 중국사회는 신분적으로 편성된 사회가 아니었다. 어린도책이나 부역황책(賦役黃冊) 등 국가의 기본 장부에는 조선과 마찬가지로 사대부계층이 등록되어 있는데, 그것은 사대부계층이 특권적 신분이 아니었던 것의 원인이기도 하고 그 결과이기도 한 것이다. 조선시대 양안이나 호적대장에 양반계층이 등록되어 있는 것은 분명히 중국의 영향이라고 볼 수 있는데, 문제는 조선사회의 실태가 중국사회와 크게 달랐다는 것이다. 즉 조선사회는 신분제적 의식이 아주 강한 사회여서 주자학적 이념을 그대로 적용할 수 없는 면을 많이 가지고 있었기 때문이다. 국가 이념상의 양천(良賤)에 따른 신분 구분과, 사회적으로 강하게 존재했던 반상(班常)에 따른 구분 의식에서 나타나는 모순과 갈등이야말로 조선시대 역사의 가장 큰 특징임에도 불구하고, 양반을 곧 지배

신분, 지배계급이라고 전제하는 것은 이러한 특징을 밝히는 데 있어서 처음부터 좁은 범위 내에 머무르게 만들어버렸던 것이다.

'소농사회론'은 지금까지의 이러한 연구 경향, 한마디로 말한다면 유럽의 역사상에 의거해서 조선사회나 동아시아사회를 파악하려고 하는 경향을 비판하기 위한 방법이자 역사상이다.

양반의 역사적 성격

내가 '소농사회'란 말로 조선사회를 파악하고자 하는 입장을 처음으로 명확하게 의식하기 시작한 것은 1994년에 발표한 「동아시아 소농사회의 형성」2)(2장 참조)에서였다. 이후 수년간 동아시아 소농사회론이라는 책을 쓰기 위해 노력하고 있지만, 읽어야 할 책들이 너무나 많아서 진척이 어려운 상태이다. 한편 소농사회라는 말은 최근에 와서 다른 연구자들도 의식적으로 쓰게 되었지만, 많은 경우 단순히 경제적 범주로서 혹은 농촌사회의 특징으로서 쓰는 것이 일반적이다. 그러나 내가 구상하고 있는 소농사회론은 국가나 사회체제 전반에 관한 더욱 포괄적인 체제 개념이다.

조선사회를 소농사회로 파악할 때 그 실마리가 되는 것은 역시 양반이다. 앞에서 이야기한 대로 토지조사사업이 짧은 기간에 완료될 수 있었던 가장 큰 요인은 양반이 토지귀족이 아니었다는 데 있었다. 그러면 양반은 왜 토지귀족이 아니었던 것일까?

양반이 토지귀족으로서의 성격을 상실하게 된 데는 크게 보아 두 가지 요인이 있었다고 생각할 수 있다. 하나는 국가체제에 관한 문제이고, 또 하나는 농업 생산력의 문제이다.

먼저 국가체제에 관한 문제부터 보면, 양반에 대한 수조권 분여 문제의 추이가 가장 중요하다. 지배계층에 대한 수조권 분여는 고려후기에 시작되었다고 볼 수 있는데 조선왕조의 성립 직전에 실시된 과전법은 주지하다시피 고려말기의 사전(私田), 즉 수조권 분여지의 문란을 바로잡고 사전을 국가가 통제하려는 것이었다. 하지만 조선초기에는 수조권 분여 자체가 존속되었고, 관료나 한량품관(閑良品官)들도 토지에 대한 특권적 지위를 보장받고 있었다. 이렇게 수조권 분여가 양반들의 유력한 경제적 기반이 되어 있었는데, 세조 때 직전법(職田法 현직 관료에게만 토지의 수조권을 주는 제도)으로의 이행과 성종 때 관수관급법(官收官給法 개인에게 지급된 직전에서 납부되는 지세를 국가가 징수하여 직전 소유자에게 주는 제도이다. 이렇게 함으로써 직전 소유자가 규정 액수를 넘는 징수를 할 수 없도록 했다)의 실시, 명종 때 직전법 폐지에 이르는 과정 속에서 개인에 대한 수조권 분여 자체가 원칙적으로 폐지되었다. 이렇게 해서 16세기 후반에는 양반의 토지 특권이 제도적으로 없어져 버렸지만, 다른 한편에서 이들은 절수(折受 개인이나 기관에게 어떤 구역을 개간할 권리를 인정해 주는 수속)라는 방법으로 광대한 토지에 대해 개간권을 받는 경우가 많았고, 이것이 양반들의 농장 경영을 지탱해주었다. 양반들은 자기가 소유한 많은 노비를 동원해서 직영지 경영을 유지할 수 있었던 것이다. 따라서 수조권 분여가 폐지되었다고 해서 그것만으로 양반들의 토지귀족으로서의 성격이 완전히 없어진 것은 아니었다.

여기에 또 한 가지, 집약적 농업의 발전이라는 요인이 작용했다. 동아시아에서 집약적인 수도작(水稻作)의 발전은 중국 송대를 기점으로 본격화되었는데, 중국에서는 16세기에, 한국과 일본에서도 16~18세기에 이르러 일단 완성되었다고 볼 수 있다. 집약적인 수도작 확립에서 가장 중요한 점은, 그 이전까지는 산간부의 좁은 평야지대에서만 가능했던 수준 높은 집약적인 수도작이 대하천 중하류 지역에서도 가능하게 되었다는 것이다.

아시아 각 지역의 수도작은 크게 세 가지 유형으로 나눌 수 있다. 첫째, 건조한 평야부에서의 밭농사식 수도작(인도에서 전형적으로 볼 수 있는 농법으로 모내기를 하지 않는 직파법이다) 둘째, 습윤지대 산간부에서의 이식(移植)형 수도작(소위 조엽수림대(照葉樹林帶)에서 옛날부터 있었던 것으로 잡초를 제거하기 위해 모내기를 하는 농법이다) 셋째, 열대 산지에서의 화전식 수도작이 그것이다. 동아시아의 집약적인 수도작은 이식형 수도작이 광대한 평야로 확대되는 것으로 파악할 수 있다. 인도나 동남아시아 삼각주 지역에서는 오늘날에도 밭농사식 수도작이 지배적이고 소위 녹색혁명(Green Revolution 1940년대부터 60년대에 걸쳐서 추진된 사업으로 옥수수, 밀, 벼 등을 대상으로 높은 생산성의 품종을 개발해서 식량문제를 해결하려고 했다) 과정에서 이식형 수도작이 보급되었으며, 베트남 홍하(紅河) 삼각주를 포함한 동아시아 지역은 다른 지역에 비해 400~500년 앞서 이미 이 과정을 거쳤다. 이러한 독특한 집약적인 수도작이 보급됨에 따라 동아시아 지역은 당시로서는 보기 드물 만큼 높은 인구 부양력을 갖게 되었다. 그뿐만 아니라 이러한 수도작의 발전은 지배계층으로 하여금 농업 생산에서 유리하게 만들었다.

한국의 경우 1429년에 만들어진 『농사직설(農事直說)』이란 농서에서 집약화로의 방향이 분명하게 보이지만, 16세기까지는 여전히 양반층에 의한 직영지 경영이 광범위하게 존재하고 있었다. 또 중국 강남 지방이나 일본 열도와 비교해 기후가 건조하고 더군다나 장마가 늦게 시작되어 모내기철에 물 확보가 어려웠던 한국에서는, 대하천 중하류 지역에서의 집약적인 수도작 발전이 늦어졌다. 그러나 한국에 독특한 건전직파법(乾田直播法 논농사의 초기 단계에서 물이 없는 상태로 벼를 키우는 농법)기술의 발달과 보급에 따라 광대한 평야 지역에서도 수도작이 널리 가능하게 되었고, 17~18세기에는 농민적 소경영이 지배적인 농업 경영 형태로 성장하게 되었다고 생각된다. 노비 인구가 급속하게 감소하고 양반이 농업 생산에서 이탈한 것은 그 결과이다.

서유럽모델에 의거한 조선시대상 극복

이상에서 말했듯이 조선시대 양반은 토지귀족으로서의 성격을 상실했다는 의미에서 중국 사대부와 유사하지만, 다른 한편에서 독특한 성격도 지니고 있었다. 그것은 한마디로 말하면 양반의 세습적이고 고정적인 성격인데, 이는 한국사회의 고유성에 의한 것이라고 생각된다. 조선왕조는 국가체제 면에서 주자학을 국가 건설의 대기획(grand design)으로 삼았는데, 그 핵심은 과거를 통해 선발된 관료들이 전국을 중앙집권적으로 통치하는 것이었다. 그러나 왕조의 이러한 노력은 사회의 성격이 중국과 여러 가지로 달랐기 때문에 장애에 부딪힐 수밖에 없었다.

중국의 경우 당대 말부터 오대십국의 동란기를 거치면서 종전의 귀족계층이 완전히 몰락해버린 다음 그에 대신해서 과거제에 의한 관료계층이 등장한 데 비해, 고려에서 조선으로 왕조가 교체할 때는 그러한 동란을 거치지 않았기 때문에 종전의 지배계층이 강하게 존속되었다. 게다가 과거에 합격해서 양반이 된 사람들도 많은 경우 종전의 지배계층 출신이었다. 그런 까닭에 과거 자체도 완전히 개인의 능력을 본위로 하기보다 가문 등을 중시하는 형식으로 운영되어 중국의 과거보다 훨씬 폐쇄적인 성격을 띠게 되었던 것이다.

  이리하여 양반이 될 수 있는 사회적 기반은 처음부터 좁은 것이었으며, 따라서 15세기와 같이 왕권이 상대적으로 강력한 시기에는 양반의 지위도 그다지 안정된 것일 수 없었고, 양반의 신분화 현상도 뚜렷한 것이 아니었다. 그러나 16세기부터 17세기에 걸쳐 양반에 대한 군역(軍役) 면제가 일반화하면서 양반이라는 지위가 세습화되는 신분화가 진행되었다. 그래서 주자학을 중심 이념으로 해서 국가 건설을 하려 했던 조선왕조에서는 중국의 사대부와 다른 양반이라는 독특한 지배계층이 생겨났고, 역설적으로 말해 그들이 성립됨으로써 주자학 이념이 사회 전체에 널리 보급되었다고 말할 수 있다.

  양반을 조선시대의 지배계층이라고 할 때는 이러한 양반의 특수한 성립과정을 충분히 고려할 필요가 있다. 양반이란 지위는 국가의 법제적 규정에 의해 정해진 확고한 것이 아니었다. 따라서 양반으로서의 근거나 양반들끼리 격(格)의 상하를 결정하는 객관적 기준도 없었기 때문에, 양반계층 내부의 경쟁이 격렬해질 수밖에 없었다. 조선왕조가 500년이란 오랜 기간 동안 존속할 수 있었던 것도 이러한 양반의 존재 양식이 크게 작용했다고 하겠다. 앞에서 지적한 19세기 후반 이후의 정치적 혼란이나 급속한 경제적 변화도 이상과 같은 조선시대의 여러 가지 특색, 특히 양반을 중심으로 한 국가체제에 의해 규정된 것이었다고 생각할 수 있을 것이다.

한국 역사학계의 주류적 입장인 내재적 발전론이나 자본주의 맹아론은 그 발전 모델을 서유럽에서 찾으려 하는 것이어서, 조선사회의 독자적인 성격이나 그에 규정된 근대 이행과정의 특징을 파악하는 데 문제점이 많다고 생각된다. 내가 구상하는 '소농사회론'은 서유럽 모델에 얽매여 만들어진 조선시대상을 극복하기 위한 가설이다.

동아시아적 시각의 필요성

내가 '소농사회론'을 주장하는 의도는 단순히 한국사만을 의식한 것은 아니다. 여기서도 여러 차례 중국이나 일본에 대해 언급했지만, '소농사회론'의 최대 목적은 동아시아 전통사회의 모습과 근대 이행과정의 특징을 파악하는 데 있다. 동아시아 전통사회를 소농사회로서 파악할 때 그 공통성으로서 제일 먼저 지적할 수 있는 것은 집약적인 수도작의 문제이고, 더 나아가 그것에 규정된 지배계층의 존재 양식이다. 중국의 사대부나 조선의 양반이 토지귀족이 아니었음은 자명한 사실이고, 근세 일본의 무사들도 토지귀족으로서의 성격은 아주 약했다고 볼 수 있다. 다이묘(大名)와 일부 상층 무사를 제외한 대부분의 무사들은 영지에서 완전히 분리된 존재였다. 그리고 다이묘의 영지 지배도 막부의 강력한 통제 아래에 있었다. 메이지유신 이후 질록처분(秩祿處分 무사들의 특권을 유상으로 폐지시킨 정책이다)으로부터 지조개정(地租改正 1873년에 실시되었던 메이지 정권의 전조(田租) 개정)에 이르는 과정에서 무사들이 특권 박탈에 거의 저항하지 못했던 것도 토지귀족으로서의 성격이 약했기 때문이었다고 생각할 수 있겠다. 더 나아가 무사들의 토지귀족으로서의 취약성이 제국의회(帝國議會)에서 갖는 권한의 취약성으로 나타났다고 말할 수 있다. 유럽에서 근대 의회가 성립된 것은 국왕의 과세권에 대해 귀족이나 영주들이 동의를 부여하기 위해서였다고 생각할 수 있다. 그에 비해 일본의 근대 의회는 천황의 과세에 대한 거부권을 갖지 못한 기관으로서, 근대 의회로서 가장 중요한 권한이 결여된 것이었다.

중국의 사대부나 조선의 양반도 왕권에 대한 독립성이 약한 존재였고, 따라서 근대 이행기에 그들의 특권을 배제하는 것은 쉬웠지만 그 대신에 왕권이나 국가권력을 견제할 주체가 없어져 버리는 문제도 생겨났다. 동아시아사회에서의 이러한 모습은 주자학적 정치 이념, 즉 민중을 어디까지나 통치의 객체로만 보고 그들의 저항권은 인정하되 정치적 주체로서는 생각하지 않았다는 점에서 문제시되었다. 근대 이후 오늘날에 이르기까지 동아시아사회에서 정치적 주체가 성립되기 어려웠던 것도 이러한 전통 그리고 근대로의 이행과정 때문이라고 생각할 수 있을 것이다. 그런 의미에서 나의 '소농사회론'은 동아시아의 현황을 비판하기 위한 가설이기도 하다.

이상에서 말한 것과 같이 한국에서의 근대 이행과정을 파악하기 위해서는 동아시아 전체를 시야에 놓고 연구하는 것이 바람직하다고 생각된다. 덧붙여서 말한다면 일본인으로서 한국사를 연구하는 나에게는 '동아시아 소농사회론'이 동아시아와의 공통성을 중심으로 일본의 전통사회를 파악함으로써 일본사 연구에서의 탈아(脫亞)적 경향을 극복하기 위한 가설이기도 하다. 이 탈아적 경향이란, 러·일전쟁을 전후한 시기에 일본과 유럽의 동질성을 강조하기 위해 일본사에서의 봉건제 존재론과 한국 및 중국 역사에서의 봉건제 부재론을 논의할 때부터 시작되었다. 그런 경향에 대한 이의제기이기 때문에 나의 '소농사회론'은 조선시대를 봉건사회로 보고 조선후기를 봉건제 해체기로 파악하는 내재적 발전론에 대해서도 비판적일 수밖에 없는 것이다. 왜냐하면 내재적 발전론도 전전(戰前)의 일본 봉건제론과 같이 유럽모델을 한국사에 적용한 것이고, 일본 봉건제론이 이데올로기적인 것이었던 것과 마찬가지로 내재적 발전론도 이데올로기적인 것이기 때문이다.

2장

동아시아

소농사회의 형성[3]

1. 주자학과 소농사회

유교, 특히 주자학을 둘러싼 논의

1970년대 이후 한국과 타이완에서는 자본주의가 급속하게 발전했고, 1980년대로 접어들면서부터는 중국의 경제가 발전하기 시작했다. 이러한 새로운 상황을 배경으로, 1990년대 초부터 동아시아의 경제발전과 유교 사이의 관계를 둘러싼 논의가 활발하게 전개되었던 것이 기억에 생생하다. 그러나 이 논의는 그 후 학문적으로 별다른 성과를 거두지 못했는데, 그 원인의 하나는, 경제발전과 유교의 관계를 둘러싼 논의가 자의성을 벗어나지 못했기 때문이라 생각된다. 유교, 특히 중국의 송대에 형성되었던 신유학인 주자학은 매우 포괄적인 체계성을 가진 사상이며 세계관이기 때문에, 주자학의 어느 부분에 주목하는가에 따라 경제발전과의 관계는 어떻게라도 논의될 수 있다고 하는 자의성을 떨쳐버릴 수 없었던 것이다.

동아시아를 유교라는 공통 범주로 파악하여 그것과 근대화 내지는 자본주의 발전과의 관계를 논의하는 과정에서, 애당초 동아시아가 왜 유교사회가 되었는지의 근본 문제는 전혀 취급되지 않았다. 그러나 동아시아에서 유교사회가 형성되었던 배경에는 다음에 말하려는 중요한 문제가 내재되어 있다고 생각된다.

동아시아를 유교사회로 파악하려고 할 때의 유교란 주자학 이후의 유교를 가리키는 것이 일반적이기 때문에, 여기에서도 이야기를 주자학 이후에 한정해서 진행해 보고자 한다. 중국 송대에 형성된 송학(宋學)의 담당자는 두말할 것도 없이 사대부계층이었다. 이 계층은, 송대 이전의 중국의 지배계층과 비교되거나 다른 지역의 전근대 지배계층과 비교해도, 특이한 성격을 가진 존재였다. 그 특이성에 관해서 시마다 겐지(島田虔次)는 다음과 같이 잘 설명하고 있다.

> 사대부란 누구인가. 당대의 과거제도의 확립과 함께 일어나 송대에 이르러 확고부동한 세력으로 된 독특한 지배계급이다. 경제적으로는 대체로 지주이지만, 그러나 그것이 반드시 필수 조건은 아니다. 사대부의 특징은 무엇보다도 먼저 지식 계급이라는 점에서, 바꾸어 말하면 유교 경전의 교양을 지닌 사람들이라는 것, 즉 '독서인'이라는 점에서 찾아볼 수 있다. 조금 더 자세하게 말한다면, 그 유교적 교양(그것은 동시에 도덕 능력도 의미한다) 때문에, 완벽한 존재형태로서는 과거를 통과하고 위정자(관료)가 될 것으로 기대되는 그와 같은 사람들의 계급이다. … 그것은 출생을 원리로 하는 폐쇄적인 신분이 아니라 능력을 원리로 하는 개방적인 계급이며, 그 능력이란 유교 경전의 교양 능력이다.[4]

이러한 사대부계층의 존재형태를 가령 중세 유럽의 영주계층과 비교한다면, 그 차이는 명백할 것이다. 또 지적 엘리트란 점에서는 이슬람 세계의 울라마(Ulama 이슬람 사회의 종교학자)계층과 같지만, 과거를 통해 관료가 되는 것을 이상으로 한다는 점에서 큰 차이가 있었다.

주자에 이르러서 가장 체계적인 완성을 보게 된 송학은 이와 같은 사대부계층의 사회적 존재형태와 분리해서는 그 사상체계를 이해할 수 없다. 정치사상의 면에서 주자학은 황제를 정점으로 하는 관료제적인 지배체제라는 것을 대전제로 하고 있었다. 물론 주자학 이후의 유교 중에서도 중앙집권과 분권을 둘러싼 사상적인 대립이 존재했는데, 좀 더 분권적인 방향을 목표로 하는 주장도 관료제적 지배체제의 테두리 안에서 줄곧 있어왔다. 이러한 점에서 국가 지배의 사적 분할을 본질로 하는 유럽 봉건사회의 정치사상과는 결정적으로 달랐다.

그렇다면 사대부계층의 경제 기반은 어떠했을까? 시마다 겐지가 말하는 바와 같이 그들은 지주인 경우가 많았지만 지주라는 것이 필수 조건은 아니었다. 그리고 모든 지주가 사대부계층이지도 않았다. 사대부계층의 지주적인 성격에 대한 많은 논쟁이 중국사 연구자들 사이에서 전개된 바 있다는 것은 누구나 다 아는 사실이다. 지주와 그 반대편에 위치한 전호(佃戶)와의 관계, 즉 지주-전호 관계에 대해서는 거기에 신분적인 지배-예속 관계가 존재했다는 견해와, 그보다는 경제적인 관계가 더 우세했다는 견해가 첨예하게 대립하고 있다. 전자의 견해는 사대부, 곧 지주계층을 중세 유럽의 영주계층과 유사한 존재로 파악하고 거기에서 중국 봉건제론을 도출했지만, 송대 이후의 지주가 독자적인 지배기구를 갖추어서 영역적인 지배를 행하고 있었다는 것은 실증해내지 못하고, 어디까지나 지주의 영주적인 측면을 부분적으로 지적하는 데 그쳤다고 생각된다.5)

이와 같이 주자학을 중심으로 한 송학의 담당자였던 사대부계층은 정치적으로나 경제적으로 아주 특이한 사회적 존재였다. 그러므로 그들의 세계관과 사회관을 형성하는 데 있어 그들의 사회적 존재형태가 그 전제로 된 것은 당연한 일이었다. 그러나 주자학을 하나의 외래사상으로서 수용한 한국이나 일본에서는 그 사정이 달랐다. 한국이나 일본에서는 그 사회구조와 주자학과의 상응관계가 전제로 주어져 있지 않았기 때문이다. 더구나 주자학은 사대부라는 지배 엘리트들의 사상으로 성립되었기 때문에 종교적 성격보다도 정치·경제·사회사상으로서의 성격을 강하게 띠고 있었다. 따라서 한국이나 일본에서는 주자학의 이념과 사회의 현실 사이에 여러 가지 괴리가 생기는 것은 필연적이었을 것이다. 그럼에도 불구하고 두 나라, 특히 한국의 경우에는 왜 그렇게까지 주자학을 깊이 수용했을까?

동아시아를 유교사회로 파악한 종래의 논의에서는, 위와 같은 사실은 그다지 문제가 되지 않고, 유교사회라는 사실을 당연하게 여겨서 그 특징이나 차이점 등만이 거론되어왔다. 여기서는 동아시아에서 유교사회가 어떻게 성립될 수 있었는지를 이 지역의 사회구조 변동과 관련시켜 고찰해보고자 한다. 즉 중국 송대에 그 단서가 만들어지기 시작해서 한국과 일본으로 주자학이 보급됨에 따라 동아시아의 유교사회가 성립되었다면, 그것은 이 지역의 사회구조 면에서 동질적인 변화가 있었기 때문에 가능했던 것이 아닐까? 이러한 입장에서 주자학의 성립과 그 수용에 적합한 사회구조의 변동을 찾아보고자 한다.

소농사회로서의 동아시아

그렇다면 주자학의 성립과 그 수용에 적합한 사회구조란 어떠한 것일까? 나는 이 글의 제목에 들어있는 '소농사회'야말로 그에 상응하는 사회가 아닐까 한다. 이런 점에서 소농사회의 의미에 관해 미리 말해두고자 한다.

소농사회라는 것은, 자신의 토지를 소유하거나 다른 사람의 토지를 빌리거나 간에 기본적으로 자신과 그 가족의 노동력만으로 독립적인 농업 경영을 행하는, 그러한 소농의 존재가 지배적인 농업사회를 지칭하는 말이다. 자신과 그 가족 이외의 노동력을 사용하더라도 그것은 어디까지나 부차적인 역할을 하는 데 그친다. 이러한 소농사회는 얼핏 보면 시대와 지역에 관계없이 극히 보편적인 존재라고 생각되지만, 17~18세기의 동아시아에서처럼 소농이 압도적인 비중을 차지하는 사회는 오히려 예외적이다.

동아시아를 소농사회로 파악하려고 할 때, 다른 농업사회와 비교할 만한 특징으로 다음과 같은 두 가지를 꼽을 수 있다. 하나는, 중세와 근세의 유럽에서 전형적으로 나타났던 것과 같은, 영주계층의 대토지소유에 기초를 둔 직영지 경영이 존재하지 않았다는 것이다. 조금 더 넓게 본다면, 이것은 정치적 지배계층이 대토지소유를 바탕으로 직영지 경영을 하는, 그러한 사태가 존재하지 않았다는 것이라고 바꾸어 말해도 좋다. 정치적 지배계층이 가진 대규모의 직영지는 중세와 근세의 유럽뿐만 아니라 서아시아와 라틴아메리카에도 널리 퍼져 있었다. 가령 중국의 사대부계층이나 조선의 양반층과 같이, 동아시아에서도 대체로 정치적 지배계층은 대토지소유자였다. 그러나 그들은 자신의 토지를 직영하지 않고 소농들에게 병작시켰던 것이 일반적이며, 경영의 주체가 소농이었다는 점이 다른 지역의 대규모 직영지와 구별된다.

동아시아 소농사회의 또 다른 주요한 특징의 하나는 농업노동자 계층, 좀 더 넓게 말하자면, 스스로는 독립적인 경영 주체라고 할 수 없는 농업 종사자 계층이 거의 존재하지 않는다는 것이다. 예를 들자면 동아시아에 인접한 동남아시아에서부터 인도에 이르는 지역에서는 농업 종사자들 가운데 농업노동자 계층이 차지하는 비중이 극히 높아서 오늘날에도 큰 문제가 되고 있음은 주지의 사실이다. 동아시아에서는 자신이 토지를 소유하지 않더라도 소작농으로서 경영 주체가 되는 것이 일반적이며, 이러한 점에서 동남아시아나 인도의 농촌 구조와는 결정적으로 다르다.

여기서 말하는 소농사회란 이상과 같은 의미를 지니는 것이지만, 동아시아에서 이러한 소농사회가 형성된 것은 비교적 최근의 일이었다고 생각된다. 구체적으로 말하자면 중국에서는 송대에서 명대에 걸친 오랜 기간 동안에 서서히 소농사회가 형성되었고 한국에서는 조선시대 후기에, 일본에서는 도쿠가와(德川)시대 전기─1603년부터 18세기초까지의 약 100년간─에 소농사회가 성립되었다고 본다. 그리고 그것은 주자학이 만들어지고 한국과 일본에 수용되는 것과 거의 병행해서 나타난 현상이었다. 그러면 다음으로 동아시아 소농사회의 형성 과정을 개관해보자.

2. 소농사회의 형성과정

세계 인구에서 차지하는 동아시아의 위치

오늘날 동아시아는 세계에서도 인구가 가장 조밀한 지역 중의 하나이다. 그렇지만 언제나 그랬던 것은 아니다. 동아시아에 소농사회가 성립한 것과 이 지역의 인구밀도가 높아진 것 사이에는 깊은 관계가 있다고 생각된다. 동아시아의 높은 인구밀도는 어느 특정한 시기 이후에 생겨난 현상이었다.

다음의 〈자료 1〉은 존 듀런드(John Durand)의 설에 따른, 세계 각 지역의 추정 인구수의 변동표이다. 이것을 보면 각 지역 인구수의 추이가 결코 일률적이지 않고, 각 지역 모두 어느 특정한 시기에 다른 지역보다 높은 인구 증가를 보인다는 것을 알 수 있다. 그 결과 세계 인구에서 차지하는 각 지역의 비율은 시기마다 큰 차이가 난다.

〈자료 1〉에서 여섯 가지 시점마다 각 지역 집단이 세계 인구에서 차지하는 비율을 살펴보면, 그것을 세 개의 집단으로 분류해볼 수 있다. 첫 번째 집단은 서기 1년과 1000년의 시점에서 세계 인구 가운데 차지하는 비율이 가장 높은 수치를 보이는 집단으로서 인도·방글라데시·파키스탄, 서남아시아, 북아프리카, 그 외의 아프리카, 중남미, 오세아니아 각 지역이 여기에 해당한다. 이 집단

〈자료 1〉 세계의 인구 추이[6]

(단위: 100만 명)

지역 \ 연대	A.D. 1년	1000년	1500년	1750년	1900년	1975년
중국	7~90 (27.3%)	50~80 (23.2%)	100~150 (27.8%)	190~225 (28.0%)	400~450 (26.3%)	800~900 (22.2%)
인도·방글라데시·파키스탄	50~100 (30.3%)	50~100 (29.0%)	75~150 (27.8%)	160~200 (24.8%)	285~295 (17.3%)	740~765 (18.9%)
서남아시아	25~45 (13.6%)	20~30 (8.7%)	20~30 (5.6%)	25~35 (4.3%)	40~45 (2.6%)	115~125 (3.1%)
일본	1~2 (0.6%)	3~8 (2.3%)	15~20 (3.7%)	29~30 (3.7%)	44~45 (2.6%)	111 (2.7%)
그 외의 아시아 (옛 소련 제외)	8~20 (6.1%)	10~25 (7.2%)	15~30 (5.6%)	35~55 (6.8%)	110~125 (7.3%)	435~460 (11.4%)
유럽	30~40 (12.1%)	30~40 (11.6%)	60~70 (13.0%)	120~135 (16.8%)	295~300 (17.5%)	470~475 (11.7%)
옛 소련	5~10 (3.0%)	6~15 (4.3%)	10~18 (3.3%)	30~40 (5.0%)	130~135 (7.9%)	255 (6.3%)
북아프리카	10~15 (4.5%)	5~10 (2.9%)	6~12 (2.2%)	10~15 (1.9%)	53~55 (3.2%)	80~82 (2.0%)
그 외의 아프리카	15~30 (9.1%)	20~40 (11.6%)	30~60 (11.1%)	50~80 (9.9%)	90~120 (7.0%)	315~355 (8.3%)
북아메리카	1~2 (0.6%)	2~3 (0.9%)	2~3 (0.6%)	2~3 (0.4%)	82~83 (4.9%)	237 (5.9%)
중남미	6~15 (4.5%)	20~50 (14.5%)	30~60 (11.1%)	13~18 (2.2%)	71~78 (4.6%)	320~335 (8.3%)
오세아니아	1~2 (0.6%)	1~2 (0.6%)	1~2 (0.4%)	2 (0.2%)	6 (0.4%)	21 (0.5%)
계	270~330	275~345	440~540	735~805	1650~1710	3950~4050

은 오세아니아를 제외하면 일찍부터 고도의 문명이 발생했던 지역이라는 점과 더불어 서기 1000년 이후의 인구 증가가 상대적으로 완만한 지역이라고 말할 수도 있다.

두 번째 집단은 1900년과 1975년에 가장 높은 비율을 보이는 지역으로 그 외의 아시아(동남아시아가 중심), 옛 소련을 제외한 유럽,

옛 소련, 북아메리카가 이 집단에 들어간다. 이 집단은 인구사(人口史)적으로 보면 신흥 집단이라 부를 수 있으며, 공업화의 진전과 이민에 의해서 근대 이후 인구가 급증한 지역이다.

듀런드가 보여주는 숫자는 어디까지나 하나의 추정치이며, 동일한 양식의 추정을 시도했던 맥에버디(Colin McEvedy)와 존스(Richard Jones)의 추정치에 따르면, 듀런드의 추정치와는 다른 결론이 나오게 되는 부분도 있으나[7] 그렇더라도 세계 인구사에서 동아시아가 상당히 특이한 위치를 차지하고 있다는 결론 그 자체에는 거의 변함이 없다고 생각된다.

동아시아의 특징은, 다른 두 개의 집단과 비교해서 이른바 중간기(中間期)의 인구 증가형이라고 할 수 있으며 1000년부터 세계적인 공업화가 본격적으로 시작되는 1750년까지의 시기에 다른 지역에서는 보이지 않는 급속한 인구 증가를 실현했다는 것이다.

그런데 듀런드의 표에서는 한국이 '그 외의 아시아'에 포함되어 있으나, 최근의 연구에 의하면 한국에서도 1000년부터 1750년까지의 시기에 급속한 인구 증가가 있었던 것이 거의 확실하다. 다음의 〈자료 2〉는 권태환과 신용하의 연구 및 토니 미첼(Tony Michell)의 연구에서 보여주는 조선시대 추정 인구수의 추이이다. 이 두 개의 연구는 그 절대 수치에서 상당한 차이가 있으나, 조선전기—1392년부터 16세기 말까지—의 순조로운 증가와 1592년 이후 일본의 침략에 의한 인구의 급격한 감소, 17세기 이후의 회복과 인구 증가, 18세기 중엽 이후의 정체 내지 약간의 감소라는, 전체적인 흐름에서는 일치하고 있다.

〈자료 2〉 조선시대의 인구 변동[8]

(단위 : 1만 명)

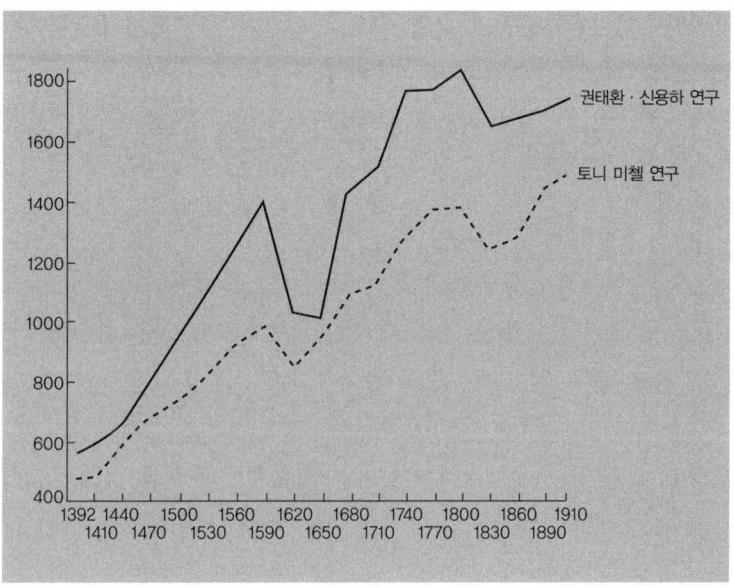

〈자료 2〉는 조선시대 이후의 인구 추정치만 보여주고 있다. 그보다 앞선 고려시대에 대해서 동일한 양식의 추정을 시도한 연구는 현재까지 존재하지 않지만, 고려시대의 인구 변동에 관해서는 이태진의 흥미로운 보고가 있다.[9] 이태진은 고려시대의 인물에 관한 묘지명(墓誌銘)을 광범위하게 조사하여 거기에 기록되어 있는 그 주인공의 자녀에 관한 내용을 실마리로 삼아 분석한 바 있다. 즉 그는 고려중기의 무인정권 성립(1170년) 이전에는 자녀의 조사(早死) 현상이 많이 보이지만 무인정권 이후에는 그러한 현상이 그다지 많이 보이지 않는다고 한다.

이태진은 또한 역대 고려 국왕의 수명을 보면 역시 무인정권기를 전후해서 국왕의 평균 수명이 10살 가까이 더 길어지고 있음을 지적하면서, 무인정권의 성립 이후로 인구가 증가했다고 추정한다. 물론 이태진도 말하고 있듯이 국왕이나 묘지명을 남길 만한 사람이라면 모두 사회의 최상층에 속하기 때문에 위의 사실을 가지고 전체 인구의 추이를 판단할 수는 없다. 그러나 이태진이 보여준 흥미로운 사실이 고려중기 이후의 인구 증가를 반영한 것이라고 한다면, 〈자료 2〉가 보여주는 조선전기의 인구 증가 추세는 그 전대(前代)의 것을 이어받았다고도 생각할 수 있다.

이상과 같은 최근의 연구에 의하면, 한국 역시 중국이나 일본과 같이 중간기 인구 증가형에 속한다고 판단해도 좋을 것이다. 그렇다면 이 중간기에 동아시아에서 인구가 증가한 원인은 무엇이었을까?

주지하는 바와 같이 인구 증가와 생산 기술 발전의 관계에 관해서는 여러 가지 다른 견해가 있다. 크게 나누어보면 인구 증가를 생산 기술 발전의 종속변수로 보는 견해와 독립변수로 보는 견해가 대립하고 있는데, 이 논쟁은 어느 쪽으로든 쉽게 결말지을 수 없을 것이다. 여기에서 그 문제는 일단 접어두고, 동아시아가 인구 조밀 지역으로 전환된 것이 1000년에서 1750년 사이라는 사실만을 확인해두자. 그러나 이 시기는 인구 증가뿐만이 아니라 동아시아 농업의 일대 변혁기이기도 했다.

송대 이후의 농업 변혁

다카야 요시카츠(高谷好一)는 그의 광범위한 지식에 근거하여, 아시아 각지의 도작(稻作)을 4개의 중심 구역과 6개의 주변 구역으로 나누고 그 유형마다 도작의 기술체계를 소개하고 있다.[10] 당·송(唐宋) 변혁기에 시작된 동아시아 농업의 대변혁은, 다카야가 분류한 바에 따르면, '화북형(華北型) 직파(直播) 주변 구역'의 도작이 '관개이식형(灌漑移植型)' 도작으로 변화했던 것이다. 그리고 이것은 농업 전체를 놓고 본다면, 동아시아 농업의 중심이 밭농사에서 논농사로 이동했다는 것을 보여주고 있다.

이른바 당·송 교체기를 기점으로 중국의 농업이 크게 바뀌었다는 것은 잘 알려져 있는 사실이다. 그 변화의 내용을 한마디로 말한다면, 농업의 선진지대가 밭농사 중심의 화북 지방에서 수도작 중심의 강남 지방으로 이동했다는 것이다. 이 통설에 관해서는 이견이 없으나, 송대 강남의 수도작 기술에 대한 평가에 관해서는 최근 종래의 통설에 대한 비판이 제기되고 있으므로 이 점을 간단히 살펴보자.

송대 강남의 도작 농업에 관한 종래의 통설적 이해는 대체로 다음과 같다. 즉 송대의 속담에 "소호(蘇湖)가 무르익으면 천하가 풍족하다"는 말이 있듯이, 소주와 호주(湖州) 부근의 큰 호수 주변 델타 지역이 당시에는 최선진 농업지대였다. 그리고 거기에서는 제방으로 둘러싸인 우전(圩田) 또는 위전(圍田 중국 양쯔강 하류 델타 지역의 크리크(creek)에 둘러싸인 개발전(開發田)으로, 호전(湖田)이라고도 함)으로 부르는 수리전(水利田)이 대규모로 개발되었고, 또 이와 더불어

그 우전과 위전에서는 집약적이고 다비(多肥)의 쌀·보리 이모작이 행해졌다고 한다.11)

이러한 통설적 이해에 대해 최초로 의문을 던진 사람은 동남아시아 델타의 도작에 주로 관심을 쏟고 있었던 다카야이다.12) 그는 "동남아시아와 델타의 수문(水文) 조건에 관한 지식을 원용하여 강남 델타를 볼 때, 우전이나 위전을 수리 조건을 갖춘 집약적인 도작이 행해진 장소라고 보기는 어렵다"는 것, 그리고 "우전의 제(堤)는 자연 제방에 지나지 않으며, 위전지대의 크리크(creek 배수·관개·교통 상의 목적으로 이용되는 작은 운하. 중국 양쯔강 유역의 크리크는 세계적으로 유명하다)는 수리를 위한 것이 아니라 조운을 위한 것이 아니었을까?" 하고 비판했다.

즉 다카야에 의하면, 우전이나 위전의 도작은 종래의 생각과는 달리 상당히 조방(粗放)적이었다고 할 수 있다. 또 그는 "송대 도작의 선진지대는 델타 지역이 아니라, 많은 지류가 산으로부터 흘러나오는 곳에 형성되는 곡저평야(谷底平野 산에 둘러싸인 좁은 평야부로 분지가 전형적인 예이다)지역이 아니었을까?" 하고 자기 견해를 표명했다.

이러한 다카야의 문제제기에 이어서, 근년에는 아다치 게이지(足立啓二)와 오사와 마사아키(大澤正昭) 등의 중국사 연구자도 다카야의 견해를 지지하는 연구를 연이어 발표하고 있다.13) 아다치 게이지와 오사와 마사아키의 연구에서 특히 주목되는 것은 송대 도작의 집약화를 보여주는 대표적인 농서로 이해되어온 진부(陳敷)의 『농서』(송대 진부에 의해 집필된 농서로서, 강남지역의 논농사에 대해 처음으로 자세하게 소개해놓은 책이다)에 대한 재검토이다. 다시 말해서 이 농서에서 말하는 꼼꼼한 중경(中耕) 제초 작업이나 시비(施肥)가 모두 곡저평야 지대에 위치한 경지를 대상으로 했던 것임이 밝혀져서 종래 진부『농서』의 기술을 우전과 위전의 조성과 직결시켜 파악해왔던 통설의 근거가 무너져 버렸다. 그리고 또 아다치 게이지는 "태호(太湖) 주변의 델타 지대가 도작의 선진 지역이 된 것은 명대에 들어와서부터이며, 그리고 그 기초 조건은 태호에 흘러들어가는 물과 흘러나오는 물을 조절하기 위한 광역의 수리체계였다"는 것도 밝히고 있다.

　이상에서 소개한 최근의 연구에 의하면, 중국 농업의 중심이 화북의 밭농사에서 강남의 논농사로 이동했다는 큰 테두리는 변하지 않았으나, 강남 수도작의 발전이 두 단계를 거쳤다고 보는 편이 좋을 것이다. 즉 송대의 곡저평야를 중심으로 하는 수도작의 단계와 명대 이후의 델타를 중심으로 하는 수도작의 단계이다. 여기에서 주목하고자 하는 것은 강남 수도작의 중심이 곡저평야에서 델타로 옮겨갔다는 점이다. 왜냐하면 수도작이 행해진 곳이 곡저평야에서 큰 하천의 하류 지역으로 옮겨간 것은 그 시기나 규모는 다르지만 한국이나 일본에도 공통적으로 볼 수 있었던 현상이기 때문이다. 그동안 송대 강남의 델타 지역 수도작의 선진성이 강조된 나머지, 한국이나 일본의 수도작과는 전혀 다르다는 것이 강조되었지만 최근의 아다치 게이지와 오사와 마사아키의 연구에 의해서 강남 수도작의 발전경로도 기본적으로는 한국이나 일본과 큰 차이가 없었다는 것이 분명해지고 있다고 해도 좋을 것이다.

한국과 일본의 농업 변혁

이미 알려진 사실이지만 일본에서는 중세에서 근세초기까지의 이 시기가 역사상 최대의 대개간(大開墾) 시대였다. 대개간의 주요 무대는 큰 하천의 중류와 하류 부근의 충적평야 지대 그리고 해안 부근의 간척지였고, 이에 따라 수도작의 중심지가 곡저평야에서 평야 지역으로 이동한 것이다. 평야 지역 개발의 첨병은 인디카 계통의 적미(赤米) 품종이었는데, 개발 초기에 수리 조건의 열악함에 견딜 수 있는 품종이 널리 재배되었다.14) 그리하여 전국시대(1477년~1573년)에서 근세(1603년~1871년)초기에 걸친 대규모의 치수 관개 공사로 평야 부근의 경지가 안정도를 더해가자, 평야 지역에서도 집약적인 수도작이 점차 가능하게 되었다.

이러한 일본의 수도작 발전경로는 규모의 차이는 있으나 중국 강남 도작의 그것과 같았다고 말해도 좋을 것이다. 그렇다면 동아시아의 다른 한 나라, 즉 한국의 농업 변혁은 어떤 경로를 밟았던 것일까?

먼저 농지의 개발 면에서 본다면, 조선전기의 15세기와 16세기는 한국에서도 활발한 개발의 시기였다고 생각된다. 개발의 방향은 두 가지였다. 하나는 산간지 평탄면의 미개발 지역을 개발하는 것이었다. 조선시대 양반사회의 형성과정을 밝힌 다른 논문15)에서 언급했던 경상북도 안동 지방의 사례가 보여주는 바와 같이, 재지양반의 이주에 의해서 산간지 평탄면의 개발이 활발하게 진행되었다. 다음에 언급하겠지만 현존하는 한국 촌락의 과반수는 15세기에서 18세기 사이에 성립되었다고 추정되는데, 이 시기에 성립한 촌락의 대다수는 산간지 평탄면에 위치해 있고 촌락의 개척자는 대부분 양반계층이었다.

또 하나의 방향은 전라도, 충청도, 경기도, 황해도 등 서해안 지역을 간척하는 것이었다. 한반도의 서해안 지역은 세계에서도 손꼽힐 만큼 간만의 차가 격심한 지역인데, 이 커다란 간만의 차를 이용한 간척이 조선전기에 활발히 이루어졌다. 이러한 간척의 추진자는 권세 있는 양반계층이었고, 그들은 정치적인 힘을 이용하여 광대한 지역의 간척권을 국가로부터 부여받아서 노비나 일반 농민을 사역하여 간척을 행했다.

그런데 지금까지의 한국사 연구에서 조선전기의 농지 개발에 대해서는 때때로 언급되어 왔지만, 이 시기에 전체 경지의 면적이 확대되었다는 점은 명확하게 밝혀지지 않았다. 그것은 사료에 표시된 경지면적의 통계만 가지고는 조선전기의 경지 확대를 실증할 수 없었기 때문이라고 생각된다. 예를 들면 다음의 〈자료 3〉은 '조선왕조실록' 등의 사료에 실려 있는 각 도(道)의 경지면적의 추이를 보여주는 것인데, 단지 이것만을 놓고 보면 각 도마다 큰 차이가 있으나 전체의 경지면적은 큰 변동이 없었다고 결론지을 수밖에 없다.

그러나 이에 대해서는 상당히 신중한 검토가 필요하다. 왜냐하면 〈자료 3〉의 숫자는 첫째로 절대 면적의 표시가 아니라 국가의 과세단위였던 결수(結數)의 표시라는 것, 둘째로 이 숫자에는 경작지만이 아니라 당시에는 경작되지 않았던 토지, 즉 진지(陳地) 경작 중의 농지를 기지(起地)라고 한 데 반해 경작되지 않는 상태의 토지를 진지라

〈자료 3〉 조선시대의 경지 면적 추이[16]

단위: 결(結)

도명 \ 연대	1404년	1424년	1501년경	1591(1)년	1591(2)년	1721년
경기도	149,300	194,270	-	147,370	150,000	101,256
충청도	223,090	236,114	231,995	252,503	260,000	255,208
경상도	224,625	261,438	295,440	315,026	430,000	336,778
전라도	173,990	246,268	368,221	442,189	440,000	377,159
황해도	90,922	223,880	101,600	106,832	110,000	128,834
강원도	59,989	65,908	34,814	34,831	28,000	44,051
평안도	6,648	311,770	-	153,009	170,000	90,804
함경도	3,271	130,406	-	63,831	120,000	61,243
계	931,835	1,670,054	-	1,515,591	1,708,000	1,395,333

고 했다)도 포함되어 있다는 것, 셋째로 남부 지방의 각 도에서는 결수가 증가하지만 북부 지방의 각 도에서는 결수가 대폭 감소하는데서 알 수 있듯이 지역에 따른 차이가 크다는 등의 이유로 말미암아, 이 숫자가 그대로 경지면적의 실태를 나타낸다고 보기에는 의심스러운 점이 많기 때문이다.

먼저 첫 번째로 결수 표시의 문제인데, 조선시대에는 경지를 그 비옥도에 따라 1등에서부터 6등까지의 6등급으로 나누어서, 동일한 1결의 토지에서도 1등과 6등은 절대 면적에서 4배나 차이가 났다. 따라서 동일한 넓이의 토지라도 6등급 중 어느 등급에 속하는지에 따라 결수에는 큰 차이가 생기게 된다. 현존하는 조선전기의 상속문서 가운데 상속되는 토지의 등급을 기록한 것이 있는데, 이것을 보면 조선전기에는 후기보다도 대체로 높은 등급을 매겼던 것으로 보인다. 그러므로 조선전기의 결수는 후기보다도 과대하게 평가되었던 것으로 여겨진다.

필자가 시험 삼아 계산한 바에 의하면 경상도의 경우에는 이러한 결수의 과대 평가분이 3할 정도에 이르는 것으로 보인다. 따라서 전기의 결수에서 3할을 빼야 비로소 후기의 결수와 비교할 수 있는 것이다.

두 번째는 진지(陳地) 문제인데, 조선시대에는 국가가 개간을 장려하기 위해 진지에도 양전을 행하고, 그것을 양안에 등록하는 관습이 있었다.[17] 이 진지의 비율은 전체의 몇 할에 달할 만큼 컸다고 생각되는데, 그 구체적인 비율이나 시기적인 변동은 밝혀져 있지 않다. 어쨌든 이 문제를 고려하지 않고 단순히 〈자료 3〉의 숫자를 비교해보는 것은 아무런 의미가 없을 것이다.

세 번째는 조선전기 결수의 동향을 규정한 가장 중요한 문제이다. 북부의 여러 도—황해도, 강원도, 평안도—에서 결수가 크게 감소하고 있는데, 이것은 조선전기 북부 지방의 결수가 극히 과대하게 평가되었기 때문으로 보인다. 대체로 북부 지방은 남부에 비해서 농업 생산력이 떨어지지만, 초기의 양전에서는 이러한 실정을 무시하고 북부 지방의 경지에 높은 등급을 매겼다고 생각된다. 그에 비해서 남부 지방에서는 전라도와 경상도에서 결수가 크게 증가하고 있는데 이것이 당시의 실정에 가까운 것이었다고 생각된다. 따라서 〈자료 3〉의 숫자를 근거로 해서 조선전기 경지면적의 정체(停滯)를 주장하는 데는 무리가 있으며, 오히려 남부 지방에서 이 시기에 경지면적이 급속히 증가했다고 보는 편이 타당할 것이다.

그런데 조선전기의 농지 개발은 앞에서 이야기한 대로 산간지 평탄면과 해안의 간척지였는데, 한국에서는 중국의 강남이나 일본과 같이 대규모의 치수 공사를 통해 큰 하천의 하류 지역이니 광대한 전라도 북부의 평야지대가 좋은 도작지로 된 것은 식민지시기에 수리조합이 만들어진 이후의 일이었으며,18) 조선시대에는 이러한 지역의 도작은 상당히 조방적이며 불안정한 상태에 머물러 있었다. 이와 같은 차이를 어떻게 이해해야 할 것인가?

중국의 강남이나 일본의 농업 변혁은 앞에서 말한 바와 같이, '산간지 평탄면의 집약 수도작→충적평야 지대의 개발→충적평야 지대의 집약 수도작'이라는 과정을 거쳤다. 이에 비해서 전근대의 한국은 세 번째 단계가 빠졌지만, 그 대신에 경지의 외연적인 확대가 철저하게 추구되었다고 생각된다. 예컨대 일본과 조선의 경지면적을 비교하면, 1873년 일본의 지조개정(地租改正) 때 전국의 경지면적이 447만 정보였는데 비해, 한국의 토지조사사업 때 전국의 경지면적은 450만 정보로 대체로 근사한 숫자를 보이고 있다. 일본의 국토 면적—지조개정이 행해지지 않았던 홋카이도(北海道)와 오키나와(沖繩)는 제외되었다—29.2만 km^2의 약 4분의 3의 국토(22만 km^2)밖에 되지 않는 한국이 식민지적인 '개발'이 시작되기 이전에 근대초기의 일본과 거의 같은 경지면적을 가지고 있었던 것으로, 이것은 조선시대 농업 발전의 방향이 경지의 외연적 확대에 역점을 둔 것이었음을 보여주고 있다. 일본의 경지면적이 지조개정 이후 최대 68만 정보가 증가한 데 비해—마찬가지로 홋카이도와 오키나와는 제외됨—토지조사사업 이후 한국의 경지면적의 증가는 46만 정보에 그친 것도, 한국의 경지 개발이 이미 전근대시기에 기본적으로 완료되었다는 것을 보여주고 있다.

한국의 농업 발전이 중국이나 일본에 비해 집약화의 방향보다도 경지의 외연적 확대에 중점을 둔 최대의 원인은 그 자연 조건에 있었다고 생각된다. 중국의 강남이나 일본과 달리 한국에서는, '관개이식형' 수도작의 가장 중요한 작업인 모내기 시기에 물을 안정적으로 확보하기가 곤란했기 때문에 막대한 수리 시설에 대한 투자를 하기보다는 물의 공급이 불안정한 조건 아래에서도 가능한 수도작 기술을 개발하는 방향으로 나아갔다. 이것을 상징적으로 보여주는 것이 조선시대에 들어와서부터 도작에 있어서 고도로 발달했던 건답직파법(乾畓直播法)이나 밭못자리 기술(일본에서는 육묘대(陸苗代)라고 하는 기술로, 못자리를 만든 후에 물을 대지 않고 모를 기르는 방식이다)이다. 이 두 가지 기술은 모내기에 있어 물의 확보가 어려울 때의 위험방지책으로 개발되었던 것이다.[19]

건답직파법이나 밭못자리 기술에 의한 도작의 재배법은, 그 연원을 따지면 '화북형 직파 주변구' 도작의 계보에 속하는데, 인력에 의한 극히 집약적인 중경(中耕) 제초를 수반하는 것이라서 그 집약도에서는 '관개이식형' 도작에 필적한다. 그리하여 건답직파법이나 밭못자리 기술이 개발됨에 따라, 수리 조건이 열악한 곳에서도 경지를 확대해 나갈 수가 있었다. 따라서 조선시대의 한국 수도작의 발전은 한편으로는 산간 평탄면에서의 집약적인 수도작, 다른 한편으로는 충적평야 지대에서의 '화북형 직파 주변구' 도작의 고도화라는 두 개의 방향을 추구한 것이며, 기본적으로는 중국이나 일본과 같은 방향의 발전이었다고 할 수 있다.

소농사회의 성립

　동아시아의 소농사회는, 앞에서 말한 바와 같이 인구의 급속한 증가와 농업 기술의 변혁이라는 두 가지 조건을 전제로 하여 성립되었다. 그 과정은 어느 지역에 있어서나 오랜 기간을 필요로 했지만 중국에서는 명대 전기에, 한국과 일본에서는 17세기경에 기본적으로 소농사회로의 전환을 완료한 것으로 생각된다. 그런데 앞에서 동아시아 소농사회의 특징으로서 정치적 지배계층의 대규모 직영지의 결여와 독립 소경영 농민계층의 편재라는 두 가지를 지적했는데, 여기서는 이것이 동아시아의 사회구조에 어떠한 특징을 새겨놓았는지를 검토해보고자 한다.

　소농사회 성립의 전제가 되었던, 경지의 대개발을 추진한 주요 계층은 중국의 사대부계층과 한국의 양반계층, 일본의 무사계층이었으며 이들은 모두 지배계층에 속했다. 그리하여 이 계층은 개발 초기에는 단순히 경지 개발뿐만 아니라 종속적인 노동력을 이용하여 대규모의 직영지 경영을 행하는 경우가 많았다. 중세 일본의 무사계층은 그 자신이 농업 경영의 주체였으며, 조선전기의 양반계층도 많은 노비를 데리고 직접 농업 경영을 지휘했다.[20]

　그러나 개발이 일단락되면서 농업의 발전이 집약화의 방향으로 나아감에 따라, 이 계층은 점차로 농업 경영으로부터 멀어져갔다. 집약화를 실현하기 위해서는 종속적인 노동력을 이용하여 대규모의 직영지를 경영하는 것보다는 소농에게 토지를 빌려주고 그들에게 경영을 맡겨서 지대를 받아내는 것이 훨씬 더 생산성의 향상이란 면에서 나았기 때문이다.

16세기 말에 오희문(吳希文)이 저술한 『쇄미록(鎖尾錄)』이라는 일기가 있다. 이 일기는, 서울에 살고 있었던 오희문이 우연히 남부지방을 여행하고 있을 때 임진왜란이 일어나 서울로 돌아가지 못하고 불가피하게 10년에 걸친 피난생활을 하면서 하루하루의 사건들을 상세히 적은 것으로, 당시 양반의 생활상을 구체적으로 전해주는 흥미로운 사료이다. 이 일기에는 오희문이 자기 소유의 토지에서 농사를 짓는 노비를 감독했던 기록이 많이 보인다. 거기서 오희문은 노비들이 게으름을 부리는 것을 거듭 비난하고 있어, 노비를 이용한 농업 경영이 얼마나 비능률적이었는지를 엿보게 해준다. 한국에서는 17세기에 들어서 노비를 이용한 양반의 직영지가 급속히 감소해 가는데, 그것은 집약화의 진전에 따른 현상이었다.

정치적 지배계층에 의한 직영지 경영이 쇠퇴하는 가운데, 이제까지 직영지 경영을 위한 노동력으로서 사용되었던 비독립적인 농민계층도 점차로 소멸해갔다. 이 문제는 일본에서 이른바 '다이코 검지'(太閤檢地. 도요토미 히데요시가 행한 전국 규모의 토지조사. 자세한 것은 4장 참조) 논쟁 중에서 최대의 쟁점이 되었던 것인데, 중세 일본에 널리 존재했던 하인(下人), 소종(所從. 하인과 마찬가지로 주인에게 신분적으로 예속된 사람), 고용인(雇用人) 등의 비독립적인 농민계층이 근세가 되면서 기본적으로 소멸했던 것은 잘 알려진 사실이다.

중국에서도 송대 이후 일본이나 한국과 같은 상황으로 나아갔고, 자작농(自作農)이나 전호(佃戶)가 농민의 대부분을 차지했다고 생각된다. 6세기의 저술인 『제민요술(齊民要術)』에서 체계적인 완성을 본 중국 고대의 화북 농업은 꼼꼼한 중경(中耕) 제초를 수반할 정도로 집약적인 농업이었는데, 축력(畜力)을 많이 사용했고 또 그에 따른 협업(協業)의 필요성과 최저경영면적의 넓이 등으로 말미암아 가족 노동력만으로는 유지할 수 없어서 종속 노동력을 더 많이 필요로 했다. 이러한 화북 농업의 형태는 송대 이후에도 기본적으로 변하지 않았으며, 근대가 되어도 화북 농업에서는 많은 고용 노동력을 사용했다. 이런 점에서 화북은 강남 지역이나 한국, 일본과는 이질적이며 엄밀한 의미에서 소농사회라고 말하기 어려운 면을 갖고 있다.

이상에서 말한 바와 같이 동아시아의 소농사회는 먼저 인구와 경지의 증가가 병행되는 단계를 거치고 난 후, 경지의 증가가 그친 상태에서 단위면적당 생산량의 증대를 추구하는 집약화의 단계에 들어와서 성립되었다. 그런데 소농사회의 성립은 단순히 농업의 형태와 촌락의 구조를 크게 변화시키는 데 그치지 않고 사회구조와 국가의 지배형태에도 커다란 변화를 가져왔다. 사회구조와 국가의 지배형태에 관해 주목할 만한 특징으로 여기서는 다음의 두 가지를 지적해둔다. 그 하나는 정치적 지배와 토지소유 사이가 유리되어 있었다는 것이며, 다른 하나는 민중의 균질화(均質化)이다.

먼저 첫 번째 특징에 관해 말하면, 소농사회가 성립되는 과정에서 정치적 지배계층은 직영지를 경영하지 않게 되었을 뿐만 아니라 특정 지역에 대한 영역 지배권도 상실해갔다. 중세 유럽의 영주계층이나 무굴제국 시기 인도의 자민다르(Zamindar 페르시아어로 '토지소유자'라는 뜻인데 이슬람 지배하의 북인도에서 영주, 지주, 지조징수(地租徵收) 청부인 등을 일컫는 말이다)계층에서 전형적으로 나타나는 바와 같이 전근대의 농업사회에서는 정치적 지배권과 영역지배권이 떨어질 수 없는 관계에 있는 경우가 많았지만, 동아시아의 소농사회에서 정치적 지배계층은 어떠한 영역지배권도 가지지 않았던 것이다.

이것은 중국 사대부와 한국의 양반계층에 전형적으로 나타나고 있다. 그들은 과거에 합격하여 정치적 지배계층의 일원이 되더라도, 일정한 영지를 부여받는 일은 결코 없었다. 그들은 대부분의 경우 일반 농민보다 훨씬 많은 규모의 토지를 소유하고는 있었지만, 그 토지소유권은 일반 농민이 자기의 소유지에 대해서 갖는 권리와 질적으로 동등한 것이었으며, 정치적 지배계층이기 때문에 갖는 특권은 원칙적으로 존재하지 않았다. 근세 일본의 무사는 이와는 상당히 다르나 중세의 무사에 비하면, 다이묘(大名)나 도쿠가와 쇼군의 직속 가신인 하타모토(旗本 도쿠가와 쇼군에게 직속된 무사라는 면에서는 다이묘와 같지만, 지배 영역이 다이묘보다 작은 무사이다) 등 극히 일부 상층부를 제외한, 대다수의 무사는 자신의 영지를 가지지 못한 봉급 생활자였다. 또한 다이묘나 하타모토라도 전봉(轉封 다이묘의 영지를 다른 지역으로 옮기는 조치)이나 개역(改易 도쿠가와시대의 다이묘에 대한 형벌의 하나로 영토를 몰수하는 조치)의 사례에서 보이는 바와 같이 그 영지에 대한 지배권은 취약하였으며 영지와 영민(領民)은 도쿠가와 쇼군으로부터 위임받은 것이란 관념이 있었다.[21]

앞에서 말한 바와 같이 주자학의 정치사상의 핵심은 중앙집권적인 관료제적 지배에 있으며 영역적인 분할 지배체제를 완전히 부정하는 것이었는데, 이러한 주자학의 정치사상과 앞에서 말한 정치적 지배계층의 존재형태는 서로 꼭 들어맞는 것이었다. 근세의 일본이, 불완전하나마 정치적 지배 이념으로 주자학을 수용할 수 있었던 것도 중세의 분권체제를 어느 정도 부정했기 때문이다. 만약 중세적인 체제를 그대로 유지하고 있었다면 주자학을 부분적이라도 수용할 수는 없었을 것이다.

사회구조와 국가 지배 형태의 또 하나의 특징인 민중의 균질화에 관해 말하자면, 농촌에 있어서 소경영 농민의 보편적인 존재가 결정적이다. 물론 농민들 사이에는 빈부의 격차가 줄곧 존재했다. 그러나 예컨대 지주와 병작인의 관계는 기본적으로 경제적인 관계로 볼 수 있으며, 인격적인 지배-예속 관계는 부차적이었다. 또한 빈부의 격차는 상당히 유동적이어서 2~3백 년에 걸쳐서 부유함을 유지할 수 있었던 층은 오히려 예외적이었다고 생각된다. 근세 일본의 무사계층은 원칙적으로 농촌에 거주하는 것을 허락받지 못했고 촌장 등 행정의 말단을 담당했던 계층도 신분적으로는 농민이었다. 중국의 사대부나 한국의 양반은 농촌 지역에도 거주했으나 이들은 생득적인 신분이 아니었고, 극히 좁은 길이긴 하지만 농민이라도 이러한 신분으로 상승할 가능성이 있었다.

주자학의 통치이념인 일군만민(一君萬民)체제는 민중의 균질화를 전제로 함과 동시에 그것을 만드는 것이기도 했다. 근세의 일본에는 중국이나 한국과 비교하여 훨씬 엄격한 신분제가 존재했으나, 일본에 있어서도 근세 공민(公民)의식의 형성은 명확했으며, 그 전제로 민중의 균질화가 있었다.

한국이나 일본이 외래사상인 주자학을 수용하기 위해서는 앞에서 말한 바와 같은 사회구조 상의 특징을 갖추어야 할 필요가 있었다. 이러한 조건이 형성됨에 따라 비로소 주자학의 본격적인 수용이 가능했다고 생각된다. 그리하여 한국이나 일본의 사회구조의 변화는 기본적으로 중국의 송대 이후의 변화와 그 궤를 같이하는 것이었으며, 그 변화의 결과 생겨난 새로운 사회구조를 여기에서는 소농사회라는 가설적인 개념으로 파악했다.

3. 소농사회, 동아시아 역사의 분수령

앞에서 말한 바와 같이 동아시아의 소농사회는 중국에서는 명대에, 한국과 일본에서는 17세기경에 성립한 것으로 여겨지는데, 이 소농사회 성립의 의의는 단순히 농업 기술상의 변혁이나 농촌 구조상의 변화에 그치는 것이 아니라고 생각된다. 왜냐하면 거시적으로 보면 오늘날까지 이어지는 동아시아 사회구조의 특질은 이 소농사회의 성립과 더불어 생겨난 것이며, 이러한 의미에서 동아시아의 역사를 소농사회의 성립 전후로 크게 둘로 나눌 수 있을 정도로 획기적인 변화였기 때문이다. 소농사회의 성립을 전후로 하는 동아시아 사회구조의 대변동에 비한다면 전근대로부터 근대로의 변화는 오히려 상대적으로 작은 것이었을 뿐만 아니라 동아시아의 근대는 실로 많은 것을 소농사회의 유산에서 힘입었다고 볼 수 있다.

다음에는 소농사회의 성립이 동아시아의 역사를 둘로 나누는 분수령이었다고 하는 내용을 몇 가지 면에서 검토함과 더불어 전근대와 근대의 연속성에 관해서도 언급해보자.

현존 촌락의 형성

일찍이 야나기타 구니오(柳田國男)는, 일본 촌락의 형성 시기에 관해 다음과 같이 서술한 바 있다.

일본의 국토가 중세 이후 확장되었다는 점은 아마 여러분들에게는 의외일 것이다. 예를 들자면 오사카(大阪)를 둘러싸고 있는 넓은 논들은 바로 얼마 전 점차 배수하여 이와 같은 경지를 얻게 되었던 것이다. 나고야(名古屋) 시 서쪽의 해안에도 역시 제방을 쌓는 대공사를 해서 점차 확장하여 얻은 논의 면적이 대단히 크다. … 물론 골짜기 깊이 들어간다면, 2천 년간 놀리지 않았던 땅도 있을 것이고 따라서 이를 경작했던 사람도 끊이지 않았으나 주민들의 교체는 누누이 있었다. 전쟁이 일어나서 숨기도 하고 죽기도 했다. 그 자리에 새로운 백성이 와서 이들을 이어 살았어도 큰물이나 그 외의 천재로 황폐해져 버렸다. 그러다 수십 년 후에 또 와서 개척하는 식으로, 마을이 들판이 되기도 하고 들판이 다시 마을이 되기도 하는 일이 되풀이되었다. 이런 것을 감안한다면 전국 18만 내외의 옛 마을 중에는 아시카가(足利)시대—무로마치(室町)시대의 별칭으로, 1392년부터 1573년까지의 약 180년간을 가리킨다—중엽부터 시작한 것이 3분의 2나 4분의 3이라고 생각된다. 다만 4백 년 전이나 5백 년 전을 기점으로 그 이전에 토착한 것과 그 이후에 한 것의 차이가 있기 때문에 그 이전의 것은 아주 오래된 느낌이 들 뿐이다.[22]

여기서 야나기타 구니오가 말한 바와 같이 현존하는 일본 촌락의 대다수는 15세기경(아시카가시대 중엽) 이후에 성립한 것이며, 소농사회의 성립 이전부터 존재했던 촌락은 오히려 소수이다. 그렇다면 중국이나 한국의 현존 촌락은 어느 시기에 형성된 것일까?

중국에 관해 현존 촌락의 형성시기를 추적한 본격적인 연구는 없는 것 같지만, 강남에 관해서 말하자면 이 지역이 당대 말기 이후부터 대량의 이민에 의해 개척된 지역이란 것을 생각한다면 현존 촌락의 대부분이 당대 말기 이후에 형성되었던 것은 분명하다. 다만 당대 말기 이후 어느 시기에 형성되었는지는 현재로서는 불분명하다고 할 수밖에 없다. 화남이나 사천 그리고 동북 지역이 강남보다도 더 늦게 개발된 지역인 것은 말할 것도 없다.

가장 오래전부터 개발이 진행된 화북에 관해서는, 전전(戰前)에 조사를 했던 야마가타 센주(山縣千樹)의 보고가 있다. 이는 화북의 45개 촌락에 관해서 그 발생시기, 이주 전의 주소, 촌락 내의 유력 성씨 등을 조사한 것인데, 다음은 그 보고에 나오는 야마가타 센주의 기록이다.

현존 촌락의 건설기는 화북의 경우 그 대부분이 명대 초기, 그러니까 약 750년 전 이후이다. 그러나 그 이전에 생긴 촌락이 없었다는 뜻이 아니라 전란 등에 의해 파괴되었다는 의미이며, 그 중에는 송대부터 연면하게 이어진 것도 있고 또 그 이전에 최초의 초석이 놓였던 것도 있을 수 있다. 그러나 그 수가 결코 많지 않아서 경솔한 추정이지만 그 수는 10분의 1이나 20분의 1 이하라고 짐작된다.[23)]

명대 초기의 어느 시기는 확실히 크고 전면적인 사회 변동이 일어났던 시기이며, 부락 형성의 한 전환기가 되었고 동시에 부락의 발생 형

태에 또 하나의 틀을 형성했던 시기였다고 말할 수 있다.[24]

이와 같이 화북 지역에 있어서도 전전기(戰前期)까지 이어진 촌락의 대부분은 명대에 들어와 형성된 것이다.

한국에 관해서는 현존 촌락의 성립시기와 관련한 흥미로운 2개의 조사가 있는데 여기서 소개하고자 한다. 하나는 한국민속종합조사의 일환으로 행해진, 전라남도의 모든 촌락을 대상으로 한 조사로 거기에는 촌락의 성립연대에 대한 조사도 포함되어 있다.

다음의 〈자료 4〉는 그 조사의 결과로 각 촌락의 입지별 성립연대를 보여주는 것이다. 이 표에 의하면 성립연대가 판명된 1891개의 촌락 중에서 거의 반수에 해당하는 945개의 촌락이 200~500년 전에 성립한 것으로서 가장 많은 수를 차지하고 있음을 알 수 있다. 성립한 지 500년 이상 된 촌락은 240개(12.7%)로 소수이며, 전라남도 현존 촌락의 대부분은 조선시대에 들어와서 성립되었다.

〈자료 4〉 전라남도의 촌락 성립연대[25]

입지\연대	200년 이내	200~ 500년 전	500~ 1000년 전	1000~ 2000년 전	2000~ 이상	미상	계
평야촌	117	75	17	7	1	118	335
배산촌	370	522	111	29	4	626	1662
산간촌	121	208	31	11	3	231	605
임하촌	11	18	1	—	—	20	50
임해촌	79	118	15	6	2	97	317
미상	8	4	2	—	—	32	46
계	706 (37.3%)	945 (50.0%)	177 (9.4%)	53 (2.8%)	10 (0.5%)	1124	3015

〈자료 4〉에서 또 하나 흥미로운 것은 촌락의 입지 조건에서 보면 배산촌(背山村)이 차지하는 비율이 현저하게 높다는 것이다. 이것은 산을 등지고 전방에 평지가 펼쳐져 있는 곳이야말로 거주지로 가장 적합하다는 풍수사상과 관련된 것인데, 평야촌(平野村)에서는 200년 이내에 성립한 것이 다수를 차지하고 있다. 이것은 개발이 먼저 산 쪽에서부터 시작되어 점차로 평야 지역으로 나아갔다는 것을 보여준다.

한국 촌락의 특징은 이른바 동성촌락(同姓村落)이 많다는 것인데, 이 전라남도의 조사에서도 전체의 56.6%가 동성촌락이라고 보고되어 있다. 그러면 이 동성촌락은 언제 형성된 것일까? 이 조사에서는 동성촌락의 문중(門中) 조직과 그 형성기에 대한 내용도 나와 있는데 다음 〈자료 5〉가 그것이다. 여기서도 〈자료 4〉와 같은 경향이 엿보인다. 즉 동성촌락의 과반수가 역시 200~500년 전에 형성된 것이었다.

〈자료 5〉 전라남도의 동성촌락 성립연대[26]

100년 이내	100~200년 전	200~300년 전	300~400년 전	400~500년 전	500~600년 전	600년 이상	미상	계
36 (3.8%)	139 (14.6%)	169 (17.7%)	228 (23.9%)	132 (13.8%)	126 (13.2%)	125 (13.1%)	465	1,420

한국의 현존 촌락의 성립 시기와 관련한 또 하나의 조사는 경상북도 교육위원회에 의해 행해진, 촌락 명칭의 유래에 관한 청취(聽取) 조사다.[27] 이 조사는 경상북도의 모든 촌락에 대해 그 명칭의

유래를 조사한 것으로 촌락의 성립연대를 조사한 것은 아니지만, 상당수의 촌락에 대해서는 그 기원에 관해서도 다루고 있어 흥미롭다. 이 조사 가운데 안동군 안의 촌락에 관해서만 정리해보면 다음의 결과가 나온다. 안동군 안의 모든 촌락 1,058개 가운데 성립연대가 판명된 것은 265개인데, 그 내역은 고려시대까지 63개(23.8%), 15세기 27개(10.2%), 16세기 48개(18.1%), 17세기 35개(13.2%), 18세기 31개(11.7%), 19세기 19개(7.2%), 20세기 29개(10.9%), 1592년의 임진왜란 후 6개(2.3%), 분명한 연대는 알 수 없지만 조선시대의 어느 시기에 성립된 마을이 7개(2.6%)이다. 안동은 경상북도에서도 비교적 이른 시기에 개발이 진행되었던 지역의 하나인데, 그곳에서도 고려시대로 소급하는 성립 전승을 갖는 촌락은 전체의 4분의 1이 되지 않으며, 15~18세기의 성립 전승을 갖는 촌락이 과반수를 차지한다.

　이상의 두 조사는 부분적인 것이고 또 촌락의 성립연대에 관해서는 대부분이 입에서 입으로 전승된 것이기 때문에 그것이 곧바로 정확한 것이라고 단정할 수 없으나, 현존하는 한국 촌락의 반수 이상이 조선시대의 15~16세기에 성립했다고 보아도 큰 오류는 없을 것이다.

　이와 같이 동아시아 소농사회의 가장 기초단위를 이루는 촌락은 그 대부분이 소농사회의 성립과정에서 형성되었다는 것과 더불어 그러한 촌락이 오늘날까지도 존속되고 있는 것이라 생각된다. 바꾸어 발하면, 사회구조의 가장 기층 부분을 이루는 촌락의 형성과정에 있어서도 소농사회의 성립을 전후하여 큰 단절이 있었으며,

이 단절과 비교한다면 근대 이후의 변화는 기본적으로 촌락 주민의 이동이 격심해졌다는 정도에 그치고 촌락이 존재 그 자체의 변동은 그보다 작은 것이었다고 할 수 있다.

가족과 친족제도의 변화

가족제도나 친족제도라고 하는 것은 극히 보수적인 성격을 갖고 있으며 쉽게 변하지 않는 것이지만, 동아시아에서는 소농사회가 성립하는 것과 더불어 가족과 친족제도의 존재형태도 크게 달라졌다. 일본에서는 이른바 '이에(家)'의 형성이 가족과 친족제도의 변화를 상징하는데, 그것은 중세 무사계층에서 시작되어 근세에 와서는 일반 농민들 사이에까지 확대되었다. 이와 같은 이에의 형성은 경영체로서 이에가 성립함으로써 그 토대가 마련되고, 소농사회의 성립으로 농민 경영이 안정됨에 따라 일반화되었다. 이에의 성립은 가부장권 강화의 과정이었으며, 이에 따라 여성의 지위가 낮아지고 상속제에 있어서도 분할 상속이 단독 상속으로 바뀌어갔다.

한국에서도 조선전기와 후기의 가족 및 친족제도의 존재형태에 큰 차이가 보인다. 필자가 다른 글에서 이미 밝힌 바와 같이,[28] 양반들 사이에서는 조선전기까지 남녀 균분 상속이 행해졌기 때문에 모계 혈연도 부계 혈연과 똑같이 중시되었으므로 부계 혈연집단으로서 동족집단의 존재가 강고하지는 않았다. 그러나 17세기에 들어서면 양반계층 사이에 남자 우대, 장남 우대로 상속제도가 바뀌기 시작하여 결혼 후의 거주 형태도 처계(妻系) 거주에서 부계(夫系) 거주로 변해갔다. 그리고 부계 혈연관계가 중요시되면서 동족 결합도 강화되었다. 동족 결합을 과시하기 위한 족보가 본격적으로 만들어지기 시작한 것은 17~18세기부터였다.

양반계층에서 시작되는 이러한 가족과 친족제도가 일반 민중에게까지 파급된 것은 18세기 이후의 일이다. 일반 민중의 가족과 친족 결합의 존재형태는 양반계층에 비해 사료가 적으며 연구도 그다지 진척되어 있지 않지만, 시마 무츠히코(嶋陸奧彦)는 17~19세기 대구 지방의 호적을 이용하여 비양반계층의 가족구조의 변화를 밝히고 있어서 흥미롭다.29) 시마 무츠히코의 연구는, 17세기 말부터 18세기 전반까지는 자식들이 성장함에 따라 차례로 부모의 집에서 독립해나가고 맨 마지막에 남은 말자(末子)가 부모와 동거하는 형태가 널리 보인다는 것뿐만 아니라, 오늘날의 일반적인 형태인 장남이 집에 남고 차남 이하가 분가하는 형태가 생겨난 것은 18세기 말 이후라는 것을 밝혔다. 그리고 이와 같은 비양반계층의 부모와 자식의 동거형태의 변화가 그들이 신분상 양반으로 상승해가는 과정과 동시에 진행된 현상이라는 것도 지적했다.

시마 무츠히코가 밝힌 것과 같이 일반 민중 차원에서 부모-장남 관계가 중시되는 변화는 분명히 양반계층 가족의 존재형태를 답습한 것이며, 양반의 가족 이데올로기가 하층에 침투해간 것을 반영한다. 그리하여 시마 무츠히코가 언급하고 있지는 않지만 말자 동거에서 장남 동거로 변하는 것은 아마도 상속제도에서 장남을 중시하는 변화와 관련한 현상이었다고 추측된다.

중국의 경우 소농사회의 형성과 더불어 가족 및 친족제도가 달라졌는지, 아니면 달라지지 않았는지에 관해서는 나의 능력을 넘어서는 문제이므로 밝히기 어렵다. 다만 강남 지역의 동족 결합의 존재형태를 역사적으로 추구했던 우에다 마코토(上田 信)의 연구[30] 등에 따르면 동족 결합이 강화된 것은 명대 이후인 것 같다. 우에다 마코토가 지적하고 있듯이 중국의 동족 결합은 지연적인 결합과 깊은 관계가 있으나, 앞에서 본 현존 촌락의 성립시기와 함께 생각하면, 오늘날까지 이어지는 동족 결합의 존재형태가 송대 이전까지 소급된다고 생각하기는 어렵다.

이상에서 본 바와 같이 중국의 경우는 분명하지 않은 점이 많지만 일본과 한국에서는 소농사회의 성립에 따라서 가족과 친족제도도 크게 바뀌었다. 이러한 소농사회의 성립을 전후로 한 가족과 친족제도의 대변화와 비교하면, 근대 이후의 변화는 상대적으로 작았다고 생각된다. 아니, 일본 '메이지(明治)민법'의 '이에(家)'의 위치 규정이나, 20세기에 들어와서 한국에서 족보 간행이 성행하는 것 등을 볼 때 소농사회의 성립과 더불어 형성된 가족과 친족제도는 근대에 들어와서 오히려 강화되었다고 생각하는 쪽이 타당할 것 같다.

'전통 대 근대'를 넘어서

동아시아 소농사회의 성립은 이상에서 말했듯이, 사회의 모든 면에서의 대변동을 수반했다. 이른바 소농사회의 성립과 더불어 동아시아사회는 완전히 새롭게 태어났던 것이다. 이것이 내가 주장하고 싶은 첫 번째 관점인데, 동시에 또 하나 주장하고 싶은 것은 소농사회의 성립에 따라 새롭게 형성된 사회구조 상의 여러 특징이 기본적으로는 근대 이후에도 계승되었다는 것이다. 이 두 번째의 관점에 대해 약간 언급하면서 이 글을 마무리하고자 한다.

동아시아에서 소농사회가 성립함과 더불어 형성된 사회구조의 여러 특징은 종래 '전통'이라는 말로 일괄적으로 통칭되어왔다. 그리하여 전통과 근대, 이 둘 중에서 어느 것에 좀 더 높은 가치관을 발견할 수 있는지의 구별은 있더라도, 이 둘을 대립시키는 것이야말로 일본의 사회과학과 인문과학의 전제가 되어왔다. 그러나 이러한 전제는 다음의 두 가지 이유 때문에 근본적으로 재검토할 필요가 있다.

먼저 첫 번째로, 전통이란 것은 동아시아의 오랜 역사에서 본다면 지극히 새로운 시대에 형성된 것으로 파악해야 하기 때문이다. 전통이란 결코 아주 오래된 옛날부터 존재해온 것이 아니라 14~17세기에 걸쳐 일제히 형성된 것이며 세계사적으로 보면 그것은 오히려 근대로 이행하는 시기에 해당한다.

두 번째로, 전통은 근대에 의해 해소되거나 소멸되는 것이 아니기 때문이다. 실상은 오히려 그 반대이며 전통이라는 것의 대부분은 근대 속에서 끊임없이 되살아나고 때로는 강화되기도 했다. 원래 전통이라는 것이 의식된다는 것 자체가, 그것이 소멸해 버렸기 때문이 아니라 여전히 의미 있는 것으로 존재하고 있기 때문이다.

동아시아의 오랜 기간에 걸친 사회변동을 거시적으로 볼 때, 그 최대의 분수령은 전근대와 근대의 사이가 아닌 소농사회 성립의 전후에, 달리 말해서 전통의 형성 이전과 그 이후 사이에 두어야 한다. 그리하여 1990년대 중엽이라는 현재의 시점은 동아시아 역사에서 소농사회 성립기에 필적하는 제2의 대전환기의 출발점에 해당된다.

3장

'소농사회론'

그 이후의 공부

1. 호적대장과 역사인구학

나는 2002년 4월 말에 일본 도쿄대학을 퇴직하고 한국으로 건너와 성균관대학교의 동아시아학술원 교수로서 생활을 하게 되었다. 이러한 결심을 하게 된 계기는 여러 가지가 있지만 연구활동을 더욱 활발하게 하고 그 영역도 넓힐 수 있지 않을까 하는 기대 때문이었다. 일본에서의 한국사연구는 주변적인 위치에 있다. 일본사연구는 말할 것도 없고, 중국사와 서양사에 비교해도 아주 저조하다. 그뿐만 아니라 오래된 전통을 가진 인도사와, 최근에 일본에서 활발하게 연구가 진행되기 시작한 동남아시아나 서아시아 지역의 역사연구와 비교해도 열세한 형편이다. 이러한 상황은 나름대로 이유가 있겠지만, 일본과 가장 가까운 관계에 있는 한국의 역사를 의식적이든 아니든 무시하려 해온 지적 풍토를 반영하는 것이라 하겠다. 따라서 일본에서 한국사를 연구하는 일은 그 결과를 발표하고 사회적으로 알리는 기회 자체가 크게 제약받을 수밖에 없는 어려움을 각오해야만 한다. 내가 한국에서 연구활동을 하기로 결심한 것도 이와 같은 사정이 크게 작용한 결과라 할 수 있다.

이렇게 한국에서 연구활동을 시작한 지도 이제 10년의 세월이 흘렀다. 10년이면 강산도 변한다는 속담도 있지만, 그간의 한국 생활을 뒤돌아보니 처음에 기대했던 것보다 훨씬 많은 성과를 얻을 수가 있었고 그 때문에 연구자로서 무척이나 행복했다는 것이 솔직한 심정이다.

여기서는 지난 10년 동안의 연구활동을 개략적으로 소개하고자 한다. 한국에서의 연구활동을 크게 세 개 부분으로 나누어 개괄해 봄으로써 독자들이 이 책의 내용을 이해하는 데 도움이 되었으면 하는 바람에서다.

첫 번째 연구활동으로서 성균관대학 동아시아학술원에서 해온 연구 프로젝트를 들 수 있다. 내가 부임하게 된 동아시아학술원은 2000년에 창립된 연구소로서 한국을 중심에 놓고 중국, 일본 등 동아시아 지역을 대상으로 하여 역사와 문학, 사상 등의 인문학뿐 아니라 사회과학도 포함해서 연구하는 것을 목적으로 하고 있다. 그리고 한국의 대학연구소로서는 처음으로 전임교수를 두고 있다는 면에서도 지금까지의 연구소들과는 큰 차이가 있다고 할 만하다. 이렇듯 주목받는 연구기관에 부임해서 가장 먼저 하려고 했던 기획은 조선시대 호적대장의 데이터베이스 작업과 그것을 활용한 역사인구학(historical demography)의 연구였다.

동아시아학술원의 전신인 대동문화연구원에서는 수년 전부터 경상도 단성현(丹城縣)의 호적대장 데이터베이스 사업을 추진해왔는데, 내가 부임한 당시 그 사업은 최종 단계에 접어들고 있었다. 그 사업에 참여했던 사람들은 당시 몹시 지쳐 있는 상태여서 단성 이외의 지역까지 확대하는 데에 대해서는 소극적이었다. 작업 자체의 어려움 탓도 있었겠지만 데이터베이스 작업 결과를 어떻게 활용할 수 있는지에 대한 전망을 찾지 못한 것도 그 원인인 듯했다. 그러나 지금까지 남아 있는 조선시대 호적대장은 세계적으로 봐도 유례없는 방대한 자료로서, 그것을 데이터베이스로 만들어 수많은 연구자가 이용할 수 있도록 하는 것만으로도 큰 의미가 있었다. 그뿐만 아니라, 최근 학계의 주목을 받고 있는 역사인구학의 방법을 이용해서 그것을 연구에 활용하면 지금까지와는 다른, 새로운 조선시대의 모습을 그려볼 수 있을 것이라는 생각이 들었다. 따라서 나는 단성현의 호적대장에 이어서 조선시대의 것으로서는 가장 방대한 양을 가진 대구의 호적대장을 대상으로 데이터베이스 작업을 하는 것과 동시에 역사인구학을 기초에서부터 공부하자고 제안했다.

나의 이러한 제안에 대해 다행히 동료이던 김건태(현 서울대 국사학과 교수), 손병규(현 동아시아학술원 교수) 양씨가 적극적으로 찬성해주었으므로 우리는 '한국사회의 장기변동'이라는 연구팀을 학술원 내부에 만들 수 있었다. 그리고 무척이나 다행스럽게도 정부로부터 대구 호적의 전산화를 위한 자금을 10년간 지원받게 되어 현재 프로젝트가 활발하게 진행 중이다.

한국에는 아직 잘 알려지지 않은 분야인 역사인구학은 2차 세계대전 이후 프랑스에서 생겨났다. 2차 대전에서 독일에 패배한 프랑스는 그 원인이 젊은 사람들의 인구가 적었기 때문이라고 생각했다. 전쟁이 끝난 후, 프랑스의 인구연구소에 있던 루이 앙리(Louis Henry)라는 사람은 프랑스의 출생률이 다른 나라보다 낮은 원인을 찾기 위해 옛날의 교구등록부(Parish Register)를 이용했는데, 그것은 국세조사가 시작되기 전의 출생과 결혼, 사망에 관한 정보를 담고 있었기 때문이다. 이렇듯 역사인구학은 그 이름만 봐도 알 수 있듯이 인구학의 한 분야로서, 정확한 출생수와 사망수 등을 알 수 있는 국세조사가 시행되기 이전의 시대를 대상으로 인구학의 방법을 이용해서 과거의 인구수를 추정하는 학문이다. 교구등록부에는 그 교구 내에 사는 사람들의 세례, 결혼, 매장에 관한 기록이 남아 있는데, 이러한 기록을 통해서 세례를 출생으로, 그리고 매장을 사망으로 삼음으로써 출생과 사망에 관한 방대한 정보를 알아낼 수 있게 된 것이다. 프랑스에서 출현한 역사인구학은 영국이나 일본에도 보급되어 새로운 연구 성과가 계속해서 발표되고 있을 뿐 아니라 최근에는 중국에서도 연구가 활발하게 진행되고 있다.

  우리 연구팀에서는 역사인구학에 관한 기초적인 지식을 함께 수용하는 한편, 다른 지역의 연구 성과들에도 관심을 기울였다. 그리고 역사인구학의 방법을 도입해서 어떠한 방법으로 조선시대 호적 자료를 활용할지에 대해서도 함께 고민해왔다. 일본에 있었을 때는 한국사연구자도 많지 않았기 때문에 공동연구의 경험이 거의 없었는데, 이 팀을 운영하면서 공동연구의 즐거움뿐만 아니라 젊은 사람들과 함께 새로운 지식을 배우는 경험을 가질 수 있었던 것은 흔치 않은 기회로서 아주 큰 기쁨이었다.

  이러한 작업을 해나가는 가운데 조금씩 알게 된 것은 조선시대 호적대장을 역사인구학에 이용하는 데 있어 여러 가지 제약이 많다는 것이었다. 역사인구학에서는 출생률과 사망률을 추정하는 일이 핵심적인 작업인데, 그것을 알아내기 위해서는 출생자와 유·영아 사망자의 수를 어느 정도 정확하게 추정할 수 있는지가 결정적이다—여기서 출생률(fertility), 사망률(mortality)이라고 하는 것은 출생과 사망의 확률을 가리키는 개념으로, 인구학에서 사용되는 말이다. 특히 신생아가 출생해도 어린 나이에 많이 사망했던 옛날에는 태어나서 1년 이내 혹은 10년 이내에 얼마나 사망했는지를 정확히 추정해내는 것이 전체 인구 규모를 파악하는 데 큰 영향을 미친다는 것이 널리 알려져 있다. 그런데 조선시대 호적대장은 3년에 한 번씩 만들어졌기 때문에 만약 그 사이에 태어났다가 사망한 경우라면 호적대장에 전혀 기록되지 않았다. 뿐만 아니라 태어나서 순조롭게 성장한 아이라도 호적대장에는 등록되지 않았다가 10살을 넘긴 후에야 처음으로 호적에 등재되는 경우도 흔했다. 그리고 인공적인 피임 기술이 존재하지 않았던 조선시대에는 한 여성이 평생 동안에 몇 명의 아이를 낳았는지를 추정하는 데 있어 그 여성의 결혼연령이 중요한 기준이 되는데, 이것 역시 호적대장에는 결혼에 대한 구체적인 사실이 기록되어 있지 않는 사례가 많아 어려움이 더해졌다.

따라서 서구나 일본의 역사인구학에서 이용되는 자료와 비교하면 호적대장은 상당히 제약이 많은 자료라고 할 수밖에 없는데, 이러한 한계를 어떻게 하면 극복할 수 있을지 그 방안을 찾아내는 것이 현재 우리 연구팀이 안고 있는 최대의 고민이다. 이 문제는 쉽게 해결할 수는 없겠지만, 호적대장이라는 자료의 특성을 감안한 연구방법론의 개발과 통계학적으로 세련된 방법의 도입 등의 노력에 의해 언젠가는 해결될 것이라 믿고 있다.

이 프로젝트에서는 데이터베이스 작업이 완성될 때마다 CD-ROM 디스크 형태로 학계에 제공하고 있는데, 아주 놀라운 일이다. 학계의 정보 공개는 지금 세계적인 추세라고 할 수 있지만 많은 경우 말로만 그렇지, 실제로는 자료나 연구 성과의 공개 또는 공유화는 그다지 진전되지 않고 있기 때문이다. 그런 면에서는 한국의 학계가 일본보다 훨씬 앞서가고 있다고 할 만하다. 주요 학술지의 논문을 집에서나 연구실에서 컴퓨터를 통해 언제든지 볼 수 있다는 것은 일본에서는 상상조차 불가능한 일로, 나는 요새 그 혜택을 실감하고 있다.

나는 나이가 많은 탓으로 방대한 호적 자료를 직접 연구하는 데는 한계가 있어서 역사인구학의 이론과 방법, 그리고 다른 지역의 연구 상황을 종합하고 정리하여 그것을 가지고 팀원에게 지도하는 역할을 담당해 왔다. 따라서 호적 자료를 이용한 연구는 젊은 팀원들이 맡고 있다. 이 책의 '5장 조선시대 신분제 논쟁'과 '7장 한국의 역사인구학은 가능한가?'는 이 팀의 작업을 통해 거둔 성과이다. 그리고 이 팀과 관련해서 한 가지 더 연구하게 된 주제는 한국의 족보에 관한 것이다.

족보에 대해서는 내가 1995년에 내놓은 『양반』(일어판 1995년, 한국어판 1996년)을 집필한 때부터 관심을 가졌었고 당시 재직했던 도쿄대학 동양문화연구소에서도 족보를 수집하는 사업을 했었지만, 아무래도 일본에서 볼 수 있는 족보는 거의 없어서 본격적인 연구는 손도 댈 수 없는 상황이었다. 족보는 호적대장과 더불어 역사인구학에 있어서도 중요한 자료임에는 틀림이 없다. 따라서 한국에 와서야 족보를 조사하는 작업도 시작할 수 있었다. 그러나 한국의 족보에 관해서는 어디에 어떤 족보가 소장되고 있는지, 그 기본적인 정보조차 부족한 상태여서, 족보의 소재를 파악하는 조사부터 시작해야만 했다. 2007년도에 한 학기 동안 얻게 된 연구년—이는 아주 훌륭한 제도인데, 일본에서는 많은 경우 명목적으로만 존재할 뿐, 실제로 이용할 수 있는 기회는 대단히 제한적이다—을 이용해서 족보를 집중적으로 조사할 수가 있었다. 국립중앙도서관과 부천에 있는 족보도서관을 중심으로 많은 족보를 볼 수 있었는데, 그 중에는 1524년에 발간된 한양 조씨(漢陽趙氏)의 초간보(初刊譜)와 같이 학계에 전혀 알려지지 않았던 족보를 볼 기회도 있었다. 족보 조사를 하면서 확인할 수 있었던 가장 큰 성과는 한국의 성관집단의 형성과정을 구체적으로 파악할 수 있게 된 것이다. 16세기쯤부터 형성되기 시작한 한국의 성관집단은 극단적으로 말하면 지금도 살아 있는 조직으로서 그 범위가 여전히 가변적이다. 왜 이러한 현상이 존재하는지의 물음에 대답하는 일은 한국사회의 특색을 파악하는 데 있어서 지극히 중요한 문제라고 생각한다. 족보 조사의 결과는 몇 편의 논문으로 이미 발표했는데, 앞으로는 단행본으로도 출판할 예정이다.

2. 동아시아 속의 한국과 일본

　이상이 동아시아학술원의 프로젝트와 관련된 연구라고 한다면, 또 하나의 연구주제는 학술원에서 해온 강의와 관련된 연구들이다. 동아시아학술원은 연구기관이면서 대학원을 가진 교육기관으로서의 성격도 가지고 있어서, 나도 대학원 강의를 담당하고 있다. 학과의 이름이 동아시아학과이므로 많은 강의의 이름에 동아시아라는 말이 들어 있다. 도쿄대학 동양문화연구소에 있을 때에도 문학부 동양사학과의 대학원 강의를 담당했었는데, 그때는 한국사를 대상으로 한 강의만을 했었다. 그러나 학술원의 강의에서는 한국만이 아니라 중국과 일본도 포함된 내용을 강의해야 할 경우가 많아서 일본사, 중국사에 관한 기존의 연구를 훨씬 많이 접하게 되었다. 더욱이 경제사나 사회사와 같은 전공 분야만이 아니라 정치사, 사상사, 국제관계사 등 다양한 분야도 함께 공부를 해야만 했는데, 이와 같은 강의 관련 공부는 나에게 대단히 유익한 경험이었다.

　대학에서 교육과 연구의 양립 문제는 오래된 과제이지만, 적어도 원래 게으른 성격의 나에게는 강의에 필요한 기존의 수많은 연구 성과를 찾아봐야 했으므로 그것이 큰 도움이 되었음을 실감하고 있다. 한국어와 일본어는 물론이고 영어나 중국어—중국어를 읽을 때는 중국인 유학생들이 많은 도움을 주었다. 또한 영어로 된

책을 읽었던 학기에는, 그 영문이 상당히 어려운데다 활자도 작아 학생들의 번역문에 잘못된 부분이 많아서 그것을 일일이 검토해야만 했는데 그 때문인지 결국 고혈압 증상이 생기기도 했다—로 된 책과 논문을 학생들과 같이 읽으면서 소농사회론을 발전시킬 수 있는 좋은 기회를 얻게 되었던 것도 역시 보람 있는 일이었다.

이제는 한국에 온 이후의 동아시아 소농사회론에 대한 연구의 궤적에 관해서 이야기하고자 한다. 내가 처음에 동아시아 소농사회론을 제기했을 때 의도했던 것은 일본의 역사를 동아시아와의 공통성이라는 시각에서 보려고 한 것이었다. 일본의 역사학계는 오랫동안 일본의 역사를 서구와 비슷한 것으로 인식하려고 애써왔다. 그것은 역사인식에 있어서의 '탈아(脫亞)'적인 경향이라고 할 수 있는데, 이러한 인식을 비판하는 데 있어 소농사회론이 아주 주효했다. 그 핵심은 15세기를 전후한 시기에 형성되기 시작한 집약적인 벼농사 농법을 기반으로 소농들이 생산을 주도하는 사회가 등장한다는, 동아시아 지역에서 공통적으로 볼 수 있는 현상에 주목한 것이었다. 그러나 이처럼 동아시아 각국의 공통점을 강조하는 데는 점점 그 한계를 느끼기에 이르렀다. 그 계기가 된 것은 이른바 역사 분쟁 문제와 관련해서였다.

주지하듯이 일본과 한국, 중국 사이에는 역사인식의 문제를 둘러싸고 심각한 대립이 존재한다. 특히 역사 교과서의 문제에 그 대립이 가장 선명하게 나타나고 있으며, 쉽게 해결될 기미가 전혀 보이지 않는 상태이다. 이 때문에 소농사회론과 같이 동아시아의 공통성을 강조하는 논의만으로는 부족한 면이 있다고 생각하게 된 것이다. 특히 이러한 문제점을 강하게 의식하는 계기가 된 일은 이른바 '2010년 문제'였다.

여기서 2010년 문제라고 한 것은, 2010년이 1910년에 일본이 한국을 강제 병합한지 100년이 되는 해이기 때문이다. 36년에 걸친 일본의 한국 지배가 끝난 1945년부터 벌써 65년, 그러니까 36년이라는 지배 기간의 두 배 가까운 세월이 지나간 지금도 그 문제가 해결되지 않고 있는데, 2010년을 계기로 무언가 해결을 향해 새로운 전환점을 만들어야 한다는 의식이 2010년 문제의 바탕에 깔려 있다고 말할 수 있다. 오랫동안 한국사를 연구해온 나로서도 이러한 상황이 빨리 바뀌어야 한다는 마음으로, 2010년 여름에 일본에서 큰 심포지엄을 여는 것은 어떨까 하는 생각이 머리에 떠올랐던 것이다.

그리고 실제로 이 2010년 문제를 기획하면서 일본의 역사를 한국, 중국과의 차이점을 중심으로 생각하기에 이르렀다. 2010년에 열린 심포지엄에 이르는 과정과 심포지엄의 내용에 관해서는 한국에서도 번역 출판된 최덕수 편, 『일본, 한국 병합을 말하다 – 일본의 진보 역사학자들이 말하는 한국 강제병합의 의미』(열린 책들, 2011년)에 자세하게 나와 있어서 그것을 참조하면 좋을 것 같다. 그 핵심은 일본에서도 소농사회가 형성되었는데, 소농사회를 지배하기 위해 한국과 중국에 등장한 유교적 국가체제가 일본에서는 형성되지 않았다고 보고, 거기에 일본의 특이한 역사와 사회의 원인을 찾으려고 하는 데 있다. 나는 이러한 관점에서 일본의 역사인식을 비판한 논문을 발표했는데, 이러한 논문들은 이 책과 거의 동시에 발간될 다른 책—『일본의 역사인식 비판』(창비에서 출판 예정)—에 게재될 예정이다. 그 책에는 일본 비판과 관련된 동아시아 비교론에 관한 논고들을 모았다.

동아시아에서 일본의 역사를 바라볼 때 역시 유교의 문제가 가장 중요한 문제로 생각된다. 따라서 최근에는 유교사상과 그것을 기반으로 한 유교 국가체제에 관한 문제를 집중적으로 연구하고 있는데, 이 책에서도 그러한 관점에서 쓰인 내용이 주제별로 포함되어 있다. 1986년에 발표한 「조선사회와 유교(朝鮮社會と儒敎)」(『思想』750호, 岩波書店)라는 논문에서 정약용의 『논어고금주(論語古今注)』를 대상으로 그의 유교사상의 특색을 검토한 적이 있었는데, 그 이후 사상사에 관해서는 관심만 있었을 뿐, 본격적인 논문은 쓰지 않았다. 그러나 유교의 문제를 다시 본격적으로 생각할 필요성을 느끼면서 요즘에는 사상사에 대해서도 연구하고 있는 상황이다.

나는 원래 한국 근대사부터 연구를 시작했는데, 토지조사사업에 관한 연구를 하면서 점점 연구대상이 조선시대로 옮아가게 되었다. 그것은 근대의 한국을 알기 위해서는 조선시대에 대한 이해가 필수적으로 필요하다는 생각에 따른 일이었지만, 그렇다고 해서 근대사에 관한 관심이 사라진 것은 결코 아니었다. 조선시대에 대한 이해를 바탕으로 근대사에 대해서도 새로운 시각에서 연구할 의도를 품고 있었는데, 한국에 온 이후 여러 번 근대사에 관한 논문을 집필할 기회가 있었다. 3·1운동 90주년에 즈음해서 열린 심포지엄인 백영서 교수가 기획한 '동아시아 3국의 근대 이행기에

관한 비교연구' 등이 그것인데, 이 책에도 근대사와 관련된 논고들을 몇 편 수록했다.(3부 참조)

지금까지의 근대사 연구는 19세기를 분기점으로 삼아 일본의 제국주의화와 한국, 중국의 종속화라는 큰 틀로서 파악하려 하는 연구가 그 대종을 이루었다고 할 수 있는데, 이러한 19세기 패러다임을 극복해서 21세기의 현실에 맞는 패러다임을 만드는 일이 무엇보다도 중요한 과제라고 생각한다. 이 책도 기본적으로는 그와 같은 의도에서 집필한 것이지만 아직은 모색 단계에 머무르고 있는 상태이다. 최근에 논문으로 발표한 유교적 근대에 관한 글(11장 유교적 근대로서의 동아시아 근세)에서는 16세기 이후의 동아시아를 근대로 봐야 한다는 주장을 했는데, 한국과 일본에서 동시에 주목을 받고 있는 상황이다. 나는 또한 근대사에 대해서는 자신이 없는 부분이 많지만, 조선시대와 근대를 따로 연구하는 지금 같은 상황은 빨리 극복되어야 한다는 점을 다시 한 번 강조하고 싶다. 그래서 강의에서도 전근대, 근대라는 것은 전혀 의식하지 않은 채 주제를 설정하고 있는데, 독자 여러분도 이러한 의도를 이해한 후에 비판해주신다면 고맙기 그지없겠다.

3. 나의 연구 정리

　　한국에서의 연구생활은 대략 이상과 같은 것인데, 나는 2014년 2월에 대학을 정년퇴직하게 된다. 그런 의미에서는 연구자로서의 생활이 마무리 단계에 접어들었다고 할 수 있겠다. 앞으로는 지금까지의 연구를 정리하는 작업을 해야겠다는 심정이다. 때마침 2011년 6월과 12월에 두 가지 모임이 개최되었는데, 그 자리가 그동안의 연구를 정리하는 좋은 기회가 되었다. 6월의 모임은 역사문제연구소에서 개최된 '역사마당'에서 내가 최근 발표한 '유교적 근대론'을 주제로, 나와 함께 두 분의 토론으로 이루어진 것이었고—이 모임의 내용은 『역사문제연구』의 26호에 「'유교적 근대'를 통해 본 한국사」라는 제목으로 게재되어 있다—또 12월의 모임은 일본 도시샤(同志社)대학에서 열린 강연회였다. 도시샤대학의 모임에서도 최근의 연구에 대해 논의했는데, 그 자리에서 젊은 한국사 연구자인 이타가키 류타(板垣龍太) 교수가 지금까지의 내 연구에 대해서 아주 훌륭하게 정리하여 보고해 주었다—이 강연회에서 내가 했던 보고와 그에 대한 토론의 내용은 도시샤대학 언어문화학회에서 간행되는 잡지 『언어문화』 15호에 게재될 예정이다. 내가 의식하지 못했던 부분까지도 잘 정리해주어서 고마울 따름으로, 그가 정리해준 나의 연구는 다음과 같이 크게 여섯 가지 부분으로 나뉜다.

첫 번째는 생산관계에 관한 문제로서, 지주와 농민의 관계를 주로 다룬 연구이다. 그리고 두 번째는 생산력 문제와 관련된 연구이며 조선시대의 농업기술, 농법에 관한 것들이다. 또 세 번째는 첫 번째와 두 번째 부분을 종합해서 토지소유 관계를 밝히려고 한 연구로서, 토지조사사업에 관한 연구가 그 중심을 이룬다. 이 첫 번째에서 세 번째에 걸친 연구가 나의 원래 연구영역이라고 할 수 있으며 나머지 연구의 기반이 되는 것이라고 할 수 있다. 네 번째는 조선시대의 지배체제와 관련된 연구로서, 양반에 관한 다양한 각도에서의 연구가 이에 해당한다. 다섯 번째는 조선시대 지배체제의 문제와 관련해서 지배적 사상이었던 유교, 특히 주자학과 관련된 연구로서, 앞에서도 말했듯이 최근에 주로 관심을 갖게 된 영역이다. 마지막으로 여섯 번째는 앞서 다섯 번째까지의 전 영역을 종합하여 조선시대의 국가체제를 어떻게 파악할 것인지에 대한 연구이다.

이타가키 교수가 정리해준 이러한 연구영역을 보고, 나름대로 감회를 느낄 수밖에 없었다. 이러한 영역은 내가 의식적, 계획적으로 하려고 했던 것도 아니고, 많은 경우는 심포지엄이나 출판 기획의 주제에 맞추어서, 이를테면 수동적으로 연구하거나 아니면 그때그때의 상황에서 필요하다고 생각하여 연구한 것들인데, 돌이켜보면 여러 영역에 걸쳐서 연구해왔음을 새삼스럽게 느낄 수 있었다. 아마도 일본 학계에서는 주변적인 존재인 한국사라는 영역 때문인 점도 있었고 한국에서 일본인으로서 연구생활을 보내게 된 때문인 점도 있어서 그렇게 된 것 같다. 그것이 어떤 평가를 받을 것인지는 모르겠지만, 적어도 내 자신은 추호의 후회도 없다. 앞으로 몇 년 동안이나 현역 연구자로서 지낼 수 있는지는 알 수 없지만 모자란 부분의 연구를 계속 하고 싶을 따름이다.

2부
동아시아에서 본
조선시대

4장

사대부와 양반은

왜 토지귀족이 아닌가

1. 양안, 검지장, 어린도책 비교

전근대 동아시아는 나라마다 고유한 토지대장을 만들었다. 한국 조선시대의 양안(量案), 일본 근세—도요토미(豊臣)시대 및 도쿠가와(德川)시대—의 검지장(檢地帳), 중국 명·청시대의 어린도책(魚鱗圖冊)이 그것이다. 이와 같은 각국의 토지대장에 대해서는 이제까지 많은 연구가 행해져 왔다. 특히 일본의 경우, 검지장을 이용한 연구는 방대한 수에 이르고 있다. 그러나 종래의 연구는 각각의 장부를 개별적으로 연구한 것으로서 비교사적인 입장의 연구는 거의 없었다. 아마도 토지대장이라고 하는 매우 구체적인 자료를 대상으로 했기 때문에 자료의 음미와 그 해석에만 연구자의 관심이 쏠려서 다른 지역의 유사한 자료와 비교하려는 발상 그 자체가 떠오르지 않았을 것이다.

여기서는 한국의 조선시대와 일본의 근세, 중국의 명·청대를 대상으로 토지대장을 서로 비교해보는 것을 목적으로 하고 있다. 세 나라 토지대장의 공통성을 명확하게 하는 것이 최대의 목적이지만, 그것을 위해서는 먼저 각 토지대장의 장부 양식을 간단히 소개하고 거기에 보이는 토지 파악의 방식에 착안하여 그 공통점을 찾아내는 순서로 논의를 전개하려고 한다. 그리고 마지막으로는 그러한 공통점이 무엇을 의미하는 것인지에 대해서도 살펴보기로 하겠다.

조선시대의 양안

고려, 조선의 두 왕조 시기의 한국에서는 양안이라는 토지대장이 작성되었다. 그 중 고려시대의 양안은 현존하고 있지 않지만, 조선왕조의 것과는 그 양식이 달랐을 것으로 생각된다. 여기에서는 조선시대 18세기에 작성된 양안의 양식을 검토해보기로 한다.31)

〈자료 6〉은 1721년에 작성된 「상주경자전안(尙州庚子田案)」이다. 조선시대의 양안은 모두 서울대학교 규장각에 정리되어 소장되어 있는데, 이것도 그 중의 하나이다. 1718년부터 1720년에 걸쳐서 충

〈자료 6〉 상주경자전안

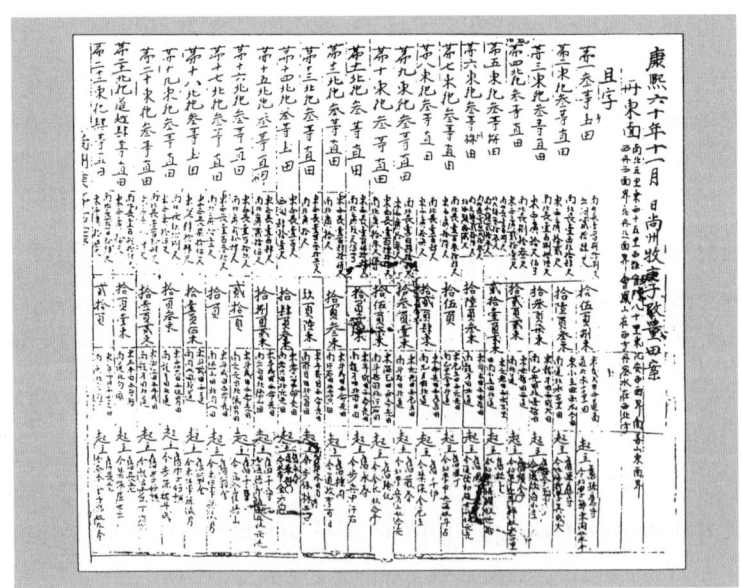

청도, 전라도, 경상도를 대상으로 양전(量田)을 실시했는데, 그 때에 작성된 것으로 상주는 경상도에 속한다.

양안은 어린도책(魚鱗圖册)의 영향을 받았던 것으로 보인다. 즉 각 토지의 지번(地番) 앞에 천자문의 순서로 된 자호(字號)를 붙이는 것이 어린도책과 같기 때문이다. 그러나 어린도책의 자호는 위치적으로 행정지역을 단위로 기계적으로 붙여진 것임에 비해 양안에서는 5결(結)을 단위로 자호가 붙여져 있는데, 그 차이는 양안의 성격을 생각해볼 때 중요한 의미를 가지고 있다. 자호마다 1번부터 순차적으로 지번을 붙여서 1필(筆)마다의 경지를 특정하는 것은 어린도책과 같다. 즉 각각의 토지는 ~자(字)~번(番)의 토지라는 식으로 자호와 지번으로 구별했던 것이다.

각 경지에 대한 기재사항은 등급, 형상, 지목(地目), 척수, 결부수, 사표(四標 어린도책이나 일본 중세까지의 토지대장에 보이는 사지(四至)에 해당한다), 기주(起主) 등이 표시되어 있다. 최상단에 있는 동범(東犯)이라든지 북범(北犯)이라고 하는 용어는 양전이 행해진 방향을 표시하는 것으로, 동범은 양전이 서쪽에서 동쪽으로 행해졌다는 뜻이다. 양안에는 어린도책의 어린도(魚鱗圖)처럼 각 토지의 위치관계를 파악할 수 있는 그림이 작성되지 않았기 때문에 그에 대한 대응조치로서 범향(犯向)을 기재한 것이라고 생각된다. 등급은 가장 비옥한 1등에서부터 가장 척박한 6등까지 여섯 단위로 나누는 것이 원칙이었다. 경지의 형상은 정사각형인 방(方), 직사각형인 직(直), 마름모꼴인 제(梯), 삼각형인 규(圭), 직각삼각형인 구고(勾股)로 다섯 개의 기본형이 정해져 있고, 여기에 해당하지 않는 형상의 경지는 기본형을 변형하여 파악하는 '재(裁)'이라는 방법으로 토지가 파악되어, 그것을 양안에 명기했다.

경지의 크기는 양전척의 척수로 나타내고 있다. 다섯 개의 기본형에 따라 면적을 산출하는 데에 필요한 척수를 표시하도록 정해놓았고, 그 척수로써 면적이 자동적으로 계산되는 방식으로 되어 있다. 양안의 가장 큰 특징은 면적을 산출하는 데 필요한 척수만을 표시하고 면적 자체는 표시하지 않으나, 그 대신 결부수(結負數)를 표시해놓았다는 점이다. 결부(結負)란 일종의 과세표준으로서 전세 등 토지에 부과되는 세는 이 결부수에 따라 징수되었다. 결부의 산출방법은 면적과 등급에 따라 행해졌는데, 예를 들면 1등 경지의 경우 양전척 1만 평방척(平方尺)은 1결=100부(負)로, 6등이면 같은 1만 평방척이라 하더라도 0.25결=25부로 하는 식으로 결부수가 결정되었으며 앞에서 서술한 대로 5결마다 자호가 붙여졌다. 여기에서 각 등급과 결부수의 관계는, 양전척 1만 평방척을 1등에서는 100부(負), 2등에서는 85부, 3등에서는 70부, 4등에서는 55부, 5등에서는 40부, 6등에서는 25부로, 등급이 1등 내려갈 때마다 15부씩 감액 평가한 것이다.

그리고 기주(起主)에 대해 설명하면, 기(起)는 진(陳)과 대응되는 개념으로서 기경중(起耕中), 즉 경작 중인 토지를 말하며, 진은 폐기된 토지를 의미한다. 따라서 기주란 경작하고 있는 토지의 주인이라고 하는 의미로서 대개의 경우 토지의 소유자를 의미했다. 그러나 특수한 토지의 경우, 기주란에는 독특한 표기가 나타나기도 한다. 상주전안(尙州田案)의 예에서는 '기연잉군방작모(起延礽君房作

某)'라고 되어 있는데, 이 토지는 국왕의 서자인 연잉군(후일의 영조)에게 수조권(收租權)을 준 소위 궁장토(宮庄土)라는 뜻이었다. 이 경우 소유자가 군방(君房)인지, '작(作)'으로 등록되어 있는 인물인지에 대해서는 양안의 기록만 가지고는 알 수가 없다. 궁장토와 같은 수조권 분여지는 일반 민전(民田)과는 달리 취급되었으며, 어린도책의 관칙지(官則地)와 비슷한 성격을 가진 토지였다.

또한 상주의 양안에서는 기주로서 '구(舊)'와 '금(今)' 2명이 기재되어 있는데, 구기주란 경자년 양전의 이전 시기, 구체적으로는 1634년에 실시된 양전에서의 기주를 가리킨다. 난외(欄外)에 '가(加)'라고 표시된 토지는 1634년의 양안에는 등록되어 있지 않은 토지로, 이 경우에는 구기주가 표기되어 있지 않다. 이러한 구양안과의 관계를 나타내는 표시는 본래 양전이 정기적으로 실시되게 되어 있었기 때문인데, 이 점은 어린도책과 다르다.

또 하나 양안의 기주 표기의 특징은 기주의 이름만이 아니라 직역(職役)이 표시되어 있다는 점이다. 직역이란 국가에 대해 사람마다 부담해야 하는 역을 말한다. 그래서 기주의 직역에 따라서 양반 직역의 보지자의 경우는 〈자료 6〉의 차자(且字) 1번 토지의 예와 같이 노비의 이름으로 대리 등록하고, 양인 직역의 보지자는 성명을, 천인 직역 보지자는 이름만을 표기해놓고 있다. 한편, 경상도의 양안에는 기주의 직역이 기재되어 있으나, 전라도의 양안에는 기주의 직역 표기가 보이지 않는다. 그러나 전라도의 양안에서도 양반의 경우에는 노비 이름을 대리로 등록하고, 양인의 경우에는 성명을 표기했으며 천인의 경우에는 이름만 등록하는 형태로 되어 있다. 즉 기주의 직역에 따른 구별이 있으므로 기본적으로는 경상도의 양안과 같다. 이렇게 양안은 소유자의 직역을 강조하고 있는데, 이러한 현상은 어린도책에는 전혀 보이지 않는 것이어서 주목할 만하다.

일본의 검지장(檢地帳)

다음으로 일본의 검지장에 대해 살펴보기로 한다. 여기에서는 미야가와 미츠루(宮川滿)가 소개한 「섭진국천천촌검지장사(攝津國天川村檢地帳寫)」를 대상으로 했다.32) 이 검지장은 1594년의 이른바 태합검지(太閤檢地 여기에서 태합검지라고 부르는 것은 도요토미시대부터 도쿠가와시대 초기에 걸쳐서 행해졌던 일련의 검지의 총칭이다)의 일환으로 실시된 검지에 기초하여 작성되었다.

검지장에는 어린도에 해당하는 것은 없지만, 따로 경지의 위치 관계를 보여주는 약도인 견취도(見取圖)를 작성하는 것이 통례였다. 그 때문에 각 필지의 경지에는 자호나 지번 같은 것은 일체 붙어 있지 않고, 다만 각 경지의 소재가 세세한 지명(地名)으로 표시되어 있을 뿐이다. 검지장은 촌(마을)을 단위로 하여 작성되었기 때문에 이처럼 간략한 경지 파악만으로도 충분했던 것으로 생각된다.

각 경지의 등급은 상·중·하로 구분하는데 경우에 따라서는 '상상'이나 '하하' 등으로 더욱 세분된 것도 있다. 그리고 지목, 면적, 고쿠다카(石高), 나우케닌(名請人) 등도 기재되어 있다. 면적은 300보(步)=1단(反)으로 환산한 것만 표시해놓았고, 면적 산출의 기초가 되는 척수(尺數) 등은 기재되지 않았다.

검지장의 가장 큰 특징은 고쿠다카의 표시이다. 각 경지의 고쿠다카는 등급과 지목, 면적으로 산출되지만, 아마카와 무라(天川村)의 경우 논[水田]에서는 상(上)이 1무(畝)=1.4석(石), 밭[畑]에서는 상이 1.2석을 기준으로 하여 등급이 한 단계 내려감에 따라 0.2석씩 낮은 고쿠모리(石盛 고쿠다카를 산출하기 위한 기준 생산량)가 적용되고 있다. 이 고쿠다카는 각 경지의 상정 생산량에 대해 논밭을 불문하고 일률적으로 쌀로 파악한 것인데 그렇게 했던 이유는 무엇일까?

고쿠다카는 조선시대의 결부와 같이, 과세표준의 역할을 한 것처럼 생각하기 쉽지만, 근세 중기까지 연공(年貢)은 고쿠다카와는 관계없이 징수되었다. 고쿠다카가 과세표준의 역할을 하게 되는 것은 죠멘호(定免法)라고 하는 정액년공제(定額年貢制 매년 미리 정해진 액수를 징수하는 징세법)가 실시된 이후이고, 당초에는 과세표준이 아니었던 것이다. 고쿠다카는 본래 군역 부과를 위한 기준으로서 무사들은 자기 영지의 고쿠다카에 대하여 군역을 부담해야 했던 것이다. 따라서 고쿠다카는 아주 정치적인 성격이 강한 것으로, 전국적으로 통일된 군역 부과의 기준을 설정하는 것이야말로 태합검지 최대의 목적이었다.

검지장에 나타나는 고쿠다카의 이상과 같은 성격을 생각할 때 양안에 나타나는 결부에 대해서도 다시 생각해봐야 한다. 즉 결부제는 여태껏 과세표준으로 이해되어왔지만 그 외에 다른 의미도 가지고 있었던 것이다. 징세를 위한 것이라면 면적과 등급만 알 수 있으면 되었을 것이므로 일부러 결부를 산출할 필요가 없었을 것이다. 상정 생산량인 고쿠다카가 평등한 군역 부과를 위한 것이었던 것처럼, 결부는 본래 국가에 대신하여 수조하는 권리, 즉 수조권을 공평하게 나누어주기 위한 단위로서 만들어졌다고 생각하는 쪽이 합리적이다. 수조권을 나누어주기 위해서는 분여된 토지의 면적이 문제가 아니라, 그 토지로부터 어느 정도로 수조할 수 있는지가 중요했기 때문이다. 5결마다 자호를 붙임으로써 어린도책과는 다른 방식을 취한 것도 자호를 단위로 하여 수조권의 분여가 행해졌기 때문이다. 고쿠다카제(石高制)와 군역 사이의 관계, 결부제와 수조권 분여 사이의 관계를 이렇게 생각한다면, 양자는 모두 정치적이고 군사적인 의의를 가지는 것이고, 뒤에 서술하는 것처럼 동아시아에 있어서 토지소유와 정치권력의 관계를 생각하는 데 매우 중요하다.

아마카와 무라(天川村) 검지장의 마지막 난(欄)에는 각 토지의 나우케닌(名請人)이 기록되어 있는데. 이것이 각 토지의 소유자이다. 나우케닌 기재의 특징은 모두 성을 빼고 이름만을 쓰는 형식으로 되어 있다는 점인데, 무사 신분의 경우 병농분리(兵農分離)의 원칙에 따라 토지를 소유할 수 없었기 때문이다. 물론 나우케닌 중에는 옛 토호(土豪)의 계보를 잇는 경우에서처럼 성을 가진 사람도 있었지만, 검지장에는 일체 성을 표기해놓지 않았다. 어린도책과 양안에서는 지배층인 사대부나 양반도 업호(業戶)나 기주로—다만 양반은 노비를 대리로 등록하는 형태였지만—등장하고 있어서 검지장과는 커다란 차이가 있다.

검지장은 앞에서 서술한 것처럼 촌을 단위로 하여 작성되었지만, 어린도책이나 양안에서는 촌이 명시적으로 등장하지 않는다.

이 점도 중요한 의미를 가지고 있다. 먼저 중국의 경우에는 현(縣)을 몇 개의 도(都)로 나누고, 또 도를 몇 개의 도(圖)로 나눈 뒤에 도(圖)를 단위로 하여 어린도책을 작성했는데, 도(都)나 그 하부 단위인 도(圖)는 징세를 위한 구획일 뿐이고 행정적인 촌과는 관계가 없다. 한국의 경우, 양안은 군(郡)과 현(縣 조선시대의 군, 현은 동일 레벨의 행정구획이었다)의 하부 행정단위인 면을 단위로 작성되었고, 일본의 촌에 해당하는 동(洞)과 이(里)는 양전의 단위가 아니었던 것이다. 이러한 차이는 세 나라 촌락의 모습을 고찰하는 데 있어서 중요하지만, 여기에서는 논하지 않는다.

명·청대의 어린도책(魚鱗圖冊)

어린도책은 중국 송대 이후에 국가에 의해서 작성되었다. 어린도책에 대해서는 중국, 일본에서 연구가 행해지고 있는데, 여기에서는 이들의 연구에 의거하면서 그 장부 양식을 살펴보기로 한다.

어린도책은 현재 일본의 국회도서관이나 도쿄대학 동양문화연구소에 청대의 것이 소장되어 있지만, 양적으로 가장 방대한 것은 『휘주천년계약문서(徽州千年契約文書)』[33]에 들어 있는 휘주 지방의 일련의 어린도책으로, 원대부터 청대에 이르기까지 작성된 것이다. 아마도 중국에는 대량의 어린도책이 남아 있을 것이라고 생각되는데 현존하는 것만을 보아도 그 장부 양식이 매우 다양함을 알 수 있다. 여기서는 『휘주천년계약문서』에 들어 있는 〈자료 7〉의 「만력구년흡현삼십칠도팔도군자호어린청책(萬曆九年歙縣三十七都八圖君字號魚鱗淸册)」을 예로 장부 양식을 검토하기로 한다. 이 어린도책은 신종(神宗) 만력제(萬曆帝) 때의 저명한 재상 장거정(張居正)의 주도하에 실시된 소위 '장거정장량(張居正丈量)'의 결과 작성된 것으로 만력 9年은 1581년에 해당한다. 또한 도(都)라든가 도(圖)는 징세를 위한 행정 단위를 지칭하는 것이고, 군자호(君字號)라고 하는 것은 앞에서 지적한 자호이다.

어린도책에는 서두에 도책(圖冊) 내에 등록되어 있는 경지 전체의 위치를 표시한 일람도가 그려져 있는 것이 일반적이다. 이 그림의 형상이 물고기의 비늘과 같기 때문에 어린도책이라고 하는 명칭이 생겼다고 한다. 어린도책에는 양안에서와 같이 각 토지가 자호와 지번으로 특정되어 있다. 한 필지의 토지마다 그 소재지인 토

〈자료 7〉 만력구년흡현삼십칠도팔도군자호어린청책

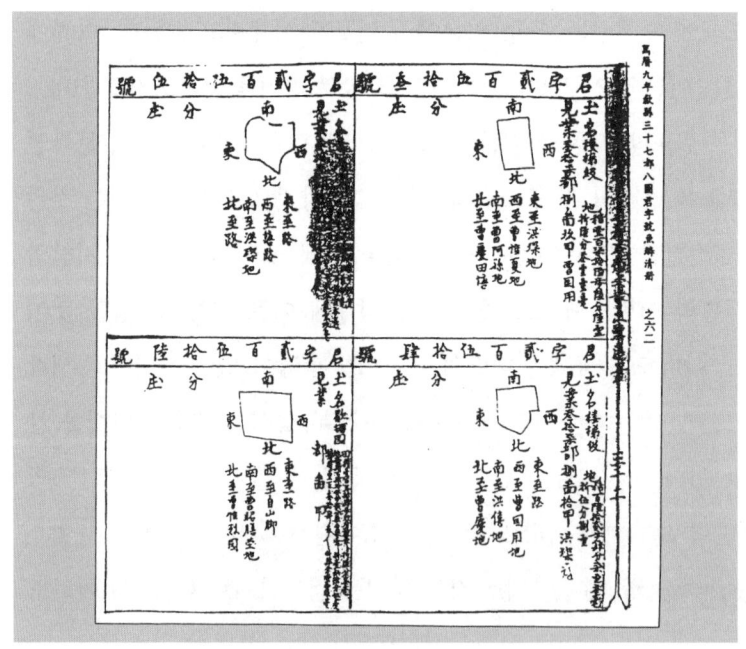

명(土名), 지목(地目 지(地)는 논, 전(田)은 밭, 당(塘)은 연못을 가리키는 것이 일반적이지만, 휘주 지역에서는 지가 밭을, 전이 논을 가리킨다), 면적과 절수(折數), 소유자의 주소와 성명(업견(業見) 부분), 토지의 형상도, 사지(四至) 등이 기재되어 있다.

이 어린도책에서 가장 주목되는 것은 각 토지의 면적이 '적(積)' 및 '절(折)'의 두 가지 방법으로 표시되어 있다는 것이다. 이 중에서 '적'은 각 토지의 면적을 그대로 표시한 것으로서 360보를 1무로 하고 있다. 한편 '절'이라고 하는 것은 '적'을 환산한 것이다— '절(折)'은 환산한다고 하는 의미를 가진 말이다. 만력『휴령현지(休寧縣志)』에 "만력 10년에 호구조사를 실시했다. 그 전년 9월에 황제의 명에 따라 토지를 조사했는데 관전과 민전, 논, 밭, 산, 연못 등을 구별하지 않고 다 같은 기준을 적용했다(萬曆十年籍戶口. 以前年九月奉旨經界田土, 官民田地山塘均爲一則)"라고 하여 소위 '징일균량법(徵一均糧法)'에 의하여 관전(官田)과 민전(民田)을 구별하지 않고 지목마다 일정한 기준으로 면적을 '절(折)'로 환산함으로써 징세의 공평을 꾀했던 것이다.

'절'의 방법은 다음과 같다. 여기에는 관칙(官則)의 토지는 없고 모두가 민칙(民則)의 토지인데, 그 둘의 구분은 송대에 유래하는 것이다. 송대의 경우 관전은 국유지이고 민전은 민유지로서 소유권의 소재가 달랐지만, 명대에 이르러서는 관전도 민유지로 되었다. 다만 관전의 계보를 잇는 관칙의 토지는 민칙의 토지보다도 무거운 지세가 부과되었다. 민칙의 토지인 경우 논은 224보를 1무, 밭은 비옥도에 따라 각각 280보, 314보, 327보를 1무, 못—양어(養魚)

등을 통해 수익이 있었기 때문에 과세 대상이 되었다—은 320보를 1무로 하여 '절'이 행해졌다. 따라서 '절'로 표시된 면적은 실제의 면적이 아니라, 양안의 결부나 검지장의 고쿠다카와 같이, 각 토지의 경제적 가치를 고려한 면적 단위이다.

절의 기준은 지역에 따라 다른데, 『휘주천년계약문서』에 수록되어 있는 각종 어린도책을 보면, 논은 거의가 224보를 1무로, 밭은 각각 270보, 280보, 305보, 314보, 327보 등을 1무로 환산해놓고 있어서 다양하다. 또한 못은 모두 320보를 1무로 했고, 그 외에 산(山)은 360보를 1무로, 산전(山田)은 238보를 1무로 한 예도 보인다. 아마도 각 토지의 실제 수익에 따라 절을 행하여 균세를 꾀하려 했을 것이다. 여기서는 이러한 방식을 '절무(折畝)'라 부르기로 한다.

흥미로운 것은 장거정장량 때에 작성된 어린도책 중에 적(積)을 전혀 표시하지 않고 절수만을 표시한 것도 존재한다는 점이다. 『휘주천년계약문서』에 나오는 「만력구년흡현삼십륙도사도비자호어린청책(萬曆九年歙縣三十六都四圖非字號魚鱗淸册)」, 「만력구년흡현단자호어린청책(萬曆九年歙縣短字號魚鱗淸册)」, 「만력사문서도칠보당자호어린책(萬曆祀門西都七保唐字號魚鱗册)」 등이 그것으로, 이러한 장부가 존재한다고 하는 것은 국가의 관심이 실제의 면적보다도 절무를 통해 도출된 수치에 있었다는 것을 입증하고 있다. 양안에 있어서 각 토지의 면적이 표시되지 않고 결부수만 표시되어 있는 것과 같은 장부 양식인 것이다.

다만 중국의 절무는 한국의 결부제나 일본의 고쿠다카제와는 달리, 정식으로 법제화된 제도는 아니었다. 예를 들면, 청대의 강희

년간에도 대규모의 장량(丈量)이 실시되었는데, 그때 작성된 어린도책이 도쿄대학 동양문화연구소 니이타(仁井田) 문고에 소장되어 있다. 그런데 거기에는 절무가 시행되지 않은 것으로 나온다. 이처럼 절무는 제도화되지 않았던 것이다. 그것은 결부제와 수조권의 분여, 고쿠다카제와 군역 부과의 관계와 같은 토지제도와 정치적 편성의 결합이 명·청시대의 중국에는 존재하지 않았기 때문이라고 생각된다. 그러나 어린도책에서 절무가 시행되지 않은 경우에도, 징세 때에는 역시 절무를 하여 각 토지의 세액을 파악했을 것으로 보인다. 따라서 단순히 장부에서만 절무의 수치가 기재되지 않았을 뿐이라고 생각된다.

2. 한·중·일 토지대장의 공통성

　　이상과 같이 세 종류의 토지대장을 비교해서 검토해보면, 거기에는 차이점과 함께 공통점도 있다는 것을 알 수 있다. 지금까지 세 종류의 장부는 별개로 연구되어왔기 때문에 전혀 주의를 기울이지 않았던 것이지만, 삼자에 공통된 성격을 명확히 하고 그 공통성을 만들어 낸 역사적 요인을 찾는 것은 동아시아사회의 특징을 고찰하는 데 매우 중요한 의의를 가진다고 하겠다.

　　삼자의 공통성으로 장부의 양식에서 가장 먼저 눈에 띄는 최대의 것은 양안에 있어서의 결부(結負), 검지장에 있어서의 고쿠다카(石高), 어린도책에 있어서의 절무(折畝)라고 하는 토지 파악의 방법이다. 삼자 모두 토지대장에 등록된 개개의 토지에 대하여 면적, 등급, 지목(地目)—양안의 경우 지목의 차이는 고려되지 않았고, 등급을 판정할 때만 고려했다—을 종합적으로 평가하여, 각 토지의 '순경제적(純經濟的) 가치'라고 생각되는 것을 결부, 고쿠다카, 절무의 수로 파악하고 있는 것이다. 여기에서 순경제적이란 말로 표현한 것은, 삼자 모두 각 토지의 개별적인 사정을 고려하지 않고 그 토지로부터 얻는 수익을 일의적(一義的)으로 평가하려 한 제도였기 때문이다. 그리고 이러한 원칙은 어떤 의미에서 매우 '근대적'인 성격을 가졌다고 할 수 있다. 주지하듯이 근대의 토지제도, 지세제도에 있어서는 각 토지의 경제성을 평가하여, 그 수익에 세금을 부과하는 방법이 채택되고 있다. 이러한 의미에서 보면 결부제나 고쿠다카제, 절무제는 그 이념에 있어서 근대의 토지제도, 지세제도와 기본적으로 공통성을 가진 것이다.

물론 순경제적이라고 해도 그것은 어디까지나 이념적인 것이고 실제로 결부수, 고쿠다카수, 절무수를 산정하는 경우에는 다른 요인들도 여러 가지로 함께 작용했다. 예를 들면 결부수를 산정하는 경우, 조선후기에 있어서는 지역적인 특수 사정이 고려되었던 것으로 보인다. 경기 지역의 경우, 국왕이 거주하는 왕도에 가깝다는 이유로 다른 지역보다 등급이 낮게 설정된 것이 그 전형적인 예다. 그렇게 한 이유는 두 가지가 있다. 하나는 왕의 은혜로서의 의미이고, 다른 하나는 국왕의 행행(行幸) 등의 이유로 다른 지역보다도 주민의 부담이 컸기 때문이다. 후자는 경제적 이유라고 말할 수 있지만, 전자는 정치적인 이유이므로 순경제적인 것은 아니었다. 이러한 현상은 일본이나 중국에서도 존재했던 것으로 생각되는데, 그러나 이러한 현상을 과대하게 평가하여 전근대적인 제도라고 할 수는 없다. 왜냐하면, 근대나 현대의 토지제도, 지세제도에 있어서도 경제적인 요인 이외의 요인이 작용하는 것은 극히 일반적인 현상이기 때문이다.

세 종류의 토지대장의 공통성을 이상과 같이 이해할 수 있다면, 당시 전근대사회로서 이례적이라고 할 수 있는 이러한 제도가 왜 실시되었는지, 그것이 어떻게 해서 가능했는지를 알아보는 것이 순서일 것이다.

3. 특권적 토지 지배의 소멸

또 하나의 검지장

  세 종류의 토지대장에서 보이는 공통된 토지 파악 방식을 만들어낸 역사적 요인을 찾아보기 위해 먼저 또 한 가지 별도의 검지장을 살펴보기로 한다. 아마카와 무라(天川村)에는 앞에서 본 검지장에 앞서서 작성된 또 하나의 다른 검지장이 현존하고 있는데, 이것도 미야가와에 의해 소개된 바 있다. 〈자료 8〉의 '섭진국천천수장

〈자료 8〉 섭진국천천수장

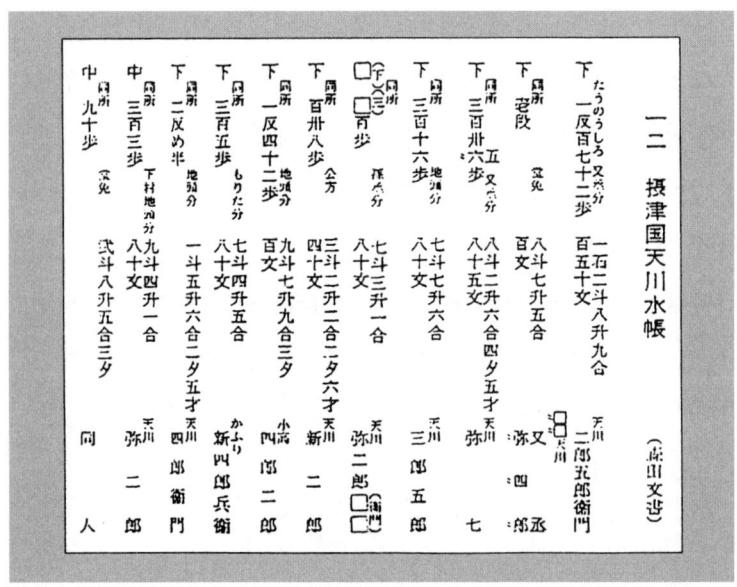

(攝津國天川水帳)'이라는 제목의 검지장이 그것이다.34) 당시 검지장을 '미즈쵸(水帳)'라고도 불렀던 것은 '미즈(水)'가 '보지 못한다'는 의미인 '미즈(不見)'와 동일한 발음을 가지고 있어서 생긴 호칭으로, 검지장이란 원래 쉽게 볼 수 없는 장부였다. 이 검지장은 아마카와 무라가 다카야마(高山) 씨의 영지였던 1573년부터 1585년 사이에 작성된 것으로 추정되며, 태합검지보다 앞서 실시된 전국대명검지(戰國大名檢地)에 의한 것이었다. 앞의 검지장보다 겨우 10~20년 앞선 것이지만, 그 둘은 전혀 다른 장부 양식으로 되어 있다.

이 미즈쵸의 가장 큰 특징은 각 토지에 분즈케(分附)의 주인이 기재되어 있다는 점이다. 면적을 표시하는 보수(步數 여기에서는 300보가 1단이었다)의 옆에 '우승분(又丞分)'이라든가 '당면(堂免)'이라고 기재된 것이 그것으로, 우승이나 당이 분즈케의 주인이다. 경지에 따라서는 나우케닌(名請人)만이 기재되고 분즈케의 주인이 기재되지 않은 것도 있지만 소수이다. 이 분즈케의 주인은 영주인 다카야마 씨로부터 각 경지에 대해서 얼마간의 몫을 받을 수 있는 권리를 인정받은 자로, 그 내용은 다양하다. 또한 우승은 분즈케의 주인으로서만이 아니라 나우케닌으로서도 등장하고 있어서, 병농분리가 완전히 행해지지 않았음을 반영하고 있다. 즉 '전국대명검지'에서는 한 필지의 토지에 대해서 중층적인 권리관계가 인정되고 있으므로, 그 점에서 태합검지와 가장 큰 차이가 있다고 하겠다.

또 하나의 특징은 고쿠다카가 여기에서는 보이지 않는다는 것이다. 각 경지마다 표기되어 있는 석두수(石斗數)는 그 토지의 연공고

(年貢高)이고, 문수(文數)는 소위 단센(段錢 토지에 부과되는 화폐 지세)의 액(額)이다. 경지에 대한 권리가 중층적으로 존재하고 있었기 때문에 통일적인 군역 부과 기준으로서의 고쿠다카제의 실시가 불가능했던 것이다. 결국 고쿠다카제는 경지에 대한 중층적인 권리관계가 정리되고 통일된 토지 파악이 가능하게 된 후에야 비로소 성립할 수 있던 것이다.

「천천수장(天川水帳)」에 보이는 이 두 가지 특징은 서로 깊이 관련되어 있다. 즉 토지에 대한 지배 및 권리관계가 태합검지에서처럼 영주 대 농민 소유자라고 하는 형식으로 단순화되어 있지 않고, 영주와 농민 그 중간에 다양한 성격을 가진 분즈케의 주인이 존재했기 때문에 토지에 대한 지배관계가 다양할 수밖에 없었던 것이다. 그리고 그 결과 각 토지가 부담해야 할 연공도 개별적인 것이 되지 않을 수 없었다. 바꾸어 말하면, 고쿠다카제와 같은 통일적인 토지 파악은 분즈케의 주인이라고 하는 중간적인 존재를 완전히 부정함으로써 비로소 가능하게 되었다고 생각할 수 있다. 이제까지의 일본사 연구에서 밝혀진 것처럼, 태합검지는 분즈케 주인의 존재를 부정하고 토지에 대한 지배 및 권리관계를 영주와 나우케 농민(名請農民 검지장에서 나우케닌으로 등록된 농민)의 2자 관계로 정리함으로써 병농분리라고 하는, 일본의 중세와 근세를 가르는 분수령 역할을 했던 것이다.

일본 근세의 검지장에 보이는 고쿠다카제를 이상과 같이 이해할 수 있다면, 결부제나 절무제에 대해서도 같은 방식으로 이해할 수 있지 않을까? 즉 결부제나 절무제 또한 통일된 토지 파악을 전제로 했기에 비로소 그것의 시행이 가능해진 제도가 아니었을까 하는 것이다.

결부제와 양안의 역사적 변천

결부라고 하는 말은 이미 신라시대의 토지 문서에 등장하고 있어서 그 역사는 매우 긴 것이지만, 고려시대 중기까지는 단순히 토지 면적을 표시하는 단위였다. 즉 1결(結)이 중국의 1경(頃)이고, 1부(負)가 1무(畝)였지만 고려조의 어느 시기에 '이적동세'(異積同稅 예를 들어 같은 1결의 토지라도 그 등급에 따라 면적은 다르되 같은 양의 지세를 부담하는 방식이다)의 결부로 변했다.[35] 그 이유는 수조권 분여의 개시와 밀접한 관계에 있었던 것으로 생각되는데, 이적동세의 결부제에 의한 토지 파악은 수조권 분여를 위해 대단히 편리한 제도였던 것이다. 그러나 고려시대에 모든 토지가 결부제에 의해 파악되고 있었는지는 아직 의문으로 남아 있는데, 그 점에서 조선시대와는 크게 달랐을 것으로 생각된다.

결부제에 의한 토지 파악이 관철된 것은 조선시대에 들어와서라고 생각되지만, 그것을 보여주는 것이 양전방법의 변화와 오결작자제(五結作字制 앞에서 설명한 대로 5결을 단위로 자호를 매기는 제도)의 확립이다. 이 과정에 대해서는 나의 졸저[36]에서 간단히 언급한 바가 있고 또한 이영훈의 논문[37]에 자세하게 파악되어 있기 때문에 여기에서는 그의 논문에 의존하면서 설명하기로 한다.

고려와 조선의 양전방식의 변화를 보여주는 가장 확실한 사료는 『고려사』 '식화지(食貨志)'에 보이는 다음의 기술이다.

무릇 토지를 조사할 때 공전과 사전의 구별을 완전히 없애고 20결, 혹은 15결, 10결을 단위로 해서 정호를 매긴다. 읍마다 정호를 매기는 방법은 천자문의 순서로 정호를 매기도록 해서 사람의 성명을 정호로서 사용하지 않는다. 그렇게 함으로써 나중에 그 토지가 조상에서 이어받은 토지라고 거짓으로 신고하는 폐단이 생기지 않도록 한다. 토지의 조사가 끝나면 그 결과에 따라 토지를 분급한다.

이 사료는 고려 말인 1389년에 실시된 소위 기사년(己巳年) 양전 때에, 중신(重臣) 조준(趙浚)이 행한 상언(上言)의 일부이다. 그 취지는 양전 과정에서 공전(국가 수조지), 사전(수조권이 개인 등에게 분여된 토지)의 구별에 관계없이 모두 일률적으로 20결이나 15결 혹은 10결마다 천자문의 순서에 따라서 정호(丁號 앞에서 설명한 자호와 같다)를 붙이도록 한 것인데, 그 정호에는 종래와 같이 인명을 붙이지 못하게끔 함으로써, 양전 후에 타인의 토지를 조상 전래의 토지라고 사칭하는 폐해를 없애려 했던 것이다.

이 기사년 양전은 3년 후에 조선왕조를 창건하게 될 이성계가 실권을 장악한 후에 실시한 것이어서, 고려시대 최후의 양전이라기보다는 실질적으로는 조선시대 최초의 양전이라고 볼 수 있다. 그리고 또 기사년 양전은 그 2년 후에 제정된 과전법(科田法)과 불가분의 관계에 있는 것이었다. 과전법의 가장 큰 목적은 주지하듯이 극히 문란했던 사전의 폐해를 제거하고 사전의 분급과 수조권의 행사에 대해 국가의 통제를 강화하는 것이었다. 조준의 상언 역시 사전에 대한 국가 통제의 강화를 의도한 것이었다고 이해할 수 있다. 즉 고려시대의 양전에 있어서는 공전과 사전이 별개로 파악되었을 뿐 아니라 사전의 경우 주인의 성명이 정호로 쓰였지만, 기사년 양전 때에는 공전과 사전의 구별 없이 일률적으로 양전을 행하고, 일정한 결수마다 기계적으로 정호를 붙이도록 변환시켰던 것이다.

조준의 상언에서 엿볼 수 있듯이 고려시대의 양전에 있어서 공전과 사전은 별개로 파악되고 있었다. 이에 대해서는 국가가 사전의 내부 상황은 조사하지 않고 대강의 결수만을 파악하는 데 지나지 않았다고 가정해볼 수 있다. 고려시대의 토지 표기에서 많은 경우 결 단위로 표시되어, 부수(負數)와 속수(束數 10속이 1부였다)까지 표기했던 것이 드문 것도 사전에 대한 국가의 파악이 조잡한 것이었음을 말해주는 것이라고 생각된다. 이러한 의미에 있어서, 고려 중기 이후에 성립한 이적동세(異積同稅)로서의 결부제가 고려시대에 모든 경지에 대하여 엄밀히 적용되었다고 보는 것은 곤란하다. 이러한 상황을 근본적으로 개혁하여 모든 경지를 일률적으로 결부제에 의해 파악하는 방식은 기사년의 양전에 의하여 비로소 실현된 것이었다.

조준의 상언에서는 정호(丁號)가 20결, 15결, 10결마다 정해지는 것으로 되어 있어서 기사년의 양전에서도 그의 상언대로 정호가 정해졌다고 생각되지만, 이영훈의 논문에 명확하게 나와 있듯이 1398년의 양전령(量田令)에서는 오결작정제(五結作丁制 오결작자법과 같다)로 개혁되었고 그것이 이후 조선시대에도 준수되었다. 따라서 모든 토지를 순경제적으로 일률적으로 파악하고, 5결마다 자호(정호)를 붙인다고 하는 의미에서의 결부제는 사전 주인의 독자적인 토지 파악을 부정하는 것으로서 사전에 대한 국가의 통제가 강화된 고려말기부터 조선초기에 이르는 시기에 성립한 것이다. 따라서 이 결부제는 일본의 태합검지를 통한 고쿠다카제의 성립과 동일한 의의를 발견할 수 있는 것이다.

다만 과전법의 제정 이후에도 사전 주인의 자의적인 토지 지배는 쉬이 근절되지 않았고, 여러 가지 문제를 계속 일으켰다. 따라서 조선전기에 있어서도 사전에 대한 국가의 완전한 장악이 실현되었다고 말하기는 어렵고, 15세기 후반 직전법(職田法)으로 이행한 것에서 16세기 중엽의 직전법 폐지, 나아가 양반 등에 대하여 일정 지역의 소유권을 인정하는 제도였던 절수제(折受制)가 소멸하는 등 15~16세기의 일련의 변화를 거친 다음에야 비로소 국가의 통일된 토지 파악이 실현되었다고 보지 않으면 안 된다. 이러한 의미에서 결부제가 완성된 것은 17세기이고, 일본의 고쿠다카제의 성립과 거의 시기를 같이 했다고 말할 수 있을 것이다.

중국의 절무제

마지막으로 중국의 절무제에 대해서인데, 앞에서 지적한 것처럼, 절무제는 제도로 정해진 것은 아니었다. 아마도 장거정장량(張居正丈量) 때에 비로소 절무가 실시된 것이라고 생각되지만, 이에 대해서는 더 많은 연구가 필요한 것으로 보인다.

다만 절무제가 실시되는 전제조건으로서 중국의 경우에도 국가에 의한 통일적인 토지 파악의 문제를 살펴보지 않으면 안 된다.

적어도 당대까지의 중국에 있어서는 직전(職田) 등의 특권적인 토지 지배가 존재했었다는 것은 분명하다. 따라서 이러한 특권적인 토지 지배가 폐지되었기 때문에 절무가 가능하게 되었던 것으로 보인다. 또한 어린도책의 현물은 원대까지밖에 거슬러 올라가지 않지만, 송대에는 어린도책의 작성이 시작되었다고 할 수 있다. 중국에 있어서 특권적인 토지 지배의 소멸과 어린도책의 작성 사이의 관련 여하의 문제를 해명하는 것은 앞으로의 과제이다.

이상에서 살펴본 것처럼, 동아시아 각국에서 작성된 토지대장에는 강한 공통성이 존재한다. 그리고 그 공통성을 만들어낸 요인으로서, 특권적인 토지 지배의 부재, 바꾸어 말해 토지에 대한 지배가 국가에 집중되었다는 것을 들 수 있었다. 다만 일본 근세의 경우 중국이나 한국과는 달리, 토지 지배가 국가에 집중되었다고 할 수 없는 면이 있다. 극히 일부의 상층 무사인 쇼군(將軍), 다이묘(大名), 하타모토(旗本), 고케닌(御家人) 및 그 신하의 일부 등은 독자적으로 영역 지배를 했고, 중세보다는 한층 토지 지배가 단순화되었다고 할 수 있지만 국가에 완전히 집중되었다고는 할 수 없는 것이다.

그러면 여기에서 다시 한 번 아마카와 무라의 검지장을 살펴보자. 검지장의 표지 부분에 이시카와 규고(石川久五)라고 하는 인명이 보이는데, 이것은 아마카와 무라 검지의 실시책임자의 이름이다. 태합검지의 커다란 특징 가운데 하나는 검지의 실시 주체가 그 지역을 지배하는 영주가 아니라, 인접하는 지역의 영주였다는 것이다. 즉 태합검지에 있어서 영주들은 자기가 지배하는 영역에 대한 검단권(檢斷權)이 부정되었고, 그 때문에 통일적인 토지 파악이 가능하게 되었다고 말할 수 있는 것이다. 도쿠가와시대 중기 이후부터 다이묘들은 독자적인 검지를 실시하게 되는데, 이러한 상황은 예를 들면 18세기 이후 한국에서도 군·현마다 독자적인 양전을 행하고 그 결과를 중앙정부가 충분히 파악하지 않았던 것과 대비될 수 있는 것이다. 즉 국가 지배의 약화와 관련된 문제라고 이해해야 할 것이다. 이러한 의미에서 토지 지배의 국가적 집중은 동아시아에 공통된 특징이라고 할 수 있다. 그리고 이러한 특징이 동아시아 지역에 있어서 근대적 토지소유권의 확립을 용이하게 한 최대의 역사적 조건이었다고 할 수 있지만, 이 점에 대해서는 이미 별도의 논문에서 지적한 대로이다.[38]

문제는 이상과 같은 특징이 왜 생겼는가 하는 것인데, 필자는 그 최대의 원인을 동아시아 지역에 있어서 집약적인 농업 방식의 확립과 그것에 더불어 지배계층이 농업 경영을 회피했다는 점에서 찾고 있다. 이에 대해서는 추후 따로 논하기로 하겠다.

5장

조선시대

신분제 논쟁

1. 왜 신분인가?

조선시대의 신분, 신분제에 대해 지금까지 많은 관심을 기울인 결과 방대한 연구가 축적되었다. 조선시대사 연구에서 이에 필적할 만한 분야로는 실학사상에 대한 연구밖에 없다고 해도 과언이 아닌 것 같다. 그러면 왜 신분, 신분제 연구에 이렇게 많은 관심이 집중되었는가?

무엇보다 중요한 원인으로 지적할 수 있는 것은 호적대장(戶籍臺帳)이라는 자료의 존재이다. 호적대장에 기재되어 있는 '직역(職役)'이 신분을 표시하는 것, 혹은 신분과 불가분의 관계에 있는 것으로 이해되었고 그 결과 호적대장을 분석함으로써 조선시대의 신분구조와 그 시기적 변화상을 파악할 수 있을 것으로 생각해왔던 것이다. 조선시대 호적대장 자체가 비교적 많이 남아 있는 것도 연구를 촉진하는 데 큰 역할을 했다.

그러나 새삼 말할 것도 없이 자료가 많이 있다는 것만으로 신분, 신분제에 대한 연구가 성행하는 현상을 설명할 수는 없다. 신분, 신분제에 대한 연구를 촉진시킨 두 번째 원인은, 신분제의 변동을 뚜렷이 밝힐 수 있다면 조선시대의 사회 변동과 사회 발전을 연구하는 데 도움이 될 것이라는 인식이 많은 연구자에게 공유되어 있다는 점이다. 그리고 이러한 공통된 인식의 배후에는 전근대사회로서 조선사회가 신분제적으로 편성되었기 때문에 신분제의 변동 혹은 그 해체는 조선사회 근대화의 단적인 지표가 될 수 있다는 예측이 존재했었다고 여겨진다.

신분, 신분제 연구를 활성화시킨 이 두 가지 원인에 대해서는 아마 누구도 이론이 없을 것이다. 그러나 나는 그 두 가지만으로는 신분제에 대한 지대한 관심을 충분히 설명할 수 없다고 본다. 예를 들어 일본의 도쿠가와시대나 중국의 명·청대, 혹은 같은 시기 유럽의 연구와 비교해도, 한국사 연구에서 신분, 신분제에 대한 관심은 아주 높다는 말이다. 왜 이러한 현상이 생겼는가?

그것은 무엇보다도 조선시대 신분제의 구조 자체에 큰 원인이 있기 때문이다. 즉 신분, 신분제 자체가 아주 복잡하면서도 애매했기 때문에 연구자 사이에서 그러한 개념에 대한 공통된 인식을 얻기가 어려웠고, 그로 인해 많은 연구자들의 관심을 불러일으켰다고 볼 수 있는 것이다. 명·청대의 중국과 같이 신분이 사회적으로 거의 무의미한 경우, 거꾸로 도쿠가와시대 일본과 같이 신분이 법적으로 엄격하게 규정되어 있을 경우, 그 이유는 반대이지만 양자 모두 신분, 신분제에 대해 큰 관심을 가질 필요가 없다고 하겠다. 그에 비해 조선시대 신분제는 양자의 중간적인 성격을 가진 것이었기 때문에 신분, 신분제에 관한 다양한 의견이 나왔고 그래서 많은 연구가 이루어졌던 것으로 생각된다.

하지만 내가 보기에는 이것으로도 충분한 설명이 되지 못하는 것 같다. 거기에는 숨겨진 배경이 한 가지 더 있는 것이 아닌가? 무슨 이야기인가 하면 조선시대의 신분, 신분제는 단순히 과거의 문제일 뿐만 아니라 오늘날에도 의미를 가지고 있다는 것이다. 즉 조선시대의 신분에 관한 지식이 지금도 살아 있으며, 어느 집안이 어떠한 신분이었는지는 현재에도 의미가 있다고 생각하는 사람이 많이 존재하고 있기 때문에 신분제연구에 대한 관심이 지속될 수 있는 게 아닐까 싶다. 아마도 이것은 중국, 일본에서는 보기 드문 현상일 것이다. 따라서 그 원인은 위에서 말한 조선시대 신분제의 복잡함, 애매함과 깊은 관련이 있다는 것이 나의 의견이다.

   나는 이상과 같은 인식을 전제로 하면서 조선시대의 신분, 신분제연구를 한층 더 진전시키기 위해 필요한 작업으로 그러한 개념에 대해 이론적인 정리를 하려고 한다. 지금까지 연구에서 나타났던 의견대립도 기본적인 개념이 애매했기 때문에 발생한 경우를 많이 볼 수 있는데, 그것이 이 글을 쓰게 된 이유이기도 하다. 하지만 더욱 중요한 문제는 신분, 신분제에 대한 연구가 조선시대의 국가체제와 사회구조를 이해하는 데 어떤 의미를 가질 수 있는지, 말하자면 그 연구의 원점을 다시 따지는 작업이 필요하다는 것이다.

2. 중국과 일본의 신분제 유형

조선시대의 신분, 신분제에 대해 많은 연구가 이루어졌음에도 불구하고 그 기본 개념 자체에 대해서는 그리 많은 연구가 이루어졌다고 할 수 없는 실정이다. 더 나아가 조선사회가 왜 신분적인 편제를 가지게 된 것인지, 신분제가 국가구조나 사회구조와 어떠한 관계에 있었는지에 대해서도 깊이 고찰된 적이 없었다.[39] 그런 의미에서 이미 1987년에 김인걸이 지적한 다음과 같은 말은 지금도 유효하다고 생각된다.

> 이상의 (조선후기 신분사 연구의) 문제들은 우리에게 다시 한 번 신분사 연구의 시각, 방법론에 대한 심각한 반성을 요구하고 있다. 그것은 기왕에 조선후기 신분사 연구가 중세 봉건사회에 있어서의 신분제의 역사적 의의에 대한 근본적 물음 없이 시작되고 전개되어 나왔다는 점에서, 기본 과제의 해결에서부터 연구가 본격적으로 시작되어야 함을 의미하는 것이기도 하다.[40]

여기서는 먼저 신분이라는 개념의 문제, 그리고 많은 전근대사회가 왜 신분제사회로서 존재했었는가의 문제를 다른 나라의 사례를 검토하면서 이야기를 시작하기로 한다.

신분제국가 개념에 대해

　신분제를 전형적으로 발전시켰던 일본 도쿠가와시대의 신분제를 연구하는 스카타 다카시(塚田孝)는 전근대사회에 있어서 신분제가 가지는 의미에 대해 다음 같이 말했다.

　　근대사회에 있어서는 인간이 '사람(人間)'과 시민(市民)으로 이중화되어 있다. 거기서는 인간 개개인의 여러 가지 차이·개별성과 그 개별성에 기초한 집단은 모두가 사사(私事)로서 시민사회 속으로 봉쇄되는 반면, 정치적 국가에서는 추상적이기는 하나 보편성을 가진 인간(시민)으로서 공적인 위치가 부여되고 그런 의미에서 평등성을 획득하게 된다. 이에 비해 전근대사회에 있어서 이중화되지 않은 인간의 존재양식이 바로 신분이다. 거기서는 특수 이해를 가진 인간이 그 특수성(개별성)에 따라 공적인 지위를 받게 되는데 이러한 국가·사회 전체의 즉자적(卽自的) 관계 설정을 매개하는 것이 '집단'이다.[41]

　여기서 볼 수 있듯이 일반적으로 말해 전근대사회에서는 개인의 개별성, 예를 들어 그의 직업 같은 것이 동시에 공적인 활동으로서 공적인 사회(국가)에 의해 그 위치가 매겨지는 것이다. 그리고 그때 개별적인 활동 하나하나가 공적인 위치를 부여받는 것이 아니고 '집단'을 매개로 해서 그 위치를 부여받는 것이다. 신분이란 바로 이러한 집단에 대해 공적인 사회에서의 위치를 매기기 위한 제도라고 말할 수 있을 것이다. 그런데 도쿠가와시대 일본에서 이러한 집단으로 가장 기초적인 단위가 된 것이 바로 '이에(家)'였다. 이와 관련해서 미즈바야시 다케시(水林彪)는 다음과 같이 말한 바 있다.

> (일본의 막번제 사회는) 이에를 기초 단위로 하는 것이었다. 이러한 사회에서는 농업이나 상업, 그리고 수공업을 가업(家業)으로 하는 이에가 있었던 것과 마찬가지로 통치에 관한 일을 가업으로 하는 이에도 존재했다. 그렇게 해서 이러한 국가를 역사학에서는 신분제국가라고 부르는 것이다.[42]

그러면 전근대사회에서는 왜 신분제국가가 존재했던 것일까? 그 가장 큰 원인은 시장경제가 발달하지 못했기 때문으로 볼 수 있다. 즉 시장경제가 충분히 발달하지 않는 상태에서는 사회적인 분업이 국가에 의해 편성될 수밖에 없었던 것이다. 그것과 대조적으로 시장경제가 발달하면 시장원리를 통해 사회적 분업이 형성되기 때문에 국가와 사회의 분리가 이루어지고 따라서 신분제의 해체가 가능해지는 것으로 생각된다.

그런데 여기서 주의해야 할 것은 이러한 신분제국가에서는 미즈바야시가 지적한 대로 통치 행위도 그것을 가업으로서 독점적으로 담당하는 가(家)가 존재했다는 것이다. 유럽의 귀족, 일본의 무사(武士)가 바로 그러한 존재였다.

송대 이후 비신분제사회로

그런데 기존의 조선시대 신분제연구에서 전근대사회는 반드시 신분제국가였다는 전제가 있었던 것같이 보인다. 그것이 신분제 개념에 대한 기초적인 검토가 소홀하게 된 이유 중의 하나라 할 수 있을 것이다. 그러나 모든 전근대사회가 신분제로 편성되어 있었다고 말할 수는 없다. 그 전형적인 예가 중국이다. 이 문제에 대해 미즈바야시의 말을 다시 들어보자.

신분제국가는 일반적으로 말해 반드시 전근대사회로 부르는 사회의 공통된 현상이 아니었다는 것을 지적해두고 싶다.

예를 들어 제제(帝制)시대의 중국 경우가 그랬다. 송대 이후 중국에서는 과거제도가 보편화되었는데 이것은 단적으로 통치를 가업으로 하는 가문이 존재하지 않았다는 것을 의미하는 것이며(마찬가지로 농, 공, 상을 가업으로 하는 가도 존재하지 않았다), 중국은 이미 신분제국가 또는 신분제사회가 아니었다는 것을 의미하는 것이다. 거기서는 생업도 재산도 그리고 이름마저도 다 개인의 것이었고 가의 것이 아니었다. 개인이 모여서 가족·종족을 만들고 또한 사회를 만들며 그 위에 관료제 국가가 치솟고 있었다. 물론 그것은 서구의 근대에 실현된 사회와 국가의 분리, 사회와 국가의 이원적 질서와는 내용적으로 다르지만 이원적 질서라는 면에서는 같은 성격을 가진 것이었다.

이러한 사회와 국가의 이원성은 벌써 진·한제국시대에 지방에 정기시가 열리는 정도를 훨씬 능가하는, 인구가 수천, 수만이나 되는 대도시가 잇달아 족생(簇生)할 정도로 도달한 경제적 발전에 의해 가능케 된 것이었다. 시장경제는 등가물의 교환이라는 순경제적 법칙을 근본 원칙으로 해서 성립되는 사회이기 때문에 시장경제의 높은 발전은 사회를 비정치화 시키고 정당한 폭력을 국가로 집중시킨다. 그뿐 아니라 발달된 시장경제는 개개인을 상품소유자로서 석출(析出)해 나가기 때문에 사회와 국가의 구성단위를 개인에까지 분해하면서 개인주의적으로 편성된 사회와 국가의 이원제를 창출해 나가는 것이다. 그러한 국가는 황제를 주권자로 하는 관료제 국가이며 사회는 개인주의화되어 있기 때문에 국제(國制)는 필연적으로 일군만민(一君萬民)적 구조를 갖추고 있었다.[43]

미즈바야시의 주장은 중국이 언제부터 비신분제적인 성격을 갖게 된 것인지에 대해서는 애매한 부분이 있다. 그러나 과거제가 본격적으로 실시되기 전, 즉 당대까지는 양천제(良賤制)의 형태로 중국에서도 신분제가 중요한 기능을 갖고 있었다는 사실에 비추어볼 때, 역시 과거가 정착되고 상품경제가 획기적으로 발전한 송대 이후에 와서야 비신분제적인 국가, 사회의 편성이 본격화되었다고 보는 것이 옳을 것 같다.

이처럼 송대 이후의 중국을 신분제국가로서 파악할 수 없다면 조선시대의 신분제에 대해서도 근본적으로 재검토할 필요가 있다는 말이 된다. 왜냐하면 주지하는 바와 같이 조선왕조는 국제(國制) 가운데 많은 것들을 중국에서 도입했기 때문이다. 그런데 앞에서 지적한 대로 지금까지는 모든 연구가 조선시대를 신분제사회로만 간주해왔다. 이는 조선시대 호적대장이나 신분제에 대한 연구의 개척자인 시카타 히로시(四方博)로부터 시작된 것이다. 시카타는 일본인다운 발상, 즉 전근대 일본사회가 신분제국가였기 때문에 조선왕조도 당연히 신분제국가일 것이라고 전제하면서 호적대장에 대한 연구를 시작했다고 할 수 있다. 그리고 그 이후에도 시카타와 같은 전제 아래 연구가 진행되었는데 조선시대의 신분, 신분제에 대한 연구에 많은 혼란이 생긴 까닭도 여기에 원인이 있었다고 볼 수 있다.

  조선시대의 신분, 신분제를 연구하기 위해서는 신분제국가론을 전제로 하지 말고 서구나 일본 같은 신분제국가와 중국 같은 비신분제국가, 이러한 두 가지 유형을 비교대상으로 삼으면서 조선이 그 중에서 어떠한 위치에 있었는지를 따져보는 것이 가장 중요한 문제가 아닌가 생각한다.

3. 양반은 신분인가?

중국적 국가 모델의 도입과 그 한계성

주지하는 바와 같이 조선왕조의 건국을 주도한 주자학 관료들은 건국 이후 주자학적 이념을 기초로 한 국가체제를 수립하려고 애썼다. 그것은 한마디로 말하면 과거를 통해 선발된 관료에 의해 전국을 통일적으로 통치하는 것을 이상으로 삼는 체제였다. 그리고 이러한 이상적 국가체제를 추구함으로써 관료 등용에서 과거의 비중이 커지고, 고려시대에 존재했던 속읍(屬邑 고려시대에는 중앙에서 관료가 파견되는 주읍과, 파견되지 않는 속읍이 존재했었으며, 속읍은 주변에 있는 주읍의 지배를 받았다)은 대폭적으로 감소했으며, 무과의 실시와 군사권의 국가적 집중 등 많은 성과를 거두었다.

그러나 다른 한편에서는 원래 한국사회와 중국사회가 동질적인 사회가 아니었기 때문에 중국모델이 전면적으로 실현된다는 것 자체가 불가능한 일이었다. 그래서 예를 들어 왕권의 제약성이라든가 과거의 폐쇄성이라든가 하는 여러 가지 면에서 독자적인 수정을 가함으로써 비로소 주자학적인 국가체제를 갖추게 된 것이었다. 신분, 신분제에 있어도 사정은 마찬가지였다.

중국에서는 송대 이후, 특히 명대부터 직업과 신분의 결합이 해체되었고 신분은 양(良)과 천(賤)이라는 두 가지로 단순화되었을 뿐만 아니라 천민신분은 기본적으로 범죄자에게 한정되어 그 숫자 또한 미미할 뿐이었다. 그리고 이러한 현상이 출현하게 된 원인은 시장경제가 획기적으로 발전했기 때문이었는데, 그 점에 있어서노 한국과 중국은 결정적인 차이가 있었다. 여기서는 본격적으로 다룰 수 없지만 조선시대의 시장경제 문제에 대해서는 단순히 그 발전의 저위성을 파악하는 것보다 국가에 의한 의도적인 억제 정책, 특히 16세기를 중심으로 한 동아시아 규모의 은 유통 문제와 관련하여 그에 대한 대응으로서 볼 필요가 있다고 생각한다.

따라서 조선왕조에서는 사회적인 분업 문제를 시장경제의 원리에 맡긴 자유방임 정책을 실시한다는 것 자체가 불가능했기 때문에 어느 정도로는 국가가 사회적인 분업을 조직할 수밖에 없었던 것이다. 중국적인 국가 모델을 도입하면서도 조선사회가 신분제적 성격을 일정한 정도로 띠게 되었던 근본적인 원인은 여기에 있다고 하겠다. 그러나 아울러 주의해야 할 문제는, 그렇다고 해서 조선사회가 도쿠가와시대 일본과 같이 사회적 분업을 신분제에 의해 전면적으로 고정시켰다고는 말할 수 없다는 것이다. 물론 여기서 전면적이라고 하는 것은 중국과 비교해서 한 말이고 일본에서도 분업이 100% 국가에 의해 조직된 것은 아니었다.

아무래도 조선시대의 신분, 신분제를 이해하는 데는 이 중국 모델의 수용과 그 전면적 실시의 어려움을 전제하는 것이 결정적으로 중요하다는 것이 이 글에서 주장하고 싶은 가장 핵심적인 대목이다.

직역과 신분의 관계

시카타 히로시의 조선 호적대장에 대한 연구에서 가장 큰 문제였고 현재도 결론이 나오지 않는 것이 바로 호적대장에 기재되어 있는 직역과 신분의 관계를 어떻게 이해할 것인지에 대한 문제이다. 이에 대한 일반적인 인식은 먼저 신분을 국가적 신분과 사회적 신분으로 나누어서 직역은 국가적 신분을 표시하는 것으로 생각하는 것 같다.[44] 신분을 국가적 신분과 사회적 신분으로 이분해서 파악할 수 있는지, 그 때 사회적 신분은 무엇을 근거로 해서 결정되고 유지될 수 있는지는 의문이지만 여기서는 더 이상 언급하지 않겠다. 그리고 국가적 신분과 사회적 신분이 별도로 있을 수 있다면 왜 그런 것이 가능했는지가 큰 문제일 텐데, 지금까지는 이 문제에 대해서도 심각하게 고려하지 않았던 것 같다. 그래서 국가적 신분과 사회적 신분을 구별하여 파악하려고 할 때 사회적 신분이란 주로, 특정 지역사회에서 통용되는 것을 가리키는 경우가 많다고 볼 수 있다. 나는 신분이란 기본적으로 국제(國制)에 관한 문제로 파악해야 된다고 생각한다. 다만 여기서 제기하고 싶은 것은 직역을 국가적 신분으로 이해할 수 있는지에 관한 문제이다.

신분제국가에서는 기본적으로 직역과 신분은 일치한다고 생각할 수 있다. 왜냐하면 앞에서 말했듯이 신분제국가에서는 인간의 개별적인 활동에 대해 공적인 성격을 부여했는데 그것은 집단을 매개로 해서 부여하는 것이었다. 즉 신분이라는 것은 집단을 계층화시키기 위한 장치였던 것이다. 그리고 그 집단이란, 구체적으로 집, 마을, 동업 단체 등이었다. 예를 들어 도쿠가와시대 일본에서는 기본적인 신분으로서 무사, 농민, 초우닝(町人 도시에 거주하는 사람으로서, 주로 상업 종사자와 수공업 종사자가 다수를 차지했다), 에타(穢多 도살과 피혁제품의 생산에 종사하는 사람으로서, 천민신분을 구성했다), 히닝(非人 주로 거지를 직업으로 하는 사람들로서, 에타와 함께 천민신분을 구성했다) 등이 설정되어 있었는데 각자는 집을 기본 단위로 하면서 그 위에 있는 중간단체—농민의 경우는 무라(村), 초우닝의 경우는 마치구미(町組)와 같은 도시의 자치조직 등을 말한다—에 대해 부과되는 야쿠(役)를 단체 내부의 자치적인 분담을 통해서 부담했다. 즉 '직'은 곧 '야쿠'였고 야쿠는 동시에 신분을 표시하는 것이기도 했던 것이다.

이러한 신분제국가의 직역과 비교해 본다면 조선시대 직역은 아주 독특한 성격을 가지고 있었다. 조선시대 직역의 특색으로서 제일 먼저 지적할 수 있는 것은 직역이 여타의 신분제국가에서 보듯이 그것을 부담하는 사람의 소속 집단에 대해서는 부과되지 않았다는 것이다. 조선시대에는 이러한 직역을 부담하는 단위로서 집단 자체가 존재하지 않았다. 같은 가족이면서도 다른 직역이 부과되는 현상, 호적대장에 등록되어 있으면서도 직역명이 기재되어 있지 않은 현상, 혹은 같은 인물이 다른 식년의 대장에서 다른 직역이 부과되는 현상 등은 직역이 집단을 단위로 부과되지 않았기 때문에 나타나는 현상이다. 호적대장에 '나타나지 않는 사람들'이 많이 존재했던 현상도 이러한 직역의 성격에 비추어 볼 때 당연한 것이었다고 할 수 있다. 또한 호적대장의 호(戶)가 곧 자연적인 가족이 아니었다는 정진영, 김건태의 주장도 충분히 일리가 있다. 농

139

민이니 상인이니, 혹은 관료니 하는, 사회적 분업에서 필수적인 직업이 직역이나 신분 범주가 아니었다는 것도 조선왕조가 전형적인 의미에서 신분제국가가 아니었다는 증거이다.

직역이 집단을 통해서 부과되는 것이 아니었다는 사실은 조선사회가 중국과 마찬가지로 신분제사회보다는 훨씬 개인주의적 성격이 강한 사회였다는 이야기가 된다. 중국에서는 같은 가족이라도 다른 직업에 종사하는 사례를 흔히 볼 수가 있는데, 이런 일은 중국사회의 개인주의적 성격을 잘 나타내 준다. 관인(官人)이나 농민, 상인 같은 신분이 존재하지 않았던 것도 조선사회와 마찬가지였다. 그리고 사회적 공공 업무를 수행하는 사람, 예를 들어 병사와 행정 실무 담당자 같은 경우도 특정 집안에 고정화되지 않고 기본적으로 시장경제의 논리에 의해 충당되었던 것이다.

그러나 조선사회는 시장경제가 발달하지 못했던 까닭에 중국과 같이 사회적 분업을 시장경제의 논리에 맡길 수는 없었다. 양국의 차이점은 편적(編籍 호적대장의 작성)의 빈도에 잘 나타나고 있다. 중국에서는 10년에 한 번 편적을 하게끔 되어 있었지만 명대 중기 이후는 충실하게 준수되지 않았던 것 같다. 게다가 18세기에 들어가면서부터는 편적하려는 시도 자체가 완전히 없어져 버렸다. 그것은 국가와 사회의 이원적 구조의 완성을 의미하는 것이기도 했다. 그에 비해 조선왕조는 주지하듯이 3년에 한 번씩 편적을 마지막까지 실시했는데 그것은 호적대장을 작성해서 그것을 바탕으로 사회적 분업을 조직하지 않으면 안 되었기 때문이다.

신분제 해체론 비판

　조선시대 신분제연구에서 커다란 쟁점 가운데 하나는 양반에 관한 것이다. 그 중에서도 양반의 신분화가 이미 조선전기에 성립되었는가, 아니면 조선전기에는 양·천이라는 두 개의 신분구조였는가에 관한 논쟁, 그리고 18세기 이후의 유학(幼學) 직역자의 증가를 하층신분 소지자의 신분 상승에 의한 결과로 보고 그것을 신분제 해체의 지표로 이해하는가, 아니면 조선말기까지 양반의 신분적 지배는 강고한 것이었다고 이해하는가에 관한 논쟁은 학계를 양분할 정도로 중요한 논쟁거리였다. 그러나 양반에 관한 이 논쟁들에서도 조선시대 신분의 독특한 성격은 충분히 고려되지 않았다고 생각한다.

　앞에서 말했듯이 신분제국가에서는 기본적으로 모든 사회적 분업이 국가에 의해 그리고 신분을 통해 조직되었기 때문에 통치행위 그 자체도 그것을 가업(家業)으로서 독점하는 사람에 의해 담당되었다. 이에 반해 중국에서는 통치를 독점적으로 담당하는 집안은 존재하지 않았고 과거라는 능력 위주의 시험에 합격한 사람이 개인의 자격으로 통치를 담당했던 것이다.

　잘 알려져 있는 바와 같이 조선왕조의 창건 이후 관료의 등용에서는 과거의 비중이 결정적으로 높아졌고 무과도 실시되었다. 이러한 현상은 중국과 마찬가지로 조선에서도 통치를 가업으로 그리고 독점적으로 담당하는 집이 없어졌음을 의미한다. 특히 조선전기에 있어서는 이러한 측면이 강하게 나타났다고 생각된다. 따라서 양반의 신분적 성격은 강하지 않았다.

그러나 다른 한편에서 주자학적인 이상은 상당히 높은 허들 (hurdle)이 되어 있었다. 양민은 모두 과거를 볼 자격이 주어졌는데도 시험 준비에 전념할 수 있는 경제력을 가진 사람은 처음부터 많지 않았다. 그뿐만 아니라 과중한 국역 부담으로 인해 양민이 몰락함에 따라 주자학적인 이상과는 더더욱 거리가 생기고 말았다. 이러한 상황은 사회 불안을 조성했을 뿐만 아니라 비신분제적 국제를 위태롭게 만들 수도 있었다. 16세기 이후 양반의 신분화가 진행되는 것도 이러한 위기에 대한 대응으로서 이해할 수 있다.45)

그런데 여기에서 주의해야 할 점은 양반의 신분화가 진행된 16세기 이후에도 가업으로 통치를 독점적으로 담당하는 집은 결국 출현하지 못했다는 사실이다. 조선후기가 되면 과거의 폐쇄성이 더욱 강해지고 특정 가문에서 많은 합격자가 배출되기는 했다. 그러나 그렇다고 해서 어떠한 명문 집안이라도 그 자체의 이유만으로 과거 급제가 자동적으로 보장되지는 않았던 것이다. 따라서 양반의 신분화는 큰 한계를 가질 수밖에 없었던 셈이다. 그런 의미에서 양반신분은 유럽의 귀족이나 일본의 무사 같은 신분과는 본질적인 면에서 성격이 다르다고 하겠다.

18세기 이후의 유학 직역자 증가 문제도 위와 같은 양반의 성격을 충분히 고려하면서 그 역사적 의미를 파악해야 한다. 신분제해체론의 입장에 있는 연구자의 경우, 호적대장에 '유학'이라 기재된 것을 양반신분의 표시로 이해하고 있는 연구자가 많다. 그러나 지배신분에 속하는 자가 지역 주민의 70~80%나 되는 현상은 신분제 국가에서는 있을 수 없는 일이다. 이러한 현상이 있다는 것 자체가 조선이 전형적인 의미에서의 신분제국가가 아니었다는 것을, 그리고 양반이 순수한 신분이 아니었다는 것을 상징적으로 나타내준다고 할 수 있다. 해체론은 이러한 조선시대 신분제의 특징을 외면하고 있다고 말할 수밖에 없다.

그러나 해체론자의 신분제 이해에 문제가 있다고 해서, 해체론을 비판하는 지속론자가 옳다는 말이 되는 것도 아니다. 왜냐하면 지속론자의 신분제 이해 또한 해체론자와 기본적으로 같기 때문이다. 나는 양반이 순수한 신분이 아니었다는 점이 오히려 양반의 위상을 장기간 지속시켰다고 생각하는데, 이 문제를 밝히기 위해서도 다른 사회의 지배신분과 비교해가면서 검토해보는 것이 중요하다고 여겨진다.

여기에 덧붙여 말하고 싶은 것은 신분제의 폐기와 근대화의 관계에 대해서이다. 지금까지의 연구에서는 이 두 가지 문제를 연결시켜서 파악하는 경향이 강했는데 유럽의 사례를 볼 때 두 문제를 구별해서 보는 것이 오히려 좋을 것 같다.[46)] 유럽에서, 특히 영국의 경우에서 전형적으로 볼 수 있듯이 이른바 시민혁명 이후에도 귀족제는 존속했었다. 그런 의미에서는 귀족제의 존재와 자본주의의 발전이 반드시 모순적인 관계에 있지는 않았던 것이다. 따라서 만약 조선말기까지 양반제가 강하게 존속되었다 해도 그것은 곧 조선사회가 정체적이었음을 의미하는 것은 아니다. 중요한 것은 각 시기마다 양반들의 존재양식이 어떻게 변했는지, 그들의 지배기반이 어디에 있었는지를 구체적으로 밝히는 일이고, 특히 18~19세기에 들어가면서 지방 양반들의 정계 진출이 점점 어려워

짐에 따라 그들의 위상이 어떻게 변했는지 살펴봐야 한다는 것이다. 또한 유럽에서는 귀족제의 해체가 귀족의 특권을 폐지하는 형태라기보다는 귀족에게만 주어졌던 특권을 다른 신분계층에게도 허용하는 형태로 실시되었다는 지적이 있는데 이 또한 양반제의 해체과정을 이해하는 데 도움이 되는 경청할 만한 지적인 것 같다. 아무튼 양반 자체가 법적으로 명확하게 규정된 존재가 아니었기 때문에 그 해체과정도 언제라고 쉽게 단언할 수 없다. 그리고 처음에 지적한 대로 오늘날까지도 조선시대의 신분제에 대해 관심을 가진 사람들이 많다는 것도 이러한 양반제의 해체과정과 관계하는 바가 크다고 볼 수 있을 것이다.[47)]

노비제의 문제

조선시대 호적대장 및 신분제에 대한 연구에서 또 다른 초점이 되었던 것은 새삼 말할 것도 없이 노비제 문제이다. 노비제와 관련해서 지금까지 많은 관심을 기울였던 사항은 역시 두 가지로 요약된다. 하나는 조선전기의 노비 증가 현상이고, 다른 하나는 18세기 이후의 노비 호(戶)의 격감과 노비 인구의 지속 문제이다. 이 두 가지에 대해서는 양반 문제에서 나타나는 것과 같은 큰 견해 차이는 없는 것 같다.

그런 가운데 아직 충분히 해명되지 않은 것 중의 하나는 조선전기의 노비 인구 증가 현상의 원인을 어떻게 파악하는가의 문제이다. 이에 대해서는 앞으로 많은 실증적 연구가 필요하겠지만 앞에서 지적한 대로 조선초기의 중국모델 수용과 그 한계성 문제가 크게 작용했지 않았을까 생각된다. 아무래도 중국과 비교할 때 노비가 그렇게 많은 비중을 차지했던 현상은 조선시대의 사회구조를 이해하는 데 중요한 문제임에 틀림없다.

조선시대 '신분제' 모델의 제기

마지막으로 이상에서 말한 내용들을 정리하는 의미에서 조선시대 신분제에 관한 간단한 모델을 일본·중국과 대조하면서 제시해 두고 싶다.

먼저 다음의 〈자료 9〉는 도쿠가와시대 일본의 모델인데 그 특징을 열거하면 다음과 같다.

〈자료 9〉 일본 모델

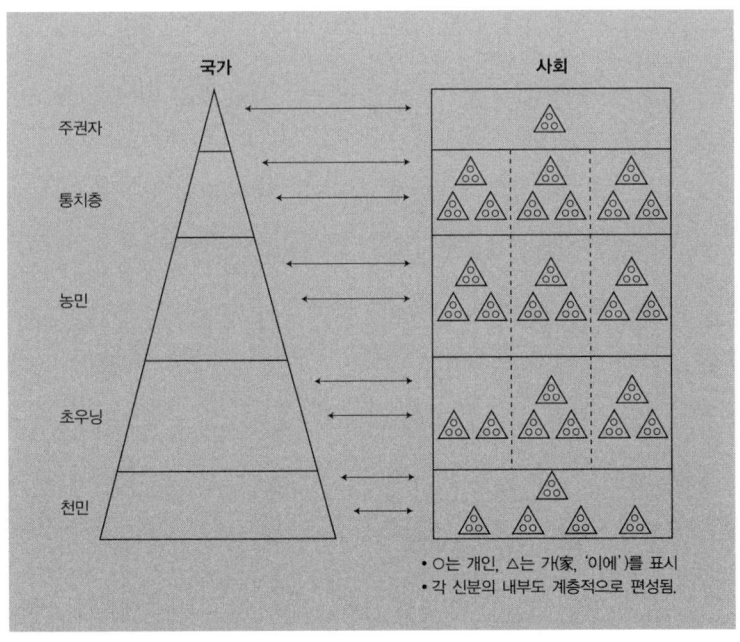

① 국가와 사회가 다 위계제(位階制)적으로 구성되어 있을뿐더러 양자는 대응관계에 있다. 즉 주권자, 통치계층, 농민, 초우닝(町人), 천민이라는 국가의 위계적 질서에 대응해서 사회도 구성되어 있는 것이다. 따라서 국가와 신분은 분리되지 않은 상태에 있다.

② 각 신분의 기초 단위로서 '이에(家)'가 존재하는데 그것은 가장에 의해 통솔, 대표되는 하나의 조직체이다.

③ '이에'의 집합체로서 농촌에는 '무라(村)'가, 그리고 도시에는 '마치구미(町組)'가 존재하며 이 중간단체도 이에와 마찬가지로 그 대표자에 의해 통솔된다. 국가는 이 중간단체에 대해 '야쿠(役)'를 부과하되 중간단체 내부에서 그것을 어떻게 배분하는가는 중간단체의 자치에 맡긴다.

④ 각 신분 사이의 이동은 아주 제한적이다.

다음의 〈자료 10〉은 명·청시대의 중국 모델인데 그 특징은 아래와 같다.

① 국가는 주권자(황제), 통치계층, 서민, 천민에 의해 구성되어 있는 반면, 사회는 황제와 그 일족, 양민, 천민이라는 삼층 구조로 구성되어 있어서 일치하지 않는다. 따라서 국가와 사회는 분리되어 있다.

② 신분에 의해 규정되는 세습적 직업[家業]은 황제를 제외하고는 존재하지 않으며 통치계층은 양민 중에서 과거에 의해 선출되는데 그 지위는 세습되지 않는다. 과거급제자는 개인의 자격으로 통치에 참여한다.

③ 사회 상층에는 과거시험에 비교우위를 가진 사대부계층이 존재

하지만 지극히 유동적이므로 신규 참입과 탈락이 빈번하다.

④ 사회에서는 고정적인 중간단체가 존재하지 않는다. 집, 마을, 동업단체, 동향단체 등 중간단체는 많이 존재하지만 모두 유동적이며 필요에 따라 조직되고 또 쉽게 해체된다. 개인은 선택적으로 중간단체에 소속할 수가 있어서 같은 가족원이라도 다른 중간단체에 소속할 수 있는 것이다. 집 자체도 생득적(生得的)이라기보다는 선택적인 것이고 균분상속제에 의해 가장권도 대단히 제한적이다.

⑤ 천민은 기본적으로는 죄인들이고 비세습적인 존재이다. 그러나 양민 중에서 채무노예적인 지위에 있는 자는 천민과 비슷한 사회적 지위에 있는 것으로 간주되는 경우가 있다.

〈자료 10〉 중국 모델

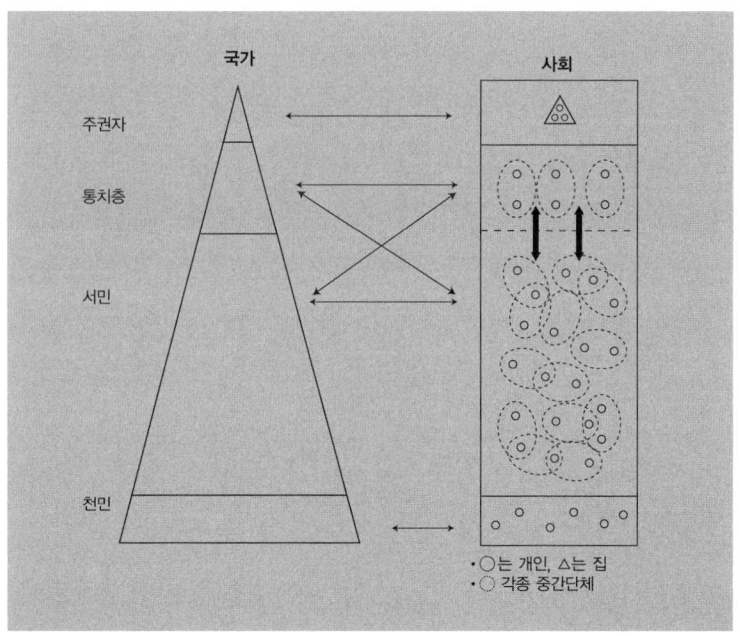

이상과 같이 대조적인 두 개의 모델을 염두에 두면서 조선시대의 모델을 생각해보자. 조선전기에 있어서는 비교적 중국 모델에 가까운 상태였다고 생각할 수 있겠지만 16세기 이후 사회의 고정화가 진행됨에 따라 〈자료 11〉과 같은 상태가 생겼다.

〈자료 11〉 한국 모델

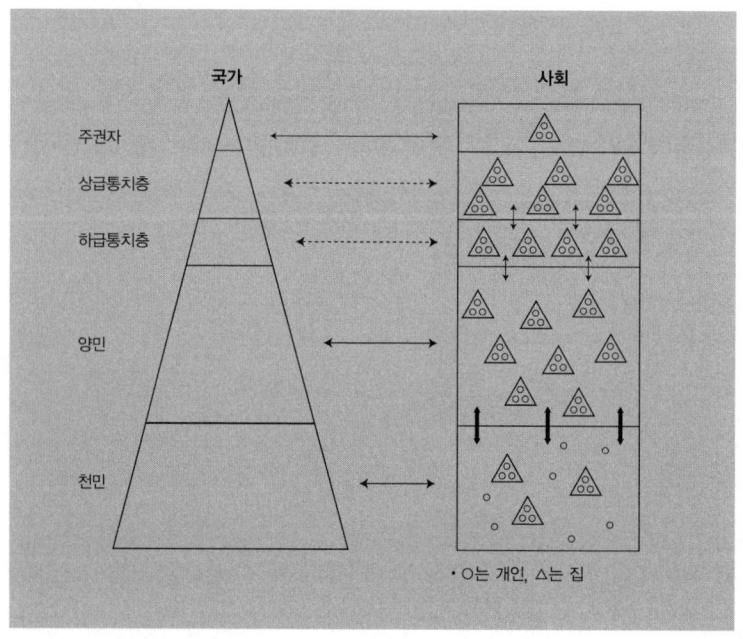

그 특징으로서 다음과 같은 것들을 지적할 수 있을 것이다.

① 국가는 국왕과 그 일족, 상급의 통치계층인 관료, 하급의 통치계층인 향리(중앙의 중인 등도 포함), 양민, 천민(주로 노비)으로 구성되어 있으며 사회도 그것에 대응해서 신분제적으로 구성되어 있다. 따라서

기본적인 구성에 있어서는 일본 모델과 비슷하다.

② 그러나 상급 통치계층에 해당하는 관료계층은 특정 집안에 의해 가업으로서 담당되는 것이 아니고 과거에 의해 선발된 사람이 담당하되 그 지위는 세습되지 않는다.

③ 과거시험에 비교우위를 가진 계층으로서 양반이 존재하는데 그 내부에서는 상호간의 경쟁이 심하기 때문에 어떤 집안이라도 그 지위를 장기간 유지하기가 곤란하다. 당쟁이니 세도정치니 하는 현상이 생긴 원인도 여기에 있다고 생각할 수 있다.

④ 하급의 통치계층에 있어서는 그것을 가업으로서 담당하는 경향이 있으면서도 역시 그 내부 경쟁은 격렬하다.

⑤ 통치를 가업으로서 담당하는 집이 존재하지 않는 것과 마찬가지로 양민에 있어서도 가업은 존재하지 않으며 직업과 거주지의 선택은 자유롭다. 다만 유기장(柳器匠) 등의 수공업자와 같은 특정 직업이나, 역민(驛民) 등의 공공 부문에 있어서는 가업적으로 담당하는 경향이 있었는데 그럴 경우 천업(賤業)시되기 마련이었다.

⑥ 집의 영속성은 일본보다 약하며 중국보다는 강한데 그에 대응해서 중간단체인 마을도 역시 일본보다 개방적이고 유동적이다.

⑦ 이러한 유동성을 보완하기 위해 사회 전체에 걸쳐서 계가 널리 조직되어 있다.

⑧ 천민의 대부분을 차지하는 노비는 그 많은 부분이 양민에서 몰락한 자들이고 일부는 가족을 구성하고 있다.

⑨ 신분간의 이동은 합법적, 불법적 방법에 의해 이루어져서 일본보다는 개방적이다.

⑩ 같은 신분 내부의 경쟁이 심한 것과 아울러 신분간의 이동이 비교적 자유롭기 때문에 신분 상승에 대한 강한 기대감이 존재하는 동시에 상층 부분에 있어서 신분 표상(자기 신분을 명시적으로 표시하는 것)에 대한 집착이 강했다.

여기서 제시한 모델은 아직도 개략적인 것에 불과하므로 앞으로 여러 가지 수정을 할 여지가 있겠지만 아무래도 조선시대 신분제를 고찰함에 있어서는 신분, 신분제 개념에 관한 근본적인 재검토 작업이 필수적이라고 생각된다.

6장

양반은

어떻게 만들어졌나?[48]

1. 지배계층의 정의

　각국, 각 사회의 지배계층은 지배계층으로서의 공통성을 가지면서도 각각 독특한 존재형태와 성격을 가지기 마련이다. 여기서는 조선후기의 지배계층이 어떻게 만들어졌는지에 관해서 기초적인 사실을 밝히는 것과 동시에 다른 사회와 비교하기 위해서 몇 가지 논점을 제시하고자 한다. 그래서 먼저 지배계층의 국제 비교를 행할 때에 중요하다고 생각되는 몇 가지 문제에 대해서 간략하게 정리해 두기로 한다.
　지배계층을 비교하는 데 있어서 우선 문제가 되는 것은 지배계층의 정의에 관한 것이다. 조선시대의 지배계층이라고 하면, 곧 양반이라고 하는 존재가 머리에 떠오르지만, 모든 양반이 지배계층이었다고 생각하면 그것은 비현실적이다. 이 점은 일본의 무사라든가 또한 유럽의 귀족에 대해서도 그 모두를 지배계층으로 볼 수 있는지의 문제와도 관련되어 있을 것이다. 이에 대한 하나의 해답은 지배계층을 두 가지 의미로 해석해서, 넓은 의미로서의 지배계층과 그 중에서 권력의 핵심 부분을 장악하고 있는 좁은 의미로서의 지배계층이라고 하는 두 부분으로 나누어 살펴보는 방법이다. 그러나 이 경우에도 권력의 핵심 부분을 누가 장악하고 있는지는 파악하기가 쉽지 않다. 여기서는 조선시대의 지배계층을 넓은 의미로 해석하는 방법을 취하면서, 그 중에서 좁은 의미의 지배계층을 어떻게 추출할 수 있는지를 밝히려고 한다.

지배계층을 비교하는 데 있어서 몇 가지 기준을 생각할 수 있는데, 첫째로 지배계층의 존재형태—문인인지 무인인지, 혹은 성직자인지—가 하나의 중요한 기준이 될 것이다. 그리고 그 지배계층으로서의 지위가 세습되는지 혹은 세습되지 않는지도 역시 하나의 중요한 기준이 될 것이다. 둘째는 지배계층의 개방성, 즉 지배계층의 재생산이 좁은 범위 내에서 폐쇄적으로 이루어졌는지, 혹은 지배계층과 피지배계층의 교대가 쉽게 이루어졌는지도 의미 있는 기준이 될 것이다.

조선시대의 지배계층인 양반은 문반(文班)과 무반(武班)으로 구성되어 있었지만, 문인의 지위가 압도적으로 높았다는 것, 그리고 과거시험에 의해서 관료로 선발되면 그것이 지배계층이 되는 데 결정적으로 중요한 조건이었다는 것 등의 특징을 우선 지적할 수 있다. 양반이란 존재의 가장 큰 특징은 그 지위를 세습하는 방법에 있었다고 말할 수 있다. 즉 양반이라는 지위는 중국 명·청시대의 사대부 및 일본 도쿠가와시대의 무사와 비교하면, 양자의 중간적인 성격을 갖고 있었다. 중국의 사대부는 그 관직과 사회적 지위를 다 세습할 수 없는 존재였는데 비해, 일본의 무사는 양자를 세습하는 존재였다. 반면에 양반의 경우에는, 관직은 세습할 수 없었지만 양반으로서의 사회적 지위는 세습하는 것이 가능했을 뿐만 아니라, 단독 상속의 일본과 달리 양반으로서의 사회적 지위는 모든 후손들이 세습할 수가 있었던 것이다.[49] 이러한 특징은 양반의 존재형태를 독특한 것으로 만들었다고 생각할 수 있는데, 여기서는 이 점에 유의하면서 지배계층으로서의 양반의 특징에 대해 검토해 보겠다.

2. 과거시험, 양반으로의 도약대

조선시대에는 같은 시기의 중국과 마찬가지로 과거제가 정착되면서 시험에 급제하는 일이 지배계층에 참입하기 위한 최대, 최선의 방법이었다. 물론 과거를 거치지 않고 지배계층이 되는 일도 전혀 불가능하지는 않았으며, 특히 조선초기에 있어서는 과거 이외의 방법으로 지배계층의 일원이 되는 사람도 다수 존재했다. 하지만 시간이 지나갈수록 과거의 중요성이 점차 늘어나게 되었고, 따라서 조선시대의 지배계층을 분석하기 위해서는 과거급제자에 대한 분석이 중요하다는 것은 두말할 필요도 없다.

주지하는 바와 같이, 조선시대의 과거시험은 크게 문관을 선발하는 문과, 무관을 선발하는 무과, 각종 전문 기술자를 선발하는 잡과의 세 가지로 나뉜다. 문과와 무과의 급제자가 좁은 의미로서의 양반이며, 잡과 합격자는 중인이라고 하는, 양반보다 한 단계 낮은 사회계층을 구성했다. 중국에 있어서는 잡과에 해당하는 시험이 당대까지는 실시되고 있었지만, 송대 이후 점차 폐지되는 데 비해서 한국에서는 잡과가 끝까지 실시되었다. 이 점은 조선시대 과거의 큰 특징이며, 관료의 선발에 있어서 과거에 의해 선발되는 부분이 중국보다 컸다고 할 수 있다.

문과와 무과의 시험에서는 문과가 압도적으로 중요했지만, 무과급제자가 지배계층을 형성하지 않았던 것은 결코 아니었다. 특히 조선전기에 있어서는 형제나 부자 사이에 문과와 무과의 급제자가 나란히 배출되는 현상도 흔했던 만큼 무과의 의미는 상대적으로 컸었다. 또한 후기에도 특히 중앙의 지배계층 사이에서는 문과급제자 뿐 아니라, 무과급제자도 많이 배출되었다. 이와 같이 무과도 지배계층이 되기 위한 통로로서의 의미를 그 나름대로 가지고 있었지만, 역시 문과의 중요성은 결정적인 것이었다. 따라서 이 글에서는 문과급제자에 한정해서 논의를 진행시키기로 한다.

문과시험은 크게 두 개의 단계로 나눌 수 있다. 우선 예비시험으로서의 성격을 가지는 사마시(司馬試)가 있었고 그 위에 본시험으로서의 문과가 존재했다. 사마시는 수험과목에 따라 진사시(進士試)와 생원시(生員試)라는 두 가지 종류가 있었으며 3년마다 실시된 정규적인 사마시의 합격 정원은 각 과목 100명씩으로, 합계 200명으로 정해져 있었다. 그리고 정규적인 사마시 이외에 임시적인 사마시도 자주 실시되었는데 그것은 문과의 경우와 같았다. 사마시를 둔 원래의 의도는 문과 수험을 위한 자격을 주는 것이었지만, 당초부터 이 의도는 지켜지지 않았고 사마시에 합격하지 않아도 문과를 수험하는 것이 인정되었다. 중국에서는 예비시험인 동시(童試)에 합격하지 않으면 문과를 수험할 수가 없었는데, 이 점에서 한국과 차이가 있었다. 이 차이와 관련해서 중국의 동시는 약 3만 명이라는 대량의 합격자(이들을 생원이라고 했다)를 배출한 데 비해 조선에서는 합격 정원이 소수였다. 또한 중국에서는 생원의 자격으로 관료가 되는 일은 없었지만, 조선에서는 사마시에 합격하는 것만으로 관료가 될 수 있었다. 따라서 조선시대의 사마시는 문과와는 다른 독자적인 의미를 가지고 있었다고 할 수 있다.

다음에 본시험인 문과에 대해 말하면, 3년마다 실시되는 정기적인 시험인 식년문과(式年文科)와 다양한 이유로 실시된 임시적인 문과가 있었다. 조선시대 문과의 실시 상황을 왕대마다 정리하면 〈자료 12〉와 같이 되는데 여기에서 몇 가지 문제를 지적할 수 있다.

우선 식년문과에 대해서 보면, 원래 그 급제자 정원은 33명으로 정해져 있었다. 이 규정은 효종 때까지는 엄격하게 지켜졌지만, 숙종 이후 증가하는 경향을 보이기 시작해 특히 영조 이후 정원을 큰 폭으로 웃도는 급제자가 선출되기에 이르렀다. 이 현상은 숙종 이후의 왕권강화책과 관련된 것이라고 생각되는데, 주목할 만한 현상이다.

임시적인 문과에는 왕의 즉위를 축하해서 실시된 증광시(增廣試), 왕이 문묘에 참배한 것을 기념해서 실시된 알성시(謁聖試) 등 다양한 종류가 있었다. 또 평안도나 함경도 같은 특정 지역을 대상으로 실시되기도 했다. 각종의 임시 문과시험은 후기가 될수록 빈번히 실시되어 식년문과를 웃도는 급제자를 배출하기에 이르렀다. 이러한 점은 임시적인 문과가 거의 실시되지 않았던 중국과 대조적이었다.

다음으로 조선시대의 문과에 관한 종래의 연구와 그 문제점에 관해서 검토하기로 한다. 문과에 관한 지금까지의 연구에서 많은 주목을 받은 것은 그 수험 자격의 문제였다. 즉 문과의 수험 자격이 양반계층으로 한정되어 있었는지, 혹은 양반 이외의 계층도 수

<자료 12> 조선시대 과거급제자 통계(시기별)[50]

왕호위(재위기간)	식년시			기타		계	1년당 급제자수
	횟수	인원수	1회당 인원수	횟수	인원수		
태조(1392~1398)	2	66	33	0	0	66	9.4
정종(1398~1400)	1	33	33	0	0	33	11
태종(1400~1418)	6	198	33	3	68	266	14
세종(1418~1450)	10	329	33	8	135	464	14.1
문종(1450~1452)	1	33	33	1	40	73	24.3
단종(1452~1455)	1	33	33	2	73	106	26.5
세조(1455~1468)	5	165	33	13	144	309	22.1
예종(1468~1469)	0	0	0	1	33	33	16.5
성종(1469~1494)	8	264	33	17	181	445	17.1
연산군(1494~1506)	4	132	33	8	119	251	19.3
중종(1506~1544)	13	412	32	39	487	899	23.1
인종(1544~1545)	0	0	0	0	0	0	0
명종(1545~1567)	7	240	34	16	232	472	20.5
선조(1567~1608)	12	405	34	46	707	1,112	26.5
광해군(1608~1623)	4	100	25	23	394	494	30.9
인조(1623~1649)	8	267	33	41	494	761	28.2
효종(1649~1659)	3	101	34	11	144	245	22.3
현종(1659~1674)	5	173	35	18	227	400	25
숙종(1674~1720)	15	562	37	58	868	1,430	30.4
경종(1720~1724)	2	69	35	7	114	183	36.6
영조(1724~1776)	17	760	45	102	1,363	2,123	40.1
정조(1776~1800)	8	363	45	30	414	777	31.1
순조(1800~1834)	12	485	40	36	564	1,049	30
헌종(1834~1849)	5	205	41	16	250	455	28.4
철종(1849~1863)	4	167	42	21	304	471	31.4
고종(1863~1894*)	11	466	42	67	1,300	1,766	55.2
계	164	6,028	36.8	584	8,655	14,683	29.2

험 자격이 있었는지의 문제를 둘러싸고 논쟁이 전개되었던 것이

다.51) 이 문제에 있어서는 법적으로는 양반이 아닌 사람, 즉 양인 신분의 사람에게도 수험 자격이 주어지고 있었다는 주장, 그리고 실제로는 양반계층 이외의 출신으로 문과에 급제한 사람은 극히 드물었으며 양반층이 문과급제자를 거의 독점하고 있었다는 주장, 이 두 가지가 현재 대부분의 지지를 얻고 있다고 하겠다. 그리고 문과급제자를 양반이 독점했다고 하는 현상을 근거로, 중국의 과거와 비교할 경우 조선시대 과거의 폐쇄성이 그 특징으로서 지적되어 왔다.

이러한 이해 자체는 잘못된 것이 아니지만, 여기서 주의해야 할 점은 양반이라는 존재의 독특한 성격이다. 즉 양반은 흔히 신분으로 이해되어 왔지만, 앞에서도 지적한 것처럼 도쿠가와시대 일본의 무사가 신분이었다는 것과 비교하면, 그 신분으로서의 성격은 많은 면에서 달랐다. 종래의 연구에서는 이러한 양반의 모습이 충분히 고려되지 않은 채 양반은 신분이며, 그러한 양반이 문과급제자를 독점했다고 해서 조선시대의 문과는 신분을 묻지 않는 관료 등용을 취지로 한 과거 원래의 이념과는 괴리되어 있었다는 이미지가 유포되어 왔다.

또한 문과급제자를 양반계층이 실질적으로 독점했다는 것과, 그 반대로 양반계층이 문과급제자 및 그 후손들이라는 것은 별개의 문제이다. 즉 양반계층 안에서 문과급제자가 어느 정도의 비율을 차지했는지를 검토하는 것이 필요한데도 지금까지의 연구에서는 이러한 검토가 거의 행해지지 않았다. 특히 양반이라고 하는 존재는 그 구성원이 확대되어가는 필연성을 가지고 있었으므로, 이러한 검토가 특히 중요한 의미를 가진다고 생각할 수 있는 것이다. 그래서 여기서는 양반이라고 하는 존재의 특수한 모습과 관련시키면서 양반에 의한 문과급제자의 독점이라는 현상에 대해 다른 해석을 시도하려고 한다.

한편, 조선시대의 문과를 같은 시대 중국의 그것과 비교한 연구로서는 송준호의 연구가 유일한 것이지만,52) 그의 견해에 대해서도 재검토할 필요가 있다고 생각한다. 조선시대와 명·청시대의 문과를 비교한 송준호의 견해는 다음과 같이 요약할 수 있다. 첫째로 능력을 본위로 한 개방적인 인재 등용책으로서의 과거제의 본질적인 의미는 중국과 마찬가지로 조선에 있어서도 제도적으로 지켜졌다는 것, 두 번째로 그럼에도 불구하고 조선의 문과급제자는 중국보다 훨씬 좁은 범위, 구체적으로는 유력한 성관집단(姓貫集團)—같은 성과 본관을 가진 부계 혈연집단—에 의해서 독점되는 경향이 현저했다는 것, 셋째로 이러한 특색을 낳은 최대의 요인은 통치권자(국왕)와 중간 특권계층(양반)의 역학적인 상관관계에 있었다는 것, 즉 왕권이 상대적으로 취약했고 그에 비해 양반계층은 어느 정도 견제세력이 되기도 했다는 것 등이다.

이상과 같은 송준호의 견해는 그 핵심적인 면에 있어서 정곡을 찌른 것이라고 할 수 있다. 다음의 〈자료 13〉에 표시한 것처럼 300명 이상의 문과급제자를 낸 성관집단이 5개나 존재했었다는 것, 전체 급제자의 4분의 1에 해당되는 숫자가 상위 10개의 성관집단에서 배출되었다는 것 등이 송준호의 주장을 증명하고 있다. 그리고 이러한 독점의 경향은 후기로 갈수록 한층 더 강해졌는데 그것

<자료 13> 성관별 문과급제자 통계[53]

( )는 성관별 문과급제자 배출 순위

순위	성관	15C말까지	16C 전반	16C 후반	17C 전반	17C 후반	18C 전반	18C 후반	19C 전반	19C 후반	합계
1	전주 이	7(49)	21(4)	85(1)	96(1)	106(1)	107(1)	169(1)	103(1)	153(1)	847
2	안동 권	59(1)	24(2)	34(2)	32(4)	52(2)	45(4)	37(8)	42(4)	33(16)	358
3	파평 윤	23(15)	19(8)	32(3)	31(6)	41(3)	49(2)	44(6)	34(10)	66(3)	339
4	남양 홍	20(17)	14(13)	30(4)	34(3)	23(12)	47(3)	56(2)	43(3)	55(5)	322
5	안동 김	25(11)	21(4)	23(7)	32(4)	22(13)	29(16)	45(5)	45(2)	68(2)	310
6	청주 한	9(35)	14(13)	27(5)	37(2)	25(7)	39(6)	48(4)	40(5)	45(10)	284
7	밀양 박	30(5)	10(25)	14(15)	29(7)	33(4)	32(7)	40(7)	32(11)	38(12)	258
8	광산 김	33(2)	28(1)	21(8)	20(10)	27(6)	30(9)	25(21)	26(14)	47(8)	257
9	연안 이	14(25)	7(38)	10(31)	25(9)	28(5)	26(13)	56(2)	28(13)	48(6)	242
10	여흥 민	26(8)	18(9)	18(9)	17(19)	25(7)	21(18)	28(17)	14(33)	66(3)	233
11	진주 강	31(4)	21(4)	24(6)	18(13)	21(15)	19(23)	31(15)	25(16)	31(20)	221
12	경주 김	25(11)	20(7)	6(45)	18(13)	22(13)	18(26)	33(12)	31(12)	36(14)	209
13	반남 박	4(59)	6(46)	12(21)	6(57)	25(7)	40(5)	20(27)	38(7)	46(9)	197
14	동래 정	23(15)	13(16)	18(9)	19(12)	14(27)	24(14)	27(18)	22(16)	32(17)	192
15	한산 이	15(22)	10(25)	12(21)	20(10)	19(19)	32(7)	31(15)	26(14)	24(26)	189
16	청송 심	2(74)	9(29)	15(13)	18(13)	25(7)	29(10)	34(9)	24(17)	32(17)	188
17	경주 이	26(8)	22(3)	13(17)	15(24)	20(17)	22(16)	19(29)	19(21)	32(17)	188
18	풍양 조	6(52)	6(46)	11(24)	9(41)	7(50)	21(21)	34(9)	39(6)	48(6)	181
19	경주 이	26(8)	7(38)	11(24)	15(24)	21(15)	23(15)	18(30)	24(17)	31(20)	176
20	평산 신	10(32)	12(20)	10(31)	18(13)	17(23)	27(12)	34(9)	16(25)	31(20)	175
21	전의 이	29(7)	16(10)	13(17)	27(8)	25(7)	19(23)	15(38)	16(25)	12(43)	172
22	연안 김	18(19)	10(25)	5(48)	6(57)	12(34)	7(54)	32(13)	37(8)	37(13)	164
23	풍천 임	8(39)	13(16)	12(21)	18(13)	20(17)	19(23)	26(20)	14(33)	16(38)	146
24	대구 서	4(59)	2(72)	2(74)	3(73)	6(55)	15(33)	28(17)	36(9)	42(11)	138
25	진주 유	11(30)	16(10)	16(12)	10(36)	19(19)	20(21)	23(23)	12(40)	6(63)	133
26	문화 유	32(3)	11(22)	17(11)	18(13)	18(22)	11(42)	12(48)	4(68)	7(58)	130
27	김해 김	24(14)	8(29)	8(40)	4(69)	9(44)	10(43)	21(26)	10(45)	34(15)	128
28	순흥 안	18(19)	15(12)	9(37)	4(69)	10(39)	15(33)	18(30)	15(29)	19(35)	123
29	의령 남	10(32)	11(22)	5(48)	13(27)	13(31)	22(16)	18(30)	16(25)	15(29)	123
30	풍산 홍	1(79)	0	2(74)	9(41)	19(19)	21(18)	32(13)	18(23)	20(32)	122
	전 급제자수	1,666	1,124	1,208	1,434	1,433	1,614	1,970	1,569	2,156	14,174

을 가능하게 한 최대의 제도적 장치가 후기에 빈번히 실시된 임시적인 과거시험이었다는 것도 그가 지적한 그대로이다.

그러나 송준호가 지적한, 소수 집단에 의한 독점 경향이라고 하는 현상은 다음의 두 가지 면에 있어서 한층 더 검토되어야 한다고 생각한다. 그 하나는 성관집단이라고 하는 단위가 문과급제자의 과점 상태를 파악하기 위한 단위로서 적당한 것인지의 문제이다. 성관집단이라고 하는 단위는 큰 것으로부터 작은 것까지, 그 자체가 극히 다양한 집단을 포함하고 있는데, 문과급제자를 100명 이상이나 낸 성관집단은 모두가 방대한 구성원을 가지고 있어서 전체적으로 강고한 조직 결합을 실현하고 있었다고 볼 수 없다. 부계의 혈연집단의 단위로서는 성관집단보다 하위의 단위인 문중이라고 하는 단위가 훨씬 강한 사회적 의미를 가지고 있었다고 생각하지 않으면 안 되기 때문에, 이 문중을 단위로 한 문과급제자의 독점 문제를 검토하는 것이 필요하다.

송준호의 견해가 지닌 타당성을 음미해볼 때 한 가지 더 문제가 되는 것은 문과 이외의 과거시험과 비교했을 경우, 문과급제자의 집중 현상을 어떻게 평가할 수 있는지 하는 것이다. 즉 각종의 과거시험 합격자가 특정의 혈연집단에 의해 독점되는 경향이 존재했다는 것은 문과에 한정된 것이 아니라 다른 과거시험에 있어서도 마찬가지였다. 따라서 문과급제자의 독점이라고 하는 문제도 문과 이외의 과거에 있어서의 독점 상황과 비교하는 것이 필요한데, 이 문제에 관해서는 따로 검토한 적이 있으므로 여기에서는 언급하지 않기로 한다.[54]

3. 문과급제자, 특정의 소수가문이 독점했을까?

앞에서 지적한 것처럼, 지금까지의 연구에서 문과급제자의 독점 상황을 검토할 경우, 성관집단을 단위로 하는 분석이 일반적이었다. 앞에서 성관집단 중 다수의 문과급제자를 낸 상위 30개의 집단을 〈자료 13〉에 제시했는데 이와 관련한 몇 가지 문제에 대해서 언급해 두고 싶다. 참고로 과거제와 관련하여 언급되는 사람은 모두 남성만을 가리키며 여성은 모든 과거시험으로부터 제외되고 있었다는 점도 밝혀둔다.

우선 가장 많은 문과급제자를 낸 전주 이씨에 관해서인데, 이는 두말할 필요도 없이 왕족이었다. 과거제에 있어서 왕족은 일반의 경우와 다른 취급을 받았다. 즉 첫째로는 국왕의 자손인 경우 적자는 4대가 경과한 후, 서자는 3대가 경과한 후가 되어야 처음으로 문과의 수험 자격이 부여되었다. 그리고 둘째로는, 일반인의 경우 서자의 문과 수험은 18세기 중엽 이후 처음으로 인정된 데 비해서 왕족의 경우, 이 제한을 받지 않았다. 첫 번째 조건은 전주 이씨의 문과급제에 불리하게 작용했지만, 두 번째 조건은 반대로 유리하게 작용했다. 전주 이씨가 가장 많은 문과급제자를 배출한 것은 전자의 조건보다 후자의 조건이 보다 크게 작용했다는 것을 말해준다. 국왕은 양반보다 많은 후실을 두었고 따라서 문과 수험 자격을 가지는 방대한 자손을 둘 수가 있었던 것이다.

다음으로 2위에서 10위까지의 최상위 집단을 보면, 이러한 성관 집단은 그 유래가 다양하고 복잡해서 모든 것을 동일한 단위로 볼 수 없음을 알 수 있다. 우선, 그 안에는 안동 김씨와 남양 홍씨처럼 계보관계가 없는, 혹은 계보관계를 확인할 수 없는 두 개 집단으로부터 구성되는 경우가 있는데다가 또한 각각이 다수의 문과급제자를 냈던 경우도 존재한다. 안동 김씨의 경우, 신(新)안동 김씨와 구안동 김씨로 구별하고 있는데, 양자로부터 각각 100명이 넘는 급제자가 배출되었다. 또한 남양 홍씨의 경우는 당홍(唐洪)과 토홍(土洪)의 구별이 있는데 당홍에서는 200명이 넘는 급제자가, 토홍에서는 100명 이상의 급제자가 배출되었다. 따라서 이 두 성관집단에 대해서는 별개로 집계해야 한다.

연안 이씨의 경우도 비슷하다. 연안 이씨는 이무(李茂)라고 하는 인물을 공통의 시조로 하고 있다는 점에서는 안동 김씨, 남양 홍씨의 경우와 다르지만, 이무로부터의 계보관계를 달리하는 세 개의 집단으로 나누어져 있으면서 각각의 집단에서 다수의 문과급제자가 나온 예이다. 즉 이습홍(李襲洪)을 중시조로 하는 첨사공파(詹事公派), 이현려(李賢呂)를 중시조로 하는 판소부감공파(判少府監公派) 그리고 이지(李漬)를 중시조로 하는 부사공파(副使公派)의 세 개 파가 그것인데, 이들 3명의 중시조 상호간의 계보관계가 분명하지 않은 것이다. 연안 이씨의 집안에서는 조선시대에 258명의 문과급제자가 배출되었다고 하는데, 그 내역은 첨사공파가 107명, 판소부감공파가 121명, 부사공파가 25명을 차지하고 있으며 그 외에 5명의

계보 불명자가 존재한다.55)

족보 편찬이라는 면에서 봐도, 연안 이씨의 예는 흥미롭다. 연안 이씨의 족보로서는 1605년에 편찬된 것이 가장 오래된 것으로 여겨지지만, 이것은 서문만 남아 있을 뿐 현존하고 있지 않다. 현존하는 가장 오래된 족보는 1694년에 간행된 것인데, 여기에는 첨사공파 계열만이 수록되어 있고 그 점에 있어서는 1605년의 족보도 마찬가지였다고 생각된다. 그리고 다른 두 개의 파를 포함한 연안 이씨 전체의 족보가 처음으로 편찬된 것은 1729년의 일이었다. 따라서 조선초기부터 현재와 같은 연안 이씨라고 하는 성관집단이 존재하면서, 그것이 세 개로 나누어진 것은 아니었다. 즉 별도로 존재하고 있던 세 개의 집단이 18세기가 되어야 연안 이씨라는 큰 성관집단을 형성하게 되었다고 보아야 한다. 이러한 연안 이씨의 예는 다른 성관집단의 형성과정을 생각하는 데도 시사하는 바가 큰데, 이 점에 관해서는 후술하겠다.

밀양 박씨도 연안 이씨와 비슷하다고 할 수 있다. 밀양 박씨는 박언침(朴彦忱)이라고 하는 인물을 시조로 하면서, 12명의 중시조를 각각 받드는 집단으로 나누어져 있다. 이 중 많은 문과급제자가 나온 것은 박현(朴鉉)을 중시조로 하는 규정공파(糾正公派)와 박척(朴陟)을 중시조로 하는 밀성군파(密城君派) 또는 충헌공파(忠憲公派)이지만, 그 이외에도 10명 이상의 급제자가 나온 파가 몇 개 존재한다. 이 12개의 파가 통합된 것은 1742년에 편찬된 『밀성박씨족보』— 연계대보(聯系大譜)—에 의해서인데, 밀양 박씨 전체의 시조인 박언침 그리고 박현이나 박척의 공통의 조상인 박언부(朴彦孚)와의 계보

관계에 애매한 부분이 많이 포함되어 있다. 따라서 밀양 박씨의 경우에도 현재와 같은 형태의 집단으로서 형성되기 시작한 것은 18세기가 되면서였다고 볼 수 있다.

이상 네 개를 제외한 나머지 다섯 성관집단은 모두 한 명의 인물을 공통의 시조로 모시고 있을 뿐만 아니라, 그 자손으로부터 대단히 많은 문과급제자가 나온 집단이다. 이러한 성관집단들은 고려시대부터 벌써 지배계층에 참가하면서 가계의 분화를 경험한 집단이라는 공통성을 갖고 있다. 그러나 이러한 집단에 있어서도 조선시대 초기부터 현재와 같은 형태로 집단이 형성되어 있었다고 볼 수는 없다. 이 점에 관해서 전주 이씨에 버금가는 집단으로서 많은 문과급제자를 낸 안동 권씨를 대상으로 구체적으로 검토해 보겠다. 안동 권씨는 현존하는 최고의 간행 족보인『안동권씨성화보(安東權氏成化譜)』를 가지고 있으며, 그 이후 계속해서 족보가 편찬되었을 뿐만 아니라 그 족보가 대부분 현존하고 있다는 특별한 자료적 조건 때문에 그 집단의 형성과정을 역사적으로 추적하는 일이 가능하다.[56]

현재의 안동 권씨는 15개의 큰 파로부터 구성되어 있는데, 조선시대에는 10개의 파에서 문과급제자가 나왔다. 안동 권씨의 문과급제자를 지파별, 시대별로 집계하면 〈자료 14〉와 같은 결과를 얻을 수 있다. 이로부터 알 수 있듯이 안동 권씨 중에서는 고려중기의 인물인 권수평(權守平)과 권수홍(權守洪)이라는 두 명의 인물을 중시조로 하는 추밀공파(樞密公派)와 복야공파(僕射公派)에서 방대한 문과급제자가 나온 것이지만, 이 두 개의 파 이외에서도 합계 79

〈자료 14〉 안동 권씨 파별 문과급제자수[57]

계파	15세기말까지	16세기	17세기	18세기	19세기	계
추밀공파(樞密公派)	27	33	55	54	30	199
복야공파(僕射公派)	18	7	15	11	22	73
동정공파(同正公派)	0	0	0	0	1	1
좌윤공파(佐尹公派)	1	1	3	1	1	7
별장공파(別將公派)	1	2	0	0	0	3
부정공파(副正公派)	2	2	4	5	2	15
시중공파(侍中公派)	4	2	3	7	11	27
호장중윤공파(戶長中允公派)	1	2	0	0	0	3
검교공파(檢校公派)	5	3	3	1	2	14
급사중공파(給事中公派)	1	5	0	1	2	9
미상	0	1	0	2	4	7
계	60	58	83	82	75	358

명—계보가 불분명한 7명을 제외한 수—이라는 많은 급제자가 나왔다. 따라서 안동 권씨가 전주 이씨 다음으로 다수의 문과급제자를 낼 수 있었던 것은 추밀공파와 복야공파라는 핵심적인 가계가 존재한 것과 동시에 그 이외의 가계로부터도 많은 급제자가 나왔기 때문이었다고 생각할 수 있다.

그런데 여기서 주의하지 않으면 안 될 것은 안동 권씨가 현재와 같이 15개의 파를 포함하게 되기에는 오랜 시간을 필요로 했다는 점이다. 즉 안동 권씨의 가장 오래된 족보인 『성화보』에 수록된 가계는 15개의 파 중 추밀공파와 복야공파, 별장공파(別將公派)라는 세 개의 파였고 그 이외는 『성화보』 이후에 편찬된 족보에서 차례차례 편입된 가계였다는 것이다. 그 과정을 구체적으로 소개하면,

안동 권씨의 두 번째 족보인 『을사보(乙巳譜)』(1605년)에서 부정공파(副正公派)와 호장중윤공파(戶長中允公派)가, 『신사보(辛巳譜)』(1701년)에서 시중공파(侍中公派)가, 그리고 『우삽인보(後甲寅譜)』(1794년)에서 동정공파(同正公派), 좌윤공파(佐尹公派), 검교공파(檢校公派)가 각각 처음으로 족보에 편입되었다. 이처럼 새로운 계파가 족보에 편입될 때는 먼저 '별보(別譜)'의 형태로 수록된 다음에 '본보(本譜)'에 편입되는 경우가 많으며 여기서 말한 편입은 본보로의 편입을 말한다. 그리고 남은 또 하나의 급사중공파(給事中公派)의 경우는 족보 편입이 가장 늦어져서 실로 1982년이 되어야 안동 권씨의 구성원으로서 인정되었다. 이러한 파들은 모두가 안동 권씨의 시조인 권행(權幸)과의 계보관계가 인정되어서 족보에 편입되었던 것인데 이러한 현상은 안동 권씨라는 집단이 조선시대부터 현재에 이르는 긴 시간을 통해 서서히 형성되어 왔다는 것을 말해주고 있다.

그러므로 성관집단이라는 것은 역사적인 형성물이며, 현재와 같은 규모의 성관집단이 본격적으로 형성되기 시작한 것은 연안 이씨나 밀양 박씨 그리고 안동 권씨의 예가 보여주는 것처럼 18세기부터였다고 생각하지 않으면 안 된다. 지금까지의 연구에서는 이러한 역사적 과정을 무시한 채 성관집단이 마치 조선초기 혹은 한층 더 거슬러 올라가 고려시대부터 벌써 존재하고 있던 것으로 생각하여 성관집단을 단위로 연구를 행하는 경우가 많았는데, 이러한 방법은 근본적으로 고쳐져야만 할 것이다.

다른 네 개의 성관집단, 즉 파평 윤씨와 청주 한씨, 광산 김씨, 여흥 민씨의 경우도 기본적으로는 안동 권씨와 같은 과정을 거쳐서 형성되었다고 생각할 수 있다. 단지 이들의 경우, 족보가 조선 후기가 되어서 처음으로 편찬되었거나—청주 한씨의 첫 번째 족보는 1617년에 간행되었으며 광산 김씨의 족보는 1665년에 처음으로 만들어졌다—전기에 족보가 편찬되었지만 그것이 유실되어 조선후기에 재차 편찬되었거나—파평 윤씨의 족보는 1539년에 처음으로 만들어졌다고 하지만 서문만 남아 있으며, 여흥 민씨의 경우도 1477년에 족보가 만들어졌지만 역시 상실되었고, 이 두 가문에서는 왕비가 나왔기 때문에 족보가 편찬되었을 것으로 여겨지는데, 간행은 못했던 것 같다—해서 그 형성과정이 안동 권씨보다 훨씬 애매하다. 그러나 처음에 편찬된 족보가 성관집단의 일부만을 수록했고 새로 족보를 편찬하면서 다른 가계들을 편입하는, 안동 권씨와 비슷한 패턴을 공통적으로 볼 수 있는 것이다. 예를 들어 광산 김씨는 크게 5개 파로 나누어져 있는데 1665년에 만들어진 족보에는 3개 파만 나오고 조선시대에 6명의 문과급제자를 낸 낭장공파(郞將公派)와 25명의 급제자를 낸 사온직장공파(司醞直長公派)는 수록되어 있지 않다.

덧붙여서 말한다면 문화 유씨의 경우는 위의 성관집단과 반대이다. 〈자료 13〉에 나오는 대로, 문화 유씨는 문과급제자수에 있어서 26위에 위치하고 있지만, 25위에 위치한 진주 유씨의 일부는 문화 유씨와 같은 사람으로부터 나온 집단이라고 한다. 진주 유씨는 남양 홍씨처럼 완전히 다른 두 명의 인물을 각각의 시조로 하는 두 개의 집단으로 나누어져 있는데, 그 중의 한 집단의 시조인 유인비(柳仁庇)라고 하는 인물은 문화 유씨의 시조인 유차달(柳車達)의 9대째 후손이라고 되어 있으므로, 양자를 하나의 성관집단으로 보는 것도 가능하다. 그뿐 아니라 서산 유씨나 선산 유씨, 전주 유씨 역시 문화 유씨로부터 분관된 집단이라고 되어 있으므로, 이들도 합치면 더욱 큰 집단이 된다. 그러나 관례상, 문화 유씨와 진주 유씨 등은 다른 집단으로서 취급하게 되어 있다. 이러한 예도 성관집단을 단위로 문과급제자의 통계를 작성해서 그것을 분석하는 방법이 그다지 유효하지 않다는 것을 말해준다고 하겠다. 따라서 문과시험의 폐쇄성을 검토하기 위해서는, 성관집단보다 하위의 집단을 단위로 해야 하는데, 그러면 어떤 단위가 문과급제자의 독점 상황을 검토하는 데 유효한 것이라고 생각할 수 있을까?

여기에서 주목하고 싶은 점은, 상위 10개의 성관집단에 있어서 문과급제자가 각각의 파에서 균등하게 배출된 것이 아니라 특정의 파에서 집중적으로 많은 급제자가 나왔다는 현상이다. 안동 권씨의 경우, 199명의 급제자를 낸 추밀공파가 그러한 가계였다고 할 수 있는데, 이 같은 현상은 다른 성관집단에서도 볼 수 있다. 광산 김씨의 경우에는 양간공(良簡公) 김련(金璉)의 후손 중에 177명의 급제자가 나와서 안동 권씨에 있어서의 추밀공파와 같은 비중을 차지하고 있다. 파평 윤씨에서는 윤안숙(尹安淑)의 후손에서, 여흥 민씨에서는 민종유(閔宗儒)의 후손에서, 또한 청주 한씨의 경우는 한수(韓脩)와 한녕(韓寧)이라고 하는 두 인물의 후손에서 다수의 급제자가 배출되었다. 그리고 남양 홍씨의 경우도, 당홍에 속하는 홍징(洪徵)의 후손에서 다른 가계를 압도하는 다수의 급제자가 나왔던 것이다.

이와 같이, 많은 문과급제자를 낸 성관집단에 있어서도, 하나 혹은 두 개의 가계로부터 100명이 넘는 급제자가 나왔지만 위에서 소개한 안동 권씨의 추밀공파 등의 예는, 모두 기점이 되는 인물이 고려시대의 인물이며, 조선시대에는 더욱 많은 가계가 분화되었으므로 그 집단으로서의 결속력에는 의문이 남는다.

따라서 이러한 가계에 있어서 조선시대의 인물을 기점으로 하여 그 후손에서 100명이 넘는 문과급제자가 배출된 가계를 적출해서 그것을 검토하는 일이 더욱 의미가 있을 것이다. 광산 김씨의 김철산(金鐵山), 파평 윤씨의 윤희제(尹希齊), 당홍의 홍경손(洪敬孫) 등이 그러한 예이며, 고려말기의 인물이기는 하지만 여흥 민씨의 민심언(閔審言)의 경우도 여기에 포함된다고 생각해도 괜찮을 것이다. 그 밖에도 신(新)안동 김씨에 속하는 김번(金璠), 연안 이씨의 판소부감공파의 인물인 이석형(李石亨)도 마찬가지이다. 따라서 이러한 인물들을 기점으로 하는 부계의 혈연집단에서 많은 문과급제자가 배출되었다고 할 수 있는데, 성관집단별 급제자 통계 중 11위 이하의 집단들에서도 이와 동일한 예를 발견할 수 있다.

한국의 성관집단에 관해서 와그너는 일찍 그것을 귀일(unitary)형과 분산(diffuse)형의 두 개로 나눌 수 있다고 지적하면서, 귀일형의 예로 반남 박씨를, 분산형의 예로 김해 김씨를 제시한 적이 있다.[58] 이러한 분류에 따르면 상위 10위 이내의 성관집단의 상당수는 분산형의 구조를 가지면서도, 그 중에 귀일형의 특정 가계가 존재하고 있어서, 그 때문에 방대한 급제자를 껴안게 되었다고 생각할 수 있다.

와그너가 예시한 반남 박씨의 경우, 급제자 통계에서는 13위의 지위에 있지만, 그 대다수가 조선시대의 한 사람의 후손이기 때문에, 그 집단으로서의 결속력은 매우 강했다고 볼 수 있다. 따라서 문과급제자의 독점 상황을 검토하기 위해서는 성관집단을 단위로 하는 것이 아니라, 조선시대의 인물을 기점으로 그 후손에서 100명이 넘는 다수의 급제자가 나타난 집단을 가려내고, 그것을 분석하는 일이 중요하다는 결론을 내릴 수 있을 것이다. 다음에는 이러한 집단을 구체적으로 검토하기로 한다.

4. 문중별 문과합격자 분석

여기서 검토하려는 문중(종중이라고도 한다)이라고 하는 단위는 좀 애매한 개념이다. 위에서 말한 성관집단 전체를 가리켜 문중이라고 하는 경우도 있는가 하면, 성관집단 내부의 '파'를 가리켜서 문중이라고도 하기 때문이다. 또한 '파' 내부의 소집단을 문중이라고 칭하는 경우도 있는데, 요컨대 문중이라고 하는 단위는 항구적인 조직을 가지는 단위를 가리켜서 사용되는 말이며, 그 범위는 신축성이 크다고 할 수 있다. 여기에서는 문과급제자의 배출 상황을 검토하는 것을 목적으로 하고 있으므로, 계보관계가 분명하고 그 후손에서 다수의 문과급제자가 배출된 인물을 기점으로 하는 단위를 문중(sub lineage)이라고 부르기로 한다.

앞에서 말했던 것처럼, 조선시대에는 한 인물의 직계 후손에게서 100명이 넘는 문과급제자가 배출된 몇몇 사례가 있다. 그 대표적인 예로 고려말, 조선초기의 인물인 청송 심씨 심덕부(沈德符)를 들 수 있는데, 그의 직계 자손에게서 200명에 가까운 문과급제자가 나왔던 것이다. 이는 아마도 조선시대에 살았던 한 인물의 직계 후손에게서 다수의 급제자가 나온 최대의 경우라고 생각할 수 있는데, 현재까지 필자의 조사에 의하면 그 후손에게서 100명 이상의 급제자가 나온 인물로 다음과 같은 15명의 예를 들 수 있다.

〈자료 13〉의 순서에 따라서 그러한 인물들을 열거하면, 파평 윤씨의 윤곤(尹坤), 남양 홍씨 당홍의 홍경손, 신안동 김씨의 김번, 광산 김씨의 김철산, 연안 이씨의 이석형, 여흥 민씨의 민심언, 반남 박씨의 박소(朴紹), 동래 정씨의 정사(鄭賜), 한산 이씨의 이종선(李種善), 청송 심씨의 심덕부, 광주(廣州) 이씨의 이지직(李之直), 풍양 조씨의 조익상(趙益祥), 대구 서씨의 서성(徐渻), 의령 남씨의 남을번(南乙蕃), 풍산 홍씨의 홍린상(洪麟祥)—그의 초명은 홍이상(洪履祥)이었다—등이다.

이러한 인물들은 앞의 〈자료 13〉에서 살펴본 대로 모두가 30위 이내의 성관집단에 속하는데, 환언하면 31위 이하의 성관집단에는 이러한 인물이 존재하지 않았던 것이다. 이러한 의미에서 상위 30개의 성관집단이 조선시대의 지배계층으로서 지위를 확보해 있었던 것이라 하겠다. 그러나 상위 30개의 성관집단 중에서는 위의 15명과 같은 인물이 존재하지 않은 경우도 많았는데, 이러한 집단은 와그너가 지적한 분산형의 성관집단이었다고 해도 괜찮을 것이다. 따라서 30개의 상위 성관집단 중에서도 위의 15명의 인물을 가진 성관집단이야말로 조선시대 지배계층의 핵심적 부분을 구성했다고 할 수 있다.

한 가지 더 여기서 주목하고 싶은 것은 15명의 인물들이 나온 집단의 대부분이 17세기 이후에 특히 많은 급제자를 냈다는 사실이다. 즉 15개의 집단 중에서 조선후기보다 전기에 상대적으로 많은 급제자를 낸 집단은 광주 이씨가 유일한 경우이며, 다른 대부분은 17세기 이후에 많은 급제자를 냈기 때문에 한 명의 인물을 기점으로 100명 이상의 급제자가 나올 수 있었던 것이다. 그 전형적인 예로서 반남 박씨, 동래 정씨, 청송 심씨, 풍양 조씨, 대구 서씨, 풍산 홍씨 등을 들 수 있다.

이러한 현상은 앞의 〈자료 12〉에서 본 것처럼, 후기로 갈수록 급제자의 수가 증가하는 경향과 관련된 것이기도 하지만, 그보다 전기에 있어서는 부계 혈연집단에 의한 급제자의 독점 경향이 약했다는 것을 반영한 현상으로 이해하는 편이 옳을 것 같다. 그리고 30개의 상위 성관집단 중에서 분산형에 속하는 집단의 상당수는 오히려 조선전기에 상대적으로 많은 급제자를 냈는데, 전의 이씨나 문화 유씨, 순흥 안씨 등을 그 전형으로 들 수 있다.

여기서 구체적으로 검토하는 문중은 반남 박씨 박소의 문중, 대구 서씨 서성의 문중, 풍산 홍씨 홍린상의 문중이다. 이 세 문중은 다 조선전기에 있어서는 소수의 문과급제자를 냈을 뿐이지만 후기에는 큰 세력을 가지게 되었다는 공통점을 가지고 있다. 그리고 〈자료 13〉에 보이듯이, 19세기가 되면 반남 박씨와 대구 서씨는 성관별 문과급제자의 수에서 10위권에 처음 등장하게 된다.

반남 박씨로서는 조선초기의 인물로 태종의 심복이었던 박은(朴訔)이 유명하지만, 그 직계 후손들은 가세가 융성하지 못했다. 그러다가 박은의 현손인 박억년(朴億年)과 박조년(朴兆年) 형제가 문과에 급제함으로써 재흥의 기초를 만들었고, 박조년의 아들인 박소의 후손에게서 대량의 문과급제자가 나오면서 세족으로서의 기반을 굳혔다. 주자학에 비판적인 유학자로 알려진 박세당(朴世堂), 실학자로 저명한 박지원(朴趾源), 갑신정변의 중심 멤버의 한 사람이자 철종의 부마였던 박영효(朴泳孝) 등이 박소의 문중 출신이다.

대구 서씨의 일족에서는 15세기의 인물인 서거정(徐居正)이 저명하지만, 전기에는 극히 소수의 문과급제자를 냈을 뿐, 족세가 부진했었다. 그러나 서거정의 형인 서거광(徐居廣)의 현손인 서성이 중흥조가 되면서 그의 후손에서 다수의 급제자가 나타났다. 3대에 걸쳐서 농서를 편찬한 서명응(徐命膺), 서호수(徐浩修), 서유구(徐有榘), 갑신정변의 멤버인 서광범(徐光範), 서재필(徐載弼) 등이 서성의 후손이다.

풍산 홍씨 일족 역시 후기가 되면서 세력을 늘린 집안으로, 특히 정조대에 권세를 떨쳤다. 정조대의 권신 홍국영(洪國榮)이 그 대표적인 인물이다.

먼저 이 세 문중 가운데 박소(1493~1534)의 직계 후손에서는 134명, 서성(1558~1631)의 직계 자손에서는 121명, 홍린상(1549~1615)의 직계 자손에서는 110명의 문과급제자가 배출되었다. 반남 박씨 전체에서는 198명의 문과급제자가, 또한 대구 서씨 전체에서는 141명이, 풍산 홍씨 전체에서는 124명의 급제자가 확인되므로[59], 이 세 문중은 각 성관집단 중에서 압도적으로 많은 급제자를 낸 셈이다. 이 세 문중 출신의 문과급제자를 검토하면, 거기에는 다수의 급제자를 내기 위한 공통된 패턴이라고 할 수 있는 특징을 찾아볼 수 있는데 바로 다음과 같다.

첫째로 어쩌면 아주 당연하다고 할 수 있겠지만, 이 3명의 문중시조(중시조)가 많은 남자 후손을 가졌다는 것이다. 즉 박소의 경우 5명의 아들과 14명의 손자를 두었고—5명의 아들 중에서 막내인 박응인(朴應寅)은 박소의 남동생인 박집(朴緝)의 양자가 되었는데, 이를 포함한 인원수이다—서성의 경우는 4명의 아들과 15명의 손자를 두었으며 홍린상의 경우도 6명의 아들과 12명의 손자를 두었다. 이처럼 차세대 및 차차세대에 남자가 많다는 것뿐만 아니라, 그 중에서 많은 문과급제자가 나왔다는 점에서도 이 세 문중은 공통된 특색을 가지고 있다. 박소의 4명의 아들 중에서 3명이, 14명의 손자 중 6명이 문과에 급제했고 홍린상의 경우에도 6명의 아들 중 3명이, 또한 12명의 손자 중 4명이 문과에 급제했던 것이다. 서성의 경우는 약간 양상을 달리하고 있어서 아들과 손자의 세대로는 각 1명의 급제자를 냈을 뿐이었지만, 증손의 세대에 4명, 현손의 세대에 7명의 문과급제자가 나와 문중의 기초를 굳히게 되었다고 볼 수 있다.

  남자 후손이 많았다는 것이 급제자를 다수 배출할 가능성을 열어주는 조건이 되었다고 할 수 있다. 도쿠가와시대 일본과 같이 단독 상속제가 아닌 조선사회에 있어서는 형제 중에서 복수의 문과급제자를 배출함으로써 급속히 일족의 세력을 확장하는 것이 가능했던 것이다. 조선시대의 문과에 있어서 형제 중에서 많은 급제자가 나온 예로 유명한 것은 원주 원씨의 경우로, 6형제가 문과에 급제했다는 기록을 가지고 있다. 이 밖에도 5형제가 문과에 급제한 경우가 8개 있는데 이러한 현상이 가능했던 것도 과거제 덕분이었다.[60] 그러나 남자 후손이 많다는 것은, 집안 번영의 전제조건이 되었던 반면에 한편으로는 그 집안의 세력을 분산시켜, 그 지위를 오래도록 유지하는 것을 곤란하게 하는 조건이 되기도 했다. 실제로도 6형제나 5형제가 문과에 급제한 예는 모두가 17세기까지 보이는 것으로서 18세기 이후에는 이러한 현상이 없어졌다. 그리고 5명 이상의 형제가 문과에 급제한 9개 성관집단 중 조선시대 분과 급제자 통계에서 상위 30위까지에 등장하는 집단은 청송 심씨, 전의 이씨, 광주 이씨, 순흥 안씨일 뿐, 나머지 다섯 집단—원주 원씨, 함양 박씨, 해주 정씨, 풍산 김씨, 남원 윤씨—은 상위권에 들지 못했다. 따라서 많은 급제자를 배출하기 위해서는 횡적인 확장보다도 종적인 연속성이 결정적으로 중요했다고 생각한다.

　두 번째로, 남자 후손이 많다고 해도 다수의 문과급제자를 낼 수 있었던 가문은 각 문중에서 특정 가문에 한정되어 있다는 패턴을 공통적으로 볼 수 있다. 박소(朴紹)의 14명의 손자를 기점으로 14개의 소문중 단위—이하 가문이라고 칭한다—별로 문과급제자수를 보면 다음과 같다. 동현(東賢) 가문 5명, 동호(東豪) 가문 1명, 동로(東老) 가문 1명, 동후(東後) 가문 0명, 동민(東民) 가문 22명, 동선(東善) 가문 28명, 동언(東彦) 가문 7명, 동수(東壽) 가문 4명, 동윤(東尹) 가문 0명, 동설(東說) 가문 13명, 동망(東望) 가문 8명, 동량(東亮) 가문 33명, 동기(東紀) 가문 0명, 동위(東緯) 가문 12명. 이 가운데 동기와 동위가 양자로 나간 응인의 아들들이다.

　이와 같이 14개의 가문 중에서 11개가 문과급제자를 냈으며 이것이 100명을 넘는 다수의 문과급제자를 배출하게 되었던 요인이라는 것은 틀림없지만, 가문마다 급제자수의 편차가 심해서 20명 이상의 급제자를 낸 세 가문이 83명의 급제자, 즉 이 문중 전체 급제자의 7할 정도를 차지하고 있는 것이다.

이러한 양상은 다른 두 문중에서도 마찬가지로 볼 수 있는 것으로서, 서성(徐渻) 후손의 경우, 4명의 아들을 기점으로 한다면 경우(景雨) 가문 3명, 경수(景需) 가문 41명, 경빈(景霦) 가문 3명, 경주(景霌) 가문 65명으로 박소의 후손보다 한층 더 극단적인 집중 현상을 보이고 있다. 홍린상(洪麟祥)의 아들 6명의 경우도 방(霧) 가문 9명, 립(雴) 가문 8명, 집(霵) 가문 7명, 영(霙) 가문 57명, 박(薄) 가문 0명, 탁(瀗) 가문 29명으로 두 개의 가문이 압도적인 비중을 차지하고 있는 것이다.

이러한 현상은 다수의 급제자를 낸 문중이라고 해도 그 중에서 균등하게 급제자가 배출된 것이 아니라는 것, 바꿔 말하면 유력한 문중의 구성원이라 하더라도 쉽게 문과에 급제할 수 있는 것은 결코 아니었으며 그 내부에서는 격렬한 경쟁이 벌어지고 있었다는 것을 말해준다.

세 번째로 공통되는 패턴으로서 지적할 수 있는 것은, 왕실과 혼인관계를 맺은 문중에서 다수의 문과급제자를 냈다는 점이다. 박소의 문중이 그 전형적인 예인데 그의 후손에서는 실로 7명의 인물이 왕실과 혼인을 맺었다. 그것을 열거하면 박소의 차남인 응순(應順)의 딸이 선조의 비가 된 것을 비롯해서, 동민(東民) 가문의 준원(準源)의 딸은 정조의 빈이자 순조의 생모였고, 동수(東壽) 가문의 태정(泰定)은 소현세자의 사위였으며, 동설(東說) 가문의 필성(弼成)은 효종의 딸 숙녕옹주와 혼인했다. 또한 동량(東亮) 가문의 미(瀰)는 선조의 딸 정안옹주와 혼인했고, 명원(明源)은 영조의 딸 화평옹주와 혼인했다. 그리고 영효(泳孝)는 철종의 딸 영혜옹주와 혼인했는데, 특히 이 문중 가운데서도 문과급제자를 가장 많이 낸 동량 가문에서 두 사람이 왕실과 인척관계를 맺었다는 것이 주목된다.

　박소의 문중만큼은 아니지만, 서성의 문중에서 2명이, 또한 홍린상의 문중에서는 4명이 각각 왕실과 혼인관계를 맺었다. 서성의 문중에서는 서성의 사남인 경주가 선조의 딸인 정신옹주와 결혼했고, 경수의 증손인 종제(宗悌)의 딸이 영조비가 되었는데, 이 두 명이 문과급제자의 대부분을 낸 경주 가문과 경수 가문의 사람이었다는 것은 우연의 일치가 아닐 것이다. 홍린상 문중의 경우에도 왕실과 인척관계를 맺은 4명은 모두 이 문중에서 가장 많은 급제자를 낸 영 가문의 구성원이었다.

　여기서 검토하고 있는 세 문중은 조선시대 후기가 되면서 큰 족세를 가지게 된 집안인데, 바로 왕실과의 인척관계가 세력 신장의 결정적인 계기의 하나였다고 보아도 무방할 것이다. 그리고 왕실과의 인척관계에 있어서도 왕비를 내어서 외척이 되는 것이 특히 중요했는데 위의 세 문중 모두가 외척이 되었던 것이다. 각 문중 안에서 특히 많은 급제자를 낸 가문들이 왕실과 인척관계에 있었다는 점도 왕실과의 혼인이 얼마나 중요했는지를 증명해주고 있다.

　앞에서 소개한 것처럼, 송준호는 조선시대의 과거가 폐쇄적인 성격을 가지게 된 원인으로서 왕권에 대한 신권의 상대적인 강함을 지적했다. 송준호의 지적은 양반관료층 전체에 대해서는 맞는 말이지만, 개개의 양반 가문에 있어서는 차이가 있다. 위의 세 문중의 예로 볼 수 있듯이 왕실과의 인척관계가 다수의 문과급제자를 배출하는 계기가 되었다는 것은, 반대로 왕권과의 관계에 의해서 양반 가문의 세력이 좌지우지되었다는 것을 의미하기도 하기 때문이다. 따라서 왕실과의 혼인관계는 양반 가문의 성쇠에 있어 양날의 칼 같은 것으로서, 중앙의 세족으로서의 지위를 오랫동안 유지하는 것을 곤란하게 만드는 요인이 되기도 했던 것이다.

이상으로 조선후기에 다수의 문과급제자를 내어 큰 세력을 가지게 된 세 문중에 있어서 급제자 배출의 패턴을 검토했는데, 마지막으로 지적하고자 하는 바는 이러한 문중의 구성원 전체를 놓고 보았을 때는 문과급제자의 비율이 극히 낮았다는 점이다. 서성의 문중을 예로 들어 이러한 현상을 구체적으로 보면, 〈자료 15〉와 같은 결과를 얻을 수 있다. 이 문중에서는 '순(淳)'이란 항렬자 세대에 있어서 가장 많은 급제자를 냈는데, 그런데도 900명이 넘는 동일 세대의 구성원 중에서 24명이 급제한 것에 지나지 않았다. 오히려 비율만을 보면 중시조에 가까운 세대가 동일 세대 구성원 중에서 급제자가 차지하는 비율이 높았던 것이며 세대가 내려감에 따라서 급제자가 증가했음에도 불구하고 구성원수가 더욱 급속히 증가했던 것이다.

앞에서 지적한 대로 남자를 많이 얻는다는 것은 다수의 급제자를 내는 기초 조건이었지만, 한편으로 남자의 수가 늘어나면 자손도 늘어나게 된다. 그러므로 자손의 증가에 비례해서 문과급제자도 증가한다는 것은 문과급제자의 총 정원수에 제한이 있는 상황에서는 불가능한 일이었다. 따라서 여기에서 검토한 조선 후기의 대표적인 벌족 문중에 있어서도 그 내부에서는 격렬한 경쟁이 벌

〈자료 15〉 서성 문중의 과거 급제 상황[6]

항렬자	경우(景雨)가문		경수(景需)가문		경빈(景彬)가문		경주(景霌)가문		계	
	총인원수	급제자수	총인원수	급제자수	총인원수	급제지수	총인원수	급제자수	총인원수	급제자수
경(景)	1	1	1	0	1	0	1	0	4	1
이(履)	2	0	8	1	2	0	3	0	15	1
문(文)	3	1	21	0	6	1	13	2	43	4
종(宗)	6	0	50	1	11	0	40	6	107	7
명(命)	8	0	85	4	23	0	83	7	199	11
수(修)	18	0	134	1	43	0	134	12	329	14
유(有)	34	0	203	6	64	1	209	10	510	17
보(輔)	57	0	272	5	95	1	250	11	674	17
순(淳)	83	0	363	9	135	1	341	14	922	24
상(相)	132	0	481	8	187	0	501	10	1,301	18
병(丙) 또는 광(光)	184	0	697	4	207	0	713	1	1,801	5
정(廷) 또는 최(崔)		0		2		0		0		2
계		3		41		4		73		121

어지고 있었던 것이며 세족의 구성원이라고 해도 그토록 쉽사리 문과에 급제할 수 있는 것은 결코 아니었다.

지금까지의 연구에 의하면 조선시대에는 양반계층이 과거급제를 독점했다는 면이 강조되어왔고, 동시대 중국의 과거에 비해 그 폐쇄성을 특징으로 여겨왔다. 즉 중국에서는 사대부 이외의 계층으로부터도 급제자가 다수 배출되었다는 것이 개방성의 지표로 간주되었던 것이다. 그러나 앞에서 지적한 것처럼 중국의 사대부와 조선의 양반은 단순하게 비교할 수 있는 존재가 아니었다. 서성의 문중을 예로 든다면, '순'자 항렬의 세대 900여 명이 모두가 양반으로서의 자격을 가질 수 있었다. 물론 실제로는 양반계층에서 탈락하는 사람도 상당수 존재했지만 말이다.

 수많은 자손들이 모두 양반 자격을 가지는 일이 가능했던 이유는 과거급제자가 조상 중에 존재하기만 하면 몇 대가 경과해도 그 후손들이 양반일 수 있기 때문이며, 따라서 서성의 문중과 같이 방대한 인원수가 양반일 수 있었던 것이다. 중국 사대부의 경우, 한 집안 내에서 계속해서 문과급제자를 내지 않는 이상 사대부로서의 자격을 가진 구성원이 기하급수적으로 늘어나는 일은 있을 수 없었다.

5. 조선시대 지배계층 재생산 메커니즘

　　주지하는 바와 같이 중국 과거시험의 개방성을 둘러싸고 연구자 사이에서 의견이 나뉘어 있는데 그 개방성을 가장 명확하게 주장한 연구자는 호핑티(何炳棣)이다.[62] 그러나 그가 밝힌 문과급제자의 개방성 지표를 조선시대의 그것과 비교해볼 때 양자 사이에 현저한 차이가 있다고 보기 어렵다는 점에 관해서는 이미 지적한 바가 있다.[63] 즉 문과급제자 중에서 3대 이내의 직계 조상에 문과급제자를 가진 사람의 비율을 비교하면 질적인 차이가 있었다고 보기 어렵다는 것이다. 아무튼 중국과의 비교는 방계 친족까지 포함해서 더욱 엄밀하게 검토해야 된다고 생각한다.

　　앞에서 지적한 것처럼, 여기서 검토한 대표적인 3개 세족에 있어서도 그 전체 구성원에서 차지하는 문과급제자의 비율은 미미한 것이었다. 이러한 상황이 된 것은 다음과 같은 두 가지 요인에 의한 것이었다고 생각할 수 있다. 즉 그 하나는 양반이라는 존재가 본래적으로 자기 팽창을 하는 성격을 가지고 있었다는 것이며, 또 다른 하나는 급제자의 정원이 극히 제한되어 있었다는 것이다.

　　전자의 요인에 대해서는 서성 문중의 경우를 예로 검토했으므로, 이제는 후자의 요인에 대해 검토해보자. 앞의 〈자료 12〉에서 확인한 대로 조선시대 문과급제자의 수는 점점 증가했다. 급제자수의 변화를 보면 태조 때의 연평균 9.4명에서 고종 때의 55.2명에 이르기까지 늘어나기만 했는데, 전체를 통해 평균치를 구하면 매년 29.2명의 급제자가 배출된 셈이다. 중국의 경우 명·청대에 문과의 급제 정원은 정해지지 않았지만 3년마다 대략 300명 내외의 진사가 배출되었다. 따라서 연평균 급제자는 100명 정도였다고 볼 수 있는데, 인구수의 차이를 고려하면 조선의 문과는 중국보다 '넓은 문'이었다고 할 수 있다. 참고로 당시 인구 규모는 적게는 10배, 많게는 20배 이상의 차이가 있었을 것으로 추측된다.

그러나 조선의 문과가 가시밭길이 아니었다고 할 수도 없다. 매년 29.2명의 문과급제자가 배출되어 평균적으로 30년 생존했다고 가정한다면 어느 시점에서든 876명(29.2×30)의 문과급제자가, 그래서 대략 계산하면 약 900명 정도가 존재했다는 이야기가 된다. 따라서 이 900명의 자리를 둘러싸고 양반들이 경쟁했다는 것이 되는데, 그 경쟁률은 어느 정도였을까?

양반 전체의 수를 아는 것은 거의 불가능하지만, 전체 인구수를 1천만 명, 인구의 5~10%가 양반 가문에 속했다고 가정하면, 50만~1백만 명이라는 숫자를 얻을 수 있다. 이 가운데 과거 수험 자격이 없는 여성과 실질적으로 수험이 불가능한 어린 남자(17세로 문과에 급제한 것이 최연소 기록이다)를 제외하면, 20만~40만 명 정도가 문과 수험 유자격자였다고 상정할 수 있다. 이들이 900명 중의 일원이 되기 위해서 경쟁한 셈이다. 얼마나 격렬한 경쟁이 벌어졌을 것인지 짐작이 갈 것이다.

일본의 도쿠가와시대에 비유하면, 900명이라고 하는 최상층의 무사—300명 정도의 다이묘와 가장 유력한 하타모토의 수를 합치면 비슷한 인원수가 될 것이다—의 지위를 둘러싸고 수십만 명의 무사들이 경쟁을 벌였다고 상상해 보면, 소금은 실감이 느껴지지 않을까? 물론 일본에서 최상층 무사의 지위는 세습으로 유지되었기 때문에, 과거에 의해서 관료가 선발되는 조선사회의 양반과는 그 성격이 크게 다른 것이었다. 그리고 이러한 격렬한 경쟁이 장기간에 걸쳐 가능했던 이유는 일본의 전국시대와 같은 '무'가 아니라 '문'에 의한 경쟁이었기 때문이다.

유럽의 경우와 비교하면 어떨까? 블뤼시(F. Bluche)에 의하면, 18세기 프랑스의 귀족은 약 9천 가족, 1만 4천 명 정도였다고 한다.[64] 따라서 조선시대의 문과급제자보다 훨씬 많은 사람이 귀족이었다는 이야기가 되는데 프랑스의 귀족도 일본의 무사와 마찬가지로 그 대다수가 세습에 의해서 지위를 보장 받고 있었던 것이다.

프랑스나 일본과 같은 전형적인 신분제사회에 있어서 지배계층의 재생산 구조를 모델화하면, 〈자료 16〉과 같이 된다(프랑스와 일본 같은 신분제사회에 있어서도 지배계층의 교대가 전혀 없었던 것은 아니다. 특히 유럽에서는 귀족으로서의 지위를 구입할 수가 있었기 때문에 일본보다 교대가 많이 이루어졌다고 생각된다). 세대마다 아버지의 신분을 계승할 수 있는 사람은 단지 한 명뿐이었다는 이야기다. 그에 비해 조선시대 문과급제자의 재생산 구조를 모델화하려면 〈자료 16〉보다 훨씬 복잡한 것이 되겠지만 굳이 단순화하면 〈자료 17〉와 같은 모델을 그릴 수 있다.

조선후기부터 근대에 걸쳐서 한국에서는 방대한 계보 자료가 작

〈자료 16〉 단독상속제 사회의 계승

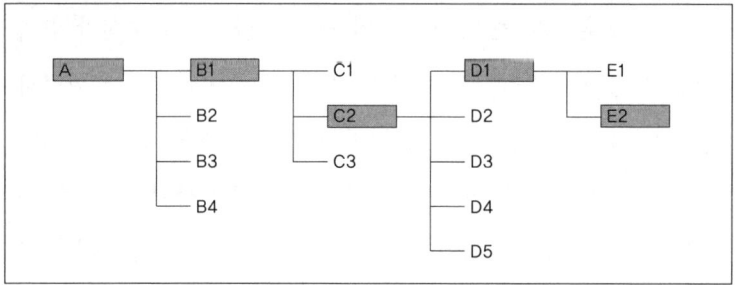

〈자료 17〉 조선시대의 계승

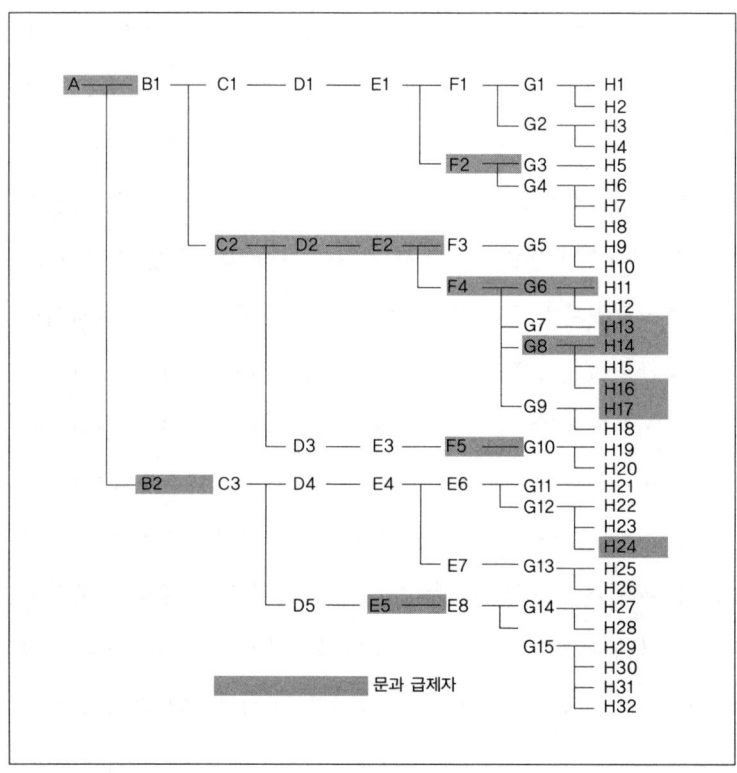

성되었으며 그 많은 부분은 문무의 양반 가문을 대상으로 그 계보를 정리한 것들이다. 『잠영보(簪纓譜)』라든지 『동국벌열보(東國閥閱譜)』 등의 명칭을 가진 책들이 그것인데 일제시대에 작성된 저명한 『만성대동보(萬姓大同譜)』도 같은 성격을 가진다. 이것들을 보면 대다수의 가문에 있어서 형제나 가까운 혈연관계에 있는 집단 중에서 복수의 문과급제자가 나온 경우에도 계속해서 급제자를 내는 가문은 하나나 둘로 한정되며 다른 가문은 탈락해가는 패턴을 찾아낼 수 있다. 〈자료 17〉은 그것을 이미지화한 것인데, 결과적으로는 단독 상속제에 의해 지배계층의 재생산이 이루어지는 신분제사회의 모델인 〈자료 16〉과 비슷한 계승 패턴이 된다는 것을 알 수 있다. 그 둘의 차이는 〈자료 16〉에서는 지배계층으로서의 지위 계승이 제도적으로 보장되어 있음에 비해 〈자료 17〉에서는 격렬한 경쟁의 결과로서 이러한 패턴이 생긴다는 점이며, 따라서 조선시대의 한국사회는 일본이나 프랑스보다 훨씬 경쟁이 심했다고 할 수 있을 것이다. 그리고 그렇게 된 가장 큰 요인으로서 과거라고 하는 제도의 존재와 과거(특히 문과) 급제자의 수가 극히 소수였다는 사실을 지적할 수 있다.

이와 같이 생각하면, 중국과 비교했을 때 과거의 폐쇄성이라고 하는 문제도 좀 더 엄밀하게 검토할 필요가 있는 것처럼 느껴진다. 확실히 중국의 과거는 조선의 그것보다 제도적으로는 개방적이었고 다양한 계층으로부터 급제자가 나왔다는 것은 틀림없다. 하지만 경쟁의 격렬함이라고 하는 면에서 양자 사이에 질적인 차이가 있었다고 말할 수는 없는 것이 아닐까? 오히려 양반계층 내부에서 경쟁이 벌어졌던 조선이, 그리고 사회적 지위를 상승시키는 수단(ladder of success)으로서 과거를 통한 관직 진출이 차지하는 비중이 중국보다 더 중요했던 조선이 숫자상의 경쟁률이 아니라, 실질적인 경쟁률에 있어서는 보다 어려운 것이었다고 생각할 수도 있지 않을까?

마지막으로, 이상과 같은 조선시대 지배계층의 재생산구조를 전제로 해서 근대 이후를 전망한다면, 조선시대에 지배계층에 참가할 수 있는 자격으로 존재했던 양반이라는 지위가 이제는 소멸함으로써, 모든 계층의 인간에게 지배계층 참가의 기회가 열리게 되었다고 하겠다. 따라서 더욱 격렬한 경쟁이 전개되게 된 것은 근대 이후라고 할 수 있지 않을까 여겨진다.

7장

한국의 역사인구학은

가능한가?

1. 인구사와 역사인구학

인구사연구는 세계적으로 오랜 역사를 가지고 있으며, 한국에 도입된 지도 70~80년이나 된다. 시카타 히로시(四方博)의 조선시대 호적대장에 대한 연구도 인구사연구의 일환으로 시작되었다. 한편 역사인구학(historical demography)은 아주 새로운 학문 분야이다. 역사인구학은 1950년대에 프랑스의 연구자, 루이 앙리(Loius Henry)와 피에르 구버(Pierre Goubert)에 의해 거의 동시에 독립적으로 개발된 '가족복원법'(家族復元法, family reconstitution method)이라는 방법과 함께 탄생했다. 앙리와 구버는 '교구등록부'(敎區登錄簿, registres paroissiaux) 자료에 의거하여 개인의 세례, 결혼, 매장 기록을 추적하고 거기에서 개인에 관한 많은 인구학적 사건(vital event), 즉 출생이나 결혼, 사망 등을 복원함으로써 인구사연구에 있어 확실한 통계적 기초를 쌓는 데 성공했다.

역사인구학 이전의 인구사연구는 주로 인구수 조사를 바탕으로 이루어진 거시적 관찰에 의한 것이었다. 따라서 엄밀한 근거를 제시하지 못한 조잡한 수준이었음에 비해 역사인구학의 확립은 인구사연구의 수준을 일거에 끌어올린 획기적인 의미를 지닌 사건이었다. 프랑스에서 탄생한 역사인구학은 이후 서구를 중심으로 다른 지역으로도 확대되었다. 일본에서는 1960년대 이래, 중국에서는

1980년대 이후부터 본격적으로 역사인구학의 성과가 발표되기에 이르렀다.

역사인구학은 근대적 센서스를 통한 인구학적 정보가 정비되기 이전 시기를 대상으로 인구학적 사건과 관련된 개인 정보를 대량으로 복원하고, 이를 통계학적으로 처리함으로써 인구변동과 인구규모에 관한 시기적 변화를 연구하는 학문이라 할 수 있다. 하지만 역사인구학의 한 가지 문제점은 그러한 요구에 부응하는 자료가 존재하는 지역이 한정되어 있다는 점이다. 서구의 '교구등록부'나 일본의 '슈몬 아라타메 초(宗門改帳 원래 천주교 신자를 없애기 위해 작성된 종교 조사 기록인데, 마을 단위로 주민들의 소속 불교사원을 기록했던 장부. 거기에 주민들의 이름, 나이 등이 기록되어 있기 때문에 인구학적 정보를 얻을 수 있다)'와 같은 역사인구학의 연구에 적당한 자료가 존재하지 않는 지역에서는 이와 동일한 방법을 적용하기 어렵다. 그렇다면 과연 한국에서 역사인구사적 방법으로 인구사를 연구하는 일이 가능할 것인가? 이 글의 최대 목적은 그 가능성을 살펴보려는 것이다.

한국에서도 인구사연구는 어느 정도 성과를 쌓았다. 하지만 역사인구학에 의거한 연구는 아직 걸음마 단계라고 말하는 것이 솔직한 태도일 것이다. 한국의 인구사연구 전반에 걸쳐 연구사적으로 정리하는 것은 이 글의 과제가 아니다. 역사인구학과의 관련에서 중요한 것은 조선시대의 인구사연구이다. 차명수(車明洙)와 박희진(朴熙振)이 지적하였듯이,[65] 조선시대 인구사연구에는 지금까지

두 가지 방법이 사용되었다. 하나는 근대 국세조사를 기초로 해서 거기서 과거에 거슬러 올라가 각 시기의 총인구를 추정하는 방법이고, 또 하나는 조선왕조의 호구통계 자료에 의거하여 인구 규모와 인구 변동을 연구하는 방법이다. 전자의 대표적인 성과로는 석남국(石南國)의 연구[66]를, 후자의 방법에 의한 대표적인 성과로는 권태환(權泰煥)과 신용하(愼容廈)의 연구[67]를 들 수 있다. 특히 권태환과 신용하의 연구는 조선시대 인구사에 관한 가장 신뢰할 만할 성과로서 많은 연구자들이 빈번히 인용하고 있을 만큼, 이들의 연구는 정설로 자리 매겨져 있다고 해도 과언이 아니다.

정부의 호구통계에 의거한 권태환과 신용하의 연구는, 차명수와 박희진도 지적한 바와 같이, 조선후기를 기준으로 어느 시기에서든 정부의 호적대장 작성의 기본방침이 동일하다—따라서 호적대장에 등록되지 않은 탈락자의 비율도 변화하지 않았다—는 사실을 전제로 이루어졌다. 하지만 이런 전제 자체는 매우 의심스러워서 이에 관한 근본적인 재검토가 필요하다. 예를 들면 경상도 단성현(丹城縣) 호적대장의 전체 입력 작업에 기초한 김건태(金建泰)의 연구[68]에 의하면, 호적대장에 등록된 남녀별, 연령별 인구분포는 17세기부터 19세기에 걸쳐 크게 변화하였다. 조선후기를 기준으로 했을 때 일관되게 정부가 기본적으로 동일한 원칙으로 호적대장을 작성했다고는 결코 볼 수 없는 것이다.

권태환과 신용하의 논문 이외에도 거의 대부분의 연구는 정부의 호구통계에 의거하고 있다. 따라서 이들 연구도 비슷한 문제점을 지니고 있다. 호구통계의 바탕인 호적대장의 자료적 성격의 규명과 엄밀한 자료비판을 거치지 않고 호구통계를 인구사연구에 그대로 사용하는 것은 추측에 추측을 낳는 일일 수밖에 없다. 앞에서도 지적한 바와 같이 역사인구학에서는 개인의 인구학적 사건의 대량 복원작업이 필요하다. 종래의 한국 인구사연구는 이런 필수 작업이 이루어지지 않았다. 말을 바꾸면 인구사연구의 수준에 머물러 있을 뿐, 역사인구학의 수준에 이르지 못한 것이다.

하지만 최근 들어 한국에서도 역사인구학적인 입장에서 연구가 이루어지기 시작했다. 호적대장이 아니라 족보를 이용한 연구가 그것이다. 박희진(朴熙振)[69]과 차명수·박희진[70]은 중국의 족보를 이용한 역사인구학의 연구 성과를 원용하면서 몇몇 족보를 통계적으로 처리하고 '남성인구지수'의 시기적 변천을 밝힘으로써 인구의 추세를 추정하였다. 이 방법은 유럽과 일본 역사인구학의 기본적 방법인 가족복원법에 기초한 것은 아니다. 하지만 족보라는 자료의 특성을 살린 이 연구방법은 역사인구학의 범주에 포함될 수 있을 것이다. 따라서 한국의 역사인구학은 지금 그 출발점에 서 있다고 말할 수 있다.

2. 외국의 역사인구학에서 무엇을 배울 것인가?

서유럽 역사인구학의 테제

역사인구학의 선두주자인 서유럽의 연구는 영국 캠브리지 대학을 중심으로 이루어진 소위 캠브리지 그룹(Cambridge Group for the History of Population and Social Structure)의 연구, 미국 프린스턴 대학을 중심으로 진행된 유럽의 인구전환에 관한 연구(European Fertility Project) 등 괄목할 만할 성과를 많이 내놓았다. 그 중에서도 캠브리지 그룹에 의한 교구등록부의 포괄적인 데이터 작성과 이에 기초한 연구는 인구사에 관한 종래의 식견을 획기적으로 뒤집었을 뿐만 아니라, 다른 연구 분야에도 커다란 자극을 주었다. 예를 들면 캠브리지 그룹은 인구변동에 대해 물가·임금 등의 경제적 지표와 관련시켜 연구하는 경제사연구의 진전, 인구변동과 깊은 연관을 지닌 가족사연구의 진화 등 다양한 분야에서 새로운 연구를 촉발시켰던 것이다.

서유럽의 역사인구학 연구를 통해 밝혀진 것 가운데 가장 중요한 것은 서유럽의 특이한 결혼 패턴과 그로 인한 인구 조절 메커니즘이 밝혀졌다는 점이다. 인구학의 고전이라 할 수 있는 『인구론(An Essay on the Principle of Population)』에서 맬서스(Thomas Robert

Malthus)는 인구 억제의 방법으로 '적극적 억제(positive check)'와 '예방적(또는 도덕적) 억제(preventive check)'라는 두 가지 방법이 있다는 것을 지적하면서, 후자를 엿볼 수 있는 예외적인 지역으로 잉글랜드를 들고 있다.

더욱이 헤이널(John Hajnal)은 1965년에 발표된 저명한 논문을 통해 성 페테르부르크에서 트리에스테를 잇는 선의 서쪽에서는 만혼(晚婚)과 높은 평생독신율을 특징으로 한 서구적 결혼 패턴이 존재한다는 것을 지적했다. 역사인구학적 연구는 이러한 헤이널의 지적이 타당하다는 것을 입증했다. 즉 서유럽에서는 남녀 모두 만혼이 일반적인 경향이고 평생 결혼하지 않는 사람들도 많이 존재했는데, 이것이 맬서스가 말하는 예방적 억제로서의 의미를 지닌다는 사실, 더욱이 임금 변동 등의 경제적 여건의 변화에 결혼연령이 연동하여 인구 조절이 이루어졌다는 점—경제 상황이 악화되면 결혼연령이 높아짐으로써 출산력이 저하한다는 것을 의미한다—이 밝혀졌다. 서유럽 이외의 지역에 보편적으로 존재했던 혹은 존재했다고 생각되는 조혼과 보편적 혼인—대부분의 남녀가 젊은 나이에 결혼하고, 평생 결혼하지 않는 독신은 예외적 존재인 상태를 말한다—에 비해 서유럽의 결혼 패턴은 지극히 특수한 것으로서 이는 서유럽에서 근대화가 빨리 이루어진 것과 연관되어 이해되었다.

또한 유럽의 인구 전환—다산다사(多産多死) 사회에서 소산소사(少産少死) 사회로의 전환—을 대상으로 한 프린스턴 프로젝트의 결과도 주목할 만하다. 이 연구에서는 유럽에서의 인구 전환을 경제적인 요인과 문화적인 요인이라는 두 가지 측면에서 파악했는데 그 결과 문화적인 요인도 인구 전환에 독자적으로 작용했다는 사실이 밝혀졌던 것이다. 인구변동에 대해 문화적인 요인이 큰 의미를 가진다는 사실은 다른 지역의 연구에서도 경청할 만한 발견이라고 할 수 있다.

역사인구학의 서구-일본 테제

서유럽과 그 주변 지역 이외에서 가장 빨리 역사인구학이 시작된 곳은 일본이었다. 유럽 유학중에 역사인구학의 방법을 접한 하야미 아키라(速水融)는 일본 에도(江戶)시대에 작성된 '슈몬 아라타메 초'를 이용하여 가족복원법이 가능하다는 점에 착안하고 본격적인 역사인구학에 착수했다.

슈몬 아라타메 초는 1년 단위로 작성되었기 때문에 교구등록부와 비교하여 출생 후 1년 이내에 사망한 자는 대다수 등록되지 않는다는 약점을 지니고 있다. 하지만 슈몬 아라타메 초는 가족 단위로 기재되어 있어서 가족복원법의 적용이 쉬울 뿐만 아니라, 사람의 이동과 경제력에 대한 정보가 포함된 경우도 많았다. 일본에서는 교구등록부에는 찾아볼 수 없는 이러한 자료의 특성을 살린 방법론의 개발을 적극적으로 진행하고 있다.

일본 역사인구학의 성과로서 여기에서 주목하고 싶은 것은 결혼 패턴이 서유럽과는 다르지만, 낮은 출산률이라는 점에서는 분명 양자에 공통점을 찾을 수 있다는 사실이다. 즉 일본에서는 서유럽보다 조혼이고 더욱이 평생 독신율도 낮았다. 그럼에도 불구하고 일본의 혼인출생률(marital fertility 혼인한 여성이 출산하는 아이들의 수)은 서유럽보다 낮은 것으로 추정되며, 서유럽처럼 예방적 제한이 광범히 이루어졌다는 점이 밝혀졌다. 그리고 이러한 성과를 바탕으로 1985년에 간행된 핸리(B. Susan Hanley)와 울프(Arthur P. Wolf)가 편찬한 『동아시아사에 있어서의 가족과 인구(Family and population in East Asian History)』는 서구와 일본, 그리고 동구와 중국이라는 이항대립적인 구도로 인구사 패턴을 그려냈다. 전자에게는 인구의 예방적 억제가 존재했고, 후자의 경우에는 그것이 부재했다는 것을 주장한다는 점에서 서구-일본 테제의 전형적인 성과라 말할 수 있을 것이다.

그러나 이러한 서구-일본 테제는 서구 중심적인 역사인식의 변종인 서구예외주의, 일본예외주의적인 측면을 연상시키는 것으로서 경계해야 할 부분을 내포하는 것같이 보인다. 서구와 일본 이외에서는 적극적 억제밖에 존재하지 않았는지 아직 불분명하기 때문이다. 그런 의미에서 다음에 소개하는 중국 역사인구학의 성과가 주목할 만하다.

중국적 안티테제

역사인구학이 탄생하기 이전에는 전근대사회란 일반적으로 다산다사(多産多死)의 시대로 적극적 억제가 인구를 조절하는 유일한 수단으로 간주되었다. 그런데 역사인구학의 탄생을 계기로 서유럽과 일본에서는 이러한 상식이 사실과 위배된다는 점이 밝혀졌다. 하지만 다른 지역의 전근대사회는 여전히 다산다사의 사회로 보고 있다. 그 대표적인 사례로서 맬서스 이래 거론돼 온 지역은 중국이었는데, 그러한 중국에서도 1980년대에 들어와 역사인구학적 연구가 본격적으로 개시되었다.

중국 역사인구학에서 지금까지 사용된 자료는 족보와 특수한 인구등록부이다. 하지만 서유럽의 교구등록부나 일본의 슈몬 아라타메 초와 같은 일반 민중을 대상으로 작성된 자료를 이용한 연구는 아직 이루어지지 않았다.

족보를 이용한 연구로서는 루이추이롱(劉翠溶)과 해럴(Stevan Harell)의 연구가 주목받고 있다. 전자는 방대한 족보 조사에 의거하여 장기간에 걸친 여러 인구학적 지표를 밝히려는 연구이고, 후자는 '남성인구지수'(Male Population Index, MPI)라는 독특한 방법을 이용한 연구로서, 족보는 여성에 관한 정보가 충분하지 않다는 점을 고려하여 남성만의 생존율을 추정하는 방법을 개발하였다. 이 방법은 앞에서도 지적한 바와 같이 박희진과 차명수에 의해 한국에서도 이용되었다. 또 리(James Lee)를 중심으로 한 그룹은 청대 만주족의 황실족보를 이용한 연구를 진행하여 주목할 만한 사실을 많이 밝혔다. 족보를 이용한 중국 역사인구학의 연구는 족보가 대량으로 작성된 한국의 자료 여건을 고려하면 배울 점이 많을 것이다.

또 중국에서 이루어진 주목할 만한 성과는 리 등을 중심으로 이루어진 '한군팔기인정호구책(漢軍八旗人丁戶口册)'이라는 인구등록부를 이용한 일련의 연구이다. 이 자료는 청국의 지배계층인 팔기에서 군인을 확보할 목적으로 특수 지역을 대상으로 3년에 한 번씩 작성한 인구등록부로서 모든 지역을 대상으로 작성한 것은 아니었다. 하지만 거기에는 일정 지역에 거주하는 주민에 관해 생년월일과 출생시각 등의 귀중한 인구학적 정보가 기재되어 있다. 족보보다도 인구학적 연구에 더욱 적합한 자료인 것이다.

리와 왕(Wang Feng)의 공동저서 『세계 인구의 4분의 1(One Quarter of Humanity)』은 기존 중국 역사인구학의 성과와 도달점을 잘 보여주고 있으며 또한 중국적 인구 조절 시스템을 주장한 점에서 주목할 만한 성과이다. 이 저서에서는 결혼연령을 통해 인구를 조절한 서유럽과는 달리 중국에서는 훨씬 복잡한 인구 조절 시스템이 존재했다는 주장이 제기되고 있는데, 그 시스템은 네 가지 요인으로 구성된다. 그들의 결론은 여성의 조혼, 보편적 혼인이라는 점에서는 맬서스적 테제를 인정하면서도, ① 높은 여자 유아 살해율 ② 낮은 남성 결혼율 ③ 낮은 혼인출생력 ④ 높은 양자율이라는 요인의 조합에 의해 18~19세기 중국에서도 맬서스적 멍에는 회피되었다는 것이다.

이렇게 중국에서도 근년에 역사인구학이 눈부시게 발달하였지만, 실증적으로는 자료의 제약성 때문에 아직 명확히 밝히지 못한 부분도 존재한다. 하지만 한국 역사인구학의 입장에서는 자료의 처리방법과 복잡한 인구조절 시스템을 언급한 부분 등에 관해 배울 점이 많을 것이다.

이상과 같은 외국의 역사인구학에 관한 연구사를 살펴보았을 때, 한국에서도 역사인구학적인 방법에 의한 인구사연구가 가능하다고 한다면, 그 중심 연구과제로서 다음 두 가지 문제를 들 수 있을 것이다. 하나는 조선시대의 인구증감 추세를 명확히 밝히는 것이고, 또 하나는 그러한 증감추세를 규정한 요인으로서 서구와 일본, 중국에서 밝혀낸 것과 같은 독특한 인구 조절 시스템이 존재했는지의 여부를 밝히는 것이다. 차명수와 박희진의 연구는 한국 최초의 역사인구학적 연구로서 그 연구사적 의의를 높이 평가할 수 있다. 하지만 조선시대에는 적극적 억제 방법밖에 없었다는 것을 전제로 19세기의 인구감소—이 자체도 논의의 여지가 크다—를 경제적인 위기와 결부시켜 설명하고 있다. 적극적 억제밖에 존재하지 않았다는 전제 자체가 아직도 명확하지 않은 한 그것은 한국 역사인구학적 연구의 커다란 과제라 말하지 않을 수 없다.

4. 한국 역사인구학의 과제

조선시대 호적대장은 잘 알려진 바와 같이 경상도를 중심으로 어느 정도 현존하고 있고, 족보 또한 방대한 양이 존재하고 있다. 특히 18세기 이후로 한정하면 족보와 같은 가계(家系) 기록에 수록된 인원이 전 인구에서 차지하는 비율은 아마 세계에서 가장 높을 것이다. 따라서 한국 역사인구학은 자료적으로는 그리 열악한 상태에 놓여 있지 않다. 그럼에도 불구하고 아직도 역사인구학적 연구가 걸음마 단계에 머물러 있는 것은 호적대장과 족보 같은 자료를 역사인구학의 자료로 이용할 방법을 제대로 찾지 못했기 때문이다. 따라서 한국 역사인구학이 성립되기 위해서는 이러한 자료들의 엄밀한 검토와 그 이용방법의 확립이 가장 중요한 열쇠이다. 마지막으로 이러한 자료를 역사인구학의 자료로서 이용하기 위해 요청되는 자료비판의 문제와 그 이용의 가능성에 대해 언급함으로써 이 글을 마무리 짓고자 한다.

우선 호적대장에 관해서이다. 현재에도 진행 중인 호적대장 데이터베이스 작업을 단성만이 아니라, 다른 지역에 대해서도 진행시키면서 각 시기별 호적대장 고유의 성격을 파악하는 기초 작업을 확대 실시하는 일이 무엇보다 중요할 것이다. 호적대장에는 누락된 부분이 상당히 존재한다는 사실은 누구나 아는 일이다. 하지만 단성현의 데이터베이스 작업이 진행됨에 따라, 등록에서 누락되는 일이 시기에 따라 서로 다른 이유 때문에 발생했다는 사실이 밝혀졌다. 따라서 각 시기 중앙정부의 호적 작성 방침의 변화, 또 그에 규정되면서 각 지방에서 실제로 호적대장을 작성할 때의 구체적 과정 등에 대해 충분히 음미할 필요가 있다.

이 작업에는 많은 어려움이 따를 것이다. 하지만 제주도의 호적대장을 검토해본다면 그것이 하나의 돌파구 역할을 수행할지도 모르겠다. 제주도 호적대장은 잘 아는 바와 같이 많은 지역에서 19세기의 것이 호적중초(戶籍中草 호적대장 작성을 위한 초안(草案)으로서, 이것을 바탕으로 호적대장이 작성되었다)라는 형태로 현존한다. 그 뿐만이 아니다. 1910년대부터 30년대에 걸쳐 작성된 민적부(民籍簿)의 상당 부분이 지금도 이(里) 단위로 보존되어 있다. 더구나 제주도 민적부는 다른 지역과 같이 제적부(除籍簿) 형태로 보존된 것이 아니라, 작성 연도별로 이(里) 전체의 민적부가 그대로 보존되어 있다. 따라서 특히 식민지시기 초기에 작성된 민적부는 조선시대 호적대장과 광무년간의 소위 신식 호적과 직접 비교할 수 있다. 양자의 비교를 통해 조선시대 호적대장의 작성방법을 파악할 해법을 발견할 수 있을 것이다. 현재 우리는 이 작업을 진행하고 있는데, 그 결과는 앞으로 학계에 제공될 예정이다.

또 이번 심포지엄(2003년 12월 19일, 성균관대 동아시아학술원 주최로 개최된 심포지엄으로 제목은 '한국 역사인구학의 방향 설정을 위하여'이다)에서 김건태가 보고한 바와 같이 호적대장 데이터로부터 역사인구학에 유용한 데이터를 추적하는 작업도 의미 있을 것이다. 물론 이 경우에도 호적대장의 자료적 성격을 충분히 고려해야 한다는 점은 두말할 필요도 없다.

한편, 족보에 대해서는 중국의 족보자료 처리방법으로부터 많은 것을 배울 수 있다. 하지만 그때 주의할 점은 중국과 한국의 족보에는 많은 공통점과 함께 차이점도 존재한다는 사실이다. 이 점에 대해 여기서 충분히 논의할 여유는 없다. 커다란 차이점 하나만을 지적하면, 한국 족보는 중국 족보보다 대외적, 대사회적 기능이 훨씬 강하다는 점이다. 족보에는 두 가지 기본적 기능이 있다. 일족 구성원의 결합을 강화하는 대내적 기능과 일족의 위신을 높여야 하는 대외적 기능이 그것이다. 양자의 기능 가운데, 중국 족보는 전자의 기능을 대단히 중시한 반면, 한국 족보는 후자의 기능을 더 중시하고 있다. 예를 들면 한국 족보에는 중국과는 비교가 되지 않을 정도로 혼인관계가 중시되어 있는 점도 족보의 대외적 기능과 관련시켜 이해할 수 있을 것이다.

이러한 족보의 성격 차이 때문에 역사인구학에서 족보를 이용할 때, 한국 족보는 중국 이상으로 어려운 문제에 봉착할 것이다. 박희진과 차명수의 연구에서도 지적된 바인데, 적자손(嫡子孫)과 서자손(庶子孫) 문제도 한국 족보가 지니는 또 다른 어려운 문제이다. 조선시대에는 족보에 따라서는 서자손을 완전히 배제하는 경우도 많았는데, 이것은 남성인구지수에 커다란 영향을 미친 것으로 보인다. 그뿐만이 아니다. 적자손일지라도 족보에 기재되지 않은 경우 또한 상당히 존재했다. 그 이유는 여러 가지이지만 가장 큰 이유는 틀림없이 일족의 대외적 위신을 지키려는 점에 있었다. 박희진과 차명수의 연구에서는 이런 문제가 전혀 고려되지 않았지만, 족보를 이용할 때 반드시 주의해야 할 부분이라고 생각한다. 족보를 역사인구학의 자료로서 이용할 경우 엄밀한 자료의 고찰이 요구되며, 무엇보다 양질의 족보를 데이터로 만드는 작업이 선행되어야 한다.

현존하는 족보에는 호적대장보다 훨씬 많은 인원이 수록되어 있어서, 앞으로 한국 역사인구학에서도 가장 유용한 자료로서의 역할이 기대된다. 하지만 이 경우에도 족보와 호적대장의 이용을 동시적으로 진행하는 작업이 필요할 것이다. 예를 들면 김건태의 보고에서 논의된 것처럼 여성의 평균적인 초혼연령을 호적대장에서 확인할 수 있다면, 이를 이용하여 족보에는 기재되지 않은 혼인적령기 여성의 연령을 가정하고 거기에서 초산연령을 추정하는 것이 가능하다. 족보가 지닌 자료적 제약 중의 하나는 여성에 관한 기술이 충분하지 않다는 점이다. 하지만 이러한 방법으로 족보와 호적대장을 종합적으로 이용하는 방법론을 개발한다면, 역사인구학에서 가장 중요한 변수의 하나인 여성의 초산연령과 그 시기적 변화도 어느 정도 엄밀하게 추정할 수 있을 것이다.

앞으로 방대한 작업과 갖가지 어려움이 예상된다. 그럼에도 불구하고 신중한 자료비판을 통해 한국 역사인구학은 충분한 가능성을 지닌 분야로 떠오르게 될 것이다. 다만 외국의 경우가 그러했듯이 역사인구학은 각 개별 연구자가 단독으로 수행하기는 지극히 곤란하며, 집단적인 연구체제를 갖춰 연구하는 것이 바람직하다. 또 역사인구학과 관련된 분야도 역사학, 인구학, 사회학, 경제사,

문학, 통계학, 의학사, 민속학, 문화인류학 등 다방면에 걸쳐 있다. 많은 연구자가 역사인구학에 관심을 지니고, 다양한 분야의 연구자가 우리의 공동연구에 참가하기를 기대한다.

8장

사회적 결합에서 본

동아시아

이 글은 '비교사적으로 본 근세 일본—한국사와의 대화'라는 심 포지엄을 근거로 작성한 것이다. 이 심포지엄은 '근세' 일본[71])과 동시기의 한국을 비교사적으로 검토하려고 하는 시도로서는 아마 최초의 것이었다고 생각된다. 물론 개별적으로는 다양한 문제에서 양국의 전통사회에 대한 비교가 행해지지 않았던 것은 결코 아니지만, 많은 연구자가 한 자리에 모여 다양한 측면에서 비교를 행한다는 점에서 종래와는 질적으로 다른 차원의 시도였다고 할 수 있을 것이다.

이 심포지엄의 계기가 된 것은 필자가 2006년 12월호의 『역사학연구』에 발표한 「동아시아 세계에 있어서 일본의 '근세화'—일본사 연구 비판」이었다. 이는 연구자로서의 사명을 느꼈던 것으로, 당랑지부(螳螂之斧)처럼 일본사연구의 자세를 비판해 온 입장에서 벗어나, 이제야 확실한 반응을 실감하는 계기가 되었다. 그러나 그런 만큼 책임도 무거워져서 지금까지와 같이 단순한 문제제기의 수준으로는 더 이상 안 되겠다는 깨달음도 생겨났다.

그래서 이 글에서는, 심포지엄 당일의 보고를 토대로 사회적 결합이라고 하는 측면에서 도쿠가와 일본과 조선시대의 한국을 비교할 뿐만 아니라, 그에 앞서 처음에 필자가 일본사 연구를 비판하기에 이른 경위에 대해서 간단하게나마 정리하기로 한다.

1. 사회적 결합을 비교하는 의미

여기서 사회적 결합(사회적 결합이란 어떤 사회에서 사람들이 무엇을 매개로 해서 다른 사람과의 관계를 맺음으로써 조직을 형성하는지, 그 모습을 의미한다)의 문제를 제기하는 것은, 몇 가지의 이유에 의해서다. 우선 무엇보다도 사회적 결합의 문제는, 사회를 비교할 때에 가장 중요한 것임과 동시에, 지금까지 이에 관해서 나 자신이 본격적으로 검토한 적이 없었기 때문이다. 사회적 결합의 양상은 그 사회의 특징을 단적으로 나타낼 뿐만 아니라, 정치문화나 여성의 사회적 지위의 문제 혹은 문화의 존재형태 등의 문제와도 불가분의 관계를 갖고 있다고 말할 수 있다.

둘째 이유로는, 근년의 일본사 연구에 있어서 사회적 결합의 문제가 활발하게 논의되고 있다는 것이다. 나의 논문 「동아시아 속의 일본 '근세화': 일본사연구 비판」(『역사학연구』 1996년 11월호, 동경, 역사학연구회)에 대해서 일본사연구자인 이나바 게이요(稻葉繼陽)가 정면에서 비판했는데, 그 비판의 핵심은 나의 비판이 80년대까지의 일본사연구를 대상으로 한 것으로, 그 이후에 이루어진 연구의 진전을 무시하고 있다는 것이었다. 그리고 그 진전의 내용으로서 지적된 것이, 일본 '근세'사회가 위로부터의 벡터뿐만이 아니라, '농(農)의 성숙'에 의해 상징되는 아래로부터의 벡터, 즉 사회적 결합의 성숙을 유지하면서 형성된 것을 밝혔다는 점이다. 이나바의 비판은 나의 불충분한 부분을 날카롭게 찌른 것이었지만, 사회적 결합의 문제에 관해서 일본과 서구의 유사성, 일본과 중국의 이질성을 강조하는 그러한 비교의 방법을 가지고는 의문을 해소할 수 없는 점들이 많기 때문에, 이제 한국에 있어서의 사회적 결합의 문제를 논의함으로써 이나바의 비판에 대답할까 한다.

사회적 결합을 문제로 삼은 셋째 이유는, 현재 일본의 사회적 결합의 문제를 생각하는 데 있어서 한국이나 중국과 비교하는 것이 나름대로 의미를 가질 수 있지 않을까 생각하기 때문이다. 주지하는 바와 같이 일본에서는 '무연사회(無緣社會)'라든지 '고족(孤族)의 나라'라고 하는 말로 표현되듯이, 인간의 원자화가 극단적으로 진행되고 있는데, 왜 이러한 현상이 생기게 된 것일까? 이 문제를 생각하려면 지구화라고 하는 현재의 문제와의 관련뿐만이 아니라, 역사적으로 '근세'의 성립기까지 거슬러 올라가서 고찰하는 것이 필요하다고 생각되기에, 여기서 그 일단을 검토해 보고 싶다. 근년의 '한류' 붐에서 보이는 한국의 텔레비전 드라마에 대한 일본인의 다대한 관심의 원인 가운데 한 요인이 일본과 한국의 인간관계의 차이, 사회적 결합의 차이에 있는 것은 아닐까 하고 내 나름대로 생각해본 바 있는데, 그것 역시 사회적 결합의 비교를 시도하게 된 숨겨진 이유이기도 하다.

2. 가족, 친족 결합의 비교

가족은 사회적 결합의 가장 기초적인 단위이다. 그래서 먼저 가족과 그 확대판이라고 할 수 있는 친족 결합의 문제에 대해서 검토하려 하는데, 이 문제에 대해서는 대단히 흥미로운 중·일 비교론이 일본의 중국사 연구자 우에다 마코토(上田信)에 의해서 제출된 바가 있으므로,[72] 우에다의 주장을 소개하면서 그가 논하지 않은 한국의 가족과 친족 결합의 특징에 관해 나의 견해를 피력해 보고자 한다.

우에다 마코토의 일본·중국·태국 비교론

우에다는 중국의 가족·친족 결합의 특징을 파악하기 위해 태국과 일본의 가족, 친족 결합 및 중국의 그것을 비교하는 동시에 가족, 친족 결합에 보이는 특징이 사회적 결합에도 반영된다고 하는 입장에서 논의하고 있다. 이 세 사회의 가족관계의 특징과 그것을 기반으로 한 사회적 결합의 모습에 대해서, 태국은 동사적 가족관계와 네트워크 구조를, 일본은 명사적 가족관계와 네스트박스(nest-box) 구조를, 중국은 형용사적 가족관계와 채널 구조를 가진 것으로 파악하는 것이 우에다가 주장하는 핵심적 부분이다. 좀 더 자세하게 우에다의 주장을 소개해 보겠다.

우선 태국의 가족, 친족제도의 특징은 동사적 관계로 파악된다. 동사적 관계란 무엇인가를 한다고 하는 구체적인 행위에 의해서 성립하는 인간관계이다. 예를 들어 아버지가 아버지일 수 있는 것은, 아이에 대해 아버지로서 어떠한 행위를 해주기 때문에 가능하게 되는 것이며, 이러한 구체적인 행위가 존재하지 않으면 그 관계가 지속되지 않는 경우이다. 이것이 동사적 관계의 특징이다. 따라서 가족도 혈연관계에 의거해서 형성되는 고정적인 것이 아니라, 상황과 필요에 따라 수시로 이합집산을 반복하는 조직임에 지나지 않는다. 또한 가족이 이와 같이 유동적인 것이기 때문에 견고한 친족조직도 형성되지 않는다.

태국의 경우, 이러한 동사적 관계는 단지 가족, 친족관계만이 아니라 모든 인간관계의 기초에 있다고 우에다는 말한다. 그리고 이러한 동사적 관계에 의거해서 인간관계가 형성되는 사회의 구조를 '네트워크'형 사회구조라고 명명하고 있다. 그 구조를 간단하게 나타내면, 〈자료 18〉과 같다.

네트워크형 사회구조에 관해서 주의해야 할 점은 〈자료 18〉의 A, B, C 등의 개개인이 갖고 있는 인간관계가 각각 다르다는 것이다. 즉, 인간관계가 동사적 관계에 의해서 연결되기 때문에, 개인에 따라서 관계를 맺는 상대가 중복되지 않는다.

따라서 이러한 사회에서는 인간관계가 불안정하며, 안정된 사회조직은 성립하기 어렵다. 이러한 사회에 있어서의 유력자란, 일반인보다 광범위한 네트워크를 가지고 있는 인간이다. 경제적, 정치적, 사회적인 지위를 이용해 광범위한 네트워크를 형성할 수 있는

〈자료 18〉 네트워크형 사회구조

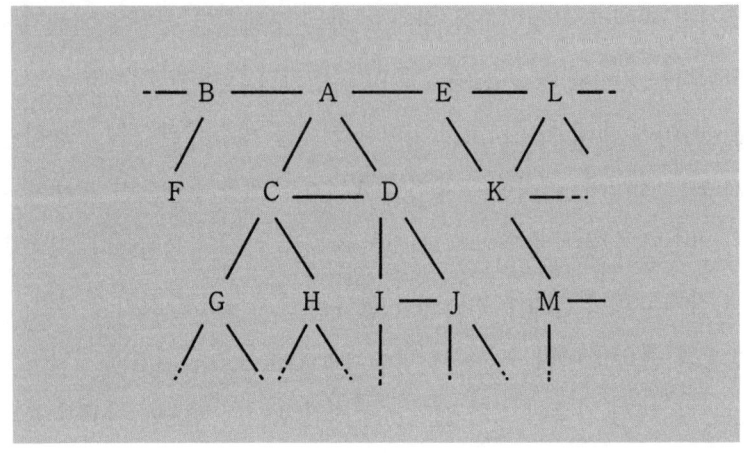

인간이 유력자로서 인정되는 셈인데, 그 지위는 어디까지나 개인적인 자질에 의거하므로 그가 사망하거나 힘을 잃으면, 인간관계 자체가 즉시 해체되어 버리게 된다. 가족이나 친족을 비롯해 모든 사회적 조직이 일시적인 성격을 띠는 것도 여기에 그 원인이 있다.

태국의 동사적 관계와 비교하면, 일본의 가족 관계의 특징은 명사적 관계로 파악할 수 있다. 명사적 관계란 아버지라든지 혼케(本家)라고 하는 지위 자체가 중요한 의미를 가지는 것으로, 자녀라든지 분케(分家)에 대한 인간관계가 그 지위에 의해서 결정된다. 개인의 자질이나 개인 사이의 구체적인 관계, 즉 동사적인 관계에 의해서가 아니라, 각자의 지위에 의해서 인간관계가 결정되는 것이 명사적 관계의 특징이다.

주지하듯이 일본의 가족제도에서는 양자가 빈번히 행해져왔을 뿐 아니라, 중국이나 한국과 달리 혈연관계가 없는 사람도 양자가

〈자료 19〉 네스트박스형 사회구조

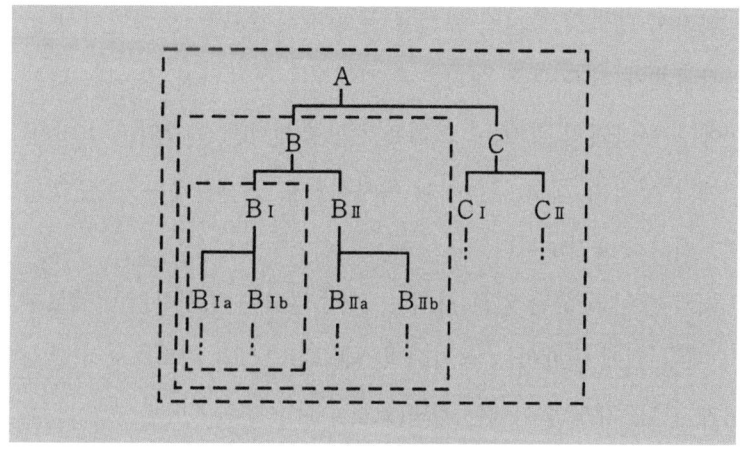

될 수 있는데, 이러한 일이 가능한 이유도 아버지라든지 아들이라고 하는 지위가 중요하기 때문이다. 즉, 아버지와 아들 사이에 혈연관계가 있는지, 없는지는 별로 중요시되지 않는 것이다.

우에다에 의하면, 일본과 같은 명사적 관계에 의해서 가족이 구성되는 사회구조는 네스트박스형의 구조가 된다고 한다. 그것을 나타낸 것이 〈자료 19〉이다. 네스트박스형의 사회에서는, 각각의 '이에(家)'가 하나의 네스트박스가 되어, 사회 전체는 네스트박스의 중적체(重積體)로서 나타난다. 가장 기초적인 사회 단위인 이에는 가장—통상적으로는 아버지—과 가족 구성원 그리고 때로는 종속적인 하인(下人) 등에 의해서 구성되며 이에는 가장의 강한 지배력에 의해서 통솔된다. 이에와 이에의 관계는 가장에 의해서만 맺어지고 '무라(村)'와 같은 지역 공동체는 이에의 연합, 구체적으로는 가장들의 연합으로서 존재한다. 그리고 가장들이 모여 무라의 대

217

표자를 결정하면 그가 전체를 통솔하는 것이다.

따라서 태국의 동사적 관계에서 보이는 것처럼, 개개인이 맺는 인간관계가 각자 다른 상황은 여기에서는 존재하지 않는다. 다른 이에나 무라와의 관계는 그 대표자를 통해서만 연결되는 것이지, 이에나 무라의 개별 구성원이 독자적으로 인간관계를 맺는 것은 원칙적으로 불가능하다.

이와 같이 구성된 일본 사회는, 가장 말단에 위치하는 이에로부터 제일 위에 존재하는 국가까지, 네스트박스의 집적으로서 존재하게 된다. 각각의 이에는 가명(家名 이것이 일본의 성이며, 중국이나 한국과 달리 가족구성원 전원이 같은 성을 가진다), 가산(이에의 재산은 가장의 지위에 올라갈 사람에게 단독으로 상속된다), 가업(세습적인 이에의 직업)을 가진 존재로서, 도쿠가와시대의 일본에서 신분제가 전형적으로 발달한 근본적인 원인은 이러한 네스트박스형의 사회구조에 있었다.

우에다에 의하면 중국의 가족, 친족 결합의 모습은 태국과도, 또는 일본과도 차이가 난다고 한다. 그 특징을 우에다는 형용사적 관계라고 명명하고 있는데, 왜 중국에서는 그러한 관계가 생긴 것일까?

부계적 혈연 관념이 강한 한족(漢族)은, 부친으로부터 아들에게 계승되는 '기(氣)'의 흐름을 중시하고, 그것을 기초로 해서 가족, 친족제도를 발전시켜 왔다. 같은 부친으로부터 태어난 아들들은 부친의 '기'를 동일하게 계승한 존재이며, 따라서 기본적으로 대등한 관계에 있다는 관념을 가진다. 일본과 같이 가장의 지위를 계승하는 아들—통상적으로는 장남—이 다른 아들이나 딸보다 우위에 서게 된다는 것은 한족의 경우에는 없다. 그러면 가족 구성원 사이의 질서는 어떻게 형성되는 것일까? 세대와 연령의 높낮이가 질서를 이룬다는 것이, 우에다의 설명이다. 부친은 아들들보다 세대가 하나 위이며, 조상에 더 가깝기 때문에 아들들은 부친을 따르지 않으면 안 되는 것이고, 형은 동생보다 연령이 많기 때문에 동생들은 형을 존경하지 않으면 안 되는, 즉 세대나 연령이 높다, 낮다고 하는 형용사적인 관계에 의해서 가족의 질서가 형성된다는 이야기다.

주지하는 바와 같이 중국에서는 송대 이래 종족(宗族)이라고 하는 부계의 혈연집단이 형성되기 시작됐다. 이 종족에 있어서의 질서도, 가족과 마찬가지로 세대와 연령의 높낮이에 의해서 형성된다. 세대마다 이름의 일부에 공통되는 배행자(輩行字 한국의 돌림자)를 이용해 이름이 결정되는 경우가 많은데, 같은 세대에 속하는 사람들 사이에서는 출생순서에 따라 번호를 매기고 이름을 붙이는 시스템—예를 들어 열(烈)이라는 배행자의 경우 열일, 열이, 열삼과 같이 명명한다. 세대가 내려가면 같은 세대에 많은 사람이 있게 되어서 열백십삼과 같은 이름도 존재한다—이 널리 보급된 것은 이름만 알면 자기와 상대의 관계를 곧바로 파악할 수 있어서 어느 쪽이 상위에 서는지가 자동적으로 결정되기 때문이다.

이와 같이 동일한 부계의 혈연집단에 속하는 사람들 사이에서는 세대와 연령의 높낮이에 의해 질서가 형성된다고 하면, 혈연관계가 없는 사람들 사이에서는 어떻게 해서 질서가 형성되는가? 중국에서는 '가방지배(街坊之輩)'라고 하는 것이 존재한다. 이것은 같은 지역의 주민들 사이에 형성되는 질서이다. 즉 동일 지역에 사는 복수의 부계 혈연집단이 혼인관계를 반복해서 맺는 경우, 세대의 질서가 혼란하지 않도록 같은 세대에 속하는 남녀 사이에 혼인을 맺는 시스템이며, 이러한 집단 사이에서는 종족과 마찬가지로 세대와 연령의 높낮이에 의해서 질서가 형성된다. 이것을 '가방지배'라고 하는데, 한족사회에서는 부계의 혈연관계가 아닌 사람들 사이에서도 부계의 혈연집단을 모방해서 질서를 형성하려고 하는 원리가 작동했던 것이라고 생각할 수 있다.

그러면 형용사적인 가족, 친족제도를 가지는 한족에 있어서는 어떠한 사회구조가 형성되었던 것일까? 우에다는 한족의 사회구조를 채널형이라고 명명했는데, 그것을 나타낸 것이 〈자료 20〉이다. 텔레비전에서는 채널을 바꾸면 각 방송국의 계열에 따라서 화면이 바뀌어, 시청자는 거기서 자신이 보고 싶은 프로그램을 선택한다. 이와 같이 한족은, 동일한 부계 혈연집단에 속하는 사람임을

〈자료 20〉 채널형 사회구조

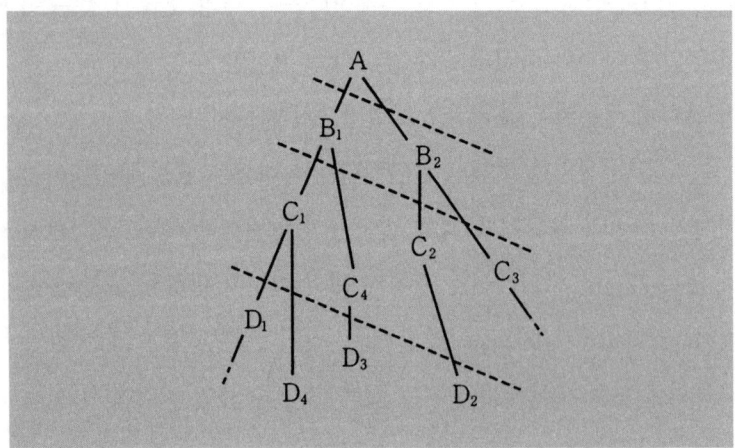

알면, 상대와 연결되는 조상까지 거슬러 올라가 상대와의 관계를 인지한다. 그리고 텔레비전의 네트워크가 기간국으로부터 말단의 지국에 이르기까지 계층적으로 조직되고 있는 것처럼 조상—이것이 기간국에 해당한다—에 가까운 곳에 위치하는 사람이 상위에 서게 되는 것이다.

우에다 마코토의 견해는 위와 같은 것인데, 여기에는 약간의 보완적인 설명이 필요한 것 같다. 우선 동사적, 명사적, 형용사적이라는 말로 태국과 일본, 중국의 가족, 친족결합의 특징을 파악하고, 게다가 그러한 특징을 각각의 사회구조와 연결시켜서 이해하는 우에다의 주장은 지극히 매력적인 것이며, 강한 설득력을 갖고 있다고 평가할 수 있다. 그리고 가장 기초적인 인간관계의 형성 원리를 동사적 관계로 파악한다면, 명사적 관계나 형용사적 관계는 동사적 관계의 일시성, 불안정성을 극복하고 안정적인 관계를 형성하기 위해서 만들어진 이차적인 관계라고 파악할 수 있을 것이다. 즉, 일본이나 중국의 가족, 친족제도는 안정된 가족, 친족질서를 형성하는 데 필요한 두 개의 유형으로 이해할 수 있는 것이다.

우에다의 견해에 대한 의문

우에다의 주장 중에서 약간 불분명하다고 생각되는 것은 중국의 사회구조에 관한 부분이다. 우에다는 중국의 사회구조를 채널형으로 파악하고 있지만, 부계의 혈연관계에 있는 경우나 거듭해서 혼인관계를 맺는 집단끼리의 관계는 채널형이라는 모델로 파악할 수 있다고 해도, 그러한 관계가 없는 사람들 사이에서 질서가 어떻게 형성되는지에 대해서는 충분한 설명이 없다.

이 문제를 생각할 때 우선 검토해야 할 것은 중국의 가족, 친족 결합에 대한 상반되는 두 개의 견해에 대해서이다. 중국의 가족은 복합가족 혹은 합동가족으로 부르는 유형에 속한다는 것이 일반적인 이해이다. 여기서 복합가족 혹은 합동가족이라고 하는 것은 자녀들이 결혼한 후에도 부모와 동거하는, 따라서 하나의 가족 중에 세대를 달리하는 많은 부부가 존재하는 가족 유형이다. 우에다의 견해도 이러한 일반적인 이해에 의거하고 있다고 생각되지만, 그러나 이에 대해서는 유력한 비판이 존재한다.

즉, 중국의 가족은 일반적으로 이해되는 것처럼 가장을 중심으로 강한 결속력을 가지는 가부장제 가족이 아니고 결속력이 약한, 비유적으로 말하면 같은 아파트에 사는 거주자 정도의 결속력밖에 가지지 않는 것이라는 견해가 그것이다. 이러한 견해를 가진 사람들은 한족의 보편적인 상속제도인 남자 균분 상속에서 볼 수 있듯이, 형제 사이의 평등성을 중시하는 가족에 있어서는 가장의 권한이 강할 수 없다고 주장하는데, 왜냐하면 가족의 재산은 장래 형제 사이에서 균등 분배되기 때문에 가장이라고 해도 그것을 자의적으로 처분할 수 없다는 것이다. 가장의 생존 중에는 동거하고 있던 형제들이 가장의 사후, 개별의 가족으로 분열되는 경우가 많이 존재하는 것도 가족 결합의 취약성을 단적으로 나타내는 것이다.[73]

이러한 견해에 따른다면 중국의 가족, 친족 결합에 대한 견해는, 일반적인 이해와는 정반대가 되겠지만, 나는 후자의 견해를 올바른 것으로 생각한다. 우에다는 중국 가족, 친족 결합의 특징을 형용사적 관계라고 파악했는데 형용사란 기본적으로 같은 것의 차이를 나타낼 때 사용되는 말이다. 따라서 중국의 가족, 친족에 있어서 형용사적인 관계에 의해 질서가 형성된다고 하는 우에다의 주장은, 형제나 종족 구성원 사이의 평등성을 전제로 한 것이라고 생각할 수 있다.

그런데 가족, 친족이라고 하는 조직조차도 항상 분열의 가능성을 강하게 가진다고 한다면, 혈연관계가 아닌 사람들 사이의 질서는 어떻게 해서 형성될 수 있는 것일까? 주지하는 바와 같이, 한족은 종족이라는 혈연 조직뿐만이 아니라, 다양하게도 동향과 동업의 조직 혹은 비밀결사와 같은 조직을 형성해 왔는데, 이러한 조직은 무엇에 의거해서 조직으로서의 결속을 이룰 수 있는 것일까? 의형제의 관계를 맺음으로써 혈연관계가 아닌 사람 사이에서도 혈연관계가 있는 것처럼 결합을 도모하는 것이 가장 일반적인 방법이었다고 생각된다. 그러나 혈연 결합 자체가 결속력이 약한 이상, 이러한 비혈연 조직의 결속력도 당연히 약한 것일 수밖에 없을 것이다. 동향 조직이나 동업 조직은 보통 강한 리더십을 가진 개인을 중심으로 조직되었다가 그 유력자가 존재하지 않게 되면 조직 자체가 해체되는 것이 일반적인데, 이는 형용사적 관계에 의한 결합의 취약성을 나타내는 것이라 볼 수 있다.

형용사적 관계를 이렇게 파악할 수 있다면, 그것은 동사적 관계와 공통되는 측면을 많이 가진 것이라고 하겠다. 유력자를 중심으로 조직이 결성되었다고 해도, 그 조직은 안정성과 지속성의 면에서 취약하므로 항상 해체의 가능성을 잠재적으로 내포하고 있다는 면에서 양자는 비슷하기 때문이다. 앞에서 동사적 관계의 불안정성을 극복하기 위한 두 개의 유형으로서 명사적 관계와 형용사적 관계를 들 수 있음을 지적했는데, 그 중 형용사적 관계는 동사적 관계에 가깝다는 것이 밝혀졌다. 그러면 명사적 관계는 형용사적 관계보다 더욱 발전된 조직 유형이라고 파악하는 것이 가능한가?

명사적 관계를 바탕으로 한 조직은 안정성, 지속성이라는 면에서 보면 우수하다고 말할 수 있지만, 반면 유연성이 부족하다. 게다가 조직과 조직의 관계가 각 조직의 대표자에 의해서만 가능하기 때문에, 이른바 종적(縱的)인 관계가 강한 조직이 되어 버림으로써 횡적(橫的)인 연결이 약하다는 약점을 가지게 된다. 반대로 형용사적 관계를 바탕으로 한 조직은 안정성과 지속성이 약하지만 대단히 유연하고, 융통성이 풍부하다고 말할 수 있다.

한족이 종족 조직뿐만이 아니라 동향, 동업 등의 다양한 조직을 발달시키고, 가능한 한 다수의 인간과 관계를 맺을 가능성이 높은 이유도 그와 같은 유연성 때문이라고 볼 수 있는 것이다.

더 나아가서 명사적 관계에 의거한 네스트박스형 사회구조의 문제점으로서, 이 구조가 억압과 배제의 문제를 본래적으로 안고 있다는 점을 지적할 수 있다. '이에'의 구성원은 독자적인 네트워크를 가지지 않고 가장을 통해서만 외부와 연결되는 구조를 가지고 있으므로 가장에 의한 보호와 가장에 대한 예속이 불가분의 관계에 있기 마련이다. 또한 이 구조에 있어서 네스트박스로부터 배제된 사람들은, 사회 구성원으로서의 자격을 갖지 못하는 존재가 되지 않을 수 없다. 실제로도 이러한 억압과 배제의 문제는 일본사회의 구조적 문제로서 계속 존재해 왔다고 볼 수 있는데, 그에 비해 형용사적 관계에 의거한 채널 구조에 있어서는 인간관계가 개방적이기 때문에 특정의 개인에 대한 예속은 생기기 어렵다. 거기서는 인간관계가 불안정한 것과 '자유'가 결합되고 있는 것이다.

따라서 명사적 관계와 형용사적 관계는, 역시 조직을 형성할 때의 두 개의 유형이며, 조직의 안정성과 유연성이라고 하는 모순되는 과제 가운데, 어느 면을 중시하는가에 따라서 결정되는 유형이라고 파악하는 것이 타당하다고 하겠다. 조직으로서는 명사적 관계 혹은 형용사적 관계만으로 성립하는 것보다는, 양자를 겸비한 조직 형태를 취하는 것이 가장 합리적일 것이며, 실제로도 명사적 관계를 위주로 한 일본의 경우는 다른 한편에서는 '이에'와 '이에'의 횡적인 연결을 가능하게 하는 '고우'(講 한국의 계와 같은 조직)와 같은 결합이 동시에 존재했었던 것이다. 연령에 의거하는 '와카모노구미'(若者組 젊은 사람들의 모임) 등의 조직이 그 대표적인 예라고 할 수 있는데, 이러한 조직에 의해 가장만의 관계에만 의거하는 사회 결합의 협소함을 보완하려고 했던 것이다. 형용사적 관계가 우세한 중국의 경우도, 예를 들어 향신(鄕紳)에게서 볼 수 있듯이, 종족을 형성함으로써 원래 비세습적인 유력자로서의 지위를 장기간 유지하려고 하는 노력이 기울여져 왔다. 향신이라고 하는 지위는 명사적인 것이며, 향신의 존재는 지극히 유동적인 중국사회에 어느 정도의 안정성을 가능케 했다고 볼 수 있을 것이다.

마지막으로 중국사회의 형용사적 관계의 문제와 관련해서 말하고 싶은 것은, 유교 특히 주자학과 형용사적 사회관계 사이의 적합성 문제이다. 주자학은 모든 인간의 본래적인 평등성을 전제로 하면서, 인간사회의 질서가 어떻게 가능한가를 밝히려고 하는 사상이었다. 그때 인간을 차별화, 계층화하는 기준으로 작동하는 것이 '이(理)'의 다과(多寡), 즉 배움을 통해서 많은 '이'를 체득한 사람과 그렇지 못한 사람과의 구별이었다. 흥미로운 것은, 주자학에 있어서의 질서 형성의 원리도 역시 '이의 다과'라고 하는 형용사적 관계에 의거하고 있다는 것이다. 주자학이 오랜 기간 동안 중국의 지배적 사상으로서의 지위를 유지할 수 있었던 것도 그 형용사적 원리에 의한 질서 형성의 논리가 중국의 가족, 친족 결합의 원리와 상통하는 것이었기 때문이라고 생각할 수 있는 것이다.

한국의 가족, 친족 결합

앞에서 검토한 일본과 중국의 가족, 친족 결합의 특징을 전제로 하면 한국의 가족, 친족 결합은 어떻게 파악할 수 있는가? 이제 이 문제를 검토해보자. 지금까지 한국의 가족, 친족 결합의 특징을 다른 사회의 그것과 비교하는 경우, 중국과의 유사성과 공통성이 강조되어 왔다. 부계 혈연관계의 중시, 강고한 부계 혈연집단의 존재, 족보의 편찬 등 중국과 공통되는 부분을 쉽게 찾아낼 수 있기 때문이다. 그러나 중국의 가족, 친족 결합이 형용사적 관계를 바탕으로 한 것이라면, 한국의 경우는 그와 다른 이해가 가능하다고 본다.

주지하는 바와 같이 한국의 가족, 친족제도는 17세기 무렵을 전후해서 크게 변화했다. 즉 16세기까지는 쌍계적인 친족 관념이 지배적이었으며, 따라서 결혼 후의 거주 형태도 처가 거주가 일반적이었을 뿐만 아니라 상속에 있어서도 남녀 균분 상속이 보편적이었다는 사실이 밝혀져 왔다. 그것이 17세기쯤을 경계로 해서 부계의 혈연관계가 중시되면서 여자가 상속으로부터 배제되는 것과 동시에, 장남을 우대하는 상속제도로 변했으며 부계 혈연집단으로서의 문중 조직이 광범위하게 조직되었다는 것이 지금까지의 통설적인 이해라고 할 수 있다. 여기서 검토의 대상으로 하는 것은 17세기 이후의 가족, 친족제도이지만 그 전에 16세기까지의 가족, 친족제도에 관해서 약간의 언급을 해 두고 싶다.

16세기까지의 가족, 친족제도에 대해서 지금까지는 그것을 쌍계적인 관념을 기초로 한 것이라고 파악하는 견해가 지배적이었다. 부계, 모계의 쌍방이 동일하게 중시되었다는 것, 또한 자손에 관해서도 친손자와 외손자의 구별을 하지 않았다는 것 등의 현상을 근거로 쌍계적 친족 관념이 지배적이었다고 보는 것도 충분히 가능하다. 그러나 쌍계적이라는 말은 오해를 부르기 쉬운 말이다. 엄밀하게 쌍계제를 규정한다면 부계와 모계 양쪽 모두의 혈연집단이 존재하고, 개인은 그 양쪽에 동시에 귀속한다는 것이 본래의 의미이다. 그러나 16세기까지 한국에 있어서는 부계든 모계든, 항상적인 친족 집단이 존재했다고 볼 수 없다. 개인이 상황에 따라 아버지 쪽이나 어머니 쪽, 혹은 아내 쪽이라는 3자 중에서 선택적으로 거주지를 결정해서 그 집단의 구성원이 되는 것이 일반적이었다고 생각할 수 있다. 그러한 의미에서는 미국의 연구자 마크 피터슨이 제기한 3방면 선택적 친족제도라고 하는 개념이, 현실을 보다 정확하게 표현한 것이라고 할 수 있다.[74)]

16세기까지의 이러한 가족, 친족제도는 우에다가 말하는 태국의 동사적 관계에 의한 가족, 친족제도와 공통되는 것이라고 볼 수 있다. 따라서 가족이나 친족 자체가 극히 유동적인 것이었으며 일시성, 불안정성을 면할 수 없었다. 존 덩컨은 고려와 조선 두 왕조의 지배층 사이에 강한 연속성을 발견할 수 있다고 주장하면서, 그 예로 몇 개의 부계 혈연집단이 두 왕조를 통해서 지배층으로서 존속했다는 것을 지적한 적이 있다. 그러나 고려시대에 파평 윤씨라는 부계 친족 조직이 항상적인 조직으로서 존재했었는지는 의문이며, 조선시대의 관점으로부터 고려시대를 파악하는 잘못을 범한 것이라 하지 않을 수 없다.75) 따라서 17세기를 경계로 하는 가족, 친족제도의 변화는 쌍계제로부터 부계제로 변화한 것이라고 파악하기보다는, 항상적인 가족, 친족 조직이 존재하지 않았던 상태로부터 부계적 가족 및 친족 조직이 성립하게 된 것으로 파악하는 것이 옳다고 하겠다.

다음으로 17세기 이후의 가족, 친족제도에 대해 검토해보자. 17세기 이후 한국의 가족, 친족제도는 이미 지적한 것처럼, 언뜻 보면 중국의 그것과 많은 공통성을 갖고 있다. 그러나 양자 사이에는 중대한 차이점도 존재한다. 그것은, 중국에서는 형제들이 기본적으로 평등한 존재였는데 비해, 한국에서는 장남이 차남 이하의 형제보다 우월한 지위를 가진 존재였다는 점이다. 재산 상속에 있어서 형식적으로는 남자 균분 상속의 형태를 취하면서, '봉사조'—조상의 제사를 지내기 위한 경비의 충당을 목적으로 해서 설정된 상속분이다—라는 명목으로 장남에게 많은 재산이 주어졌다는 것,

장남에게 아들이 없을 때 차남에게 한 명의 아들밖에 없어도 장남의 집에 출계해야 했다는 것 등의 현상이, 장남의 우월적인 지위를 상징하는 것이다.

가족제도에서 장남의 우월한 지위가 인정되었던 것과 마찬가지로, 친족제도에 있어서도 종손의 우월한 지위가 인정되었다. 종손 이외의 계통으로부터 저명한 인물이 나타나 종손의 가계와 대항적인 관계가 되는 사태가 때때로 존재했지만, 그러나 그러한 경우에서도 대외적으로는 종손이 어디까지나 친족 집단을 대표했다. 따라서 중국의 종족은 빈번히 분열을 반복한 데 비해서 한국의 부계 집단은 종손이라고 하는 핵을 가지고 있었기 때문에 집단으로서의 안정성을 유지하는 것이 가능하게 되었던 것이다. 한국의 부계 혈연집단이 중국보다 훨씬 대규모화할 수 있었던 것 역시 종손의 우월한 지위라는 특징과 불가분의 관계에 있었다고 생각할 수 있다.

또 한 가지 중국과의 차이로서 지적해 두고 싶은 것은 혼인관계가 지극히 중시되었다는 것이다. 이것은 족보에 단적으로 나타나고 있는데, 중국의 족보에서는 혼인관계에 관한 정보가 소홀하고, 혼인 상대의 여성이 어떤 집안 출신인지에 대체로 무관심했는데 비해서, 한국의 족보에서는 혼인한 여성의 부친 이름과 그의 본관 기재가 불가결의 정보였다. 이러한 차이가 생긴 것은 한국에서, 특히 양반의 경우는 인족(姻族) 역시 양반계층에 속하는지의 여부가 양반으로서의 성원 자격의 인정에 결정적으로 중요시되었다는 데 그 원인이 있었다. 그리고 양반이라는 지위야말로, 한국에 있어서의 명사적 관계의 중요성을 상징하는 존재였다.

이와 같이 한국의 가족, 친족 결합에 있어서는 중국보다 명사적 관계가 강하다는 특징을 지적할 수 있다. 그러나 다른 한편으로 일본과 비교하면 그 결합의 유동적인 측면이 눈에 띈다. 그것을 단적으로 나타내는 것이 친족 조직의 유동성이다. 나는 다른 글에서 안동 권씨라는 한국의 대표적인 부계 혈연집단에 관해, 역대의 족보를 비교하는 작업을 통해서, 그 범위가 지속적으로 확대되면서 현재에 이르고 있다는 것을 밝힌 바 있다.[76] 이것은 부계의 혈연집단이 혈연에 의거하는 자연적인 집단이 아니라 의지적이고 선택적으로 형성되어 온 역사적 구축물이라는 것을 말해 준다. 중국의 종족은 앞에서 지적한 것처럼 그 결합력이 약하고, 항상 해체될 가능성을 띠고 있었던 것이지만, 한국의 경우는 오히려 그 유동성이 결합의 범위를 확대하는 방향으로 주로 작용해 왔다고 말할 수 있다. 그러나 양자 다 유동적인 성격을 갖고 있다는 면에서는 동일하므로 그만큼 친족 결합의 유지는 의지적으로 이루어지지 않으면 안 되는 것이었다.

이상과 같은 한국의 가족, 친족 결합의 특징을 동아시아 삼국의 비교라는 관점에서 자리매김 해보면, 우에다 마코토가 지적한 일본의 명사적 관계 그리고 중국의 형용사적 관계의 중간적인 성격을 가졌다고 하겠다. 남자의 균분 상속이라는 형용사적 관계를 한편으로 유지하면서, 다른 한편으로 장남의 우월적 지위를 인정하는 명사적 관계를 중시한 독특한 가족, 친족 결합이었다고 볼 수 있는 것이다. 앞에서 말한 것처럼 명사적 관계와 형용사적 관계는 각각의 장점과 단점을 가지는 것이었다. 한국의 가족, 친족 결합은 형용사적 관계와 명사적 관계라는 두 개의 조직 형성 원리가 혼합된 것으로, 각각의 장점을 살리려고 하는 전략의 결과 만들어진 것이라고 할 수 있을 것이다.

　한국의 가족, 친족 결합을 이상과 같이 파악할 수 있다면, 그 범위를 넘는 사회적 결합의 모습은 어떠한 것일까? 다음에는 이 문제를 검토하기로 한다.

3. 조선시대 '계'와 사회적 결합의 특징

'계'라는 사회적 결합

조선시대의 사회적 결합에 관해 그 특징을 잘 나타낸 기록을 먼저 소개하겠다.

> 부자나 세력가 이외의 사람을 위한 법이 거의 존재하지 않는 나라에 있어서 자연발생적인 협동 정신이, 조선인의 사이에서는 위로는 왕족으로부터 아래로는 최하층의 노비에 이르기까지 넓게 펼쳐지고 있다. (중략) 같은 일이 상민 계급의 사이에도 역시 찾아낼 수 있다. 부락마다 작은 공동체를 형성하고 있어, 모든 집이 예외 없이 협력해야 하는 공동기금도 있다. 이 돈은 토지나 이식에 투자되어 그 수익은 부가세나 결혼, 장례 같은 공익사업이나, 그 이외의 예상 밖의 비용을 조달하는 데 충당된다. 종묘나 그 외의 위인의 사당지기, 궁중의 문지기나 경호인, 혹은 머슴 등의 모든 하인, 6조나 문무·사법 관청의 서리, 한 마디로 말해 같은 종류의 일이나 공통의 이해를 가진 사람들은 모두, 스스로만의 엄밀한 의미의 노동자 조합을 닮은 협동조합 혹은 단체를 형성하고 있다. 또한 스스로의 직업이나 환경에 의해서 그러한 단체의 어느 것에도 속하지 않은 사람도 필요한 경우에 원조나 보호를 얻기 위해서 많든 적든, 상당한 금액을 갹출해서 거기에 가입하고 있다.[77]

이 인용문은 샤를르 달레(Charles Dallet)의 『조선 교회사』의 서론에 들어 있는 것이다. 『조선 교회사』는 1836년에 한국에 은밀하게 입국해 천주교의 전도 활동을 하고 있던 파리 외방전교회 소속의 프랑스인 선교사들의 통신에 의거해 달레가 집필한 것으로, 그 서론은 한국의 지리나 역사, 제도, 사회에 관한 여러 가지 사정을 모은 것이다. 오랜 세월 한국에 잠입해서 선교 활동을 펼쳤던 선교사들의 견문에 의거하고 있는 만큼, 그 사료적인 가치가 높다는 평가를 받고 있다.78)

위에 인용한 부분에서 '공동체'라든가 '협동조합', 혹은 '단체' 등으로 표현되고 있는 것은, '계'라고 부르는 조직으로, 다양한 계층의 사람들에 의해서 다양한 계가 조직되어 있었음을 알 수 있다. 한국의 사회적 결합에 있어서 이 계라고 하는 결합 형태가 대단히 중요한 의미를 가지고 있다고 생각되므로, 여기에서는 계를 중심으로 논의하도록 하겠다.

계라고 하는 명칭을 가진 조직은 고려시대부터 등장하지만, 그것이 광범위하게 결성되는 것은 조선시대 후기에 이르러서이다. 자료가 비교적 많이 남아 있는 조선시대의 계에 대해서 말하면, 지극히 다양한 성격을 가진 계가 존재하고 있었다. 최근 계에 관한 역사적 연구를 정력적으로 추진하고 있는 김필동은 계를 크게 7개 종류로 나누고 있다.79) 즉, 족계(族契), 동계(洞契), 상계(喪契), 송계(松契), 학계(學契), 사교계(社交契), 그 외의 계 등 7개 종류가 그것이다. 족계는 부계 혈연집단의 구성원에 의해서 조직되었고 동계는 지방 행정단위인 동의 주민에 의해서 조직되었으며, 상계는 장례의 비용 충당을 목적으로, 송계는 산림자원의 이용을 목적으로 조직되었다. 그리고 학계는 유교 교육을 행하는 향교나 서원 혹은 사숙의 구성원에 의해서 조직되었고 사교계는 상기의 다섯 가지 종류의 계와 같이 특정한 목적을 가지고 조직되기보다는 그러한 목적도 겸하면서 구성원의 친목을 주된 목적으로 조직되었는데, 그 자체가 다양한 성격을 포함하고 있다. 마지막으로 '그 외의 계'도 아주 다양한데, 김필동은 특정의 세를 부담하기 위해서 조직된 군포계(軍布契 군포란 군대에 가는 대신에 면포를 정부에 납입하는 것으로, 일종의 세로서의 의미를 가졌다) 등의 계, 상인들에 의해서 조직된 공계(貢契 정부의 공물 청부를 담당한 공인(貢人)들의 계)나 전계(廛契 서울의 특권 상인으로서 독점적인 상품 판매권을 가지고 있던 전인(廛人)들의 계), 불교 사원과 관련된 불량계(佛糧契), 그리고 식리를 목적으로 한 식리계(殖利契) 등을 이것에 포함해 소개하고 있다.

  계에 관해서는 지금까지도 많은 연구가 축적되어 왔지만, 연구사적으로 보면 계를 공동체로 보는지, 그렇지 않으면 결사로 보는지의 상반된 견해가 대립하고 있는 상황이다. 공동체설을 대표하는 것은 김삼수의 고전적 연구[80]이며, 김필동의 연구는 결사설을 대표하고 있다. 김필동은 계를 결사로 이해해야 할 근거로서 다음과 같이 주장하고 있다. 즉, 계의 조직 원리로서 개체성 원리—성원 자격이 미리 정해져 있는 것이 아니라 개인의 자발성에 의해서 계가 조직된다는 것—, 평등성 원리—계의 구성원은 기본적으로 평등한 자격을 가진다는 것—, 합리성 원리—계의 목적이 많은 경우 특정되고 있으며 또 규약을 제정해 운영된다는 것—등 세 개의 원리가 존재함을 확인할 수 있는데, 이러한 조직 원리는 공동체 원리와 맞지 않다는 것이다. 여기에서 나는 김필동의 견해가 기본적으로 옳다고 생각하지만, 공동체설이 주장되어 온 현실적인 근거에 대해서도 또한 유의할 필요가 있다고 생각한다.

계를 공동체로 파악하는 근거는 족계나 동계와 같이 혈연집단이나 지역 주민에 의해서 조직되는 계가 보편적으로 존재한다는 것이다. 이러한 계는 그 구성원 자격이 한정되어 있어 언뜻 보면 공동체로서 파악할 수 있는 성격을 가지고 있다. 그러나 김삼수의 고전적인 연구의 단계에서는 계 규약을 주된 자료로서 연구하지 않을 수 없었던 데 비해, 계 구성원의 명부나 계의 회계장부 등 새로운 자료가 발굴되어 이용됨에 따라, 동계나 족계에 있어서도 그 성원 자격이 자동적으로―즉, 어떤 혈연집단이나 동의 구성원이라는 등의 조건에 해당하기만 하면 저절로 구성원이 되는 것―결정되는 것이 아니라, 어디까지나 자발적으로 성원이 되는 것임이 밝혀졌다. 따라서 언뜻 보면 공동체일 것 같은 이러한 계도, 그 조직 원리는 다른 계와 기본적으로 같으며, 결사로서 파악해야 한다는 것이 연구의 현재 단계라고 말할 수 있다.

오히려 결사적인 계 조직이 이미 존재했던 상황 속에서 족계나 동계 등의 공동체적 성격을 적지 않게 가진 계가 조직되었다고 이해하는 것이 가장 합리적인 해석이라고 생각된다.

계에 관한 이상과 같은 연구사를 되돌아볼 때 상기해야 할 것은, 우에다 마코토가 제기한 동사적 관계, 명사적 관계, 형용사적 관계라고 하는 분류의 문제이다. 왜냐하면, 공동체라는 조직은 명사적 관계에 의거하고 결사라는 조직은 동사적 혹은 형용사적 관계에 의거하는 것이라고 생각할 수 있기 때문이다. 그렇다면 한국의 가족, 친족 결합을 일본과 중국의 중간 형태로서 이해할 수 있는 것과 마찬가지로 계가 기본적으로 결사이면서 동시에 공동체적인 성격을 띤 경우도 존재한다는 계의 양면적 성격도, 한국에 있어서 사회적 결합이 가지는 중간적인 위치를 잘 나타내는 현상이라고 말할 수 있다.

그런데 지금까지의 계에 관한 연구는, 김필동의 것도 포함해서 주로 개별의 계에 따라 작성된 자료를 이용해서 이루어진 것으로서, 특정 지역사회에 있어서 계의 구체적인 존재 양상은 충분히 밝혀지지 않았다. 그러한 가운데 근년에는 일기 자료를 이용하면서 어느 개인이 어떠한 계에 참가하고 있었는지, 혹은 특정 지역에 있어 실제로 계가 어떤 규모로 조직되고 있었는지를 밝히려고 하는 연구가 나타났다. 그래서 다음에는 이러한 최신의 연구가 밝혀낸 계의 실태에 대해서 간단하게 소개하겠다.

여기서 소개하는 것은 경상북도 예천군에 세거했던 양반 일족의 후손 집에 소장된 일기 자료에 의거한 이영훈의 연구이다.[81] 이영훈의 연구가 의거한 자료는 예천군의 저곡(渚谷 '맛질'이라 부르기도 하는데, 현재의 행정구역으로는 예천군 용문면 대저리이다)에 대대로 거주해온 함양 박씨 일족이 1834년부터 1949년까지 4대에 걸쳐 기록한 일기이다.[82]

이 자료는 한 가문에서 백 년이 넘는 장기간에 걸쳐 기록되었다는 점에서 유례가 없는 귀중한 것이며, 이것을 이용한 공동연구의 성과인 『맛질의 농민들—한국 근세 촌락 생활사』(안병직·이영훈 편)가 출간된 바가 있다. 나도 이 공동연구에 참가해, 일기에 기록된 사망기사를 통해서 사망의 계절적 분포와 그 시기적 변화를 구명한 논문을 집필한 바 있다.[83]

이영훈의 연구는 일기나 다른 자료를 이용해 맛질의 신분 구성과 지역 질서의 문제를 밝혀낸 논문인데, 지역 질서의 문제와 관련해서 일기에 나타나는 계에 대한 분석도 들어 있다. 이에 의하면 일기에는 모두 합쳐서 160개 남짓한 계에 관한 기술을 볼 수 있다고 하니, 맛질이라는 작은 지역에 정말로 많은 계가 존재하고 있었다는 것을 확인할 수 있다. 이 연구에서 특히 주목할 만한 것은 다음의 두 가지 점이다.

첫째로는, 계가 결성되는 지리적 범위의 문제이다. 계의 구성원이 거주하는 지역을 기준으로 계의 결성 범위를 보면, 맛질이라는 동 내부에 국한된 것도 많이 있지만, 동을 넘어 면이라든지 군 또는 군을 넘은 지역을 포함한 것도 다수 존재하고 있었다는 사실이다. 이것은 동이라는 단위가 동민의 일상생활에 있어서 그다지 강한 구심력을 가지지 못했다는 것을 말해 주는 현상으로, 이러한 상황을 이영훈은 '다층이심(多層異心)의 연대성'이라는 인상적인 말로 표현하고 있다. '이심'이라고 하는 것은, 여러 가지 계의 구성원 분포로부터 그 중심을 구하면 계마다 중심이 이동한다는 것, 바꿔 말하면 맛질에 존재했던 계의 중심지가 반드시 맛질에 있었던 것은 아니라는 것이다.

둘째로 주목하고 싶은 것은, 이인계(二人契)가 많이 존재했다는 사실이다. 계에 대한 연구의 현재 단계를 나타낸다고 생각되는 김필동의 연구에서도 계 구성원은 최소 세 명으로부터 최대 백 명 이상으로 되어 있는데, 이영훈의 연구에 따라서 이인계의 광범위한 존재가 처음으로 발굴된 것이다. 지금까지의 연구에서는 계 구성원의 명부나 회계 기록, 계 규약 등의 자료가 주로 이용되어 왔지만, 아마 이인계의 경우에는 그러한 기록을 작성하지 않았기 때문에 그 존재를 파악할 수 없었다고 생각된다. 일기라는 자료상의 특성에 의해서 이인계의 존재가 밝혀진 셈인데, 더욱 흥미로운 점은 이인계의 다양한 성격이다. 일기에는 55개의 이인계가 보이는데, 박씨 집안의 인물과 이인계를 맺은 상대의 인물에게는 지극히 다양한 유형의 인물이 포함되어 있다. 같은 박씨 일족의 인물, 동내나 근린 지역에 거주하는 다른 양반 일족에 속하는 인물 등 친한 인물뿐만 아니라, 박씨가에 출입하고 있었다고 생각되는 행상 상인, 맛질이 속했던 예천군의 군아(郡衙)의 향리, 또는 박씨가가 소유한 토지를 경작했던 사람들, 하인 같은 예속적 인물 등 사회계층이나 직업, 박씨와의 관계 등에서 볼 때 실로 잡다한 인물들과의 이인계가 결성되고 있었던 것이다.

이인계라는 조직은, 앞의 분류로 말하면 전형적인 동사적 관계에 의거하는 것이라고 생각할 수 있다. 따라서 계라는 조직은 위에서 말한 것처럼 형용사적 관계와 명사적 관계를 겸비하는 성격을 가진 조직인 동시에, 이인계와 같이 동사적 관계에 의거하는 것도 포함하고 있었던 것이다. 이영훈은 이인계에 대해서, "그것은 어떠한 제도화된 규범과 단체라기보다는, 개인간의 신뢰를 바탕으로

선의 형태로 연결된 사회적 연망(social network)이다"고 파악하는데, 이와 같이 두 사람 사이의 동사적 관계를 기초로 하고 그 위에 형용사적, 명사적 관계 등 다양한 성격을 가진 각종 계가 존재하고 있었던 바, 이러한 다양한 계의 결합이 한국에 있어서 사회적 결합의 핵심을 이루고 있었다고 할 수 있을 것이다.

일본 및 중국과의 비교

일본의 농촌사회학의 개척자라고 할 수 있는 스즈키 에이타로(鈴木榮太郞)는 일본 농촌에 있어 사회화의 단위로 집과 마을의 존재에 주목하면서 마을에 관해 다음과 같이 말한 적이 있다.

> 마을이란 지연적 결합의 기초 위에 다른 다양한 사회적 유대에 의해 직접적인 결합이 생기고 그 구성원이 그들에게만 특유하며, 그들의 사회생활의 전반에 걸쳐서 조직적인 사회의식의 한 체계를 가진 사람들의 사회적 통일이다. (중략) 이와 같은 사회적 통일이 내가 의미하는 마을이며 그것을 자연촌(自然村)이라고 말해도 괜찮을 것이다.[84]

이처럼 일본의 마을에 아주 강한 사회적 통일이 존재한다는 것을 발견한 스즈키가 제2차 세계대전 시기에 한국 농촌의 조사에 들어갔는데, 거기서 그는 일본 농촌과 다른 한국 농촌의 모습을 발견하게 된다. 양자의 차이를 스즈키는, "조선의 지방 생활에 있어서도, 기본적 사회구조에 있어서 자연촌은 가장 중요한 뼈대를 이루고 있지만, 자연촌의 사회적 통일의 밖에 군을 단위로 하는 사회적 통일이 현저하게 존재할 뿐만이 아니라, 유림의 조직이나 동족의 조직, 정기시의 조직 등이 자연촌의 사회적 독립성을 크게 혼란시키고 있다"[85])고 말한다. 즉 일본의 마을이 극히 강고한 사회적 통일체임에 비해, 한국에서는 마을을 넘은 군을 단위로 한 사회적 통일이 강하고, 또 그런 만큼 마을의 사회적 통일성은 약하다는 것도 발견했던 것이다. 이것을 스즈키는 '혼란'이라고 보았지만, 그것은 일본 중심적인 관점에서 보았을 경우에 그렇게 말할 수 있는 것이며, 앞에서 소개한 이영훈이 말하는 '다층이심의 연대성'이라고 하는, 일본과는 다른 사회적 결합의 모습이었고 스즈키도 그 점에 주목하지 않을 수 없었던 것이다.

따라서 한국의 마을은 일본의 마을에 비하면 조직으로서의 결합력이 약했다고 할 수 있지만, 다른 한편 마을 내외에서 지극히 다양한 계가, 각각의 목적을 수행하기 위해서 복잡하게 조직되고 있었다. 이러한 사회적 결합의 양상은 일본과 같은 네스트박스형 사회구조보다 네트워크형, 채널형 사회구조가 탁월하게 발달되어 있었다는 것을 말해 주는데, 중국과 비교하면 또 다른 측면도 가지고 있었다.

중국의 사회적 결합에 관해서는 가족, 친족 결합의 경우와 마찬가지로 공동체적 성격이 강하다고 보는 견해와, 그리고 마을이나 동업 단체, 동향 조직의 결합력은 불안정하며 지속성이 약하다고 보는 견해가 대립하고 있는데, 나는 후자의 견해가 기본적으로 타당하다고 생각한다. 한국의 계와 동일한 것으로서 중국에서는 '회(會)'라고 부르는 조직이 광범위하게 존재했었다고 알려져 있다. 그 일례로서 웅원보(熊遠報)는 청나라시대의 휘주(徽州) 지역의 일기 자료에 의거해서 한 명의 인물이 가입했던 회의 실태를 연구했는데,86) 그 내용이 대단히 흥미롭다. 그리고 한국의 경우와 같이 여기에서도 역시 이인회가 존재했던 것이 보고되고 있지만, 단지 이인회가 한국처럼 많이 존재했었는지에 대해서는 분명한 언급이 없다.87)

회와 함께 중국의 사회적 결합에 있어서 주목해야 할 것은 '포(包)'라고 하는 관계의 광범위한 존재이다. '포'라고 하는 것은, 두 명의 인물이 어떠한 계약을 맺을 때에 제3자를 보증인으로 세우고 계약 위반이 생겼을 때 그 책임을 보증인이 지는 시스템이다. 그리고 포의 관계가 보편화됨에 따라서 지역사회 전체가 포의 네트워크로 연결하게 되어 그것이 사회의 안정성을 보증하는 역할을 하게 되는 것이다. 이러한 포 관계는 일찍이 가시와 유켄(柏佑賢)에 의해서 주목 받았던 적이 있으며, 최근에는 가토 히로유키(加藤弘之)나 슈토 하루카즈(首藤明和)에 의해서 재차 주목되기 시작했다.88) 가토나 슈토의 연구에 의하면, 현재의 중국에 있어서도 포의 관계는 아주 중요한 사회적 의미를 가진다고 하는데, 한국에 있어서 계가 지금도 광범위하게 조직되고 있는 것과 더불어 전통적인 사회적 결합이 가진 강한 생명력을 알 수 있다. 한국에 있어서도 예를 들어 토지를 매매할 경우에는 보증인을 세우는 것이 관례였지만, 중국과 같은 포 관계가 일반적이었다고는 생각되지 않는다. 아마도 시장경제가 발달하고 있던 중국에 비해, 그것이 별로 발달하지 않았던 한국에서는 익명적인 양자관계가 일반적이지 않았고, 그래서 포와 같은 관계의 발달을 필요로 하지 않았기 때문이라고 생각된다.

다만 한국과 중국을 비교했을 경우 스즈키 에이타로가 주목한, 한국에 있어서의 군(郡)의 사회적 통일성이라는 현상이 중국에서는 그만큼 현저하지 않았던 것 같다. 한국에 있어서 군을 단위로 한 사회적 통일성이라는 것은, 무엇보다도 재지 양반들이 군을 단위로 조직되어 있던 것과 깊이 관련된 현상이었다. 지방사회에 있어서 양반이 양반일 수 있는 것은, 군을 단위로 작성된 재지 양반의 명부인 '향안(鄕案)'에 등록되는 것이 불가결의 조건이었으며, 이 명부 등록자 중에서 좌수(座首)와 별감(別監)이라는 대표자가 선출되고, 그들이 군의 수령을 보좌하면서 지방 통치의 일익을 담당했던 것이다. 따라서 향안 조직의 운영 자체는 국가의 개입 없이 자치적으로 행해지기는 했지만, 동시에 그것은 국가가 공인했던 공적 조직이었던 데 비해서, 중국의 향신은 국가로부터 공인된 조직을 가지지는 않았다. 겨우 청대 말기가 되면서 향신들의 지방적 결집이 강해져, 지역에 따라서는 자의국(諮議局) 등의 명칭으로 공적이고 상설적인 조직이 나타나는 경우를 볼 수 있게 되었지만, 그 존속 기간은 극히 짧았던 것 같다. 한국의 재지 양반과 중국 향신의 이러한 성격 차이는 가족, 친족 결합에 관한 부분에서도 말한 것처럼, 한국과 중국에 있어서 명사적 관계가 가진 비중의 차이에 의한 것이라고 생각할 수 있는데, 이러한 차이가 군 단위의 사회적 통일성의 차이로서 나타난 것이라고 하겠다.

이상과 같이 한국의 사회적 결합에 관해서 일본 및 중국과의 초보적인 비교를 시도했다. 이 글에서 다룬 각국의 사회적 결합의 특징은, 주로 '근세'에 형성되었다고 생각할 수 있는 것으로, 19세기 후반 이후 사회적 결합의 모습도 다양한 변용을 피할 수 없게 되었다. 그러나 그럼에도 불구하고 '근세'에 형성된 사회적 결합의 특색은 강한 적응력을 발휘하면서 기업 등 새로운 형태의 조직 결합 원리에도 큰 규정성을 계속 발휘해 왔다. 그리고 21세기에 들어 지구화가 주장되는 가운데, '근세' 이래 오랫동안 유지되어 온 각국의 사회적 결합 자체가 근저로부터 흔들리기 시작하고 있는 것이 오늘의 상황이다.

　이러한 상황 속에서 전통을 부활, 강화함으로써 대응하려고 하는 움직임도 표면화되고 있지만, 그보다 전통적인 사회적 결합 원래의 모습을 되돌아보면서 그 장점과 단점을 냉정하게 다시 파악하는 것이 중요하지 않을까 생각해본다. 일본에 있어서 이 문제를 생각할 때 한국이나 중국에 있어서 사회적 결합의 특색을 참조하는 것은, 서구 등의 사회와 비교하는 경우와는 또 다른, 독자적인 의의를 가지는 시도라고 생각한다.

3부
동아시아사의 **가능성**

9장

민족주의와 문명주의,

3·1운동에 대한

새로운 인식

3·1운동에 관해서는 지금까지 수많은 연구가 이루어졌다. 그리고 이러한 연구들을 통해 그것이 일본의 지배에 대한 거족적인 저항운동이었다는 점 그리고 노동자, 농민, 청년, 여성 등 다양한 계층에서 사회운동이 일어나게 되는 뚜렷한 계기가 되었다는 점에서 한국의 민족운동사에 있어 큰 의미를 가질 뿐만 아니라, 일본의 지배정책에 대해서도 일정한 영향을 주었다는 점―'무단'통치로부터 '문화'통치로의 변경과 언론·출판 활동의 일정 범위 내의 허용― 등이 밝혀져 왔다. 전체적으로 말하자면 지금까지의 연구에서는 민족주의라는 틀 속에서 3·1운동의 역사적 의의가 논의되어 왔다고 할 수 있다.

　한국의 민족주의에 관해서는 근래의 식민지 근대성의 논의와 관련해서 그것이 근대의 산물인지, 아니면 전근대시기에 민족주의의 모체가 되는 실체적인 것이 존재했었는지를 둘러싸고 활발한 논쟁이 진행되고 있다. 거기에 더해서 민족주의 담론에 대해 비판적인 입장인 탈민족주의의 주장도 일정한 공감을 불러일으키고 있다.[89)]

　이러한 현상은 21세기에 한국이 어떠한 방향으로 나아가야 할 것인지의 현실적인 문제와 결합하면서 나타난 것으로 앞으로도 더욱 생산적인 논의가 기대되고 있다. 그러나 나는 한국 민족주의의 역사와 그 특징에 대해서는 의견을 조금 달리하고 있다. 즉, 한국에 있어서는 민족주의에 앞서 문명주의라는 것이 존재했으며 근대 이후의 민족주의도 문명주의적 색채를 강하게 띠고 있다는 것이다.

여기서 문명주의라고 하는 것은 인종이나 언어, 풍속 등의 개별성을 초월해서 보편적인 이념의 실현을 목표로 하는 입장이라고 정의할 수 있다. 한국에서는 조선왕조가 성립되면서 주자학이 국가 이념으로서의 지위를 획득하게 되었는데, 이것을 한국에서의 문명주의의 성립이라고 볼 수 있을 것이다.[90] 문명주의의 입장은 민족이나 종족에게 구속되지 않는 입장으로서 민족주의와는 모순되는 측면을 가지고 있다. 따라서 이러한 역사적 전제 위에서 성립한 한국의 민족주의는 독특한 양상을 띠게 되었다는 것이 나의 생각이다.

지금까지 한국의 민족주의에 관한 논의에서는 이러한 문명주의의 관점이 대체로 간과되어 왔다. 민족주의를 근대의 산물로 보는 입장은 말할 것도 없거니와 근대 이전에 민족주의의 모체가 존재했다고 보는 입장도 조선시대에 문명주의가 성립했다는 사실을 무시한다는 면에서는 마찬가지이다. 그리고 탈근대의 주장이나 식민지 근대성에 관한 논의에서도 서구적 근대를 잣대로 삼음으로써 조선시대 이래의 문명주의가 근대 이후에도 큰 규정성을 계속 가졌다는 측면은 도외시되어 있다.

또한 한국 민족주의의 배후에 존재하는 문명주의에 대해서 일본은 전혀 이해하지 못했다. 그것은 일본 자체가 문명주의를 경험하지 못했기 때문이라고 볼 수 있는데, 이러한 일본의 태도는 3·1운동 당시만이 아니고 현재까지도 계속되고 있다고 하겠다.

여기에서 나는 한국사에서의 민족주의와 문명주의의 병존이라는 문제에 수복하면서 3·1운동의 사상을 재차 섬토하려고 한다. 3·1운동이 민족운동의 역사 또는 민족주의 사상의 역사에서 특별한 위치를 차지하는 만큼 거기서 문명주의의 존재를 부각시키는 작업은 그 나름대로 의미를 가질 수 있다고 판단하기 때문이다. 구체적으로는 「독립선언서」와 3·1운동 직후부터 활발한 활동을 펼친 조선민족대동단의 사상 등을 검토하는 것과 동시에 일본의 입장에 대해서도 언급할 것이다.

1. 「독립선언서」

「독립선언서」에 관해서는 지금까지도 많은 논의가 이루어져왔다. 특히 그 이상주의적인 입장에 관해서는 높이 평가되었던 한편, 비폭력 저항이라고 하는 투쟁 형태에 관해서는 다수의 참가를 가능하게 한 요인으로서 긍정적으로 평가하는 의견과, 일본 군국주의의 본질을 간과한 패배주의적인 태도라 하여 비판적인 입장을 취하는 의견으로 나뉘어 있다. 그러나 여기에서는 이러한 논쟁에 관해서는 언급하지 않고 선언서의 다음 부분에 주목하고 싶다.

구사상(舊思想) 구세력(舊勢力)에 기미(羈縻)된 일본(日本) 위정가(爲政家)의 공명적 희생(功名的犧牲)이 된 부자연(不自然) 우불합리(又不合理)한 착오 상태(錯誤狀態)를 개선광정(改善匡正)하야, 자연(自然) 우합리(又合理)한 정경대원(政經大原)으로 귀환(歸還)케 함이로다.
당초(當初)에 민족적 요구(民族的要求)로서 출(出)치 아니한 양국 병합(兩國倂合)의 결과(結果)가 필경(畢竟) 고식적 위압(姑息的威壓)과 차별적 불평(差別的不平)과 통계숫자상(統計數字上) 허식(虛飾)의 하(下)에서 이해상반(利害相反)한 양 민족간(兩民族間)에 영원(永遠)히 화동(和同)할 수 업는 원구(怨溝)를 거익심조(巨益深造)하는 금래실적(今來實績)을 관(觀)하라.

용맹과감(勇明果敢)으로써 구오(舊誤)를 확정(廓正)하고, 진정(眞正)한 이해(理解)와 동정(同情)에 기본(基本)한 우호적 신국면(友好的新局面)을 타개(打開)함이 피차간(彼此間) 원화소복(遠禍召福)하는 첩경(捷徑)임을 명지(明知)할 것 안인가.

또 이천만(二千萬) 함분축원(含憤蓄怨)의 민(民)을 위력(威力)으로써 구속(拘束)함은 다만 동양(東洋)의 영구(永久)한 평화(平和)를 보장(保障)하는 소이(所以)가 안일 뿐 아니라, 차(此)로 인(因)하야, 동양 안위(東洋安危)의 주축(主軸)인 사억만(四億萬) 지나인(支那人)의 일본(日本)에 대(對)한 위구(危懼)와 시의(猜疑)를 갈수록 농후(濃厚)케 하야, 그 결과(結果)로 동양 전국(東洋全局)이 공도동망(共倒同亡)의 비운(悲運)을 초치(招致)할 것이 명(明)하니, 금일(今日) 오인(吾人)의 조선독립(朝鮮獨立)은 조선인(朝鮮人)으로 하야금, 정당(正當)한 생영(生榮)을 수(遂)케하는 동시(同時)에, 일본(日本)으로 하야금, 사로(邪路)로서 출(出)하야 동양 지지자(東洋支持者)인 중책(重責)을 전(全)케 하는 것이며, 지나(支那)로 하야금, 몽매(夢寐)에도 면(免)하지 못하는 불안공포(不安恐怖)로서 탈출(脫出)케 하는 것이며, 또 동양평화(東洋平和)로 중요(重要)한 일부(一部)를 삼는 세계평화(世界平和) 인류행복(人類幸福)에 필요(必要)한 계단(階段)이 되게 하는 것이라. 이엇지 구구(區區)한 감정상(感情上) 문제(問題)리오.91)

이것은 조선의 독립이 일본과 중국에 있어서도 큰 의미를 가질 수 있다는 것을 호소한 부분이다. 특히 주목하고 싶은 점은 일본에 대해서 조선의 독립이 일본을 '사로로부터 탈출'하도록 해준다고 호소하는 부분이다. 그리고 이러한 입장은 선언서의 다음과 같은 태도를 직접 반영한 것이라고 생각할 수 있다.

자기(自己)를 책려(策勵)하기에 급(急)한 오인(吾人)은 타(他)의 원우(怨尤)를 가(暇)치 못하노라. 현재(現在)를 주무(綢繆)하기에 급(急)한 오인(吾人)은 숙석(宿昔)의 징변(懲辨)을 가(暇)치 못하노라.
금일(今日) 오인(吾人)의 소임(所任)은 다만, 자기(自己)의 건설(建設)이 유(有)할 뿐이오, 결(決)코 타(他)의 파괴(破壞)에 재(在)치 안이하도다.92)

일본에 대한 이러한 입장은 때로 융화적이거나 비현실적인 것이라고 하여 비판의 대상이 되기도 했다. 하지만 이와 같은 입장이 생겨나게 된 원인을 생각해보자. 일본과 중국을 향한 호소에서 강조하는 것은 동양 삼국의 평화이며, 일본의 침략주의가 동양의 평화를 위협하고 있다는 판단에 따라 조선의 독립이 일본과 중국에 대해서도 큰 의미를 가진다는 주장을 펴고 있다. 거기에는 한국적인 아시아주의—한·일·중 3국의 연대사상—가 나타나고 있는데, '병합' 이전이라면 몰라도 '병합'으로부터 9년이나 경과한 시점에서 여전히 일본에 대해 그 과오를 설득하여 올바른 길을 가라고 호소하는 것이기 때문에, 보기에 따라서는 터무니없는 낙천주의라고 생각할지도 모르겠다. 일본의 침략적 본성을 올바르게 인식하지 못한 비현실적인 태도라는 비판이 나오는 것도 어떤 의미로는 당연할 수 있다. 그러나 이러한 일본에 대한 태도의 밑바닥에 있는 것이야말로 문명주의의 입장이 아닐까 한다.

3·1운동에 있어서 민족대표들의 문명주의적인 입장이 가장 선명하게 나타나고 있는 것은 하세가와 요시미치(長谷川好道) 조선총독에게 제출한 요망서에 보이는 다음 부분이다.

> 먼저 특성에 대해 말한다면 조선인은 대륙적이며 일본인은 섬나라적이다. 사회의 기소(基素)에 대해 말한다면 조선은 유교국이며 일본은 불교국이다. 역사적으로 말하면 조선은 5천 년이며 일본은 그 반에 지나지 않는다. 언어상으로 말하면 음운 변화의 풍약(豊約)이 현저히 다르고 문자상으로 말하면 표기 범위의 광협(廣狹)이 너무나 달라서 조선은 세계적 용량인데 일본은 지방적이며 빈약하다. 또한 음식 의복 등에 이르러서는 조선은 문화적이며 고급한데 비해서 일본의 그것은 실질 가치가 얼마나 저열한지, 본시 정평 있는 그대로다. 신문화의 과정에 있어서는 가령 약간 낙후한다고 말할 수 있거니와 원가치의 표현에 있어서는 오히려 수단계 높은 단계를 선점했던 조선을 일본의 성실치 못한 방법으로 근본적 개화(改化)를 이룩하려고 하는 것은 말할 수는 있을지라도 실행할 수는 없는 짓이다.[93]

19세기에 와서 새롭게 도입된 '신문화'에 있어서는 약간 낙후한다고 인정하면서도 신문화에 앞선 전통문명에 있어서는 일본보다 훨씬 우월했다는 것이 이 요망서의 기본적인 입장이라고 할 수 있다. 그 가운데도 특히 일본의 문자에 비해서 한글이 '세계적 용량'임을 주장한 부분은 흥미로우면서도 그 문명주의적 입장이 잘 드러나 있다.

「독립선언서」나 민족대표들의 요망서에서 볼 수 있는 일본에 대한 유화적인 입장과 그 배후에 존재한 문명주의적 입장은 결코 고립되고 예외적인 것은 아니었다. 그 하나의 예로 여운형의 경우를 소개해 보기로 한다. 3·1운동 당시 상해에 체류 중이던 여운형은 1919년 11월에 일본을 방문하게 되었다. 그 사정에 관해서는 강덕상의 자세한 연구가 있는데,[94] 여운형을 회유하려고 하는 일본의 의도와 그것을 알면서도 감히 가겠다는 여운형의 생각 때문에 실현된 것이었다. 여기서는 일본 방문 중에 행한 발언에서 두 가지를 인용한다.

"사람은 신(信)이 없으면 어째서 일찍 죽지 않겠는가"라는 말은 고인의 저주(詛呪)가 아닌가. 개인이 신 없는 경우는 이와 같은데, 하물며 국가에 있어서랴. 역사서를 펴서 읽는다면 일본은 조선에 대해 문화면에 있어서 부채자이다. 일본의 문학, 미술, 공예, 기타 여러 가지의 문명은 모두 조선에서 배운 것이 아닌가. 그런데 일본은 이것에 대해 감사하지 않고 항상 전화로써 대답해 왔다. 또한 일본은 일청, 일러의 양역(兩役)을, 조선 독립을 위해서라고 말했을 뿐 아니라 조선 독립을 보장하는 것을 세계에 성명했다. 그러나 그 결과는 사기와 폭력으로 조선을 합병한 것이 아니겠는가. 우리 2천만 인민이 뼈에 사무친 원한을 품기에 이른 것은 말할 필요도 없지만, 세계 각국도 역시 모두 일본의 무신의를 면매하며 또 시기했다. 현재 4억의 중국 민족은 일본을 구수시(仇讐視)하는데 그 배척 운동이 얼마나 격렬한 일일까. 일본은 단지 국토가 광대해졌다는 것만을 기뻐하고 있지만, 실은 극히 위험한 위치에 서있는 것이다.

　이러한 일들을 생각해보면 일본의 조선 독립 승인은 일본의 신의뿐만이 아니라 일본 장래의 국익을 위해서도 극히 유리한 행동이다.95)

　이것은 당시 일본의 척식국(拓殖局) 장관으로서 여운형의 일본 방문을 적극적으로 추진했던 고가 렌조우(古賀廉造)와의 대담에서 여운형이 발언한 내용 중 조선 독립을 주장하는 세 가지 이유 가운데 두 번째 이유로서 '일본의 신의를 위해' 독립을 주장한 부분이다. 여기서도 그의 문명주의적 입장이 잘 나타나고 있을 뿐 아니라 일본의 신의를 위해 독립을 주장한 부분에서 「독립선언서」와 같은 입장을 살필 수 있다.

　제군, 무엇 때문에 조선은 독립할 수 없는가? 자유는 누구에게도 공평한 것이 아니겠는가? 일본은 왕년 조선을 위해 정의의 군을 일으켜 지나와 싸웠던 것이 아닌가? 미약한 조선을 옹호하기 위해, 정의를 위해 싸웠던 일본의 현재 조선에 대한 조치는 어떠한가? 바야흐로 성명을 배반해 있는 것이 아닌가? 나의 논의는 조선만을 위한 것이 아니다. 일본을 세계적 정의의 나라로서 인도국으로 하려고 하는 희망에 의한 것이다. 지금 나의 입론에 의하면 조선의 독립은 형태에 있어서 별개의 일이 되겠지만 일선 양 민족 간에 있어서는 혼연 융합되어, 동양의 평화를 만드는 기초가 되는 것이 아닐까?
　제군, 우리들은 여전히 싸운 다음에야 평화를 획득할 것인가, 아니

면 평화 속에서 평화와 자유를 향유할 수 없겠는가?⁹⁶⁾

　만약, 일본이 조선의 독립을 승인한다면 아시아에 흐리지 않는 평화로운 시대의 도래가 목전에 있었으며, 그(여운형)는 이 문제가 신의 소리이기 때문에 조선 독립운동의 사유의 진정함과 정당성의 존재를 믿었던 것이다. 조선의 독립이 승인되면 곧 조선 및 일본 간에는 결코 끊어지지 않는 유대가 맺어질 뿐만 아니라 일본이 중국에서 받는 의념의 모두가 불식되게 될 것이다. 승인이 세계에게 주는 영향은 아무런 고려의 여지없이 명백하다는 것은 군말을 필요로 하지 않을 것이다. 일본이 관대하며 현명하게도 조선의 독립이 자국에 대해서도 결코 위협이 아니고, 일본을 위협으로 보는 적국과의 사이의 완충국으로서 강력한 보루가 될 것을 인정한다면, 일본은 극동의 자매국이나 전 세계 국민의 눈에도 명예 회복의 자세를 취하게 될 것이다. 오늘의 조선은 옛날의 조선은 아니다. 확실히 조선은 훈련된 병사나 싸우는 무기를 갖고 있지 않다고 하는 의미로 무방비이지만, 성장해온 국민적 각성이라든지, 조선에 오랫동안 잠재하고 있던 애국심이 폭발해, 불꽃을 튀기고 있는 것을 불손하게도 경시해서는 안 된다.
　오늘의 중국은 일본이 어떻게 조선에 대처하는가를 주의 깊게 지켜보고 있으므로 일본이 조선에 대처하는 관대함에 비례해서 현재 중국의 일본관도 관대해질 것이다. 인접하는 공화국(중국)의 모든 반일 감정은 일본의 조선 독립 승인에 의해 한순간에 무산되어, 미증유의 우호 관계가 황해 양안의 2국의 현재의 긴장감에 대신할 것이다.⁹⁷⁾

위의 인용문은 여운형이 일본의 제국호텔에서 행했던 연설의 일부분인데, 연설의 원문은 남아 있지 않기 때문에 그 내용을 소개한 신문기사를 인용한 것이다.

3·1운동과 그 직후의 여운형에서 발견할 수 있는 문명주의 및 일본에 대한 태도와 동일한 성격을 가진 것으로서 다음에는 조선민족대동단의 경우를 보기로 한다.

2. 조선민족대동단의 「일본국민에 고함」

조선민족대동단(이하 대동단으로 약칭함)이라고 하는 조직은 3·1 운동의 직접적인 영향 아래 1919년 3월말에 결성된 독립운동 단체였다. 대동단에 관해서는 신복룡, 장석흥, 반병률 등의 연구가 있는데,[98] 그들의 연구에 의거해 먼저 그 활동에 대해 소개한다. 대동단의 중심인물은 전협(全協), 최익환(崔益煥) 등이며, 결성 후 얼마 되지 않은 시기에 귀족인 김가진(金嘉鎭)이 총재가 되었다. 그 강령으로서는 ① 조선 영원의 독립을 완성하는 것 ② 세계 영원의 평화를 확보하는 것 ③ 사회의 자유 발전을 광박(廣博)하는 것의 3항목을 내걸었다. 그리고 총재 밑에 황족 대표 이하 승신단(僧紳團)—나중에 진신단(縉紳團)으로 개칭—, 유림단, 종교단, 교육단, 청년단, 군인단, 상인단, 노동단, 부인단, 지방구역이라는 11개의 단위마다 총대(總代)를 배치하는 조직형태가 갖추어졌다.

대동단의 이름이 세상에 널리 알려지게 된 것은 황족인 이강(李堈)을 상해에 데리고 가서 제2의 독립선언을 발표하려 한 계획이 발각되어 단원의 대부분이 체포된 사건을 통해서였다. 대동단에 대한 연구자 장석흥에 의하면 대동단의 특징으로서 다음과 같은 점들을 지적할 수 있다고 한다. 즉 ① 국내의 독립운동 단체로서는 가장 먼저 결성된 조직이었다는 점 ② 범국민적인 조직을 구상했다는 점 ③ 정부적인 조직을 구상했다는 점 ④ 전국적인 조직을 구상했지만 그 존재가 확인되는 지역은 전라북도와 충청남도만이라는 점 ⑤ 구한말의 관리 출신과 전 일진회 회원들이 참회하는 가운데 만든 조직이었다는 점 ⑥ 연령적으로도 계층적으로도 다양한 사람들이 참가했다는 점 등이다.

여기서 주목하고 싶은 것은 대동단의 이름으로 작성, 배포된 「일본국민에 고함(日本國民ニ告グ)」이라고 하는 문서이다. 이 문서는 지금까지의 연구에서는 별다른 주목을 받지 않았는데, 조선의 독립을 일본 국민이 인정하도록 호소한 것으로서, 1919년 5월에 400부가 작성되었지만 배포 전에 최익환 등이 체포되어 당국에 압수당한 바 있었다.

이 문서에서는 우선 동양 5억의 민생이 우의를 유지하는 것을 행복으로 하는지 또는 의구심과 원한의 악연에 고민하는 것을 명예로 하는지, 일본 국민의 일대 각성을 필요로 한다고 주장한다. 이어서 독립의 선포는 공존공영의 지성으로부터 나온 것으로, 역사적 감정에 의해 나온 것이 아니라는 것을 강조하고 있으며 일본에 대해서 다음과 같이 호소하고 있다.

오호라, 동양 5억만의 민생은 그의 같은 뿌리의 문화와 도덕의 우의를 서로 지킴을 행복으로 여기겠는가, 아니면 그 의심과 두려움의 원한의 악연에 서로 고민함을 명예로 삼겠는가? 이는 실로 일본 국민의 일대 각성을 요하는 점이다. 무릇 수천만의 생명을 죄악된 일에 희생시킨 금번의 대전은 우리 인류로 하여금 진정한 인도적 문명의 영원한 건설을 절실히 요구케 했다. 이로 말미암아 민족의 생활은 개조되고 국민도덕은 혁명될 것이다. 대평등·대자유의 진리는 이제 바야흐로 우리의 눈앞에 전개되어 강권이 발호하는 공포세계는 그 잔영을 잃고 정의·인도의 대동세계는 그 서광을 비추었도다.

　오랫동안 양심의 가책에 쫓기어 이제 새로운 조류의 끓어오름에 오른 우리 조선 민족은 반만년 문화사의 권위를 의지하여 인류 대동의 새로운 요구에 응해 세계평화의 대원칙을 준수하고, 정의 인도의 영원한 기초를 확립시키고, 동양 정립의 복지를 완전케 하기 위하여 우리 조선의 독립을 선포했다. 이는 실로 공존동영의 지성에서 나온 것이지 추호도 역사적 감정에 의한 것이 아니며, 일본을 배척하려는 것도 아니며, 근린을 끊고 원교를 부르려는 것도 아니다.

　3백 년 이래의 숙원, 특히 10년간 골수에 사무친 분하고 원통한 마음은 어젯밤의 꿈이요, 한 조각 흘러가는 뜬구름에 지나지 않으니 새로운 시대의 순조로운 조류에 따르고 있는 우리 민족은 이제 새삼 이를 논하지 않는다. 다만 어떻게 하면 두 민족 사이의 어렵고도 뽑을 수 없는 악연을 일소하고 동양의 영원한 낙원에 5억만 인의 단락을 즐길 수 있을까 하는 순수한 단충이 있을 뿐이다. 일본인에게는 세계적 도량이 없음을 우리는 고심한다. 오호라. 일본 국민이여 맹성하라. 시대에 뒤진 군국주의에 희생되어 남을 해하고 자기를 멸망케 하는 어리석음을 범하지 말지어다.[99]

　이 문서에 보이는 일본에 대한 태도도 앞에서 본 3·1「독립선언서」나 여운형의 그것과 기본적으로 같은 것임을 알 수 있다. 즉 일본을 강하게 배척하는 것이 아니라 오히려 일본의 잘못을 설득하면서 일본의 침략주의가 이윽고 자기 멸망의 원인이 될 것임을 경고하고 있는 것이다. 그리고 이 문장은 마지막 부분에서 다음과 같이 일본 국민의 각성을 촉구하고 있다.

> 원컨대 무모한 정부의 죄악적 정책에 맹종하지 말고 국민 자각의 탁견을 실령되게 하라. 마땅히 냉정한 양찰과 원대한 기도로써 인류 대동의 귀추에 뒤떨어지지 말며 특히 우리 두 민족간의 지난 날의 악연을 전화하여 영원한 이웃의 정리를 확보토록 꾸짖는 바이다.100)

대동단의 이러한 입장을 이해하는 데 있어서 주목되는 점은 대동단의 중심인물이었던 전협과 최익환의 경력이다. 즉 전협은 1876년생, 최익환은 1890년생으로 두 사람의 연령에는 상당한 차이가 있기는 하지만, 둘 다 일진회에 가입했고 지방관으로서 근무한 경력을 가지고 있었다. 즉 장석흥이 지적한 대동단의 특색 가운데 다섯 번째의 특색을 체현한 인물이야말로 이들 두 사람이었던 것이다. 특히 전협은 일진회의 「한일합방 청원서」에 이용구(李容九), 송병준(宋秉畯)에 이어 세 번째로 서명한 인물이었다.

일진회 회원으로부터 대동단 결성으로 이르는 두 사람의 편력은 어떻게 이해될 수 있을까? 일진회가 구상한 '합방'과 그 이후의 현실과의 괴리가 그들로 하여금 독립운동으로 전향하게 했다고 일단은 이해할 수 있다. 그러나 그들의 사상과 행동에 시종일관 작용하고 있던 것으로서 문명주의의 입장도 또한 존재했다고 생각한다.

즉 일진회 참가와 「합방 청원서」의 서명이라는 행동에 이르게 한 것은 문명의 실현을 위해 대한제국을 존속시키는 것보다도 '합방'을 행하는 것이 낫다는 판단에 따른 것이었을 텐데, 그럼에도 불구하고 현실의 총독부 정치는 그들이 기대했던 문명과는 동떨어진 것이었다는 좌절감, 이러한 일들이 두 사람의 전향의 배후에 존재하고 있었던 것이 아닐까 생각되는 것이다.

　대동단이라고 하는 조직의 명칭은 재차 말할 필요도 없이 유교에 있어서의 이상사회인 '대동'을 의식한 것이었다. 이 명칭이야말로 그들의 문명주의자로서의 입장을 상징적으로 나타내준다고 볼 수 있으며 그 문명주의의 배후에 유교가 존재한다는 것도 나타내주고 있다.

3. 일본의 태도

　마지막으로 3·1운동에 대한 일본의 태도를 문명주의의 관점에서 검토하겠다. 3·1운동에 대한 일본의 태도는 주지하는 바와 같이 당초의 당혹, 경악으로부터 무력에 의한 탄압으로 이어졌는데, 사건이 진정됨에 따라 무단정치에 대한 일정한 반성과 새로운 지배정책으로의 전환이라는 결과로 나타났다. 그러나 3·1운동의 중심적인 요구였던 독립이라는 문제는 무시되었고, 일본에 의한 지배를 전제로 한 지배정책의 부분적 수정에 지나지 않았다는 점에 관해서는 종래의 연구에서 밝혀진 그대로이다.

　여기서 주장하고 싶은 것은 3·1운동이 지닌 문명주의의 입장마저도 일본은 아예 무시하고 말았다는 것이다. 그리고 이러한 태도는 3·1운동 이후 일제시대 내내 그랬을 뿐만 아니라 현재까지도 계속되는 것으로 보여진다. 일본인 연구자로서 오늘날의 시점에서 3·1운동을 재차 주목하고 싶은 것도 이러한 일본의 태도 때문이다.

　일본이 한국을 병합하기에 즈음해서 대의명분으로 내세운 것은 문명의 실현이라고 하는 것이었다. 즉, 일본이 앞서서 수용한 근대 서구문명을 전면에 내세우면서 그 실현을 일본이 행하겠다는 것이 병합을 합리화한 논리였다. 3·1운동이 일본의 지배에 반대하는 이념적 근거로 내세운 것도 역시 문명의 논리였다. 따라서 일본의 지배와 그것에 반대하는 3·1운동은 다 같이 문명이라고 하는 이념을 내세웠다고 이해할 수 있는데 양자가 내세운 문명의 내용 사이에는 결코 메울 수 없는 간극이 존재하고 있었던 것이다.

일본이 내세운 문명은 서구문명이었으며 일본은 그 대리자를 자임하고 있었던 데 비해서 3·1 「독립선언서」나 대동단이 내세운 것은 동양의 전통적인 문명을 기초로 한 인류문명이었다. 동양의 전통적인 문명은 근대문명을 수용하는 데 있어서 전혀 의미를 갖지 못한다고 하는 일본의 입장에서 보면, 독립운동의 이러한 주장이 전혀 안중에 들어오지 않았던 것은 당연한 것이었다. 그리고 이러한 일본의 입장은 그 역사에 크게 규정된 것이었다고 볼 수 있다.

앞에서 지적한 대로 한국사에서는 조선왕조의 성립을 계기로 문명주의가 확립되었다고 볼 수 있는데, 그에 비해서 일본은 그러한 경험을 가지지 못했다. 조선왕조가 건국된 시기의 일본은 무로마치(室町)시대였는데, 당시에는 유교 또는 주자학을 국가이념으로 삼아 새로운 체제를 만들려고 하는 움직임은 거의 없었다. 다만 일본에서는 이른바 건무신정(建武新政)이라고 부르는 정변을 주도했던 고다이고(後醍醐) 천황에게서 송학의 영향과 새로운 국가 구상을 발견할 수 있는데, 이 정변이 3년 만에 실패하고 나서는 그러한 움직임은 다시 일어나지 않았던 것이다. 그뿐만이 아니라 전국시대를 통일한 도요토미(豊臣) 정권이나 도쿠가와(德川) 정권도 그러한 의도는 아예 없었다. 도쿠가와시대에 와서 일본에서도 주자학이 체제이념으로서 수용되었다고 이해하는 경우도 있지만 그것은 잘못된 것이다. 왜냐하면 도쿠가와 정권은 어디까지나 무사의 정권이었으며 조선시대와 같이 과거를 통해서 유학자가 정치를 담당하는 그러한 체제와는 전혀 달랐던 것이다.101) 따라서 일본은 문명주의의 역사적 경험을 갖지 못했는데, 유학자에서 신도가(神道家)로 전향한 야마자키 안사이(山崎闇齋)의 "만약 공자, 맹자가 일본을 공격한다 하더라도 일본을 지키기 위해서는 그들과 싸우겠다"는 말이 그것을 상징적으로 나타내고 있다. 즉 그는 민족주의자였지 결코 문명주의자는 아니었던 것이다.

이러한 일본의 역사는 19세기 중엽 서구세력이 동아시아에 등장했을 때 유리하게 작용했다는 사실은 부정할 수 없다. 즉 서구의 등장에 대한 민족적 위기심이 메이지유신을 가능케 했다고 볼 수 있는데, 한국의 경우는 일본처럼 서구에 대해 신속하게 대응할 수가 없었다. 전통문명을 지키려고 하는 세력이 존재했는가 하면 같은 문명주의의 입장에 서면서도 서구문명, 혹은 그것을 재빨리 수용한 일본과 결탁하려고 하는 세력이 등장하기도 했기 때문에 국론 자체가 분열 상태에 빠지게 되었던 것이다.

19세기 후반 양국의 이러한 대칭적인 상황만을 보면 문명주의는 극복되어야 할 존재로만 부각된다. 실제 일본은 한국이나 중국의 옛 문명을 조롱하면서 그것을 빨리 버려야 한다고 주장했던 것이다. 후쿠자와 유키치(福澤諭吉)의 '탈아론(脫亞論)'이 그 전형적인 예라고 하겠다. 그러나 옛 문명이 내건 이상사회로서의 대동사회 사상과 1차 대전 이후의 민족자결주의 사상이 서로 상통할 수 있는 것이라는 데 대해 일본은 전혀 예상할 수도, 이해할 수도 없었던 것이다.

3·1운동에서 볼 수 있는 민족주의와 문명주의의 병존이라는 문제는 그 이후에도 한국 민족주의의 성격에 커다란 가치를 부여했다고 볼 수 있다. 그리고 지구화가 강조되면서 영어 교육 열풍이 일어나고 있는 최근의 상황은 민족주의와 문명주의의 상극(相剋) 상태인 것같이 보인다. 그런 의미에서 탈민족이나 열린 민족주의에 관한 최근의 논의는 한국 민족주의의 역사를 충분히 반영한 논의라고 하기 어려운 면을 갖고 있는 것이 아닐까?

한편 일본에 있어서는 2차 대전 이후 일본의 역사상 처음으로 등장한 문명주의―전쟁 포기와 평화국가―의 입장이 바야흐로 큰 전환기에 직면하고 있다. 그런 의미에서 일본에서도 문명주의와 민족주의의 문제를 검토하는 것이 급선무라고 생각된다.

10장

'화혼양재'와

'중체서용'의

재고

1. 『미구회람실기』와 '항해술기'에 대해

　19세기 후반은 동아시아 각국이 이른바 서양의 충격을 받아 다양한 변화가 생겨난 시기였다. 이 변화과정에 관한 연구는 지금까지 그야말로 엄청나게 많이 이루어졌는데, 거의가 일본을 그 충격에 성공적으로 대응한 사례로, 중국과 한국은 그것에 실패한 사례로 드는 것을 전제로 한 연구였다고 할 수 있다. 이러한 연구경향은 19세기 동아시아 각국의 과제가 근대적 국민국가 건설에 있다고 보면서 그 과제의 수행 여부가 이후의 역사에 결정적인 영향을 미쳤다는 현실인식을 기초로 한 것이었다. 지금까지의 연구에 지배적으로 나타났던 이러한 경향을 여기서는 19세기적 패러다임이라 부르기로 한다.
　그러나 21세기라는 현재의 시점에서 되돌아볼 때 이러한 19세기적 패러다임은 근본적으로 재검토되어야 한다. 왜냐하면 19세기 후반부터 20세기 전반까지 서로 다른 방향으로 갔던, 혹은 그렇게 보였던 동아시아의 삼국이 20세기 후반에 들어서면서 같은, 혹은 비슷한 방향으로 가는 중이라고 판단되기 때문이다. 따라서 오늘날 19세기 후반의 동아시아 삼국 역사를 어떤 시각에서 봐야 하는지, 연구의 고민은 여기에 있다고 여겨지는데, 이 글 또한 이러한 고민을 공유하면서 중국과 일본의 대응양상을 재검토하려 한다.

그리고 그 작업을 통해서 19세기적 패러다임을 대신할 수 있는 21세기적 패러다임을 모색하는 것이 이글의 가장 중요한 목적이다.

위와 같은 문제의식을 전제로 여기서는 구체적인 검토대상으로서 다음 두 가지 텍스트를 선택했다. 즉 일본의『특명전권대사 미구회람실기(特命全權大使米歐回覽實記)』와 중국의 '항해술기(航海述奇)'가 그것이다. 먼저 이 두 가지 텍스트에 대해 간략하게 소개하고 아울러 그것들을 선택한 이유와 연구사에 대해서도 설명하기로 한다.

일본의 메이지(明治)유신 정부는 1871년에 대규모 사절단을 미국과 유럽 여러 나라에 파견했다. 그 직접적인 목적은 조약개정 교섭에 있었지만 교섭 자체가 거의 불가능하다는 사실이 첫째 방문국인 미국에서 판명되면서, 이후 사절단의 목적은 주로 구미를 순방해서 근대국가의 모습을 관찰하는 데 두게 됐다. 이 사절단은 이와쿠라 도모미(岩倉具視)를 전권대사로, 기도 다카요시(木戶孝允)를 부사(副使)로 해서 조직된, 50명에 이르는 대사절단이었다. 이 사절단에 관해서는 그 단원 중에 오쿠보 도시미치(大久保利通)와 이토 히로부미(伊藤博文) 등 유신 정부의 수뇌부가 포함되어 있었다는 점, 1년 10개월이라는 장기간에 걸친 사절단의 구미 체험이 이후 일본이 나아가야 할 방향을 결정하는 데 있어 큰 영향을 주었다는 점 등이 중요한 역사적 의미를 가진 것으로서 평가받고 있다.

『특명전권대사미구회람실기』—이하『실기』로 약칭함—는 이 사절단의 보고서이며 저자는 이와쿠라의 수행원으로 사절단에 참가한 구메 구니타케(久米邦武)이다. 전부 100권의 방대한 양으로 된 이 책은 구메가 개인적으로 편수한 저작으로서 1878년에 출판되었지만, 간행자는 태정관기록괘(太政官記錄掛)였다는 점, 이와쿠라가 사절단의 견문을 국민에게 보고해야 한다고 생각해서 항상 구메를 대동했다는 점 등으로 미루어볼 때 사절단의 보고서로서 공적인 성격에 준하는 것이었다.

저자인 구메는 에도시대 나베시마(鍋島)번 출신의 무사이자 유학자였고, 메이지유신 이후 정부의 관원이 된 사람이다. 사절단의 일원으로 발탁된 당시는 태정관의 소서기관(少書記官)이라는 직함을 갖고 있었는데, 이와쿠라와의 개인적인 관계 덕분에 사절단에 참가하게 되었다고 한다. 『실기』가 간행된 다음해인 1879년에 구메는 수사관(修史館)의 편수관(編修官)이 되면서부터 역사가로서의 길을 밟기 시작했고 수사관을 개조한 임시수사국(臨時修史局)이 제국대학(현 동경대학)에 편입됨에 따라 문과대학 교수가 되었다. 그 후 제국대학에 국사학과가 설치되자 그는 국사학과의 초대 교수 3명 중의 한 사람으로서 활동했다가 1891년 『사학회잡지(史學會雜誌)』에 발표한 「신도는 하늘을 모시는 옛 풍속(神道は祭天の古俗)」이라는 논문이 국가주의자들의 강한 공격을 받으면서 직무가 중지되어, 결국 제국대학을 떠나게 되었다. 그 후 와세다(早稻田)대학의 교수로 재직하면서 많은 책과 논문을 발표했다. 한학을 배운 유학자로서의 소양을 발휘한 『실기』의 문장은 명문으로서 높은 평가를 받아왔을 뿐 아니라 후일의 역사가로서의 소질도 충분히 담아낸 것이라 할 수 있다.

구메의 『실기』는 지금까지 많은 주목을 받아왔기에 그 책에 관한 연구도 활발히 진행되었는데 비해, '항해술기'는 그 존재도 별로 알려지지 않았을 뿐만 아니라 연구도 아주 미미한 상태에 있다고 하지 않을 수 없다. 여기서 '항해술기'라고 하는 것은 장덕이(張德彝, 1847~1919)—그의 초명(初名)은 덕명(德明)이었다고 한다—라는 사람의 해외 기행문을 총칭한 것으로서, 그 전체는 1997년에 처음으로 『고본항해술기회편(稿本航海述奇匯編)』—이하 『회편』이라고 약칭함—이라는 제목으로 북경도서관출판사에서 출간되었다. 『회편』에는 다 합쳐서 일곱 개의 여행기록이 수록되어 있는데, 각 여행기록은 장덕이가 여덟 번에 걸쳐서 구미 지역에 파견되었을 때의 견문을 기록한 책으로서, 첫 번째 파견이었던 1866년의 구주 방문에서부터 마지막 1902~1906년의 영국 체류까지 장기간에 걸친 기록이 포함되어 있다. 다만 그의 일곱 번째의 해외 파견이었던 일본 체류 기록은 지금 남아있지 않다고 한다.

『항해술기』는 1866년에 청국 정부가 구주에 파견한 이른바 빈춘(斌椿) 사절단에 참가한 장덕이의 기록인데, 빈춘을 대표로 한 이 사절단은 사적인 성격이 강했을 뿐만 아니라 4개월이라는 짧은 기간만 체류했기에 일본의 이와쿠라 사절단과 비교하기에는 충분치 못하다.

그에 비해 1867년의 사절단은 청국 정부가 처음 공식 사절단으로 파견한 것으로서, 2년이 넘는 체류기간을 경험했다는 의미에서도, 또한 미국을 먼저 방문한 후 유럽 각국을 방문했다는 의미에서도 이와쿠라 사절단에 비교할 만한 내실을 가졌다고 평가할 수 있다. 그 규모를 보아도 미국인 앤슨 벌링엄(Anson Burlingame)—중국명 포안신(蒲安臣)—과 지강(志剛), 손가곡(孫家穀) 세 명을 판리대신(辦理大臣)으로, 영국인 브라운(J. M. Brawn)—중국명 백탁안(栢卓安)—과 프랑스인 샹(E. de. Champs)—중국명 덕선(德善)—을 각각 좌우의 협리(協理)로 삼은 이 사절단은 30명으로 구성되어 있어서, 이와쿠라 사절단보다는 작지만 비교적 큰 규모였다고 볼 수 있다. 따라서 여기서도 당시 장덕이의 수행 기록인 『구미환유기(歐米環游記)』—이하 이 책을 『회편』에 따라서 『재술기(再述奇)』라고 약칭함—를 중심적인 검토대상으로 삼는다.

장덕이의 세 번째 기록인 『수사법국기(隨使法國記)』—이하 이 책을 『회편』에 따라 『삼술기(三述奇)』라고 약칭함—는 천진사건을 처리하기 위해 파견된 숭후(崇厚)를 단장으로 한 이른바 숭후 사죄사절단의 수행 기록인데, 체류기간의 대부분을 프랑스에서 보냈다. 1870년에서 1872년에 걸친 이 사절단은 파리에서 파리 코뮌(Paris commune)을 목격하는 등 흥미로운 내용이 포함되어 있지만 여기서는 여행 중에 같은 배를 탔던 일본인 일행과의 대화 기록만을 검토 대상으로 삼는다. 그리고 이하에서는 장덕이의 세 차례 여행기록을 총칭해서 '항해술기'라고 하되 각각을 구별할 때는 『항해술기』, 『재술기』, 『삼술기』로 지칭하기로 한다.

8차에 걸친 '항해술기'의 저자 장덕이는 요령성(遼寧省) 철령(鐵嶺) 사람으로 한군(漢軍) 양황기(鑲黃旗) 출신이다. 청나라의 지배계층인 기인(旗人) 출신이지만 가난한 집에서 태어났다고 한다. 16세 때 총리각국사무아문(總理各國事務衙門)—총리아문으로 약칭됨—에 들어가 동문관(同文館) 소속이 되었다. 앞에서 말한 것처럼 그는 1866년의 빈춘 사절단에 참가한 것을 효시로 여덟 번 해외에 파견되었는데 마지막은 1902년에서 1906년에 걸쳐 영국대사로 파견되었다.

『실기』와 그 저자인 구메에 비해 '항해술기'와 그 저자 장덕이는 널리 알려지지 않았지만 여기서 두 기록을 비교하는 것은 다음 같은 이유 때문이다. 첫째로 이 기록들은 일본의 메이지유신 정부와 청국 정부가 처음으로 구미에 파견한 대규모 사절단의 기록이라는 점이다. 일본에서는 메이지유신에 앞서 도쿠가와막부(德川幕府)가 여덟 번에 걸쳐서 여러 규모의 사절단을 구미 지역에 파견한 적이 있었다. 그 중에서도 1860년에 미국으로 파견된 사절단—이른바 만연(萬延) 사절단—은 제일 큰 규모로서, 이와쿠라 사절단에 필적할 만한 것이었지만, 방문국이 미국만이었고 기간도 짧은 방문이었다. 그 이외의 사절단도 그 후 도쿠가와막부가 곧 붕괴되었기 때문에 별로 큰 역사적 의의를 가질 수가 없었다. 그런 의미에서 일본에서는 마땅히 이와쿠라 사절단에 주목하게 되는 것이다. 한편, 청국의 경우 1866년의 빈춘 사절단은 본격적인 사절단으로 보기 어렵다는 점에 대해서는 앞에서 지적한 그대로인데, 포안신 사절단의 경우, 그들을 파견한 정부의 성격에서 볼 때 메이지유신 정부보다 도쿠가와막부와 가깝다고 생각할 수 있기 때문에 막부의 사절단과 비교하는 것도 흥미로운 문제일 것이다. 그러나 일본에서 일찍 메이지유신이 일어나고 그 정부가 이와쿠라 사절단을 파견했다는 사실 자체가 일본과 중국의 차이를 나타내는 현상이기 때문에 포안신 사절단과 먼저 비교되어야 할 상대는 역시 이와쿠라 사절단이라고 생각된다.

둘째로 이 기록들은 미국과 유럽 각국을 장기간, 그것도 비슷한 시기에 방문했다는 면에서 유사한 성격을 가지고 있을 뿐만 아니라 아주 상세한 여행기록으로서도 공통점을 가지고 있다.

셋째로 저자인 구메와 장덕이는 둘 다 지배계층의 일원이라는 출신 배경을 공유하며 동아시아의 전통적인 지식에 대한 소양을 가지고 구미의 문명과 조우하게 되었다는 의미에서, 일본과 중국의 전통적인 지식인이 구미문명과 만났을 때 어떤 반응을 보였는지를 검토하는 데 있어 매우 유용할 것으로 생각된다.

『미구회람실기』와 '항해술기' 사이에는 위와 같은 유사성이 존재하는 한편, 차이점도 물론 존재한다. 가장 큰 차이점이라고 할 수 있는 점은 『실기』가 정부기관에 의해 출판되었는 데 비해 '항해술기' 중에서 장덕이 생전에 간행된 것은 『항해술기』와 『사술기』, 『팔술기』뿐이었다는 사실이다. 그마저도 『사술기』를 제외하면 정확한 연대조차 알 수가 없듯이 사적으로 간행되었다고 추측되는데, 이러한 차이는 이 저작들에 대한 관심의 차이를 단적으로 말해주는 현상이라고 생각된다. 특히 이와쿠라 사절단에 필적할 만한 포안신 사절단에 관한 기록인 『재술기』가 간행되지 않았다는 사실은 이러한 관심의 차이를 잘 나타내준다.

이와쿠라 사절단과 포안신 사절단의 구성에서도 양국 정부의 태도 차이를 살필 수 있다. 이와쿠라 사절단에는 메이지유신 정부의 핵심적인 인사들이 대거 참가한데 비해 포안신 사절단은 외국인을 수뇌부에 둔 사실은 그렇다 치더라도 당시의 실권자가 참가했다고 는 도저히 말할 수 없는 구성이었다. 이처럼 두 저작물과 그 배경 이 된 파견 사절단의 성격에는 적지 않은 차이도 있지만 어쩌면 이러한 차이 자체가 양국의 구미문명에 대한 입장 차이를 반영한 것이라고도 할 수 있겠다.

마지막으로 이 두 기록에 관한 연구사를 간략하게 살펴보자. 『실기』에 관한 연구는 대단히 활발하다고 할 수 있다. 일찍부터 이 책에 주목한 다나카 아키라(田中彰)를 필두로 단행본만으로도 10권이 넘는 연구서가 출판되었을 정도이다. 그것은 일본뿐 아니라 다른 나라에서도 마찬가지여서 이와쿠라 사절단에 대해 구미 쪽이 어떻게 대응했는지에 대해『실기』와 현지의 기록을 대조하는 형식으로 이루어지고 있다. 전체적으로 볼 때 메이지유신 정부가 실시하게 된 근대국가 건설 사업에 큰 영향을 미친 사건으로서 이와쿠라 사절단의 역사적 의의를 높이 평가함과 동시에 아주 훌륭한 여행기록으로서『실기』의 내용을 평가하는 경향이 일반적이라고 할 수 있을 것이다. 그 가운데『실기』에 보이는 소국(小國)에 대한 기록에 주목하면서, 당시 일본이 지향할 방향으로서 소국주의의 길이 존재했었다는 다나카 아키라의 주장은 이색적이면서도 흥미로운 해석이다.

『실기』에 대한 활발한 연구 상황에 비추어볼 때 일련의 '항해술기'나 그 저자 장덕이에 관한 연구는 아직은 초보적인 단계라고 할 수밖에 없다.『항해술기』부터『팔술기』에 이르는 전체가 간행된 것이 1997년이었다는 사실이 그러한 상황을 잘 나타내고 있는데 19

세기 후반의 양무운동에 대한 부정적인 평가가 이러한 연구 상황의 근본적인 원인이었다고 볼 수 있을 것이다. 즉 동치제(同治帝)의 즉위와 함께 출발한 양무정권에 대한 부정적인 평가가 통설로 됨에 따라 그 정권하에서 실시된 구미로의 사절 파견에 대한 관심도 희박해질 수밖에 없었던 것으로 생각된다.

그러나 최근에 와서 장덕이의 저작에 관한 관심이 나타나기 시작하면서 소수이지만 연구 결과가 발표되었는데 아마도 이러한 변화는 양무운동에 대한 적극적 평가와 관련된 것으로 보인다. 그뿐만이 아니라 중국과 일본의 사절단을 비교하려고 하는 연구도 나타났는데, 그 가운데 사카모토 히데키(阪本英樹)의 책『달을 끄는 뱃사공—청말 중국 지식인의 미구회람('月を曳く船方—清末中國知識人の米歐回覽')』은 포안신 사절단과『재술기』및 장덕이에 관한 본격적인 연구로서 주목할 만하다. 그러나 최근에 발표된 이 연구들은 기본적으로 일본의 사절단과 비교해서 청국 사절단의 미흡함 등을 지적하는 데에 중점을 두고 있어서, 19세기 후반의 동아시아를 보는 통설적인 이해를 그대로 계승하고 있다는 문제점을 지적하지 않을 수 없다. 사카모토의 다음과 같은 인식이 그 전형적인 예라고 할 수 있다.

장덕이 청년에 있어서 공자를 존경하고 모시는 일은 그의 정체성과 자존심을 보지하는 일과 표리일체의 관계였다. 눈을 돌려서 막말·유신기(幕末·維新期)의 일본을 보면, 청말 중국 지식인들의 마음을 지탱해주는 공자의 사상은 에도시대 중기 이후 계속해서 일어난 고학(古學)

고문사학(古文辭學)이나 국학, 더 나아가서 당시 아주 융성했던 난학(蘭學) 등에 의해 사실상 벌써 상대화되어 일본의 독자적인 사상, 바꾸어 말하자면 청대 말기의 중국과는 전혀 달리 일본의 독특한, 싱싱한 생명력이 넘친 내면세계가 이미 싹트며 순조롭게 자라나고 있었다. 막말의 실학도 이를테면 이처럼 새로운 정신적 흐름의 연장선상에서 전개되어 갔다. 따라서 명치정권이 탄생 후 얼마 되지 않아서 구메 구니타케 같은 탁견(卓見)이 출현할 수 있었던 것이다.

그러나 청대 말에 있어서 적어도 19세기 60년대 말까지 에도 실학, 혹은 막말·유신기 실학에 필적할 만한 동향(다이너미즘)은 아직 나타나지 않고 있었다.

이러한 인식은 일본의 성공과 중국의 실패라는 19세기적 패러다임을 전제로 한 것으로서, 전통적인 사상에서 얼마나 벗어났는지를 기준으로 삼아 19세기의 동아시아사를 보려고 하는 입장이다. 이러한 통설적인 이해를 비판하기 위해 구체적인 분석에 들어가기로 한다.

2. 일본, 중국과 구미의 만남 그리고 그 비교

　　구메의『실기』나 장덕이의『항해술기』,『재술기』,『삼술기』는 양적으로 방대할 뿐 아니라 내용적으로도 여러 방면에 걸쳐서 기술되어 있다. 따라서 그 전면적인 검토는 여기에서 다 할 수 없기 때문에 구미문명에 대한 그들의 인식, 구미문명에 비추어본 자신의 문명에 대한 인식, 그리고 자기인식과 관련해서 일본과 중국의 상호인식이라는 세 가지 문제를 중점적으로 검토하려고 한다.
　　구메도 장덕이도 일기체 형식으로 기록하고 있는데, 매일 경험한 일들을 자세하게 기록하면서 때때로 문명비평적인 의견을 추가하고 있다.『실기』에서는 문자를 한 칸 낮추어서 집필한 부분이 그것이다. 이러한 형식은『항해술기』에는 없으며『재술기』이후에는 장덕이도 '기(記)'로 시작되는 부분에서 역시 총론적이거나 혹은 문명 비평적인 논평을 하고 있다. 그리고『실기』에는 개별적인 서술 이외에「아메리카 합중국의 총설(米利堅合衆國ノ總說)」과 같이 각국, 각 지역에 관한 총론적인 서술도 존재한다. 장덕이의 경우에는 이러한 서술이 전혀 없는데, 아마도『실기』가 국민에 대한 보고서로서 어느 정도 공적인 성격을 가졌기 때문에 이러한 부분이 추가되지 않았을까 생각된다. 어쨌든 간에 이러한 부분에는 그들의 생각이 솔직하게 표출되어 있어서 특히 주목할 만하다.

구미문명에 대한 인식

(1) 물질문명에 대해

양자 다 구미의 물질문명에 대해서는 자세히 소개하고 있다. 각종의 공장, 운송수단뿐 아니라 백화점이나 호텔 등에 대해서도 대단히 구체적으로 설명하고 있다. 특히 구메의 기술은 세부에 이르기까지 구체적이고 자세한데, 아마도 그가 혼자 관찰한 것만이 아닌, 다른 사람의 기록도 참조하면서 집필한 결과가 아닌가 싶다. 그에 비해 장덕이의 경우에는 나름대로 열심히 소개하기는 하나 『실기』의 자세함과 비교하면 정보로서의 질이 약간 떨어진다고 할 수 있다. 이러한 차이는 구메와 달리 장덕이가 혼자 집필한 탓도 있겠지만 다음과 같은 장덕이의 자세도 그 원인이 되었다고 여겨진다.

또한 영국 사람인 백루안(白婁安)이라는 자가 나에게 "벌써 세 번이나 유럽에 왔는데도 왜 각국의 유용한 것들을 자세하게 기록해서 귀국한 후에 사람들에게 알림으로써 열심히 공부해서 전진하도록 하려고 하지 않는가?"라고 말했다. 나는 "귀하는 지금까지 한 번이라도 중국에 간 적이 있는가?"라고 물었다. 백은 8년 동안 중국에 체류한 적이 있다고 대답하기에 나는 "일찍이 8년이나 체류했다면 우리나라의 유용한 것들을 반드시 견문했을 것이다"고 말했다. 그는 아주 많은 것을 알고 있다고 하기에 나는 "그러면 반드시 국민에게 알려주었을 텐데"라고 했지만 그는 "아직"이라고 대답했다. 그래서 나는 그렇다면 그것을 국왕에게 아뢰었을 거라고 말했더니 그는 고개를 숙이며 말을 잇지 못했

다. (『삼술기』,『회편』2권)

이러한 장덕이의 입장은 구미와 중국을 대등한 것으로 인식하고 있는 데서 유래한다고 판단되는데, 뒤에서도 볼 수 있듯이 이러한 입장은 상당히 강고한 것이었다.

(2) 정치체제에 대해

구미의 정치체제, 제도에 대해서도 양자는 깊은 관심을 보이고 있다. 그 관심의 중심에는 민주제와 공화제의 나라로서의 미국과, 입헌군주제의 영국이 있는데, 몇 가지 대표적인 부분을 발췌해보자.

고로 이 나라 사람들은 다 민주의 풍조 속에서 자라나고 일시동인(一視同仁)의 마음을 갖고 있다. 사람을 대접할 때 솔직해서 쉽게 친해지며 일을 처리할 때는 침착하고 스스로 판단한다. 정말로 천지의 공민이라고 할 수 있다. 그 폐해는 위에 있는 정부의 권위가 가볍고 법의 기능이 약해져서 각자가 사권(私權)을 주장하는 것, 그리고 관계(官界)에서 뇌물이 횡행하여 공당(公黨)이 민심에 좌우될 우려가 없지 않다는 것이다. 다만 미국 사람들은 이러한 풍조에 오랫동안 익숙해져서 순수한 민주의 지경까지 이르러 있어서 또다시 군주제에 의한 평화를 원하지 않는다. 하지만 이 풍조가 외국에 흘러들어가 국민 사이를 이간시켜 전통적인 제도를 파괴하게 되면 그 나라의 근본이 동요하여 진정되지 못한다. 프랑스가 먼저 그 피해를 입고 나중에는 스페인이 환해(患害)를 입었다. 고로 구주에서는 입헌정치를 협정해서 그 승평(昇平)을 보

호하도록 하게 되었다. (『실기』 1권)

위의 인용문에서 볼 수 있듯이 구메는 미국 민주제의 장점을 평가할 뿐만 아니라 그 문제점에 대해서도 주목하고 있다. 그리고 그러한 미국 민주제의 풍조가 유럽에까지 영향을 주면서 혼란을 일으키게 된 현상에 대해서도 언급하고 있는 것이 주목할 만하다. 즉 천황을 군주로 한 일본으로서는 군민의 사이를 이간시키는 민주제가 바람직하지 않다고 여겼던 것이다. 이러한 견해를 바탕으로 미국의 민주제보다도 유럽의 입헌군주제를 선호하는 경향은 구메만이 아니라 메이지유신 정부의 일반적인 경향이었다고 생각된다. 한편, 그가 높이 평가하는 유럽의 정치체제와 관련하여, 왜 유럽에서 그러한 체제가 생겨났는지에 대한 역사적인 경위를 다음과 같이 설명한다.

대저 인민의 공선에 의해 의원을 선출하고 입법의 권한을 잡게 하는 일은 구주 일반의 통법으로서, 정치에 있어서 지나, 일본과 제일 다른 바이다. 이 법이 생긴 것은 로마시대에 기원하며 시대에 따라 변화했지마는 필경 무역을 중시하고 회사들이 협동하는 풍속으로부터 생긴 것이다. 지나, 일본의 인민은 원래 농경 자활의 풍습 때문에 수신을 정치의 주의로 삼고 재산을 중시하지 않음으로써 입법상 간목(肝目)할 만한 주의가 결여되었기 때문에 민권의 여하, 물권의 여하에 있어서는 거의 마이동풍이 되었을 뿐만 아니라 오히려 그 권리를 억압하는 것이 변풍이속(變風移俗)의 좋은 모범으로 하는 것같이 생각한다. 고로 정치 국안(國安)의 논의는 항상 재산에 관해서 주의를 하지 않고 군자와 소인은 판연히 별개 세계에 사는 것같이 하기 때문에 점점 빈약에 빠지기에 이르렀던 것이다. 동양과 서양이 떨어져 있어서 인민의 습관이 다르기 때문에 정치의 모습도 당연히 달라야 되겠지만 지금의 세계는 해운이 서로 통하고 무역으로서 교제(交際)하는 세상이 되었을 만큼 국권을 완전하게 하며 국익을 지키기 위해서는 국민 상하가 융화하면서 먼저 재산을 중시하고 부강을 이룩하는 데 깊이 주의하지 않으면 안 된다. 입법권은 여기서 생기는 것이다. (『실기』 2권)

즉, 유럽의 정치체제가 깊은 역사적 배경을 갖고 있다는 것, 그 배경이란 무역을 중시한 데서 유래한 '회사 협동의 풍속'임을 밝히면서 동양과의 차이를 강조하고 있다.

의회의 상원의원은 황족, 귀족 및 승정관(僧正官)으로 구성된다. 영국의 귀족이 입법권을 세습적으로 장악하면서 상원에 출석하는 일은 여전히 귀족정치의 풍습이 남아 있기 때문이며 이러한 것은 영국 사람들이 법을 지키는 정신이 다른 사람들보다 강한 미풍이라고 한다. 생각건대 귀족이 국회의 권력을 잡는다는 것은 의회가 생긴 근본이요, 옛날 영국의 존 국왕의 시대에 왕을 압박해서 서약을 얻어 권리를 회복함으로써 인민도 그 권리를 회복하게 된 것이다. 이것이야말로 귀족이 의회에서 영원히 권리를 보유하게 되는 단서가 되었다. (『실기』 2권)

여기서 구메는 영국의 의회정치에 있어 귀족의 존재에 주목하면서 그 역할에 대해 적극적으로 인정하고 있다. 이러한 구메의 견해는 후일 일본에서 헌법이 제정되고 의회가 개설되었을 때 그에 앞서서 귀족제가 새롭게 만들어지면서 귀족원의 모체가 되었다는 문제와도 관련된 부분으로서 흥미롭다.

이러한 귀족제에 대한 주목이 잘 말해주듯이 구메에게 있어서 구미의 정치체제는 앞으로 일본의 정치가 어떤 방향으로 나아가야 하는지와 직결된 절실한 문제였다. 그에 비해 장덕이의 입장에는 그런 절실함은 보이지 않고 그만큼 객관적인 서술을 하고 있다.

기록한다. 합중국은 건륭(乾隆) 40년 이후 영국의 가혹한 정치에 반항해서 자립하게 되었다. 지금까지 100년 동안에 서른여섯 개의 주를 구성해서 민주제에 의해 국가를 세웠다. 공적으로 대통령 한 사람을 수장으로 삼고 그 임기는 4년으로 하고 있다. 매년 국가가 지급하는 대통령의 급여는 2만 5,000원이다. 부대통령이 그를 보좌하는데 그 급여는 매년 6,000원이다. 대통령의 4년 임기가 끝나면 국민들이 의논해서 그 유능함을 인정하면 또다시 4년간 그 지위에 머무르게 된다. 그러나 12년 이상 그 지위에 머무를 수는 없다. 국민이 대통령의 재임을 불허할 때에는 부대통령을 대통령으로 임명하지만 부대통령을 국민이 원하지 않을 때는 새롭게 선거를 실시하게 된다. 모든 국민이 성인이 되면 선거권을 가지게 되는데, 선거의 방법은 사람들이 추천하는 사람을 써서 이것을 투표함에 던진다. 투표가 끝나면 투표함을 열고 많은 표를 얻은 사람을 뽑아서 대통령을 세운다. 대통령이 될 자격은 관인이냐, 민간인이냐를 불문하며, 퇴위한 대통령은 서민과 다른 바가 없다. 의회의 의장과

부의장 그리고 의원들도 역시 선거에 의해 결정되는데, 의회에는 또 상원과 하원의 구별이 있다. 국가에 중대사가 생기면 의회를 소집하되 먼저 하원에 제의하여 좋은 대책을 결정한 다음에 상원에 보내도록 한다. 심의가 끝나면 그것을 대통령에게 보내는데 만약 대통령이 이것을 윤허하지 않으면 상원에서 다시 논의한다. 그래도 여전히 결론이 바뀌지 않으면 대통령도 본의 아니게 그 결정을 따라야 한다. (『회편』 1권)

이처럼 미국의 정치체제에 관해서 구체적으로 소개하고 있지만 그것에 대한 특별한 비평은 없다. 이러한 경향은 영국의 정체(政體)에 관해서 말한 부분에서도 마찬가지이다.

기록한다. 영국에서는 국왕으로부터 서민에 이르기까지 성이 같은 사람과 혼인하는 것도 동생이 과부가 된 형수와 혼인하는 것도 허용되어 있다. 금지되어 있는 것은 오직 형제, 자매와의 결혼뿐이며 가끔 법적인 수속을 거치지 않는 혼인도 행해진다. 지금의 여왕도 그 남편은 같은 성의 사람이다. 왕은 장중하고 자비심이 많아서 신민들이 경모하여 받들고 있다. 과부가 된 이후 공적인 일이 아니면 외출하지 않고 검소하게 생활하면서 궁전에서 독신으로 지내고 있다. 무릇 국가의 대사부터 민정의 자세한 사무에 이르기까지 다 의회의 논의를 거쳐야 한다. 왕이 윤허하지 않으면 의회에서 다시 논의하되 세 번까지 이것을 거듭해도 왕의 의향과 맞지 않을 때는 의회가 청하는 바를 따라야 한다. 어떤 사람은, 왕세자는 무능한데 군주제도 100년 후에는 아마도 합중국을 따라서 대통령을 세우게 될 거라고 말하기도 했다. (『회편』 1권)

여기서 장덕이는 영국의 결혼 습관, 즉 동성 사이에서도 결혼할 수 있고 실제로 영국의 여왕도 같은 성을 가진 사람과 결혼했다고 소개하고 있는데, 구메와 비교해서 그는 이러한 결혼의 관습에 깊은 관심을 보이고 있다. 동성결혼을 기피하는 중국과 비교해서 영국의 동성결혼이 기이하게 느껴졌기 때문으로 여겨지는데, 구메의 경우 이러한 관심이 전혀 없는 것은 일본에서도 동성결혼이 널리 이루어지고 있었기 때문일 것이다. 문제는 구메의 경우, 중국과 일본의 이러한 차이를 유학자인 그가 거의 자각하고 있지 않았다는 데 있다. 이 문제에 대해서는 구메의 동아시아 인식을 검토할 때 다시 언급하기로 한다.

그런데 구메도 장덕이도 미국과 영국을 비롯한 강대국에 대해 많은 관심을 보이고 있는데, 이러한 경향은 장덕이에 있어서 더욱 현저하다.

처음에 러시아는 소국이었다. 당나라 이전에는 흉노의 지배를 받았고 의종(懿宗, 당나라 말기의 황제) 때 처음으로 독립했지만 그 후도 치란(治亂)이 거듭되었다. 강희 43년에 이르러 표털이란 이름의 왕이 즉위했다. 왕은 러시아 사람들이 농업에 밝지 못하고 배를 타는 것도 제대로 못하는 것을 보면서 어린 나이에 발분(發憤)했다. 곧 성명을 바꾸어서 네덜란드에 갔다가 거기서 여러 기술을 배우고 학업을 마친 다음에 본국에 돌아왔다. 열심히 통치하면서 인재를 키우고 학교를 세우고 농지를 개간하고 무역과 광산업을 진흥함으로써 부국(富國)을 이룩했을 뿐만 아니라 군인을 훈련하고 배와 대포를 제조함으로써 강병(强兵)

도 이룩해서 20년 동안에 드디어 패업을 달성했던 것이다. 북극의 세 개 대륙이 다 러시아의 소유가 되었는데, 지금 유럽의 여러 나라 중에서 작은 나라를 지배하는 나라는 영국과 프랑스 그리고 러시아뿐이다. 영토도 역시 러시아가 가장 넓어 중국보다 다섯 배나 된다. 기타 유럽 제국에는 중국의 두 배가 되는 나라도 있는 한편 중국에 미치지 못하는 나라도 있는데, 다 같이 왕을 받들고 있다. (『회편』1권)

장덕이는 여기서 유럽의 세 대국에 관해 말하면서 중국의 크기와 비교하고 있다. 이런 비교는 중국이 영토면적에서 보면 아주 큰 나라였기에 가능한 것이었고 중국인의 세계인식에서 중국 대 세계라는 구도가 나타나게 되는 원인이 되기도 했다. 이에 비해 구메의 경우는 다나카 아키라가 주목하고 있듯이 유럽의 소국에 대해서도 많은 관심을 보이고 있다.

전편에서 이미 미국을 논평했는데 구주의 개척지라고 했다. 영국은 세계의 무역장이라고 할 수 있으며 프랑스를 구주의 대시장이라고 할 수 있을 것이다. 이들 세 나라는 땅이 넓고 인간도 많기 때문에 그 영업력이 항상 지구 전체에 미치는 웅국(雄國)임은 그 기록을 보아도 분명하다. 우리 일본은 그 땅, 그 인민, 그 물산을 가지고 이들 대국에 비교한다 해도 반드시 훨씬 떨어져 있다고 할 수는 없을 것이다. 생각건대 일본의 인민이 착안하는 바가 작고 협동하는 데 있어 인내심이 약하기 때문에 그 영업력이 모자라 국세가 삼국에 대항할 수 없는 상태가 된 것이다. 지금 이들 삼국의 순회를 마치고 한두 개 소국을 방문하게 되었다. 즉 벨기에, 네덜란드가 그것이다. 이 양국은 그 넓이와 그 인민의 수로 말한다면 우리 쓰쿠시 섬(筑紫島, 오늘날의 규슈를 가리킨다)과 비슷하며 그 땅은 척박한 습야이다. 그런데도 능히 대국 사이에 개재하면서 자주의 권리를 지키고 그 영업력은 오히려 대국을 초월해서 스스로 구주의 관건이 될 뿐만 아니라 세계 무역에 있어서도 영향력을 가지는 것은 그 인민의 면려화협(勉勵和協)에 의하지 않는 바가 없다. 그것이 나에게 감개를 주는 정도는 오히려 삼대국보다 절실한 바가 있다. (『실기』 3권)

구메의 소국에 대한 관심은 그 당시 일본의 인식, 즉 구미제국에 비해 뒤떨어져 있을 뿐만 아니라 청국과 비교해도 소국이라는 인식을 바탕으로 한 것이었다. 그만큼 소국에 대한 관심도 절실했지만 주지하듯이 그 후의 일본은 소국으로서의 길을 완전히 포기하고 대국화의 길을 밟게 되었다.

(3) 종교에 대해

구미의 종교, 즉 기독교와 천주교에 관해서도 두 사람은 많은 언급을 하고 있다. 이러한 현상은 종교가 갖고 있는 의미에 있어서 서양과 동양 사이에 큰 차이가 있음을 민감하게 느꼈기 때문일 것이다. 먼저 구메의 경우를 보도록 하자.

바이블은 서양의 경전으로 인민 품행의 기초이다. 이것을 동양에 비교해서 말한다면 민심에 침투하는 바가 사서와 같고 남녀 모두가 귀중하게 생각하는 바는 불교 경전과 같다. 구미의 인민에게서 존경을 받는 정도는 그 성대함과 유행함을 동양에 비교할 수 없는 정도이다. 대개 인민이 신을 받드는 마음은 면려의 근본이며 품행이 좋은 것은 치안의 원소이다. 나라의 부강이 생기는 곳도 여기에 있다. … 고로 서양에 있어서 국토 민정을 설명할 때 반드시 그 종교를 자세하게 소개하는 것이다. 외국인이 거기에 오면 반드시 믿는 종교와 받드는 신이 무엇인지를 묻는 것이다. 만약 종교가 없는 사람이라면 그 사람을 상심의 사람, 황야의 사람으로 삼고 교제를 삼가게 된다. … 서양의 인민은 각각 그 문명으로 경쟁하면서도 그들이 다 존경하는 것은 신구의 성서인데, 그것을 내가 보았더니 하나의 황당한 이야기일 뿐이다. 하늘에서 소리를 내고, 죽은 수인이 되살아나는데 정신병 환자의 허튼소리라고도 할 수 있겠다. 저 이단의 주장을 함으로써 책형 당한 사람으로 하여금 천제의 친아들로 삼고 통곡하면서 배궤하는데 나는 그 눈물이 무엇 때문에 나오는지 의심스럽다. 구미의 도시 도처에는 붉은 피를 흘리는 사형수가 십자가에 걸려 있는 그림을 그려서 건물의 벽이나 방구석에 걸어두고 있다. 마치 사람으로 하여금 묘지를 지나가도록 하거나, 형장에 숙박하도록 하는 것을 연상시키는데 이것을 기괴하지 않다고 하면 무엇을 기괴하다고 할 수 있으랴. 그러나 서양 사람은 거꾸로 동양에 이것이 없다는 것을 기괴하다고 해서 교양 있고 세련된 사람도 이것을 걸어두는 것을 종용해 마지않는다. 이것은 과연 무슨 뜻일까? 경신의 성실함을 가지고 수신을 실행하며 서양인들이 경려(競勵)의 마음을 가지면서도 서로 협화하는 것은 거기에 바탕이 있기 때문이다. 고로 종교는 형상과 논설로 변송(辨訟)하기가 어렵고 소위 실행의 여하를 돌볼 뿐이다. 동양의 유교는 수신학이며 불교는 하나의 종교이다. 이들 두 가지가 치국의 원소가 되어 오랫동안 인심에 스며들었다. 지금 동양의 인민들이 실신(實信) 실행하는 것을 보면 서양의 기독교와 어느 쪽이 더욱 깊은지, 사서 육경을 우리 일본에서 받아들인 지가 2천 년에 이르렀어도 그 읽기를 이해하는 사람은 무사 중에 겨우 일부일 뿐이다. … 요새 구주에서 학자들이 주장하는 '도덕철학'이라는 것의 요점은 기독교의 발췌에 불과하다. 서양 인민의 품행을 아름답게 만들고 풍속을 우아하게 만드는 일이 이 가르침을 빼면 다른 가르침이 없다는 것은, 마치 동양에서 이륜(彛倫) 강상을 빼면 다른 가르침이 없는 것과 마찬가지다. 서양인들은 최근에 유서를 번역하여 거듭 강구하면서, 공자는 성실독행의 사람이요 명선(明善)의 요점은 기독교와 서로 통하는 바가 많아서 다른 여러 종교가 비견할 바가 아니라고 하거나, 혹은 이것이야말로 도덕철학이고 따라서 다른 종교와 성격이 달라 국가의 풍교에 큰 이익이 된다고 말하기도 한다. 그런데도 동양인들은 벌써부터 보급된 가르침은 다 버려서 지키지 않을 뿐만 아니라 다른 나라에서 독행되는 가르침을 부럽게 여겨 개종해서 지키겠다고 한다. 그 마음속에서 가르침을 보는 자세가 상가에 있는 물품을 사는 것 같이 하는데 무슨 이익이 된단 말인가? (『실기』 1권)

이와 같이 구메는 한편에서는 유럽의 기독교에서 어마어마한 느낌을 받았을 뿐만 아니라 수상스럽다고까지 여기면서도 다른 한편에서는 그 종교로서의 사회적 의미를 인상 깊게 서술하고 있다. 그리고 그에 비해 동양에서는 유럽에서도 주목을 받고 있는 유교가 존재하지만 그것을 모를 뿐 아니라 버리려 한다고 비난한다.

여기서 주목하고 싶은 것은 서양의 기독교가 다름이 아닌 도덕철학(moral philosophy)임을 인식하면서 동양에서는 유교가 그것에 해당한다고 말하는 부분이다. 이러한 인식은 후일 일본에서 국민도덕의 필요성이 강조되었을 때 유교를 다시 주목하게 된 결과 '교육칙어(敎育勅語)'가 제정되기에 이르는 과정을 연상케 한다. 그리고 한 가지 더 주목하고 싶은 것은 유교의 현실에 관한 구메의 인식이다. 그는 동양에서 유교가 버림을 받고 있다고 하는데, 다음에 보듯이 장덕이는 유교를 전혀 그렇게 보지 않았다. 따라서 구메의 이러한 유교 인식은 동양 전체에 해당된다기보다도 일본의 현실에 연유한 것으로서, 유학자로서 구메의 정체성과 관련된 문제였던 것이다.

한편 장덕이는 천주교, 기독교에 대해 아주 비판적인 입장을 보이면서 그것들에 대항할 존재로서 유교를 내세운다. 여기서는 두 가지 예를 들겠다.

오후 프랑스의 두 명의 주교가 면회하러 왔다. 한 명은 파패다(巴貝多)라고 하며 또 한 명은 알달류(窡達類)라고 했는데, 경애당(慶靄堂)과 오랫동안 환담을 즐겼다. 그 후 파패다가 나에게 무슨 가르침을 받들고 있는지를 물었다. 내가 유교라고 대답했더니, 그는 어째서 천주교를 받들지 않느냐고 물었다. 나는 공자의 가르침은 중국의 본교(本敎)이므로 감히 고치지 않는 것이라고 대답했다. 그는 어느 쪽의 가르침이 낫는지를 물어보기에 나는 "어느 나라 사람도 그 나라의 본교가 낫다고 생각하는 것이 당연한 일이며 게다가 천주교와 유교는 대동소이하다"고 대답했다. 그러자 그는 "양자는 다른 곳이 많다. 당신은 천주가 태어난 지 이미 1871년이나 된 것도, 또한 지금 천주교를 신봉하는 사람이 수많은 나라에 존재하기에 이르렀다는 것도 모른다"고 말했다. 따라서 나는 "당신의 설은 지당하지만 그러나 공자가 태어난 지 벌써 2천 년이 되었을 뿐만 아니라 주교가 타국에서 전도하지 않아도 지금 유교를 신봉하는 사람은 수많은 나라에 존재한다"고 말했더니 두 사람은 말없이 떠났다. (『회편』 2권)

여기서 장덕이는 천주교나 기독교에 비해 유교는 훨씬 그 전부터 존재했을 뿐만 아니라 선교사의 활동 없이 외국까지 보급되었다는 사실을 근거로 유교의 우월성을 강조하고 있다. 이러한 그의 생각은 다음의 경우도 마찬가지인데, 파리의 대상인인 사방내(沙邦蘭)라는 사람의 초대를 받았을 때의 이야기이다.

[사방내의] 친척의 친구 몇 사람 중에 성을 목(穆), 이름을 아(雅)라고 하는 사람이 있었다. 그 이외 사람들의 성명은 몰랐다. 이야기가 섭식(攝食)의 화제에 이르자 모두들, 사방내들은 천주를 받들고 있지만 전혀 일상적인 규칙을 지키지 않는데, 파리에 사는 사람으로 말하면 섭식을 하는 사람은 열 명 중 두세 명에 지나지 않다고 말했다. 목이 말하기를, "그(사방내)의 부모는 천주를 받들고 있지만 그 자신은 태어나서부터 한 번도 성당에서 공손하게 예배한 적이 없다. 또한 천주교의 신부들은 선행을 한다고 해서 진심으로 노력하는 사람도 적지는 않지만 남

의 부녀에게 추잡한 짓을 하고 남의 재산을 가로채는 사람도 적지 않다. 그래서 어린 여자로서 아름답고 재산이 많은 자를 보면 반드시 방법을 찾아서 출가하도록 권유해 수도원에 들어가도록 한 다음에는 자신의 여자로 삼아 재산도 멋대로 쓰게 된다. 그리고 천주교 사람들의 말은 다 개인의 말에 지나지 않아 서적에 의거한 말은 전혀 없기에 사람들이 그 해를 입는 일은 셀 수 없는 정도이다. 또한 국가가 외국에서 전교하도록 허용하여 재보를 가로채는데 시비를 가리지 않는 것이다. 유럽은 예로부터 전쟁이 끊이지 않는데, 다 이런 사람들 때문에 그러한 것이다"고 했다. 그가 중국의 유교는 어떠냐고 묻기에 나는 유교의 수신, 제가, 치국, 평천하에 대해 설명을 했는데, 모두 다 오직 감탄, 칭찬할 따름이었다. 나는 이어서, "중국의 성인 공자의 길은 해외에도 알려져 그 잘못을 공격하는 사람은 적다. 서양의 말로 번역되므로 그 상세한 곳까지는 이해할 수 없다고 해도 그 경개(梗槪)는 먼 곳에 있는 사람까지 경복하게 만든다. 그들이 구태여 유교에 대해 말하지 않아도 행하는 일은 유교의 가르침에 맞는 바가 많다. 따라서 천주교의 진짜 경전의 말은 공자의 말과 부합하는 것이다. 가령 국가가 각자의 길을 가지 못하도록 한다면 그것은 천주교의 참된 길이 아닌데도 천주교를 방치하고 있으므로 어째서 내외가 화목해 안정될 수 있을까?"고 했다. (『회편기』 1권)

장덕이가 기독교에 대해 비판적일 수 있었던 이유는 기독교보다 먼저 생기고 선교사의 활동이 없었음에도 해외까지 유포될 수 있었던 유교의 존재 때문이다. 구메가 유학자이면서도 유교의 현실에 대해 비관적이었던 것과 대조적이라고 할 수 있는데, 이러한 차이에서 중국은 아직도 유교에 구속되어 있고 일본은 거기서 일찍 벗어날 수 있었다고 하는 사카모토의 견해도 나온 것이다. 이러한 인식은 일리가 있기는 하지만 일본이 손쉽게 유교를 버릴 수 있었다는 것 자체의 문제성을 다시 생각할 필요가 있다고 여겨진다. 이 문제에 관해서는 구메와 장덕이의 자기인식, 동아시아 인식을 검토할 때 다시 언급하기로 한다.

(4) 구미문명 전체에 대해

이상과 같이 구미에 대한 여러 측면의 인식을 토대로 두 사람이 구미문명 전체에 대해서는 어떻게 인식했는지에 대해 살펴보자. 먼저 구메의 경우인데, 그는 구미문명의 특색에 대해 지금 보아도 훌륭하다고 할 만한 관찰을 피력하고 있다.

무릇 구주의 정치를 논한다면 동양의 정치와는 전혀 다른 것이다. 구주인들은 모두가 그 성질로서 회사(會社) 단결의 기풍을 갖고 있는데, 이것은 동양인들에게는 전혀 없는 바이다. 고로 구주의 정치 풍속은 자세하게 분석하면 크게는 일국의 정체로부터 주로 나누어지고 현으로 나누어지고 군으로 나누어지며 작게는 마을에 이르기까지 다 회사의 성질을 가지고 조직된다. 이로써 추구하면 하나의 가족이 생계를 세우는 일도 역시 회사의 성질을 가지지 않는 일이 없다. 회사의 연결은 구주인들의 철저한 기풍으로서, 수장을 공거(公擧)함으로써 공화제가 생기고 수장을 세습함으로써 군주제가 생기는데 그 체면은 크게 다르지만 회사의 성질과 대동소이함에 불과하다. 수장을 정해서 행정의 권한을 위탁하는 것, 사중(社中)에서 공거해서 의회를 열며 입법의 근본을 잡는 것은 상하 일반의 풍상(風尙)이다. 수장의 역량이 크면 회사 모두가 그의 제압을 감수하며 사원(社員)에 인물이 많으면 수장을 억제하는 힘도 강하게 되는데, 따라서 군주의 전제가 되기도 하고 군민 동치가 되기도 하며 공화가 되기도 하므로 체면은 크게 다르지만 그 성질은 대동소이에 불과한 것이다. 그들의 차이는 필경 인민의 습관에서 유래하는 것으로서 습관에 따라서 통치함으로써 억지로 억제하지 않는 것이 구주 정치의 대요이다. 고로 프랑스의 체제가 갑자기 변해서 공화제가 될 수도 있고, 영국의 군민 동치도 주군에서는 귀족 정치의 풍습이 남아 있는 것이며, 게르만의 전제도 그 법규를 논한다면 오히려 널리 참정의 권리를 허용하는 것이다. 미국의 공화제도 그 법칙으로 말하면 발론(發論)의 자유는 협소하다. 매크랭버그의 인민은 동치체제를 세우는 힘이 없고 러시아의 인민은 선거권을 향유해서 의회정치를 행하는 지식에 도달하지 못하는데 그러나 그 정치의 기초에 있는 것은 다 회사를 결성하는 습관에 유래하지 않는 것이 없다. (『실기』 5권)

즉, 구메는 구미문명의 기초에는 '회사 단결'의 기풍이 있다고 하면서 가족도 정치체제도 다 이러한 기풍에서 구성된다고 본다. 이러한 구메의 관찰은 구미문명을 단순히 표면적으로 이해하는 범위를 넘어 그것을 원리적으로 파악하려고 하는 자세를 보여주는 대목이라고 할 수 있다. 그리고 그 관찰은 정곡을 찌르는 면이 많아서 처음으로 구미문명에 접한 사람으로서는 놀라울 정도이다.

구메와 비교하면 장덕이의 구미문명관은 부정적인 성격이 강하다. 먼저 구미문명의 핵심이라고도 할 수 있는 '진보'의 개념과 관련해서 장덕이는 다음과 같이 말한다.

기록해 둔다. 유럽에서는 천 년 전 사람들은 옛날을 동경하는 것이 일반적이었는데 마치 중국인이 삼대를 그리워하는 것과 같았다. 고대의 인심은 소박하고 성실하며 풍속도 인정이 독실하게 갖추어져 있었으므로 전세(全世)라고 불렀는데, 그 다음에 인심이 그때같이 않게 되면서 은세(銀世)라고 불렀다. 그 후 점차 인정이 희미해져 고대에 훨씬 못 미치게 되므로 동세(銅世)라고 부르게 되었는데 현재까지 천 년이 경과했다. 세상의 풍속이 나날이 하강해 어두워졌으므로 철세(鐵世)라고 부를 만하다. 그런데 서양 사람들은 지금이 옛날보다 낫다고 해서 옛날을 그리워하는 마음이 조금도 없는데도 역시 철세라는 두 글자를 그대로 사용하고 있다. 그 이유를 생각건대 철의 용도가 매우 넓어서 열차에는 철의 레일이 있고 배에는 철륜(鐵輪)이 있고 제작 기계는 철로 만들어지며 병을 고치는데도 철수(鐵水)를 이용하는 상황으로 하나라도 철을 이용하지 않는 것이 없는 세상이기 때문일 것이다. (『회편』 2권)

여기서는 구미의 진보개념을 야유적으로 보는 장덕이의 시선이 느껴진다. 이러한 그의 입장을 밑에서 지탱하고 있는 것은 다음과 같은 예(禮)에 관한 중국과 구미의 차이였다고 생각된다.

이날 오후 프랑스인 엄포이(嚴布爾)이라는 사람이 나에게, "당신은 벌써 세 번 유럽에 왔는데 우리나라의 교화를 귀국과 비교하면 귀국이 조금 떨어지는 것 같다"고 했다. 내가 그렇게 말하는 이유를 물어봤더니, 그는 우리나라의 남녀나 노인, 유아가 만나면 다들 입맞춤을 하는 것을 예의로 여기는데 교화된 나라라고 할 수 있지 않겠는가, 했다. 나는 "만약 입맞춤에 대해 말한다면 우리나라에서는 부모가 영아에게 먹일 때 그렇게 할 때가 자주 있는데 이것은 기쁘고 사랑한다는 의미이지만 귀국에서는 입맞춤을 무슨 예라고 생각하는지 모르겠다"고 하니까 그는 이것은 공경(恭敬)을 나타내는 것이라고 했다. 그래서 내가 "만약 그것이 공경을 나타낸다고 하면 우리나라에서 하는 궤배(跪拜)의 예에 못 미친다. 나는 세 번이나 유럽에 항해했기 때문에 많은 것을 봤다고 할 수 없어도 다소 들은 바는 있다. 우리나라의 교화를 귀국과 비교하면 귀국이 약간 떨어지는 것 같다"고 하자 그가 이유를 물어왔다. 나는 "부모가 애를 낳는 것은 원래 죽을 때가지 부양해주는 것을 원하기 때문이다. 그런데 뜻밖에도 귀국의 사람들은 결혼한 후 곧 따로 살고 새로운 일가를 세우는데 부모가 늙어도 남을 보는 것같이 한다. 자식은 부모를 모시지 않고 며느리는 시부모를 모시지 않으므로 어째서 교화가 덜 된 나라라고 하지 않을 수 있겠는가?"고 했더니 그 사람은 몹시 부끄러워서인지 얼굴을 붉히며 나가버렸다. (『회편』 2권)

장덕이는 구미의 상호관계에 대해서도 그 권력정치적인 면을 냉철하게 관찰하고 있다.

지금 미국의 정위량관서(丁韙良冠西) 선생이 중국어로 번역하신 소위 만국공법에는 유럽 각국의 조약에 대한 기록이 있다. 그 프로이센가 덴마크와 싸우고 있는 토지에 관해 말하면 덴마크는 병력이 모자라서 프로이센와 싸울 수가 없다. 영국과 덴마크는 그 전부터 중국 전국시대의 진(秦)과 진(晉)처럼 맹약을 맺었는데 영국의 왕세자비는 덴마크 황후의 딸이다. 그러나 영국은 끝까지 좌시하는 굴욕을 감수해서 원군을 내지 않았다. 영국은 얼마나 박정한 나라인가? 프랑스와 프로이센 양국은 순치와 같은 사이이다. 순망치한(脣亡齒寒)이라고 하듯이 여러 어려움에도 불구하고 분규가 일어나지 않도록 노력하는데, 표면적으로는 이웃나라에 동정하는 태도를 보이면서 뒤에서는 자국의 이익을 도모하며 자기 영토가 분할되지 않도록 힘쓰고 있다. 정의에 호소하는 것도 발밑을 굳히기 위해서이며 이웃나라의 재해를 구하는 것도 자국 주변의 방어를 굳히기 위해서이다. 대국적으로 본다면 유럽 각국에서 합종연횡하지 않는 나라가 없고 때때로 이합집산을 거듭하면서 서로를 병탄하려고 하는 모습은 중국의 전국시대와 다름이 없다. (『회편』 1권)

구미의 국제정치적 실정에 대해서 구메도 그 현실을 모르는 것은 결코 아니었다. 그러나 다음과 같은 구메의 기술을 볼 때 구메가 장덕이보다도 구미문명을 훨씬 긍정적으로 보았다는 사실은 부정하기 어려울 것 같다.

문명국이 병력을 갖추는 일과 야만의 인민이 무력을 좋아하는 일은 서로 비슷하지만 그 주의는 상반되는 것이다. 생각건대 야만인이 무력을 좋아하는 이유는 자기 나라에서 서로 다투는 데 있지만 문명국에서

병력을 갖추는 이유는 외부의 침략을 방어하는 데 있는 것이다. 옛날에 상앙(商鞅)이 진나라에서 집권했는데, 인민으로 하여금 공전(公戰)에 용감하고 사투(私鬪)에 겁이 나게 만들었기 때문에 야만인들이 스스로 나라의 규칙에 복종하게 된 것이다. … 사면에 바다가 있어서 절박하게 해륙의 적을 가지지 않는 나라는 자국의 치안을 유지하는 데 무용한 군비의 필요가 없다는 것은 나라의 행복이다. 외적이 절박하지 않는데도 동족이 서로 죽이며 남양군도의 야만인같이 정령(政令)을 흉기(凶器)를 가지면서 행하는 일은 문명국이 군비를 갖추는 주의에 가장 어긋나는 꼴이다. 병력을 생각하는 사람은 이 구별을 알지 못하면 안 된다. (『실기』 2권)

이리하여 문명의 무력과 야만의 무력을 구별하는 구메의 입장에 서면 일본이 지향해야 하는 방향은 구미문명을 따르는 길이었다.

박물관을 보면 그 나라 개화의 순서에 대해 저절로 마음과 눈에 느낌을 준다. 대저 나라가 흥기할 때 그 이온(理蘊)의 뒷면을 알아보면 갑자기 그렇게 된 일은 없고 반드시 순서가 있는 법이다. 먼저 깨달은 사람은 그것을 후진에게 전하며 선각자는 후배를 깨닫게 함으로써 점점 진화하는데, 이것을 이름 지어서 진보라고 한다. 진보란 낡은 것을 버리고 새로운 것을 도모하는 것이 아니다. 고로 나라가 성립하면 자연히 결습(結習)이라는 것이 있기 마련이며 습성에 따라서 그 아름다움이 나올 것이다. 이렇게 지식이 개명함에 있어서는 반드시 그 유래가 있을 터이며 그 유래에 따라서 선함을 발성(發成)하는 것이다. 그 순서를 명

시하는데 박물관보다 좋은 것이 없다. (『실기』 2권)

구미석인 진보의 개념에 대한 구메와 장덕이의 차이는 분명하다. 이와쿠라 사절단에 동행 유학생으로서 참가했던 나카에 초민(中江兆民)은 후일 이 사절단의 구미문명관을 비판하면서 "처음에는 놀랐고 그 다음에는 취했는데 마지막은 미쳐버렸다"고 한 것은 사절단의 평가로서 조금 가혹한 면이 없지는 않지만 초민이 비판하는 면도 확실히 존재했던 것이다.

구미인식에서 자기인식 및 동아시아 인식으로

구미문명을 체험하면서 그에 대한 인식을 깊게 하는 과정은 구메와 장덕이에 있어서 자기문명에 대한 인식을 새롭게 하는 과정이기도 했다. 구메의 경우에는 세계인식과 자기인식의 중간적인 매체(媒體)로서 '동양'이라고 표현되는 동아시아 인식의 문제가 존재했다. 하지만 이러한 동아시아 인식은 장덕이의 경우 그다지 뚜렷하지 않았는데, 이 문제도 포함해서 검토해보기로 한다.

(1) 구메의 경우

구메의 자기인식의 특징은 서양과 동양을 대비시킨 다음 자신을 동양의 일원으로 인식하고 있다는 점을 지적할 수 있다.

동양이 서양에 미치지 못하는 것은 재능이 모자라기 때문이 아니며 지혜가 둔하기 때문도 아니다. 오직 제생(濟生)하는 길에 주력하는 바가 모자라 고상한 공리로 나날을 보내기 때문이다. 어떤 증거가 있는가 하면, 동양 인민의 솜씨로 제작한 산물은 고상한 풍운이 있고 기발한 기술을 보여주기 때문에 서양에서 진중된다. 이것으로 보면 재능이 훌륭하고 응대가 기민하며 활발하게 생각할 뿐만 아니라 모의의 정신이 강하고 임기응변의 지혜를 갖고 있다는 것, 즉 지혜롭다는 것을 알 수 있다. 서양의 인민은 반대로 생활 만사가 다 너무나 어려운 나머지 이(理), 화(化), 중(重)이라는 삼학을 개발하고 이들 학술을 바탕으로 생력 기계를 고안하며 힘을 덜 들게 하며 힘을 모으며 힘을 나누며 힘을 균일하게 하는 기술을 씀으로써 그 졸렬하고 기민하지 못한 재지를 도우면서 이용의 효과를 축적함으로써 오늘날의 부강을 달성한 것이다. … 생각해 보라. 3천 년 전의 고대에 있어서 동양의 생리가 처음으로 열려졌을 때는 수, 화, 목, 금, 토 그리고 곡물을 다스리면서 정덕, 이용, 후생의 길을 왕성하게 하는 것을 정치가의 요령으로 삼고 이것을 구공(九功)이라고 불렀다. 생리가 조금 진보한 후에는 영업의 정신이 일찍 사라지고 오행의 설, 성리의 담론으로 구공을 오리무중에 빠뜨리고 더욱 이를 추고하는 줄을 모르게 되면서 지금도 여전히 헤매고 깨닫지 못할 뿐이다. 서양, 동양의 개화는 건곤을 다르게 하는 것이 아니므로 후생, 이용의 길에 있어서 어째서 동서에서 이를 다르게 한다고 할 수 있겠는가. (『실기』 2권)

이러한 인식은 동양과 서양의 차이를 유형적인 것으로 자리매김으로써 그 차이가 절대적인 것이 아님을 주장한 것으로 볼 수 있는데, 이는 위에서 본 것같이 일본이 나아가야 할 구미화의 길이 가능하다고 확신하기 위해서도 필요한 인식이었다. 마찬가지로 동양과 서양의 정치에 대해서도 구메는 다음과 같이 대비적으로 논하고 있다.

구주의 인종을 총칭해서 백인종 혹은 코카서스 인종이라고 하며 아시아 주의 인종을 황인종 혹은 몽골리안 인종이라고 한다. 이들 두 인종의 성정을 생각건대 백인종은 정욕이 왕성해서 종교에 열중하며 스스로 억제하는 힘이 부족하다. 짧게 말하면 욕심이 많은 인종이다. 황인종은 정욕이 희박해서 성정을 다스리는 바가 강하다. 짧게 말하면 욕심이 적은 인종이다. 고로 정치의 주의도 서로 달라, 서양에서는 보호의 정치를 행하는데 동양에서는 도덕의 정치를 행하는 것이다. 대체로 이처럼 상반되기 때문에 모든 일의 모습이 다르다. (『실기』 5권)

이처럼 구메는 동양과 서양을 비교하면서 각자의 특색에 대해 많은 말을 하고 있는데, 동양정치의 특색으로서 도덕정치를 거론하는 것은 구메의 동양 인식과 관련해서 주목할 만하다. 왜냐하면 나중에 보겠지만 장덕이에게는 이러한 인식이 전혀 안 보이기 때문이다. 그런데 위의 인용문에서는 동양 속에 일본도 포함되어 있는 것이 분명하지만 구메는 때로 동양과 일본의 차이, 혹은 동양 속의 일본의 독특한 위치에 대해서도 언급한다. 다음은 그 대표적인 예라 할 수 있다.

동양의 풍속은 예부터 도덕정치를 위주로 하지만 후생, 이용을 하고 정덕으로 이것을 다스리는 것이 삼대의 정치가 중시했던 바이다. 그 당시까지 거슬러 올라가서 생각하면 제철업도 벌써 행해져서 세발솥도 주조되고 도끼, 톱, 쟁기, 괭이도 철을 단조해서 만들며 칼날, 바늘, 못도 만들었다. 식구 네 명의 집조차 철이 없으면 생활하기가 아주 어려울 정도였다. 철의 이로움이 벌써 밝혀졌는데도 중세부터 퇴보하게 된 것은 아마도 다른 이유가 있어서가 아니라 공예의 기술을 사치스럽고 화려한 기술이라고 오인하면서, 원래 공인들은 민용을 돕고 나라의 영업력을 크게 해주므로 필요한 직업임을 몰라 오직 인력만 낭비해서 물력을 이용하는 것을 소홀하게 했기 때문이다. … 동양에서 철의 이용은 서양보다 늦은 것이 아니고 우공 때에는 벌써 유철(鏐鐵)이 공물로서 등장한다. 따라서 중국에서 철을 발명한 것은 4천 년 이전의 일이다. … 우리나라의 제철은 조금 늦어져 조선에서 그 기술이 전달된 것은 오진(應神)천황의 치세였는데 곧 로마의 최성기와 같은 시기이다. 그 이후 갑병을 만드는 기술을 발명하고 나라를 방어하는 데 크게 유용하기 때문에 민중들이 제철업에 주목하게 되었고 그리하여 칼날을 만드는 기술의 정교함은 세계에서 으뜸이라고 할 수 있게 되었다. … 일본의 인민은 다행하게도 동양에서 제철의 진보가 가장 위에 있을 뿐만 아니라 기술도 좋고 물산도 풍부하다. (『실기』 3권)

이러한 일본인식, 즉 일본은 옛날 중국과 한국에서 많은 것을 배웠지만 지금은 중국과 한국을 능가하고 있으며 따라서 서양문명 수용의 자격을 충분히 갖고 있다는 인식을 그는 거듭해서 강조한다.

일본을 동양의 일원으로 인식하면서도 한편으로 일본은 동양과도 다르다고 하는 점은 주지하듯이 근대 일본의 특징적인 자기 인식이었다고 할 수 있는데, 구메에게도 그러한 인식이 뚜렷하게 나타나고 있는 것이다.

그러면 일본을 중국이나 한국과 구별하려 할 때 구메는 무엇을 근거로 삼았던 것일까? 그런 의미에서 구메의 중국관, 한국관이 궁금한데 『실기』에는 그것을 알아볼 수 있는 서술이 거의 없다. 구메는 귀국할 때 홍콩과 상해에 기항했지만 그 부분에서도 중국이나 중국인에 관한 구체적인 서술은 전혀 안 보인다. 유일하게 구메의 중국관이 나타나는 부분은 네덜란드에 관해 논한 다음의 문장이다.

그(네덜란드) 인민의 열심히 일함과 검약함은 세계의 부국 중에서도 제일이라고 여겨지는데 네덜란드인의 마음을 가지고 지나의 땅에 살게 하면 몇 백 개의 네덜란드가 동방에서 생길지 알 수가 없을 정도이다. 돌이켜 보건대 우리 일본도 과연 네덜란드의 근면함에 비할 수 있겠는가? 아니면 지나의 나태함과 동류일까? (『실기』 3권)

이처럼 구메는 네덜란드인과 비교해서 중국인의 나태함을 비유적으로 말하고 있는데, 앞에서 인용한 문장에서 그가 일본의 제철 기술의 우수함을 자랑하고 있는 것을 볼 때 중국의 기술적인 면의 낙후함, 그리고 그 원인으로서의 나태함이라는 인식을 갖고 있었던 것같이 판단된다. 그러나 이러한 중국인에 대한 인식이 무엇을 근거로 한 것인지 『실기』만 가지고는 알 길이 없다. 다음에 검토하는 장덕이의 경우 두 번째 파견 때 먼저 일본에 들렀는데 그때의 견문에 관해서도 장덕이는 많은 기록을 남겼다. 그러나 구메의 경우 중국에 들렀는데도 불구하고 중국에 관한 구체적인 언급은 전혀 하지 않았다. 구미에 대한 관심과 비교해서 중국에 대해서는 관심을 보이지 않았다고 할 수 있는데, 어쨌든 장덕이의 일본 인식이 아주 구체적인데 비하면 구메의 중국 인식은 극히 추상적이었다고 말할 수밖에 없다.

(2) 장덕이의 경우

다음에는 장덕이의 자기인식을 검토해보자. 그의 특징으로서 먼저 지적하고 싶은 점은 구메와 달리 동양이라는 인식의 틀 자체가 그에게는 존재하지 않았다는 것이다. 그것을 단적으로 보여주는 삽화를 한 가지 소개한다.

같은 배에 함께 탄 사람 중에 다치바나(橘)라는 일본인이 있었는데, 하는 말이 온화하고 몹시 예의바른 사람이었다. 내가 게이오(慶應) 4년 사건 때의 남북 양부에 대해 물어봤는데 그는 "남부라고 하는 것은 사츠마후(薩摩侯), 죠슈후(長州侯), 도사후(土佐侯), 빗추후(備中侯), 게이슈후(藝州侯)와 기타 작은 번의 제후들로서 스스로 천병(天兵)이라고 칭했다. 북부라고 하는 것은 센다이후(仙臺侯), 아이츠후(會津侯), 요네자와후(米澤侯), 난부후(南部侯) 등으로, 도쿠가와(德川) 장군을 받들고 있었다"고 대답했다. 내가 그 때 남북의 어느 쪽이 이겼는지를 물어보니까 그는 북부가 강화를 청하고 싸우지 않으려고 했기 때문에 게이오를 메이지로 바꾸었다고 말했다. 이어서 내가 이때도 여전히 관은 항상 관이며 민은 항상 민인지 여부를 물어보았는데 그는 "우리나라는 6백 년 전부터 계속 봉건제를 존중해 왔는데 게이오 4년의 화의 이후 군현제로 바뀌었다. 이것은 큰 변화라고 할 만하다"고 한 다음에 이어서 "귀국과 아국은 같은 아시아인이며 순치보거의 관계이기 때문에 마땅히 서로를 보호함으로써 영토의 방비를 단단하게 해야 한다"고 하기에 나도 "그렇다[唯]"고 답했다. (『회편』 2권)

이것은 장덕이가 세 번째로 유럽에 갔을 때 같은 배에 탄 일본인과의 대화를 기록한 부분이다. 메이지유신과 폐번치현(廢藩置縣)에 관해 서로 대화를 나누고 있는데, 다치바나(橘)라는 일본인이 장덕이에게 같은 아시아인으로서의 '연대'를 호소하는 데 대해 장은 긍정적인 대답을 하면서도 무언가 뜻밖의 이야기를 들어서 곤혹스러워 하는 모습이 '유(唯)'라는 쌀쌀한 대답에 나타난 것으로 여겨진다. 『실기』에 비해 '항해술기'의 특색으로서 대화의 내용을 그대로 서술하는 부분이 많다는 점을 지적할 수 있는데, 특히 일본에 대해서는 일본인과의 대화를 통해 장덕이는 많은 것을 이야기하고 있다.

아침부터 일본인들과 담소했는데 이하는 그들의 말이다. 일본은 개국 이래 과거를 마련하고 사를 등용하는 일은 없었으며 문무를 불문하고 모두 세습인데 명목적인 지위를 돈으로 구입하기도 한다. 관은 언제까지나 관이며 민은 언제까지나 민의 지위에 머무르는데 관과 병사는 모두 대도(帶刀)하고 존엄과 고귀를 향유한다. 백성은 길에서 대도한 사람을 보면 목을 숙이고 무릎을 꿇어야 된다. (『회편』 1권)

이 대화는 장덕이의 첫 번째 유럽 방문 때의 기록으로서 메이지 유신 이전의 일이었는데 일본에서는 과거제가 존재하지 않고 사회적 지위가 세습에 의해 결정된다는 것, 따라서 관료와 서민의 지위도 변할 수 없다는 것, 관원은 칼을 찬다는 것 등이 그의 일본 인식에 부정적인 영향을 미쳤던 것으로 보인다. 또한 여기서 인용한 부분의 다음에 일본의 의복에 관한 이야기도 나오는데 '초저목리(草底木履)', 즉 '게타(下駄 일본의 전통적인 신발)'와 관련한 것이다. 장덕이는 일본 문명을 게타에 비유하는데, 아마도 그런 비유는 이때 얻은 정보에 따른 것으로 여겨진다. 일본인의 옷에 대해서 한 가지 더 주목되는 것은 『삼술기』에서 보이는 이야기다. 이때는 메이지 유신 이후여서 그가 만났던 일본인들은 양복을 입고 있었다. 그 중의 한 사람인 다테노이라는 일본인은 장덕이가 전통적인 옷을 입는 것에 대해 비판했는데, 장덕이는 서양에서 배워야 하는 것은 '윤기화기(輪機火器)'이며 옷까지 서양식으로 바꿀 필요가 있느냐고 말한다. 서양식을 따라가려고 하는 일본인에 대한 그의 비판적인 입장이 잘 나타나고 있다. 일본에 대한 이런 이미지가 무엇에서 유래했는지, 다음 대화에서 그 실마리를 찾아볼 수 있다.

이날 저녁에 또다시 같은 배를 탄 일본인 다섯 명과 [등잔의] 심지를 돋우면서 이야기를 나누었다. … 다들 박람강기하며 이야기도 잘 했는데 "귀국의 병사와 함선의 수는 얼마나 되느냐"고 물어보는 사람이 있기에 나는 동남쪽은 바다와 마주 대하고 있어서 대포와 배는 셀 수 없을 정도라고 대답했다. 또한 공자의 후손은 어떻게 되었는지 묻기에 나는 "천 년 전부터 연성공(衍聖公)이라는 세습의 지위에 봉해져 천하의 사표가 되어 있다"고 했다. 이어서 "귀국은 모두가 유교를 신봉하느냐 아니하느냐"고 묻기에 나는 "유교는 태양과 달이 하늘을 다스리는 것처럼 영원히 변하지 않는 가르침이다. 다른 가르침을 신봉하는 사람이 있느냐고 물어보셨는데 있다고 해도 억만 중에 한두 사람일 뿐이다"고 대답했다. 그 다음에는 내가 일본이 신봉하는 가르침에 대해 물어봤더니 그는 "우리나라에는 국교가 있으며 유교의 가르침을 보조적으로 쓰고 있다. 옛날에는 우매한 백성들이 불교를 숭신했는데 지금은 다 불교를 버렸다"고 말했다. 그래서 나는 일본의 국교가 어떤 가르침인지 물어봤는데 "군주에게 충을 바치며 부모에게 효도를 다하는데 이것은 천하의 공법이다"고 했다. 나는 "충과 효의 두 글자는 어떤 가르침에서 유래한 것인지 모르겠다"고 하니까 그는 "황조(皇祖), 황손(皇孫)이 마음으로 전수받고 그것을 정사에 베푸셨다고 책에 실려 있다"고 답했다. 나는 계속해서 황조, 황손이란 것은 어떤 가르침과 관계되는 것인지 물어봤는데 그는 "황조라는 것은 아마테라스 오미카미(天御中主神)를 가리킨 말로서 우리나라 개벽의 조상이며 황손이라고 하는 것은 그 후손으로서 정통을 이어받는 사람을 가리키는 말이다"고 하기에 나는 "터무니없는[妄誕] 이야기인 것 같다. 책에 나온다고 했는데 내가 알기에 군주에게 충을, 부모에게 효를 다한다는 말은 곧 유교의 가르침이다. 귀국에서 군주부터 서민까지 읽는 책은 우리나라의 사서오경일 것이다. 당신은 국민들이 모두 안다고 하는데 그럴지도 모르지만 귀국의 선왕이 그것을 정사에 베풀었다고 책에 나온다고 하면 그 책은 어떤 책이며 서민들도 읽을 수 있는지, 없는지 어떠한가?"고 했더니 그 사람은 대답하지 않고 그 자리를 떠났다. 그리고 다른 사람들은 초연해졌다.
(『회편』 2권)

즉 일본에서는 유교도 존재하지만 그것은 보조적인 역할을 할 뿐이며, 유교 이외에 따로 국교가 존재한다는 것을 알게 된 장덕이가 그 국교에 대해 물어봤더니 일본인의 대답은 애매모호한 것이어서 그에게는 '망탄(妄誕)'이라고 느껴지는 이야기였다는 것이다. 아마도 이런 식의 일본인과의 대화를 통해서 형성된 장덕이의 일본 인식은 중국과는 이질적인 나라로서의 인식이었을 것이며 그것은 구메의 동양이면서도 동양이 아닌 일본이라는 인식과 표리관계를 이루는 것이었다고 생각된다.

장덕이는 이처럼 구미문명에 맹목적으로 추종하려고 하는 일본에 대해 비판적이었지만 더 나아가서 구미문명 자체에 대해서도 비판적이었다.

식사가 끝난 후 서양인 눌무영(訥武英)이라는 사람과 이야기를 했는데 그는 "지금 일본국은 서양 각국의 문무 병법을 학습하고 있는데 그 효과가 아주 빠르다. 귀국도 역시 잘 준비를 해야 걱정이 없을 것이다. 예를 들어 당신들의 신발바닥에 대해 말한다면 발가락이 움직이는 것이 보일 만큼 조잡하고 아름답지 못하다"고 말했다. 나는 "신발바닥을 가지고 사람을 판단하는데 그 진간과 허실을 대략 알 수 있을 것이다. 귀국의 신발바닥은 반드시 앞부분이 얇고 뒷부분이 두꺼운데 두껍다고 해도 4분의 1만 그렇다. 일본의 신발바닥은 전후만 채워져 있어서 중간은 비어 있다. 채워져 있다 해도 4분의 1도 되지 않는데 둘 다 우리나라의 신발바닥에 못 미친다. 우리나라 신발바닥은 앞도 뒤도 마찬가지어서 사람이 신을 때 균형을 유지할 수가 있다. 따라서 신발바닥을 자주 바꾸는 일과 일본의 나막신 끈을 바꾸는 일 같은 것은 필요가 없는 것이다"고 했더니 그 사람은 대답하지 않고 가버렸다. (『회편』 2권)

어떤 서양인이 장덕이에게 일본과 비교해서 청나라가 수구적이라고 신발을 들어 비판한 말에 대해 장덕이가 비꼬는 말로 반박하는 장면이다. 그에 의하면 일본의 문명은 '게타'와 마찬가지로 실속이 없는 것이며 서양문명도 중국문명에 미치지 못한다고 역습하고 있다. 이러한 장덕이의 비판은 서양화된 중국인을 만났을 때 더욱 높아진다.

누각에 올라갔는데 어떤 사람을 만났다. 그 사람은 검은 머리와 노란 얼굴로 그 모습은 아시아인과 같았다. 나는 일본의 사신이라고 여겼는데 대화를 시작해서야 상양인(上洋人)인 줄을 알게 되었다. 그는 여기에 온지가 벌써 7년이나 되었다고 했다. 무슨 일로 왔는지 물어봤더니 선교를 배우러 왔다고 하여 나는 지금도 중국에 돌아가고 싶으냐고 물어봤다. 그가 그렇다고 하기에 나는, 당신이 머리를 벌써 깎았는데 어째서 돌아갈 수가 있겠는가라고 말했다. 그는 지금 머리를 깎지 않으니 길어지면 갈 수 있다고 하면서 또 "당신들은 곧 귀국하면 서양의 풍속, 정사 중에 좋은 것으로써 중국의 좋지 않은 것을 고치도록 유도하시오. 그러면 수년이 지나지 않아 중국인들이 반드시 서양을 따라가게 될 것이다"고 했다. 그래서 나는 분명하게, "당신은 중화의 사람이니까 당연히 중국에 대해 잘 알 것이다. 무릇 각국에는 다 좋은 정치와 아름다운 풍속이 있는데도 타국의 것을 자국에 옮기려고 하면 좋은 경우도 안 좋은 경우도 있을 것이다. 하물며 중국은 수천 년 동안 고성(古聖)과 선현(先賢)이 셀 수 없을 만큼 좋은 말과 훌륭한 행동을 남기셨는데 어째서 수백 년밖에 되지 않은 서양의 좋은 정치를 가지고서 우리 수천 년의 좋은 정치를 고칠 수가 있겠는가?"하고 대답했다. 이어서 나는 그에게 "그런데 당신은 중국에 성인 공자가 계시는 것을 아는가?" 하고 물어봤더니 그는 안다고 했다. 그래서 내가 "당신은 대청국(大淸國)의 동치(同治) 황제를 아는가?" 하고 물어봤는데 역시 그는 안다고 했다. 나는 "당신이 안다고 하니까 말하겠는데 혹시 당신은 다 잊어버린 게 아닌지 걱정스럽다. 저 대청국의 법률에 남자는 머리를 짧게 하거나 긴 옷을 입거나 하는 것을 금지하고 있다. 그런데 지금 당신의 모습은 머리를 깎고 이국의 옷을 입고 있기에 나는 당신을 중국인이라고 보지 않고 유럽사람이나 미국사람이라고 생각할 것이다. 그러면 당신이 선교에 대해 배운다고 하는데 무엇 때문인가?" 하고 물었더니 그는 "반드시 그 좋은 진실의 길을 습득해서 그것을 중국인에게 권유하고 같이 좋은 길을 올라가도록 하기 위해서다"고 말했다. 나는, "당신이 왜 그렇게 어리석은지 아쉽게 생각한다. 소위 좋은 진실의 길이란 것은 당신이 아는 것과 다르다. 야소(耶蘇)라는 자는 1860년 전에 태어났는데 한나라

평제(平帝)의 시대이다. 그는 좋은 말로 서양을 교화해서 유럽 각국의 사람들은 모두 그 혜택을 받으면서 그 가르침을 신봉하게 되었다. 공자는 야소가 태어나기 550여 년 전에 태어났는데 주나라시대였다. 남겨진 좋은 말과 훌륭한 행위는 아시아 각국 및 주변의 섬들에게 전해져 그 지역을 교화시켰다. 일본, 류큐(琉球), 안남의 각국 인민은 다 그 혜택을 받고 계속 그 가르침을 존중해 왔다. 당신은 아시아 사람이다. 어째서 이쪽의 가르침을 버려서 저쪽의 가르침에 따라가려고 하는가? 그렇다면 당신의 조상은 천주교도였는가?" 했다. 그는 "아니다"고 했고 내가 "당신의 부친은 천주교도였는가?" 하니 "역시 아니다"고 했다. 그래서 나는 "그러면 당신이 천주교의 가르침에 따르는 것은 선행을 위해서가 아니라 이익을 얻으려고 하는 것일 뿐이다. 당신은 지금 작은 이익을 얻으려고 대의를 어지럽히면서 자기의 할아버지, 자기의 아버지를 잊어버렸다. 당신이 죽은 후 어떻게 조상들을 뵐 수가 있겠는가? 당신의 조상들도 반드시 당신을 자손이라고 보지 않을 것이다. 아아! 망양보뢰(亡羊補牢)라고 하지만 아직은 늦지 않았다"고 했더니 그 사람은 크게 부끄러워했다. (『회편』 1권)

여기서 장덕이는 아시아인이라는 말을 쓰고 있는데, 이례적인 표현이다. 다만 그 아시아는 중국문명, 특히 그 핵심에 있는 유교의 영향을 받은 지역으로서의 의미여서 전통적인 화이의식이 농후한 개념인 것같이 보인다.

3. '화혼양재'와 '중체서용'에서 '동도서기'로

일본과 중국이 구미문명과 만났을 때의 기본적인 입장을 나타내는 말로서 '화혼양재(和魂洋才)'와 '중체서용(中體西用)'이라는 말이 많이 사용되었다는 사실, 그리고 한국의 경우 그것과 비슷한 말로서 '동도서기(東道西器)'라는 말이 있다는 사실은 널리 알려져 있다. 위에서 검토한 구메와 장덕이의 구미 인식과 자기인식에서도 이러한 개념과 상통하는 부분이 많이 보이는데, 여기서는 그것을 다시 생각해봄으로써 현시점에서 19세기 후반의 동아시아와 구미와의 만남에 대해 어떤 의미를 이끌어낼 수 있는지 살펴보려고 한다.

먼저 일본의 '화혼양재'에 관해서 검토해보자. 일본에서는 이 말에 앞서서 '동양 도덕(東洋道德), 서양 예술(西洋藝術)'이라는 말이 존재했었다. 이는 말할 것도 없이 동양과 서양을 대비적으로 표현한 말이다. 그리고 위에서 보았듯이 구메의 경우에도 동양의 공통점으로서 도덕을 운운하고 있다는 사실에서 그 역시 '동양 도덕, 서양 예술'론의 입장에 서 있었다고 말해도 무방할 것이다. 그럼에도 불구하고 일본에서 이 말은 점차 사라져버렸고 그 대신 '화혼양재'라는 말이 일반화되기에 이르렀는데, 왜 이러한 변화가 일어났을까? 거기에는 두 가지 이유가 있다고 생각한다.

첫째는 '동양 도덕'이라는 말 자체가 잘못된 것이었다는 점이다.

왜냐하면 동양의 공통점으로서 도덕을 지목한다는 것은 일본만의 독특한 현상이었다고 생각되기 때문이다. 물론 동양에서 도덕정지, 즉 덕치가 중시되었던 것은 사실이다. 그러나 그것은 단순한 이념이 아니라 과거시험을 통해서 유교에 대한 깊은 지식을 갖고 있다고—그런 사람은 곧 높은 도덕적인 능력을 갖고 있다고 간주되었다—인정된 사람이 정치를 담당하는, 그런 제도가 갖추어져 있었기 때문에 가능한 것이었다. 그런데 중국과 한국에 구현되었던 이러한 체제는 장덕이의 기록에서도 나오듯이 일본에서는 한번도 존재한 적이 없었다. 생각해보면 어느 사회에서도 나름대로의 도덕이 존재할 터인데 그러한 도덕을 동양의 전매품과 같이 말하는 동양 도덕이라는 구호나 구메의 담론 자체가 일본의 특수한 현상이었다고 생각되는 것이다. 따라서 동양의 특색을 도덕에서 찾아 일본도 같은 특색을 공유하고 있다는 인식 자체가 현실적인 근거를 가지지 못하는 담론이었다. 이렇게 해서 동양과의 연결고리를 찾을 수 없게 된 일본으로서는 동양과는 다른 일본의 고유성 속에서 그 정체성을 찾아야 자연스러운 것이었다. 동양에 대신해서 '화(和)', 즉 일본이 등장하게 된 이유가 여기에 있었다고 여겨진다.

그러면 일본의 고유성은 어디서 찾아야 하는 것일까? 일본에 화혼양재가 등장하게 된 또 하나의 이유는 이 문제와 관련되어 있다. 구메는 일본의 고유성으로서 기술적인 우월성을 강조했는데 이러한 그의 생각은 '서양 예술'이라고 할 때의 예술, 즉 기술과 통하는 것으로서, 일본과 구미의 공통성을 찾으려고 하는 자세였다고 볼 수 있다. 이러한 구메의 입장은 메이지유신 초기에 있어서는 천황의 존재가 아직은 뚜렷하지 않았던 현상과 관련된 것으로서, 일본의 고유성을 천황의 존재에서 찾는, 1880년대에 와서야 분명해지는 상황과는 구별되는 것이었다고 볼 수 있을 것이다.

그러나 이 시기에 있어서도 장덕이가 여행 중에 같은 배를 탄 일본인들과 나눈 대화 속에 나오듯이 '국교(國敎)'를 일본의 고유성을 보장해주는 것이라고 생각하는 사람이 벌써 존재하고 있었던 것이다. 다만 그 국교의 내용은 논리적으로 설명할 수 없는, 장덕이가 지적한 대로 '망탄'이라고 볼 수밖에 없는 애매한 것이었다. 구메처럼 일본과 구미의 공통성을 찾으려 하지 않고, 구미와도 또한 중국이나 한국과도 다른 일본의 고유성을 찾으려면 결국 이러한 국교나 혹은 국교를 체현한 천황을 내세울 수밖에 없었던 것으로 생각된다. 그리하여 도덕이라는 구체적인 행동을 수반하는 말을 대신하여 '혼'이라고 하는 실체 없는 개념이 등장하게 된 이유가 여기에 있었다.

따라서 화혼양재라는 구호는 일본의 일국적 정체성을 강조함과 동시에 그 근거를 애매모호한 데에 두게 된 결과였다. 정체성의 내실이 그렇게 애매한 것이었기 때문에 일본은 중국보다도 훨씬 쉽게 서양문명을 받아들일 수가 있었다고 생각한다. 서양문명의 수용을 최대 과제로 삼았던 20세기가 지나간 지금, 일본이 추구해야 할 정체성은 화혼양재가 아닌 어떤 말로 표현될 수 있는 것일까?

다음으로 '중체서용(中體西用)'에 대해 생각해 보자. 이 말은 장덕이가 그랬듯이 중국과 구미를 대비적으로 파악하려는 입장으로서, 동양 혹은 동아시아라는 인식의 부재를 나타낸 것이었다. 그리고 여기에는 '중체'에 대한 깊은 확신도 보이는데 그 핵심에는 유교가 존재했다. 그런데 이러한 유교에 대한 깊은 신뢰는 일본과 달리 충분히 역사적인 근거를 가진 것이었다. 장덕이는 지배계층 출신이기는 하나 과거시험에 합격한 사람은 아니었음에도 유교에 대해 전폭적인 믿음을 갖고 있었다는 점은 아주 인상적이다.

지금까지 19세기적인 패러다임에 입각한 연구에서 장덕이의 이러한 입장은 이른바 양무운동가들의 공통된 입장으로서, 그 한계성이 지목되어 왔다. 그리고 양무운동의 한계를 극복한 운동으로서 변법파와 혁명파가 거론되어 왔는데, 그렇다면 변법파나 혁명파는 '중체서용'에 대신해서 '서체서용(西體西用)'을 추구했다고 볼 수 있는 것일까? 아마 그렇지 않을 것이다. 19세기 중엽 이후의 중국에서는 중체에 대한 깊은 확신이 있었기 때문에 일본같이 그것을 애매하게 처리할 수가 없어서 유럽문명을 수용한 새로운 '중체중용'을 추구하는 과정이 시작되었다고 봐야 하며 그 과정은 지금도 진행 중이라 하겠다.

그러나 다른 한편 중체서용이라는 구호 역시 화혼양재와 마찬가지로 일국의 입장에서 구미문명에 맞서려고 하는 자세를 보이는 구호라고 생각되는데, 자타가 공인하는 대국인 중국에게 아시아나 동아시아의 일원으로서 정체성을 찾으려고 하는 자세는 기대하기 어려운 것이었을지도 모른다.

19세기 후반에 일본과 중국이 구미문명에 어떻게 대응하려고 했는지에 관한 이상과 같은 고찰을 전제로 한다면 21세기의 현시점에서 그 과정을 어떻게 봐야 할 것인가? 여기에서 주목하고 싶은 것은 '동도서기'라는 말의 함의에 대해서이다. '동'은 동양의 동일 수도 있고 또한 동국 혹은 '오동(吾東)'이라고 할 때와 같이 조선일 수도 있겠지만, 가령 후자의 경우라도 동양의 '도'를 체현하고 있는 존재로서의 조선이라는 뜻이므로 거기에는 당연히 동양이 전제되어 있다고 볼 수 있겠다. 그리고 여기서 말하는 '도'가 구메같이 단순히 도덕을 의미하는 것이 아니라 더욱 넓은 의미였다는 것은 두말할 필요도 없다.

문제는 19세기 후반의 한국에서 무엇 때문에 '중'이나 '화'가 아닌 '동'을 내세우면서 자기 정체성을 찾으려고 했는가 하는 점이다. 그것은 중국과 마찬가지로 동양의 '도'에 대한 깊은 확신을 나타내는 동시에 그것을 한국에 고유한 존재로 생각하지 않고 동양에 공통된 것으로 보려했기 때문으로 생각된다.

이 공동연구의 핵심적인 개념인 '유연한 주체성'이라는 것이 19세기 후반에는 일국적 정체성의 확립이라는 범위 내에서만 존재할 수 있었다. 그런 의미에서 동도서기라는 표어는 국민국가 건설을 위한 것으로서는 약한 것일 수밖에 없었는데, 지금은 일국의 정체성을 뛰어넘는 '매개(媒介)'적인 정체성을 모색하기 위해 유연한 주체성이 필요하다고 생각된다. 따라서 동도서기라는 구호는 새로운 각도에서 다시 주목해볼 필요가 있다. 19세기 후반에 왜 한국에서 그러한 표어가 제창되었는지, 그리고 그 표어에 이후 어떤 의미가 부여되었는지, 이러한 문제를 밝히는 것이 앞으로의 과제라 하겠다.

11장

유교적 근대로서의

동아시아 근세[103]

1. '동아시아 근세론'의 문제점

16세기부터 19세기 중반까지의 동아시아 역사를 근세라는 시대구분으로 자리매김하는 것이 근년 학계의 경향이었다고 할 수 있다. 주지하듯이, 중국사에서는 일찍부터 근세라고 하는 시대를 설정하려는 주장이 존재했다. 송대 이후를 근세로 파악하는 나이토 고난(內藤湖南)과 그 주장을 이어받은 미야자키 이치사다(宮崎市定)의 논의나, 당대 중기 이후를 'early modern'으로 보는 페어뱅크(Fairbank)의 주장 등이 그 대표적인 것들이다.[104] 또한 잘 알려진 대로 일본사에서도 도요토미와 도쿠가와시대를 근세로 보는 시대구분이 통설적 지위를 차지해 왔다.

최근의 '동아시아 근세론'은 이와 같은 중국사나 일본사의 시대구분에 영향을 받은 것이면서도, 일국사적인 시대구분은 전혀 아니라는 의미에서 종래의 근세론과는 구별되는 독자적인 것이다. 동아시아 근세론을 가장 잘 정리된 형태로 제시하여 학계에 큰 영향을 끼친 학자는 기시모토 미오(岸本美緒)라고 생각되는데, 여기에서는 주로 그의 논의를 다루어 보고자 한다.

기시모토의 논의[105]는 개략적으로 보아 첫째, 15~16세기를 초기로 하고 18~19세기를 말기로 하여 300년가량의 시기를 하나의 덩어리로 파악하는 관점이 동아시아·동남아시아 역사에서 유력하다는 점, 그리고 이 시기를 교역의 급격한 증가와 사회의 변동으로 인해 시작되고 이후 유럽의 본격적 진출과 함께 막을 내린 하나의 주기적 움직임으로 파악할 수 있다는 점을 들고 있다.

둘째, 16세기 전후의 변동기에 대두한 세력들에 의해서 만들어진 지배체제가, 오늘날까지도 이어지는 국가의 지리적·민족적 틀을 만들어냈다는 점, 그리고 그 안에서 지금 각 지역의 전통이라고 생각할 수 있는 생활양식이나 사회 편성이 형성되었다는 점을 제시하고 있다.

셋째, 이 시기는 명대 초기에 형성된 조공질서가 해체되기 시작한 시기(1570년대까지), 신흥 군사세력이 성장하여 조공질서에 도전하는 시기(1630년대까지), 중국에서 명·청의 교체가 이루어짐과 동시에 그때까지의 유동적인 사회 상황을 종식시키게 된 시기(1680년대), 안정적인 사회 상황 속에서 각 지역에 전통사회가 형성되게 된 시기(18세기 말까지)의 네 개로 작게 구분할 수 있는데, 동아시아·동남아시아 지역은 이러한 팽창과 수축의 리듬을 공유하고 있었다는 점을 지적하고 있다.

기시모토는 이 시기를 근세라고 부를지 말지는 그다지 중요한 문제가 아니라고까지 이야기하고 있다. 이러한 입장은 이전의 활발했던 시대구분론처럼 기존의 발전과정 안의 어느 지점에 도달해 있는지를 판단한다든지, 이를 통해 그 필연적인 법칙을 확인함으로써 미래를 예측하는 것이 아니다. 그는, 다양한 사회의 개성적인 양상을 이해함으로써 우리의 시야를 넓히고 불확실한 미래를 향한 구상력의 힌트를 얻는 데 역사연구의 목적이 있다고 하는 자세를 보여주고 있다. 그리고 특히 근세에 주목하는 이유는 이 지역이 다 함께 세계사적 충격을 받은 후 새로이 생겨난 질서나 공통된 현상들에 관한 원리적인 사고가 현재까지도 여전히 의미 있는 문제 제기의 성격을 가진다는 판단에 따른 것이라는 점을 천명하고 있다.

이와 같이 기시모토는, 동아시아 근세론이 일국사적인 시대구분을 버리고, 게다가 서구의 역사적 경험을 기준으로 하여 동아시아를 이해하고자 하는 방법을 자각적으로 비판했다는 점에서 높이 평가 받아야만 할 것이다. 그러나 동시에 종래의 세계사 인식에 관한 패러다임 비판의 측면에서는 커다란 한계가 있다고 생각한다. 이를 보여주는 것이 근세라는 명칭이다. 근세라는 시대를 설정하는 이유는 앞에서 지적한 대로 중세와도, 근대와도 구별되는 독자적인 개성을 지닌 시대라는 인식 때문이다. 이 점은 고대, 중세, 근대라고 하는 역사의 3분법에 입각하면서도, 그것만 가지고서는 잘 이해되지 않는 부분이 존재했고, 따라서 그에 맞는 독자적인 시대를 설정한 결과 생겨난 것이 근세라는 개념이라는 것을 말해주고 있다. 게다가 미야자키나 기시모토에게서 살펴볼 수 있듯이 서구의 역사에도 근세라는 시대를 설정할 경우 근세는 세계사적인 시대구분이 되므로, 종래의 세계사를 보는 방식과 기본적인 차이가 없어져 버리는 것이다.

더욱 더 근본적인 문제점은, 근세는 근대가 아니라는 전제에 있다고 생각된다. 즉 근세 동아시아에서 일어난 다양한 변화를 적극적으로 평가하고 그것을 세계사적 동시성(기시모토), 혹은 세계사적 선진성(미야자키)의 표현이라고 이해한다고 해도, 그것은 결국 전근대인 것으로서 근대는 역시 서구의 충격에 의해서 시작되었다고 하는 종래의 틀 그 자체는 흔들리지 않는다. 따라서 현재의 동아시아 근세론은 19세기 중엽까지밖에 시야에 넣지 못하고 그 이후의 시기에 관해서는 전통이 서구의 근대를 수용한 바탕이 되었다고 하는 데 그치면서, 근대사상 그 자체의 재검토에까지 이르지는 못하고 말았다. 필자는 동아시아 근세론의 성과를 받아들이는 한편, 이상과 같이 제기된 문제점을 극복하기 위한 방법으로 그 동아시아 근세를 곧 근대로 파악해야 한다고 제안하려 한다.

또한 필자는, 이전에 '동아시아 초기 근대론'을 주장한 일이 있는데, 이 점에 대해서도 한마디 언급해 두고자 한다. 즉, 초기 근대론은 통상 일컬어지는 동아시아의 근세와 근대의 연속성을 강조하는 데 역점을 둔 것이었는데, 초기 근대라는 단어도 영어로 표현하면 근세와 같은 'early modern'이 될 수밖에 없다. 게다가 초기 근대론을 주장한 시점에서는 그 근대의 근거가 대단히 불충분한 점도 있어서 그것을 반성하고 있다. 이 글은 이러한 초기 근대론에 대한 자기비판으로서의 의미도 함께 가진 것이다.

이 글에서 필자가 주장하는 바는 다음의 다섯 가지이다. ① 근대라는 개념은 본래 현재와 직결되는 시대라는 의미이며, 시대구분에서 가장 핵심적인 의미를 가지는 것은 근대 이전과 근대의 구분이라는 점 ② 이제까지의 패러다임에 의거하여 중국의 역사와 현재를 파악하는 것은 불가능하며, 유교적 근대라는 새로운 패러다임에 의해서 다시 파악해야 한다는 점 ③ 유교적 근대의 핵심에 있는 중국적 근대를 전형적으로 보여주는 것으로 주희의 사상이 지닌 근대성을 이해해야 한다는 점 ④ 중국적 근대는 명대에 확립되었지만, 그 기본 구조는 19세기 이후 현재에 이르기까지 유지되고 있다는 점 ⑤ 중국적 근대의 영향을 깊이 받은 동아시아 지역들의 역사도 유교적 근대라는 개념에 기초해서 근본적으로 재검토해야 한다는 점 등이다. 이상의 다섯 가지를 논함으로써 종래 동아시아 역사상의 근본적인 패러다임 전환을 촉구하고자 한다.

2. 주희와 중국적 근대

근대라는 개념의 핵심적 의미

　종래 근세라고 파악해 왔던 시대를 어째서 근대라고 이해해야 하는지에 대해 논하기 전에, 근대라는 개념에 관해서 예비적인 고찰을 하기로 한다. 그것이 다음에서 주장하는 유교적 근대라는 개념의 의미를 이해하는 데 도움이 될 것이라고 생각하기 때문이다.

　지금 사용하고 있는 근대라는 말은 19세기 말부터 20세기에 걸쳐 영어의 'modern' 등의 번역어로 만들어진 말이다. modern은 라틴어의 modernus를 그 어원으로 하는데, 이 용어가 처음 등장한 것은 서기 5세기의 마지막 10년간으로, 그 의미는 이전 로마제국시대와 달리 기독교가 국교화한 이후의 시대, 즉 '지금의 시대'를 가리키는 말이었다고 한다.[106] modern, 즉 근대라는 말은 현재 혹은 현재와 직접 연결되는 시대라는 의미인데, 유교적 근대라는 개념에서의 근대 역시도 그와 동일한 의미를 가진다.

　서구에서는 르네상스 이후를 새로운 시대인 근대라고 인식함과 동시에 그 근대는 빛나는 고대, 즉 고전고대의 부활이라는 역사인식이 생겨남으로써 고대, 중세, 근대라는 세 개의 시대로 역사를 구분해서 인식하려는 시대구분이 성립했다. 따라서 이러한 시대구분은 당시 서구의 현재에 대한 인식과 불가분의 관계를 맺고 있는 것이다. 서구에서 유래한 근대라는 개념을 여기서도 사용하려는 것은 바로 이러한 의미, 즉 현재와 직결되는 시대로서 근대를 파악한다는 입장이, 역사학의 가장 근본적인 존재의의를 보여주기 때문이다. 역사라는 지적 활동은 현재를 과거로부터의 시간의 단조로운 흐름 속에서 파악하는 것이 아니라, 현재가 과거의 어느 시점에서 생겨났다고 인식함으로써 비로소 성립할 수 있는 것이다. 그렇지 않고 현재를 과거의 단순한 연장으로 파악하는 것이라고 한다면, 역사라는 것이 존재할 필요가 없다. 바꿔 말하면 역사연구에서 가장 중요한 것은 근대와 근대 이전을 구별하는 일이 되는 것이다.

이런 입장에 설 때 고대, 중세, 근대라는 삼분법, 혹은 근세를 더한 사분법을 동아시아의 역사에 적용하는 오늘날의 일반적 시대구분법은 근본적으로 재검토되어야 할 것이다. 왜냐하면 삼분법은 서구에서는 현재에 대한 인식과 불가분의 관계에 있지만, 그것과 같은 의미에서 동아시아 역사를 셋―근세론의 입장에서는 넷―으로 나누는 일은, 현재에 대한 인식과 어떻게 결부되어 있는가를 새삼 질문해볼 필요가 있기 때문이다. 현재에 이르기까지의 동아시아 시대구분론은 근세론을 포함하여, 서구의 삼분법에 의거한 것에 지나지 않는 것은 아닐까 하는 의문을 불식시킬 수 없는 것이다.

다음에서 논의하고자 하는 유교적 근대라는 개념은 단지 근대와 근대 이전의 경계에 관한 것만이 아니라, 동아시아의 역사 전체를 현재와 관련하여 어떠한 관점에서 파악할 것인가라는, 역사 전체에 관한 재검토를 요구하는 개념이라는 점을 재삼 확인해두고자 한다.

중국에 대한 인식의 문제

유교적 근대라는 개념을 여기에서 제출하는 가장 큰 동기는, 중국의 역사와 현재를 어떻게 볼 것인지의 문제와 관련이 있다. 현재의 중국은 정치·군사적으로도 대국의 길을 걷고 있는데다, 머지않은 장래에 세계 제1의 경제대국이 될 것으로 보인다. 그러한 것 자체는 18세기 말까지의 상태로 복귀하는 정도로 볼 수 있어서, 그다지 놀랄 만한 일은 아니다. 문제는 이러한 경제의 비약적 발전에도 불구하고, 중국의 정치나 사회의 양상이 모든 선진국들의 그것과는 대단히 이질적인 것이라는 데 있다.

이제까지의 이해—근대화론, 세계 시스템론, 마르크스주의 등등에 의한 이해—로는 근대화가 진전되면 기본적으로 어떤 사회라도 수렴(收斂) 현상, 즉 동질화가 발생한다고 알려져 왔다. 물론 수렴뿐만이 아니라 근대화 자체가 이질화 현상을 야기하는 것, 예를 들어 복수의 근대 등에 대해서도 논의가 있었다. 그러나 현재의 중국을 이러한 수렴과 이질화라는 틀 안에서 이해하는 것이 과연 가능한 것인가? 중국 스스로도 현대화의 슬로건 아래에서 선진 국가들의 제도 등을 받아들이는 데 힘쓰고 있으나, 그게 쉬운 일은 아닌 듯 보인다.

그렇기는커녕, 소위 글로벌리제이션이라고 일컬어지고 있는 오늘날, 도리어 '세계의 중국화'라는 현상이 주목받는 상황마저 벌어지고 있다. 이 현상은 글로벌스탠더드라는 이름 아래, 모든 중간단체—국민국가까지도 포함해서—를 해체하고자 하는 움직임이 진행되는 가운데, 중간단체의 부재라는 특징을 천 년 이상 유지해 온 중국적 현상이 오히려 보편화되어가고 있음을 반영하는 것이라고 생각된다. 요나하 준(與那覇潤)은 이런 사태를 가리켜 "세계가 겨우 중국에 따라붙었다"고까지 표현하고 있는데[107], 어느 쪽이건 오늘날의 중국을 이해하는 틀로서 종래의 이론들은 대단히 불충분한 것만은 분명하다. 유교적 근대라는 개념은 무엇보다도, 이러한 중국의 현상 및 그 역사적 과정을 다시 파악하는 데 주안점을 두고 있다.

주희사상의 근대성

유교적 근대라는 개념에서 가장 밑바탕에 깔려 있는 것은 주희사상의 근대적 성격이다. 새삼 말할 것도 없이, 주희 혹은 주자학에 관해서는 이제까지 방대한 연구가 축적되어 왔다. 그럼에도 불구하고 솔직히 말하자면, 이제까지의 주희, 주자학 연구에 대해서 뭔가 어긋나 있다는 느낌을 지울 수 없었다. 필자가 이제까지 주장해 온 '소농사회론'이나 그것에 입각한 동아시아 초기 근대론에서 주자학에 대한 평가를 소농사회에 대단히 적합한 이데올로기라고 하여 그 위치를 부여하는 정도로 그쳤던 것도, 주자학 연구에 대해서 어딘가 '납득하지 못하는' 데가 있었기 때문이다.

필자는 사상사를 전공으로 하지 않았기 때문에 종래의 연구에 대해서 운운할 입장이 아니라는 것은 잘 알고 있지만, 나름대로 그 원인을 찾아본 결과 주목할 만한 문제점을 파악하게 되었다. 즉, 종래의 연구 대부분이 주희의 사상 그 자체의 연구라기보다는 주자학에 관한 연구였다는 점, 바꿔 말하면 주희 이후에 정리된 장대한 주자학 사상체계를 통해서 주희의 사상을 파악하고 그것을 분석하는 방법이 취해져 왔다는 것이 문제였다. 그러나 가키우치 게이코(垣內景子)나 기노시타 데츠야(木下鐵矢)가 언급하고 있듯이,[108] 주희는 결코 주자학자는 아니었던 것으로, 주희 자신의 사상적 영위를 그가 살아있던 현실과의 관련 속에서 파악하는 노력이 거의 이루어지지 않았던 것은 아닐까.

이러한 가운데 필자가 여기서 주목하고자 하는 것은 기노시타 데츠야의 연구이다. 그의 주희 연구는 『주희재독(朱熹再讀)』과 『주자학의 위치(朱子學の位置)』 등으로 정리되어 있는데, 그 주장의 핵심적 부분이라고 필자가 생각하는 것은 사창(社倉) 운영의 경험에 관한 분석과, 그 경험이 주희사상의 획기적 전환과 밀접하게 결부되어 있다고 하는 부분이다. 조금 길어지긴 하지만 중요하므로 기노시타의 글을 인용해 보도록 하자.

위원리(魏元履)의 방식에 따르는 한, 거기에 비축된 곡물과 과실은 '마을의 명사(名士)'가 '상평사자(常平使者)'와의 담판을 통해 얻은 '관미(官米)'로, 그렇다면 그 시설은 어디까지나 '국가·황제'라는 보호자로부터의 일방적인 '시혜' 배분의 시설로서 기능하고, 따라서 민 가운데에 자립적인 그 운용에 대응하는 윤리적 의지의 존재를 그 전제로 하지도 않으며, 또 그러한 의지를 길러내지도 않는다. 즉 위원리의 시설은 '민간'이라는 공공의 공간을 개척하지 못하는 것이다.

　여기에서는 고래의 언설에서 보듯이, 민은 '시혜'를 문자 그대로 감사한 요행으로 소비하기만 하는 존재이다.

　한편, 주희의 '사창(社倉)'은 일 년 단위, 여름·겨울의 리듬으로 대출, 상환이 이루어진다. 기근에 대비하는 수장, 비축의 시설로서 뿐만 아니라, 그것은 도리어 지역의 생계를 밑에서부터 받쳐주는 '협동융자조합' 시스템으로서 기능한다. 주희의 말에 '사창'은 "도시에서 게으르게 어슬렁거리는(市井惰游) 무리"가 아닌 "깊은 산과 계곡에서 힘써 농사짓고 멀리 다니는[力穡·遠輪] 백성"을 위한 시설이라고 하고, 또 "산곡의 세민(細民)들이 창고에 쌓아둔 것이 없으므로"라고도 말하므로, 그야말로 지역의, 때때로 찾아드는 흉년에 견뎌가면서 그만두지 않고 농사에 종사하여 그 생계를 유지하려고 매일매일 고생하고 있는 '세민'들이야말로 '사창'의 대출·상환의 대상이었다. '세민'측에서 본다면, 자신들의 대출, 그리고 상환이 이 시설을 지탱하고, 거꾸로 이듬해 자신들의 생계를 지켜주는 '밑천'이기도 한 것이므로, 정확히 상환하는 것은 자신들의 생계를 포함한 지역 세대들의 생계에 대한 상호부조적인 책무이기도 하다고 의식하게 될 것이다. 이러한 경로를 통해서 지역세계에 일상적인, 생활현장에 직결된 상호신뢰, 그 상호신뢰에 대응하고자 하는 윤리적 의지를 기르고, 거기에서 '민간'이라는 공공의 공간이 실질적으로 숨을 쉬기 시작하는 것이다. …

　바꿔 말하자면 '사창'이 성공한다는 것은 그러한 윤리적 의지가 지역세계에 이미 잠재하고 발로하는 한에서일 것이리라. 건도무자(乾道戊子 4년, 1168)의 겨울, "백성들이 곡물[粟]으로 상환하기를 원하여 마을 안의 민가에 저장하고, 마침내 수레에 실어서 이를 관리에게 돌려줄 것을 꾀하"는 사건에 접하면서, 주희는 눈앞에 구체적으로 생겨난 그 '민'에게 존재하는 잠재적 가능성을 깨닫고, '사창' 창설의 기초가 되는 감(感)을 얻은 것은 아니었을까.[109]

주희의 사창이 가진 획기적인 의의를 이렇게 파악하면서, 기노시타는 그것을 다시 '물권'의식의 세계에 대치하여 나타나는 '채권'의식의 새로움으로 해석한다. 그리고 이러한 사창 운영의 가운데에서 주희가 느낀 '감'이, 주희의 소위 '정론 확립'의 시기와 겹치고 있는 점에 주목하면서, 다음과 같은 견해를 제시한다.

'채권'의 센스는 빌려주는 측과 빌리는 측의 쌍방에게 자신의 물권 안에 있는 물자를 다른 쪽으로 '움직이는(動)' 것을 의무로 하여 부과한다. 물권 안에 들어가 고착되어 버리는 것이 아니라, 그 물권의식을 타파하고 물자를 쌍무적으로 다른 쪽으로 '움직인다'고 하는 의지를 일으키는 것이야말로 채권의식의 키포인트이다. 그런 한에서 공간적으로도 시간적으로도, 물자의 물권적 소재가 단적으로 동적(動的)인 의식세계를 전개해 간다. …

'사창'에 관해서 이상과 같이 정리한다면, 그 경영비전이 '천리유행(天理流行)'을 기본적인 사실로 보고, '감응(자기감응·대타감응)'을 기초로 하여 세계와 사람의 '마음'을 '변이(화)의 장'으로 파악하는 주희의 철학적 비전, 또 '사욕'에 빠지는 것을 타파할 의지를 계속하여 북돋아 일으킬 것을 주장한 주희의 윤리 비전과 일맥상통한다는 점은 분명할 것이다. …

흥미로운 것은 숭안현(崇安縣)에서 주희의 '사창' 창설에 이르는 경험의 진행시기가 소위 '정론확립'이라는 말로 잘 알려진 주희 사상의 획기적인 전환의 시기와 겹치고 있다는 점이다. …

('정론확립' 이전의 - 인용자) '구설(舊說)'에서는 '움직임'의 세계는 '이발(已發)'에 한정되고, '미발(未發)'은 '움직임'의 세계에서는 분리된, '아직 일찍이 발(發)한 일이 없는', 즉 '움직임'의 세계로 열린 일이 없는, 거기를 엿보는 것조차 차단되어 있는, 소위 성별(聖別)되어 있는 영역이었다. '신설(新說)'은 이 '미발'이라는 닫혀져 있던 성역을 '생생유행(生生流行)·일동일정(一動一靜)'이라는 멈추지 않는 '감응' 진행의 '움직임'의 세계로 편입시켜 열어주는 것이다.110)

기노시타는 이상과 같이 사창을 만들어 가는 가운데 주희가 느낀 '감' 그리고 '이발'과 '미발'에 관한 이해가 바뀐 것과 밀접하게 결부되어 있는 점을 지적하면서, "주자학은 여기에서 배태했다고 생각한다"고 말한다. 그는 바로 그 시점을 주자학 형성이라는 결과를 낳은 주희사상의 획기적 전환점으로 보고 있는 것이다. 이상과 같은 기노시타의 주자에 대한 이해는 이제까지의 이해, 가령 마루야마 마사오(丸山眞男) 등의 그것과는 180도 다른 것이었다. 즉, 그는 동태적 세계를 전제로 하여 거기에 강인한 의지를 가지고 맞서는 주희상을 그리고 있는 것이다.

그러면 주희의 이러한 사상적 전환은 어떠한 현실인식에 기초하고 있었던 것일까. 기노시타는 주희가 당시 중국의 현실에 대해 대단히 심각한 위기의식을 느꼈을 것으로 판단하고 있다. 즉 원풍(元豊) 4년(1081년) 송이 서하(西夏)와의 전투에서 패배하자 니온 징씨(程氏) 형제 중 어느 쪽인가의 발언을 인용하면서111), 그런 현실에 대해서 정이천, 나아가서는 주희가 어떻게 맞서고자 했는가에 대해 다음과 같이 말하고 있는 것이다.

자신이 속한 집단, '이적'에 대항하는 '중국'이라는 집단이, 이전의 테두리에 들어와 있던 각 단위집단들의 집체(集體)로서의 견고함을 잃어버리고 넓게 퍼져 제어불가능하게 흔들려서 그 형체조차 알 수 없게 되자, 사람들도 자신이 속한 집단 = '중국'의 명운에 관여할 생각이 없는 방관자처럼 굴고 있는 상태에 맞서서, '조상을 안다'고 하는 사람의, 사람으로서의 존재이유(raison d'être)를 그 근저에 두고 '가족'이라는 단위집단의 테두리를 다시 정립하여, 사람들에게 '의리' '예의'를 알게 하는 것이 그들의 대응방책이었다. 그 구체적 작업으로 정이천은 '가례'를 만들고자 했던 것이다.
이 '가례'를 만들려는 방향이 말할 것도 없이 이후 주희의 '가례'로 이어져 가는데, 이 주희를 포함해서, … 자신이 속한 '중국'이라는 집단의 현상에 관한 심각한 위기의식이 이 작업의 기초를 이루고 있다는 점을 놓쳐서는 안 될 것이다.112)

이와 같은 기노시타의 인식은, '테두리를 조이고 있던' 옛 봉건제시대가 '테두리가 느슨해진' 군현제로 바뀐 것이 위기의 근본적 원인으로, 그것을 재정립하는 일이 정씨 형제나 주희의 과제였고,

그 재정립의 첫걸음으로 가례서의 편찬과 그 실천을 주창하게 된 것이라는 점을 부각시키고 있는 것처럼 생각된다. 그런데 여기에서 주의해야 할 것은 주희의 중국사회 재정립은 옛 봉건시대로의 복귀를 통해서 달성하고자 하는 것이 결코 아니었다는 점이다.

주지하듯이 중국에서는 그 체제의 문제가 논의될 경우, 그것은 오랫동안 '군현'과 '봉건'이라는 틀 안에서 이루어져왔다. 진한제국 이후의 군현제와 그 이전의 봉건제 중 어느 쪽이 우수한 것인가에 대한 논의에 있어서, 유교에서 이상적인 시대라고 일컬어지는 삼대(三代)가 봉건제의 시대였음에도 불구하고, 군현제를 긍정하는 입장이 압도적으로 우세했고 그것은 주희도 마찬가지였다.113) 이것은 봉건시대와 같이 공동체를 기초로 한 사회편성에 대한 뿌리깊은 거부감에 기인한 것이었다고 생각된다. 주희는 가례를 편찬하면서 사회질서의 근간에 '가(家)'의 단위를 두고자 했는데, 가례의 '가'는 고조(高祖)까지를 공유하는 작은 집단으로서, 명대 이후에 형성되기 시작하는 종족과 같은 대규모의 부계 혈연집단은 아니었다.

정이천이나 주희가 가례를 중시한 또 하나의 요인으로 기노시타가 지적하고 있는 것은 모권(母權)적 의식에 의한 정치의 혼란이라는 문제이다. 즉 그들은 당대부터 송대에 걸쳐 중앙정계에서 일어난 정쟁이 많은 경우 황제의 자리를 둘러싼 것으로서, 그 원인이 여성의 정치관여에 있었다고 보았기 때문에 그러한 모권적 의식을 타파하고 부권적인 의식을 공고히 하고자 했는데, 부계 혈연을 중시한 것은 바로 그러한 관점에 따른 것이었다.114) 즉 모자간이라는 자연적인 관계에서 초래된 의식을 타파하고, 부자간이라는 의지(意

志)적 관계를 기초로 사회질서를 구상하고자 했던 것이다. 따라서 이러한 기노시타의 인식은 이제까지의 유교나 주자학에 대한 통설적 이해를 근간에서부터 뒤집는 것이다.

종래에는 유교, 주자학이 부자관계를 모든 인간관계의 기초로 두고자 했던 데 대해서 아버지와 아들의 관계를 자연적인 것으로 간주하는 것이 지배적이었다. 그러나 그와는 달리 어머니와 아들의 관계야말로 자연적인 것이고 아버지와 아들의 관계는 의지적인 관계라는 점, 따라서 주희 등이 부자관계를 기초로 사회질서를 구상했던 것은 사창(社倉)의 경우와 마찬가지로 강한 의지적 관계의 기점이라고 생각했기 때문이라는 것이 기노시타의 이해이다. 이를 달리 말하자면, 종래 유교나 주자학의 전근대성의 상징처럼 여겨져 왔던 부계혈연의 중시, 여성의 경시라는 성격은 유교적 근대 그 자체의 산물이라고 말할 수 있을 것이다.

이상 언급한 바와 같이, 주희가 목표로 했던 방향은 기노시타가 명확히 지적하고 있듯이 채권적인 감각을 기초로 민간에 '공공적 공간'을 만들어 내고자 한 것으로, 사회의 다이나믹한 변동성에 맞춰 질서를 수립하고자 했던 것이었다. 그리고 바로 이 지점에 주희 사상의 근대성이 갖는 의미가 있다고 생각된다.

주희의 사상 비전과 중국사회의 공명 관계

주희의 사상을 근대적인 것으로 보고자 하는 필자의 입장은 그 사상 비전에 있는 근대성에 의한 것일 뿐만 아니라, 그가 그린 사회의 이미지가 명·청대 중국사회의 현실과 잘 대응한다고 생각할 수 있기 때문이기도 하다. 이제까지 명·청대 중국에 대해서 방대한 연구가 축적되어 왔지만, 거의가 서구 근대를 기준으로 함으로써 전근대적와 근대 중에서 어느 쪽에 위치했는지 판단할 수 없는 독특한 사회와 국가의 이미지를 양산해냈다. 이런 중국사회의 모습은 19세기 이후 서구에 관한 지식이 유입되는 가운데 서구사회와 대비되는 중국사회의 독특한 성격으로서 자각되었다. 그 단적인 예로서 페이샤오퉁(費孝通)과 량쑤밍(梁漱溟)의 중국사회에 대한 인식을 들 수 있다.

중국 사회인류학의 개척자인 페이샤오퉁은 서양의 사회가 단체구조[團體格局]인 데 비해서 중국의 사회는 서열구조[差序格局]라고 말한다.[115] 단체구조라는 것은 명확하게 범위가 나뉘는 각 층의 단체로 구성되는 사회로, 거기에서는 가족부터 국가에 이르기까지 같은 구조를 가진 단체의 집합체로서 사회가 성립한다. 거기에 비해 중국에서는 가족에서부터 그 범위와 구성원은 신축이 자유롭고, 자기를 중심으로 한 네트워크의 연결로서 사회가 존재한다.

> 단체들 안의 대개의 구성분자가 평면상에 서 있는 것 같지 않고, 흡사 물의 파문처럼 한번 밀려서 퍼지면 점점 멀리에까지 퍼져나가서 얇아져 가는 것과 같은 것이다. 여기에서 우리는 중국 사회구조의 기본적 특성을 만나게 된다. 인륜은 유가가 가장 중시하는 것인데, 윤(倫)이란 무엇인가. 나의 해석으로는 곧 자신으로부터 퍼져나간 것과 자신이 맺은 사회관계가, 한 무리의 사람들 사이에서 생겨나고 순환하는 파문의 서열을 가리키는 것이다.[116]

또 1930년대에 향촌건설운동을 전개한 량쑤밍도 중국 향촌의 실태에 접하면서 서구를 집단사회, 중국을 윤리사회라고 하여, 페이샤오퉁과 유사한 견해를 제시한 바 있다. 량쑤밍이 말하는 윤리사회란 가이후 다카히로(海部岳裕)에 따르면, "사회를 구성하는 개인이 사방으로 뻗는 잡다한 윤리관계에 대해 의무를 지고, 그와 윤리관계를 가진 사람들도 마찬가지로 그에게 대해서 의무를 진다고 하는, 서로를 향한 의무관계의 네트워크"이다.117) 페이샤오퉁이나 량쑤밍이 중국사회 안에서 간파하고 있는 질서의 방식은, 주희가 민간사회에 대해 품었던 가능성을 현실화한 것이라고 볼 수 있는 것으로, 주희의 시대에는 아직 단초적인 것에 그치고 있던 새로운 사회질서가, 주희 이후로 진전을 이룬 것이라고 말할 수 있을 것이다.

서구사회와 대비한 중국사회의 독자성을 단적으로 보여주는 것으로서 법의 존재양식의 문제를 지적할 수 있다. 중국 명·청대 법제사연구자인 데라타 히로아키(寺田浩明)는 주로 청대를 염두에 두면서 중국에서의 법이라는 것의 존재양식을 논하고 있다.118) 즉, 전통 중국의 민사재판은 당사자에게 '정리(情理)에 부합하는 해결'을 해주는 것을 목적으로 하여 운영되고 있었는데, 각각의 분쟁별로 사정은 천차만별이었으므로 어떤 것이 그에 해당하는지는 사안별로 무한히 달라질 수밖에 없었다. 그것은 재판관에 의해서 수시로 고안될 수밖에 없었지만, 그렇다고 해서 그 해결이 재판관의 자의에만 맡겨졌던 것은 아니다. 사람들은 어느 사안에 대해서도 '모두가 인정하는 하나의 올바름', 곧 '천하의 공론'이라는 것을 상정하고 있었던 것으로 보이며, 재판에서 추구되는 것은 그러한 천하의 공론이지 재판관의 자의가 아니었다.

즉 여기에서는 과연 대상의 취급방법·판단의 내용에 입각하여 말하면 무한하게 '개별주의적'인 사고방식이 선택되지만, 그 판단의 사회적 공유라는 측면에서 말하자면 이번에는 개별의 사안 각각에 언제나 천하의 누구라도 인정하는 하나의 올바름 = 공론이 존재하고, 올바른 재판에서는 그것이 말해진다고 하는, 터무니없이 '보편주의적'인 상정이 깔려있는 것이다. 그리고 이런 보편주의적인 요소야말로 현실에서는 단지 일개인의 입에서 무전제적으로 나오는 개별주의적인 판단을 사회 전체가 공유하는 당부(當否)와 정의에 관한 판단, 즉 '법'이게끔 하고 있는 것이라고 말할 수 있다.[119]

데라타가 언급하고 있는 보편주의적인 공론과 개별주의적인 사안별 정리에 적합한 해결이라는 구도는 정이천, 혹은 그를 계승한 주희의 '이일분수(理一分殊)'를 방불케 한다. 그는 이어서 이런 공론을 뒷받침하는 것으로서 지방관으로부터 황제에까지 이르는 관료기구가 존재했던 것으로, 우선은 그 지방에 한 사람뿐인 과거관료에게 타관사(打官司 재판에 호소하는 일)하고, 지방관의 판결에 불복할 경우 그보다 상급의 관에 호소하게 되는데, 이런 관료기구의 최상위에 황제가 위치하고 있다. 그러나 황제라 할지라도 공론을 계속해서 잘못 말하기라도 하면, 다른 주체가 나타나 현 황제를 대신해 천명을 받는다고 하는 혁명의 논리마저도 준비되어 있는 것으로, 황제의 지위라고 해도 원래부터 자명하게 부여받은 것은 아니라는 것이다.

　여기에서 묘사되고 있는 법의 존재양식은 서구적인 법과는 다른, 따라서 서구적인 관점을 기준으로 해서 전근대적이라든가 근대적이라고 판단하는 일 자체가 불가능한 것이다. 따라서 19세기 말 이후부터 현재에 이르기까지의 중국에서도 서구적인 법의 도입이 시도되기는 했지만 여전히 충분한 성과를 거두지 못하고 있는 상황에 있는데, 이는 어떤 의미에서는 당연한 일이라고 생각된다. 그리고 서구적인 법의 존재양식 자체의 한계가 강하게 드러나고 있는 포스트모던적 상황 속에서는[120], 도리어 중국적인 법의 존재양식이 주목받게 되었다고 할 수 있을 것이다.

　이와 같은 모습은 가령 구로타 아키노부(黑田明伸)가 그린 중국 화폐의 존재양식에서도 잘 나타나고 있다. 중국의 화폐제도에서 작동하는 기본적인 역학을 "공간적 획일성과 시계열적 일관성을 유지하고자 하는 왕조 측의 동기와, 지역적 다양성과 상황에 의존한 가변성을 지향하는 사회 측의 동기 사이의 균형"으로 보고, "자율적인 개별성과 타율적인 통일성, 이 일견 모순되는 듯한 두 벡터의 묘한 통합"에서 중국 화폐의 특질을 찾고자 하는 구로타의 이해는, 데라타가 묘사한 중국 법의 존재양식과 대단히 유사하다. 여기에서 구로타가 말하는 사회 측의 '자율적인 개별성'이란 지역유동성(어떤 통합된 공간에서 재고물의 판매가능성을 실현하는 것의 총체를 지역유동성이라 한다. 구로타는 이 지역유동성이야말로 모든 화폐제도의 기저에 있는 것이라고 한다)을, "자율적인 질서에 맡기면서 현지통화를 창출"함으로써 확보하고자 했던 상황을 가리킨다. 이에 비해 서구에서는 지역유동성이 "타율적인 질서에 의거하면서, 화폐사용을 신용거래 등으로 대체해서 절약"함으로써 확보하게 되었다는 것이 구로타의 주장인데, 이는 페이샤오퉁이나 량쑤밍의 중국사회에 대한 인식과 일맥상통하는 바가 있다.121)

명・청대 중국사회의 포스트모던적인 상황을 잘 보여주는 또 하나의 사례로서, 토지소유의 존재양식을 들 수 있다. 명・청대 소유의 존재양식에 관해서 기시모토 미오는 다음과 같이 논하고 있다.122) 당시 사람들이 소유했던 것이 대상물 그 자체인지, 그렇지 않으면 그것과는 별개의 관념으로 표현해야 하는 것인지를 질문할 때, 참조해야 할 논의가 데라타 히로아키의 '업(業)'론이다. 데라타에 따르면 명・청대 토지법 질서에서 거래의 대상이 되는 것은 실체로서의 토지가 아니라 경영 수익의 대상으로서의 토지('업')로, 같은 토지 위에 여러 가지 수익행위가 안정적으로 성립하고, 각각 독자적으로 거래되면 하나의 토지에 복수의 '업주(業主)'가 존재할 수 있다.

하나의 토지 위에 다수의 '소유'가 겹치는 이 상태는 근대적인 일원적 소유권이 성립하기 이전 봉건제도하의 '중층적 소유권'이라는 것을 상기시킬지도 모르겠다. 고정적 신분제도와 결합한 이 '중층적 소유권'은 상급소유권을 가진 영주와 하급소유권을 가진 농민 쌍방에게 있어서 자유로운 경제활동을 저해하는 질곡이 되었다고 생각되고 있다고 해도 좋을 것이다. 그러나 유의해 두어야 할 것은, 중국의 이러한 소유권의 중층성은 소유자의 자유로운 경제활동에 규제를 가한다기 보다는, 도리어 "인민은 자유로이 어떠한 내용을 갖는 계약이라도 이를 체결할 수 있기 때문에 다양한 사법적(私法的) 관계가 존재함을 알 수 있다"(『臺灣私法』)고 일컬어졌듯이, '자유'로운 민간관행 속에서 전개되어 왔던 것이라는 점이다. 토지 그 자체에 대한 배타적 소유권 관념의 부재는, 토지 위에 성립하는 다양한 수익행위가 처분 가능한 단위로서 계속 매매되는 유동적인 토지시장을 낳는다. 그리고 그 유동성이 별다른 사회문제를 일으키지 않는 한, 사람들의 '자유'로운 계약관계는 정부에 의해서 대개 용인되고 있었던 것이다. …

소유란 사람과 물건과의 관계임과 동시에, 사람-물건의 관계를 어떤 식으로 서로 조정하는가라는 사람-사람관계의 문제인데, 중국에서 그러한 사람-사람 관계는 자기소유하는 평등한 개인들 간의 관계라기보다는, 개방적으로 퍼지는 인륜관계의 그물눈 속에 있는 인간들의 상호관계이다. 누구도 그 그물에서 자유로울 수 없다. 때로는 강하게, 때로는 약하게 타자로부터의 제약을 받으면서도, 동시에 그 범위 안에서 상당히 자유로운 활동이 이루어지고, 그 활동은 '좋은 질서'를 목표로 두고 "전면적인 시야에서 인간관계를 조정하"는 관·민의 영위에 의해서 지탱된다.[123]

여기에서 묘사되는 소유의 존재양식은 기노시타가 지적한 채권적 의식과도 일맥상통한다. 즉, 소유의 대상을 물권으로 받아들이는 것이 아니라, 토지에서 얻는 수익을 가능한 한 많은 사람이 향유할 수 있도록 하기 위해서 하나의 토지에 대해 여러 업주가 존재하며, 그것들은 기본적으로 대등한 입장에 있는 것이다.

중국의 이와 같은 토지에 대한 권리의 존재양식은 19세기 말 이후, 일본이 중국의 영역 내에 있던 지역을 지배하게 되었을 때, 그곳에서 근대적 토지소유의 제도를 도입하는 데 있어 커다란 문제가 되었다. 즉 근대적 토지제도가 확립하기 위해서는 일물일주(一物一主)의 원칙에 따라서 하나의 토지는 소유자가 한 사람이어야만 하는 것인데, '업'이라는 존재는 그것과 배치되었던 것이다. 기시모토가 인용한 『대만사법』은 일본이 대만을 식민지로 지배하게 되면서 대만의 옛 관행 및 법의 존재양식을 조사한 결과를 정리한 것인데, 거기에서도 이러한 업의 존재양식이 문제가 되었던 것이다.[124] 그리고 이후에도 관동주(關東洲)나 만주국 등, 일본의 지배지역이 확대되는 와중에도 동일한 문제에 직면했다. 일본의 기본적인 방침은 '업'적인 토지관계를 전근대적이며 불합리한 것으로 보고, 일지일주(一地一主)의 원칙에 따라 소유자를 결정하여 거기에 배타적인 소유권을 인정하는 것이었다.

이런 방침에 따라서 일본은 근대적 토지소유의 제도를 막무가내로 확립하고자 했으나 그 때문에 여러 가지 복잡한 문제가 야기되었다.[125] '업'의 존재양식은 희소한 토지를 가능한 한 많은 사람이 이용할 수 있게 하는 것을 목적으로 하여 성립된 것이었으므로, 근대적 토지소유는 그것을 저해하는데다가 토지자원의 이용이라는 측면에서는 도리어 불리한 요인으로 작용하였기 때문이다.

이러한 현상은 서구적 근대에 대한 인식의 재검토를 요청하고 있다. 즉, 서구의 근대는 통상적인 이미지처럼 공동체를 해체하여 개인을 추출하는 과정으로 이해되어야 할 것이 아니라, 도리어 공동체를 기초로 하여 구축된 것이라고 이해되지 않으면 안 된다. 그것에 비해 중국은 송대 이래로 공동체에 의거하지 않으면서 사회를 어떻게 구성할 수 있는가의 과제에 천 년 이상 대응해 온 경험을 갖고 있었고, 업의 존재양식은 이러한 과제에 대한 훌륭한 대응책이었던 것이다. 오히려 서구나 일본에서는 근대적 토지소유권이 그 소유권의 배타성―기노시타가 말하는 물권적 의식의 산물―때문에 많은 사회적 문제를 야기하는 가운데, 이 업은 소유권에 대한 사회적 제약을 달성하는 과정에서 형성되어 온 현대적 토지소유를 앞서서 달성한 것으로도 볼 수 있는 것으로, 원래 포스트모던한 현상이었다고 할 수 있을 것이다.

중국에 대한 이해의 새로운 패러다임과 근대 중국에 대한 이해

이제까지 '전통'시대라고 간주되어 왔던 아편전쟁 이전의 중국을 근대라는 개념으로 포착할 수 있다고 하는 필자의 주장은, 위에서 언급한 것처럼 중국사회의 존재양식의 문제와 함께, 중국을 둘러싼 국제관계적 측면의 문제도 포함되어 있지만, 이에 관해서는 다음 기회에 논하기로 한다. 여기서 그 기본적인 부분만을 언급해 보자면, 남송말기에 주희의 등장과, 몽골제국이라는 초광역적이고 초개방적인 체제의 성립을 거쳐, 이 초개방성에 대한 반동으로 이루어진 명의 건국을 중국에서 근대가 성립된 것으로 본다는 것이다. 국제관계의 측면에서도 포스트 몽골시대는 그 이전과는 질적으로 달라졌다고 볼 수 있다.[126] 중국의 유교적 근대에 관한 이상의 견해를 전제로 하여 종래의 시대구분에 의한 '근대' 이후 중국에 대해서 한마디 언급해 두고자 한다.

아편전쟁 이후의 중국에서는 양무운동을 비롯하여 현재의 개혁, 개방운동에 이르기까지 서구의 사상이나 과학·기술은 물론, 국가와 사회의 체제를 수용해서 자신을 변혁하고자 하는 움직임이 끊임없이 계속되어 왔다. 그러나 150년에 가까운 노력에도 불구하고 그것은 여전히 미완의 과제로 인식되고 있다. 이러한 인식은 아편전쟁 이전의 중국을 전근대, 전통시대, 봉건전제시대 등등 다양한 명칭의 차이가 있기는 하지만, 서구보다 뒤쳐진 사회로 보는 인식에 따른 것이었다.

그러나 필자의 입장과 같이 명대 이후를 근대로 보고, 서구의 근대와 대등한 것으로 이해한다면, 근대 중국에 관해서도 완전히 다른 상을 그려낼 수 있다. 중국에서 서구적 근대의 수용이 이토록 어려웠던 것은 결코 중국이 뒤쳐졌기 때문이 아니었다. 중국에는 별도의 근대가 이미 존재해 있어서, 공동체 등 중간단체의 존재를 부정한 중국의 근대가 공동체를 기초로 한 서구근대를 받아들일 수 없었기 때문이다. 그리고 서구적 근대가 글로벌리제이션이라는 이념 아래 모든 중간단체, 나아가서는 국민국가마저도 부정하는 방향으로 번져가는 가운데 벌거벗은 개인을 기초로 하여 사회질서를 어떻게 형성해나갈지의 문제가 새로이 떠오르고 있다. 그러나 사실 이는 중국이 천년 이상 씨름해 왔던 과제였다. 물론 중국이 이 과제를 해결했다고는 할 수 없으며, 또한 서구에서 기원한 제도나 법 등 다방면에 걸친 서구 수용의 노력도 필요하다는 점은 분명하다. 그러나 다른 한편으로 구미나 일본 등의 나라에서 중국의 역사적 경험으로부터 배우는 일이 절실한 현대적 과제로 제기되고 있기도 하다. 그런 의미에서 근년에 들어 비로소 중국적인 근대와 서구적인 근대 사이에 대등한 논의가 가능한 상황이 만들어지고 있는 것은 아닐까 생각한다.

3. 동아시아의 유교적 근대

　이상으로 언급한 바와 같이 중국을 인식한다면, 종래 근세라고 여겨왔던 시대의 동아시아에 대해서도, 역시 근대라는 입장에서 다시 파악할 필요가 있다. 왜냐하면 중국에서 근대가 성립한 명대 초기는 조선이나 베트남에서도 주자학을 이념으로 하는 국가체제의 확립이 이루어지고 있었기 때문이다. 동아시아의 유교적 근대에 관해서는, 역시 지면 관계상 여기에서는 개략적으로만 언급하고자 한다.

　동아시아의 유교적 근대라는 문제를 생각할 때에는 두 가지 관점에서 고찰할 필요가 있다. 한 가지는 앞에서 기노시타의 논의에 의거하여 언급한 주희의 사상이, 중국 이외의 지역에서 어떤 사상으로 수용되었는가 하는 문제이다. 주희가 목도하고 있던 현실은 어디까지나 중국의 현실이었다. 따라서 중국이 아닌 지역의 인간이 주희의 사상 혹은 주자학을 수용하고자 했을 때 중국의 현실과의 관계 속에서 그 사상을 이해하는 일은 처음부터 불가능한 것이었다. 특히 주희사상의 근저에 깔린 '채권'적인 사회관계에 관한 감각을 현실적으로 체험하지 못한 사회에서 살았던 사람이 주희의 이러한 감각을 이해하는 일은 무리였다고 하지 않을 수 없다.

　이 점은 조선이나 베트남처럼 주자학을 외래사상으로서 수용한 경우에만 그치는 문제가 아니라, 어쩌면 중국에서도 같은 문제가 생겨났을 가능성이 있다. 주희의 사상이 주자학으로서 체계화되어 가는 과정에서 주희의 현실감각이 후세 사람들에게 어디까지 공유되었는지는 따로 곱씹어 보아야 할 문제이기 때문이다. 오히려 대단히 동태적인 것이었던 주희사상의 가능성이 주자학이라는 체계적 사상으로 정리되는 가운데 정태적인 것으로 변하고, 그 때문에 명대에 들어서 국가이념으로서의 지위를 획득할 수 있게 되었다고도 생각할 수 있지 않을까? 그런 의미에서는 주희 이후의 중국사상사는 주자학을 비판함으로써 실은 주희가 본래 주장하던 것을 재확인해 가는 과정이었다고 볼 수 있을 것이다.[127]

그것은 일단 제쳐두고, 중국과 같이 시장경제가 높은 수준으로 발달한 조건을 갖추지 못했던 기타 동아시아 지역에서, 주희사상의 동태적 측면이 부각되지 못하고 주자학으로서의 체계성만이 중시되었다고 한다면, 그로부터 구상되는 사회의 이미지는 전혀 달라졌을 것이다. 가령 마루야마 마사오의 주자학에 대한 이해에서도 그 전형적인 예를 찾아볼 수 있다.[128] 따라서 동아시아의 유교적 근대의 문제를 생각할 때에는 주희 혹은 주자학의 어떠한 측면이 수용되었는지를 기준으로 삼아 중국도 포함한 비교사적 검토가 이루어져야 하며, 채권적 의식의 문제는 그 비교에서 중요한 지점이 될 것이다.

이 문제가 주희사상에서 수용되기 어려운 부분이었다고 한다면, 또 한 가지 문제는 그럼에도 불구하고 주자학이 수용됨으로써 근대로 인식할 수밖에 없는 현상이 동아시아 규모에서 발생했다는 점이다. 특히 과거제도의 도입과, 과거관료에 의한 관료제적 국가 체제를 취한 조선이나 베트남에서 이런 현상이 현저하게 나타났다.

이와 같은 두 가지 측면에서 동아시아의 유교적 근대를 파악한 것으로, 조선시대 과거시험의 양상 그리고 그것과 깊이 결부되어 있었던 양반의 존재양식, 나아가서는 신분제의 독특한 양상, 토지소유와 신분과의 분리 등에 관해서는 지금까지 어느 정도 필자의 견해를 밝힌 바가 있다.[129] 또한 기노시타가 말하는 채권적 의식의 문제와 관련해서는 조선시대, 특히 그 후기에 들어 우후죽순같이 많이 결성된 다양한 '계'라는 조직의 존재 등이 많은 관심을 불러일으킨다.

과거제도나 관료제적인 지배체제가 수용되지 않았던 일본이기는 하지만, 역시 일본에 관해서도 동아시아의 유교적 근대라는 관점에서 검토되어야 할 과제들이 다수 존재한다고 생각한다. 일찍이 미야자키 이치사다가 지적했던 것처럼, 일본 중세의 근세적 요소 혹은 중세적 근세라는 문제가 그것이다.[130] 필자는 미야자키처럼 일본의 일국사적 시대구분에 찬성하지는 않지만, 이러한 지적은 그 이후의 일본사 연구에 있어서 본격적으로 검토되지 않았던 것은 아닐까 생각된다.

유교적 근대라는 입장에서 동아시아의 역사를 바라보고자 한다면, 19세기 이후의 종래의 '근현대사'에 관해서도 중국의 경우와 마찬가지로 재검토하지 않으면 안 된다. 가령 한국사에 관해서 말하자면 그 근현대사는 유교적 근대라는 역사적 토대 위에서 일본을 통한 서구적 근대의 깊은 영향을 받고, 나아가 1945년 이후로 서구적 근대의 변형으로서 미국적 근대의 영향을 받은 역사라고 볼 수 있다는 것이다—거기에 북한을 포함하면, 소련형 근대의 영향까지도 받았다고 할 수 있을지도 모르겠다. 마찬가지로 베트남이나 류큐(오키나와)에 관해서도 이처럼 말할 수 있을 것이다. 종래에는 부정적으로 평가되어 왔던 이 역사적 경험이 21세기의 오늘날에서는 오히려 적극적인 의미를 가질 수 있는 경험으로 재인식할 필요가 있고, 그러한 경험을 갖지 않은, 혹은 부분적으로만 경험했던 일본의 문제까지도 함께 생각해보아야 할 것이다.

끝으로 여기에서 시론적으로 제시한 유교적 근대라는 개념과 마찬가지로, 이슬람적 근대라는 개념도 성립할 수 있다고 필자는 생각한다. 나아가 인도적 근대 등등, 다른 근대 개념도 성립할 수 있을지 모르겠는데, 그런 다양한 근대 개념을 검토하는 가운데 서구적 근대라는 것이 상대화되어야만 한다. 그런 다양한 근대 개념이 병존하고 있는 것이 현재의 상황이라고 한다면, 그로부터 근대를 넘어서는 새로운 이념과, 그 이념에 기초한 사회를 구상할 수 있는지의 여부에 인류의 미래가 걸려 있는 것이 아닐까 생각해본다.

12장

역사학자의 소설읽기,

황석영의 소설

『심청』

1. 화폐와 여성

　역사연구와 역사소설의 관계에 대해서는 지금까지 많은 이야기들이 있었다. 역사연구는 어디까지나 사료를 바탕으로 이루어져야 하는데 비해 역사소설은 가공의 인물 설정 등 가구(假構)의 세계를 허용하면서도 역사적인 현실을 보다 리얼하게 재현하는 것을 목표로 삼는다. 역사에 관한 문학작품이 역사학의 작품보다 재미있을 수 있는 이유는 역사연구자가 사료의 부재 때문에 넘어갈 수 없는 부분을 뛰어넘어서 역사적 현실을 재구성할 수 있는 그 특권에 있다고 하겠다. 그러나 그 특권도 사실과 완전히 동떨어진 채 쓰이면 황당무계할 수밖에 없다. 그런 위험을 막아주는 것은 역시 역사연구자의 경우와 마찬가지로 관련된 사료에 대한 깊은 지식과 관심일 것이다.

　황석영의 소설 『심청』의 매력도 다름 아니라 역사연구자에 못지 않은 깊고도 넓은 작가의 지식이 바탕에 깔려 있기 때문이라고 생각된다. 이 소설은 19세기 중엽에 동아시아에서 일어난 다양한 움직임이 심청의 인생행로에 있어서 통주저음(通奏低音)으로 울리는 가운데, 때로는 그것이 주요 선율(旋律)이 되어 심청의 삶에 직접 파동을 일으키는 식으로 구성되어 있다. 작품의 무대인 중국의 난징과 진장, 대만의 지룽, 단수이 그리고 싱가포르, 류큐(琉球), 일본의 나가사키 등의 지리와 역사에 대한 저자의 깊은 이해가 이 작품을 매력적인 것으로 만든 큰 요인으로서 역사연구자인 필자는 큰 감명을 받았다. 특히 19세기를 무대로 한, 이렇게 규모가 큰 역사연구는 전무하므로 역사연구는 문학 작품보다 뒤떨어질 수밖에 없는 것일까 하는 아쉬움도 절실하다.

이 소설에서 심청이 넓은 지역을 이동할 수 있었던 이유는 이 지역들 사이에 일정한 관계가 존재했기 때문인데 그러한 관계를 성립시킨 매체는 지역간의 상품 유통이며 그걸 매개하는 화폐의 존재였다.

여기에는 여러 가지로 다양한 화폐들이 등장한다. '말굽 은[馬蹄銀]', '서양 은화', '무역 은', '한 냥짜리 금화인 코반(小判)' 등이 그것이고 또한 아편도 화폐로서의 기능을 가졌다고 한다. 이러한 화폐의 흐름과 반대 방향으로 상품이 흘러가는데 상품과 동시에 혹은 그것보다도 훨씬 앞서서 여성들이 흘러가는 모습이 이 작품, 특히 전반부의 핵심 부분이라고 할 수 있을지도 모른다. 작가는 「작가의 말」에서, 이러한 여성들의 이동이 1970년대의 근대화에 따라서 농촌에서 서울로 떠났던 여성들의 이동과 동질적인 현상이라고 지적하고 있는데, 문제는 이러한 현상이 지금까지도 이어지고 있다는 것이다.

예를 들어 일본 동경의 신주쿠, 우에노 같은 번화가의 경우 1980년대에는 한국 여성들이 눈에 띄었다가 90년대에 들어가면서 동남아, 러시아의 여성들이 진출하게 되었고 최근에는 중국 여성들이

다수를 차지하게 된 것 같다. 작가는 매춘, 즉 성의 상품화를 낳는 기본적인 요인으로서 모든 것을 상품화하는 근대 자본주의의 존재를 지적한다. 그러한 지적 자체는 옳다고 보지만 매춘을 강요당하는 여성들의 동기가 심청의 경우와 마찬가지로 아버지 또는 오빠나 동생을 위해, 즉 가족의 생활 유지를 위한 경우가 많은 부분을 차지한다고 한 점에 대해서는 조금 다른 각도에서 생각해볼 필요가 있지 않을까 싶다.

심청이 눈 먼 아버지를 위해 몸을 판 것을 가지고 작가는 봉건적인 충효도덕에 의한 일로서, 심청을 산 상인들의 이윤추구와는 질적으로 다른 차원의 것(전근대와 근대)으로 간주하고 있는데 과연 그럴까? 심청같이 사회의 최하층에 속한 사람들에게 있어서 그러한 도덕을 요구하는 가족이라는 조직이 일반적으로 성립하게 된 일은 그리 오래된 것이 아니다. 최근의 연구에 의하면 양반계층을 제외한 일반 서민의 수준에서 부부와 그들의 아이로 구성되는 가족이 지속적인 조직으로 성립한 것은 18, 19세기에 들어와서야 가능했다고 한다. 그 이전에는 노비—16세기에 있어서는 사회 구성원 전체의 30~50%를 차지했다고 생각된다—의 경우 전형적으로 보이듯 가족을 구성할 수 없는 사람이 많았으며, 가령 가족을 형성했다 하더라도 그것은 아주 취약하고 언제든지 해체될 확률이 강한 조직에 불과했다는 이야기이다. 필자는 가족 조직의 보편화와 그에 따른 가부장제의 강화가 20세기에 들어와서 한층 더 심화되었다고 생각한다.

따라서 산업으로서의 매춘 성립의 배경에는 핵가족 혹은 직계

가족이 일반 서민 수준에서도 형성되었다는 의미에서 가족사상(家族史上)의 획기적인 변화가 존재하는 것으로 봐야 한다. 일반적으로 말해 근대라는 시대는 개인 해방의 시대로 인식되어 왔다. 즉 그전까지 마을이나 가족, 친족 같은 공동체에 갇혀 있던 개인이 근대에 와서 해방된다는 것이 일반적인 인식이었다고 말할 수 있을 것이다. 이렇게 동아시아 또는 한국에서 근대 이후에 가족 조직이 강화되었다고 한다면, 여기에는 기존의 인식과 다른 점이 대두하게 된다. 즉 가족을 중시하는 현상은 그동안 전근대성을 나타내는 것으로서 취급되어 왔던 것이다. 오히려 동아시아에서는 근대화나 자본주의화 그리고 가족 조직의 강화 등이 서로 보완적으로 진행되었다고 생각되며 그런 현상을 단순히 후진성의 징후로만 치부할 수는 없다고 하겠다.

문제는 이러한 가족사상의 큰 변화가 곧, 작가가 말하는 '아래로부터의', '백성들'의 노력에 의해 이루어졌다는 데 있다. 환언하면 산업으로서의 매춘 성립은 '아래로부터의' 변혁운동이 실패했기 때문이라고 단순하게 볼 수는 없으며, '아래로부터의' 노력 그 자체의 문제로서도 봐야 된다고 생각한다.

2. 19세기 후반이라는 시기 설정

『심청』을 읽기 시작할 때 필자는 막연하게 이 작품의 시간적 배경이 16세기나 17세기쯤 될 것이라고 생각했다. 동아시아를 무대로 심청전을 쓴다고 할 때 16~17세기가 가장 알맞을 것이라고 생각했던 선입견 탓일 것이다. 그 때문이었는지 이 책을 읽고 난 후에도 작가가 왜 19세기로 그 시기를 설정했는지 의문이 남았다.

한 가지 예를 들어보자. 앞에서도 언급했던 바이지만 심청의 편력을 가능케 한 것은 당시 국제적인 화폐의 흐름이었다고 생각되는데 이 책에 등장하는 화폐들은 거의가 은이다. 주지하는 바와 같이 동아시아 지역에 있어서 은의 폭발적인 유통이 시작된 시기는 16세기였다. 당시 은의 유통은 아메리카 대륙과 일본 열도에서 은이 대량으로 생산되면서 가능해졌는데 그 은은 아시아, 특히 중국의 상품인 차, 생사, 비단, 도자기 등을 구입하기 위해 필요했던 것이다. 당시 사람들에게 수연(垂涎)의 대상이었던, 이 세계적인 상품을 구입하기 위해 세계 화폐로서의 은이 지구를 돌아다녔던 것이며 이것이야말로 세계 경제의 탄생을 말해주는 사건이었다.

그런데 이런 세계 화폐의 유통은 각 지역의 지역 경제에 대해서는 생산을 촉진시키는 자극제가 되는 반면 지역 경제를 크게 교란시키는 작용도 수행했다. 왜냐하면 세계 화폐는 높은 이윤이 기대되는 부문에 집중적으로 투자되지만 지역 경제의 질서 유지에는 기여하는 바가 없기 때문이다. 이런 현상은 몇 년 전의 이른바 아시아 금융위기, 한국의 IMF 사태에서도 극적으로 나타났던 바이다.

일본의 중국 경제사 연구자인 구로타 아키노부(黑田明伸)의 저서 『중화제국의 구조와 세계 경제』(동경대학출판회), 『화폐(貨幣) 시스템의 세계사』(청목서점)에 의하면 17세기 이후 청나라에서 실시된 해금(海禁)정책이나 일본 도쿠가와 막부에 의해 실시된 쇄국(鎖國)정책 등은 16세기에 은이 폭발적으로 유통하자 지역 경제에 혼란이 일어나게 되어 그에 대한 대응책으로 나온 것이었다고 한다. 이러한 현상은 조선왕조의 경우에도 마찬가지였다. 은은 15~16세기에 계속 증산되었다가 16세기 후반에 와서 그 생산이 중지되기에 이른다. 그 직접적인 원인은 명나라에 대한 조공 무역에서 은을 조공하는 부담이 커졌기 때문이었다. 그런데 그 배경에는 은이라는 세계 화폐에 의한 국내 경제의 혼란을 피하려고 했던 것이 동기로 작용했다고 생각된다. 따라서 17세기 이후 일본·대마도에서 수입된 은은 조선 국내에서는 거의 사용되지 않고 그냥 청나라로 재수출되는 현상이 생겼던 것이다.

어쨌든 간에 동아시아 지역에서는 16세기 이후 은이 국제적 결제 통화가 된 셈이고 17세기 후반에서 19세기 중엽까지 그전 같지는 않았지만 은이 계속해서 결제 통화로서의 역할을 수행했던 것으로 보인다. 그래서 심청이 동아시아를 이동할 수 있었던 이유도 여기에 있었다고 생각되는 것이다. 소위 서양의 충격이라는 것은 이렇게 이미 형성되었던 동아시아의 국제적인 경제권을 이용하고 또한 그것을 구미 중심으로 바꾸려고 했던 움직임이라고 볼 수 있다. 이 소설에서도 아편이 국제 통화로 나오는데, 그것은 영국이 대중국 무역에 필요한 은에 대한 대체물로서 인도산 아편을 유통시켰기 때문이었다. 마르크스가 19세기 중엽의 중국 개항을 가리켜 '두 번째의 16세기'라고 지적한 것은 16세기와 19세기의 연속과 단절을 단적으로 표현한 말이라 하겠다.

작가가 이 소설의 무대를 19세기 중엽으로 설정한 이유는, 구미의 존재를 중시하고 그것이 오늘날 동아시아의 많은 분야에 결정적인 영향을 미치고 있다고 생각하기 때문인 것으로 보인다. 그러나 필자는 19세기 이후의 동아시아는 그 이전부터의 연속성을 강하게 가지고 있다고 본다. 따라서 작가가 전통과의 단절을 강조하고 더욱이 서양의 충격 이전의 시기를 심청으로 하여금 그립게 회상할 수 있는 시대로 묘사하는 시대 파악에 위화감을 느끼고 있다.

3. 동아시아에서 구미의 존재를 어떻게 자리매길 것인가?

19세기 이후 구미의 존재를 결정적인 것으로서 생각하는 작가이기에 이 소설에서도 근대, 근대성에 관련된 서술이 슬며시 나온다. 예를 들어 심청이 처음으로 시계를 보는 대목에 다음과 같은 대화가 나온다.

"이건 시계라고 합니다. 위에 튀어나온 꼭지를 돌려서 밥을 주면 죽지 않고 움직입니다."
"뭐에 쓰는 물건이에요?"
"시간을 가르쳐줍니다. 이것은 서양인들에게 매우 중요한 물건이지요."
청이는 움직이는 바늘을 들여다보며 다시 허푸에게 물었다.
"시간 … 그게 뭐죠?"

시간의 문제와 관련해서는 심청의 남편이 된 제임스를 가리키면서 다음과 같이 말하기도 한다. "청이가 볼 적에 제임스는 거의 자명종의 노예라고 할 만하다."
한편, 근대를 계약이 지배하는 시대로 보는 것으로 여겨지는 대목의 대화를 살펴보자.

"여기 고용된 이들은 누구나 계약에 묶여 있습죠."

청이 아마를 돌아보니 그네는 평소처럼 눈을 동그랗게 뜨고 고개를 천천히 끄덕였다. 이건 아주 진지한 얘기라는 뜻이다.

"허푸 어른부터 마님까지 … 계약에 묶여 있는 셈입니다."

시간이건 계약이건 간에 모두 구미에서 동아시아로 가져온 것이라는 이해가 깔려있는 대목이다. 이것을 한마디로 말하면 "온 세상이 돈에 미쳐 있다"는 것이다. 그리하여 시간과 계약이 지배하는 사회에 대해 심청은 "그 질서는 누가 만든 거예요?"라고 물음을 던진다.

위에서 인용한 부분들은 역시 앞에서 지적한 전근대와 근대, 바꾸어 말하면 전통과 근대를 대립적으로 파악하는 구도에 의한 것으로 필자와는 입장을 달리하는 부분이다. 시간관념이 과연 동아시아 지역에서는 존재하지 않았던 것일까? 혹은 전근대의 순환적인 시간관념이 근대에 와서 진보적인 시간관념으로 바뀌었다고 볼 수 있는 것일까? 토지에 대한 계속적인 노동 투하로 토지의 생산성을 높였던 동아시아 논농사의 특색을 고려한다면 전통시대에 있어서도 순환적인 시간관념만이 지배했다고 생각할 수는 없을 것이다. 가족의 형성 또한 발전적인 시간관념과 깊은 관계가 있었던 것으로 보인다. 따라서 "그 질서는 누가 만든 거예요?" 하고 물어보는 심청에 대해 필자라면, 그것은 구미가 만든 것이라거나 "이제 온 세상이 서양의 저자가 될 테지요"라고 대답하지는 않을 것이다.

오히려 그런 의미에서 필자가 주목하고 싶은 부분은 이 책의 부록으로 수록된 「작가의 말」 중에 보이는 서술이다.

나는 근대의 동아시아 주변을 떠올렸다. 한국 중국 일본 세 나라에서 필리핀 인도네시아 베트남 인도로까지 관심은 확장되었고 19세기는 이들 지역에 의미심장한 변화가 일어난 중요한 때라고 보았다. 그리고 여러 자료를 접하면서 이른바 동양사가 서양의 편에서 동쪽을 바라본 편견에 의하여 기술되었다는 것과, 이러한 세계관은 서구가 제패한 세계시장 속에 이 지역을 편입하려는 집요한 의지의 표현이기도 했다는 점을 새삼 발견했다.

즉 동양사를 서양의 편에서 바라보지 않으려면 16세기까지 거슬러 올라가야 된다는 것이다. 그런 의미에서 필자는 최근에 16세기 이후를 동아시아의 근대로 파악할 것을 주장한 바가 있다.[132] 그 점에서 필자와 작가 사이에는 별다른 차이가 없다고 말할 수 있을 터인데, 『심청』에서는 작가 자신이 서양의 편에서 바라보는 입장을 완전히 극복하지 못한 것같이 보이는 것이다.

4. 왜 심청인가?

이 소설의 작가는 왜 심청을 주인공으로 뽑았는가? 이 문제를 생각할 때 「해설」을 담당한 류보선씨의 지적을 참고해볼 만하다.

> 이런 여러 가지 요인 중에서도 『심청』을 위대하게 만든 핵심적인 요인 중의 하나는 심청전의 풍부한 재해석과 심청전 내러티브의 적극적인 활용이다. 어떻게 보면 『심청』은, 심청전이라는 내러티브가 바탕에 깔려 있지 않았을 경우, 한 여인의 인생역정으로 포괄하기엔 너무 많은 역사와 시기를 포괄하고 있는 것이 사실이다. 한 평범한 여성 화자나 실존 인물을 전면에 내세워 동아시아의 근대화 과정 전체를 횡단했을 경우 그것은 현저하게 개연성도 밀도도 떨어졌을 것이며 무리한 구성이 되었을 가능성이 높다. 하지만 『심청』은, 심청전이라는 다소 비현실적이고 환상적인 텍스트를 적극 활용함으로써 오히려 실재와 환상, 역사와 허구 등을 자유자재로 넘나들며 그 풍부한 내용들을 한 작품 속에 대단히 밀도 있게 포괄해낼 수 있었던 것으로 보인다.

이 문장은 작가가 왜 심청을 주인공으로 해서 19세기 중엽의 동아시아를 그리려고 했는가에 다한 해석으로서 아주 명쾌하고 훌륭하다. 하지만 한 걸음 더 나아가 이러한 주제의 소설을 쓸 때 작가는 적당한 주인공이 심청밖에 없다고 생각했던 것으로 볼 수 있다. 즉 19세기에 동아시아에서 일어난 '의미심장한 변화'를 한국인 독자에게 자기의 문제로 귀를 기울이게 하기 위해서는 심청이라는 여성을 등장시킬 수밖에 없다고 작가가 판단했다는 말이다. 아마도 이 소설의 무대를 16세기나 17세기로 잡았다면 심청이 아니라도 얼마든지 한국인 주인공을 찾아낼 수 있었을 것이다. 그건 그렇다 치고 19세기 중엽을 무대로 할 때 과연 심청 이외에 한국인 주인공은 있을 수 없는 것일까?

작가가 심청을 주인공으로 설정한 배경에는 이른바 조선시대를 쇄국(鎖國)시대라고만 보는 통념 때문이 아닌가 싶다. 주지하는 바와 같이 한국과 일본의 역사 교과서에는 19세기 중엽의 조선왕조는 '쇄국정책'을 고수했다고 서술되어 있다. '쇄국'이라는 말은 18세기 말에 일본에서 만들어졌는데, 그것은 독일인 켄펠의 책을 일본어로 번역하면서 번역자인 시즈키 다다오(志筑忠夫)가 당시 일본의 상황을 표시하는 개념으로서 만든 것이었다. 그러나 그 이전의 일본에 있어서도 하물며 조선시대의 한국에서도 서구 제국과의 통교를 금하는 정책을 '쇄국'이라는 개념으로서 파악한 일은 없었다. 조선왕조의 외교 정책을 '쇄국'으로 보게 된 것은 분명히 메이지유신 이후의 일본에 의해서이다. 거기에는 조선 정부가 일본의 개국 요구에 완강하게 저항하고 있다는 이미지를 심기 위한 저의가 깔려 있었던 것이다. 그리고 그런 일본의 입장은 구미에 의한 개국을 문명의 전파로서, 문명화 과정으로서 강요하는 구미의 주장을 그대로 받아들인 것에 불과했다. 이러한 '쇄국' 개념이 한국의 학계에서 자각 없이 통용되고 있는 현상은 문제가 아닐 수 없다.

그렇다면 조선시대는 정말로 쇄국의 시대였던 것일까? 여기서 한 가지 흥미로운 연구 성과를 하나 소개하고 싶다.『조선후기 대청(對淸)무역사연구』133)이다. 이 책에 따르면 1720년대 이후 청·일 간의 직교역으로 말미암아 어려워졌던 대청 무역이 18세기 후반에 들어서면서 가삼(家蔘) 재배의 보급과 홍삼 제조 기술의 발달에 의해 확대되기 시작했고 18세기 말에 정부도 포삼제(包蔘制)를 실시해서 홍삼을 대청 무역품으로 공인함으로써 홍삼 무역이 폭발적으로 증가하기에 이르렀다고 한다. 그뿐만 아니라 이러한 과정에서 홍삼 무역의 주도권을 둘러싸고 중앙정부와 지방관, 역관(譯官), 서울의 경강 상인, 개성과 의주의 상인 사이에서 치열한 각축이 벌어졌다는 사실이 아주 흥미롭게 소개되어 있다.

이러한 현상은 19세기 후반 이후의 이른바 자유무역과는 물론 성격이 다르지만 대외무역을 둘러싸고 수출을 위한 상품 작물의 재배와 그 가공업의 발달, 정부의 관세정책, 그리고 상인들의 주도권 다툼과 홍삼 제조 기술의 개성 상인에 의한 독점 등, 개항 이후에 전개될 현상들과 공통적인 면도 많이 발견된다. 조선시대를 쇄국시대로 보는 시각은 개항을 전후한 시기의 변화를 실제보다 크게 평가한다는 의미에서 서양의 편에서 보는 입장과 상통하는 면이 많다. 그리고 1876년의 이른바 개항 이후 조선의 무역량은 일본보다는 덜하지만 중국보다는 급속히 증가했다고 여겨지는데 이러한 사실도 쇄국시대라는 시각의 재검토를 요구하는 대목이라 할 수 있을 것이다.

이상과 같이 이 소설은 소위 서양 중심적인 입장을 비판하려 하는데, 그 비판이 제대로 관철되지 않고 있다는 인상을 주고 있다. 아마 이러한 현상은 작가만의 문제가 아니고 우리가 얼마나 서양 중심주의에 무의식적으로 구속되어 있는가를 말해주는 것으로 그 극복의 어려움을 다시 생각하지 않을 수 없다.

5. 현실은 소설보다도 더욱 복잡하고 중층적이다

　이 소설의 한 가지 주제는 심청의 정신적인 성장인데, 그것과 관계있는 것으로서 특히 류큐와 나가사키에서 심청이 현지의 정치적인 변동에 직접 말려드는 존재로 등장하는 부분을 들 수 있다. 그 정치적인 변동이란 류큐와 일본에서의 개항 문제로 이에 관해서는 몇 가지 사실의 오류가 보일 뿐 아니라 그것이 소설 전체의 재미를 덜하게 하여 아쉬움으로 남는다.

　류큐에 온 심청은 미야코(宮古) 섬의 영주인 도요미오야 가즈토시(豊見親和利)와 결혼함으로써 류큐의 정변에 말려들게 된다. 즉 개항정책을 둘러싼 류큐 정부의 정책 변동, 류큐를 지배하고 있었던 일본 사츠마(薩摩)의 번주(藩主)인 시마즈(島津)의 번주 교체와 관련된 정책 변화 등의 이유 때문에 심청의 남편이 실각해 죽고 마는 것이다. 이상과 같은 스토리에서 필자가 납득이 가지 않는 부분은 도요미오야가 미야코의 영주라는 설정이다.

　미야코 섬을 중심으로 한 미야코 제도(諸島)와 이시가키(石垣) 섬을 중심으로 한 야에야마(八重山) 제도는 류큐왕국에서 특이한 성격을 가진 지역이었다. 이 지역은 원래 류큐왕국과는 다른 독립적인 정치체를 구성했다가 16세기에 와서 류큐의 지배를 받게 되었다. 따라서 그 후 류큐왕국의 중심지인 오키나와 제도 지역보다도 훨씬 가혹한 지배를 받아왔던 것이다. 특히 미야코 조후(上布)나 야에야마 조후라고 부르는 인두세(人頭稅)의 부담이 컸다고 한다. 이를테면 사키시마(先島)라고도 부르는 미야코, 야에야마 지역은 류큐왕국의 식민지와 같은 상황에 놓여 있었던 것이다. 그러한 미야코 섬의 역사와 지위를 고려할 때 거기의 영주인 도요미오야와 주민들의 관계도 복잡한 것이 될 수밖에 없었다고 여겨진다. 왜냐하면 미야코 영주는 류큐 국왕 쪽의 입장에서 섬의 주민에 대해 가혹한 지배를 담당하는 존재였기 때문이다. 따라서 사츠마의 지배를 받는 그 류큐가 사키시마 지역을 지배하는 식으로, 현실은 그렇게 복잡하고 중층적인 구조였던 셈이다.

그뿐만 아니라 시마즈에 의한 류큐 침공 자체도 단순히 시마즈 대 류큐라는 구도로만 파악할 수 없는 면도 있었다. 왜냐하면 류큐의 지배계층에게는 시마즈의 침공이 대중국 무역의 쇠락에 시달렸던 상황을 타개해주는 면을 가진 것으로서 자신들의 지위를 어느 정도 보장해주는 의미가 있었기 때문이다. 이 소설에서는 그러한 구조가 충분히 고려되지 않고 있기 때문에 사츠마와 류큐의 모순만이 부각되는 단순한 구도가 제시되어 있다.

이러한 예가 말해주듯이 지배의 구조는 많은 경우 중층적인데 그것은 주지하는 대로 분열정책의 소산이다. 따라서 그러한 지배를 아래로부터 극복하려고 할 때도 어려운 문제들이 발생하기 십상이다. 작가가 미야코까지 시야에 들인 것은 남다른 감각을 보여주는 대목인 만큼 그 단순화가 아쉽게 느껴진다.

필자의 대학시절 선배 중에 이시가키 섬 출신이 있었다. 그 분이 자주 했던 농담으로 지금도 생생하게 기억에 남아있는 이야기가 있는데, 그것은 자기는 네 가지 일본어를 배워야 했다는 것이다. 즉 먼저 야에야마 지역의 사투리를 배우고 고등학교에 입학하면서 오키나와 본도(本島)의 사투리를 배웠으며 대학에 들어간 다음에는 교토(京都) 사투리를 배우고 이어 표준어인 일본어를 배웠다는 것이다. 사키시마 지역의 말과 오키나와 본도의 말은 이 농담처럼 서로 전혀 통하지 않고 오키나와 사투리도 다른 지역의 일본어와 통하지 않는다. 이 소설에서는 언어 문제로 중국어, 영어, 일본어의 문제만 나와 있을 뿐 그들 내부의 사투리 문제는 전혀 고려하고 있지 않다. 이른바 국어의 형성 이전 시기를 대상으로 한 소설이었기에 이런 부분에도 신경을 썼으면 이야기가 더욱 입체적인 것으로 되지 않았을까 생각해본다.

이상으로 이 책을 읽으면서 떠올랐던 잡다한 감상, 생각을 써 봤다. 필자의 한국어 능력 문제도 있어서 여러 가지 오해가 있을지도 모른다. 다만 저자 황석영씨의 "이 지역 사람들의 삶이 헛수고가 아니었음을 말하고 싶었을 것이다. 아니 헛일이었다면 또 어쩌랴, 다시 시작하는 수밖에"라는 말에 공감하는 자로서 다시 시작하기 위해서 생각해야 될 문제 몇 가지에 대해 나름대로 소견을 피력했을 뿐이다.

4부
21세기 동아시아학과
한국학을 위한 제안

13장

동아시아 세계 속의 한국학

1. '지역연구' 비판

'동아시아 연구'라는 말은 일반적으로 'East Asian Studies'의 번역어로서 사용되고 있으며 지역연구의 한 영역으로서의 성격이 강하다. 이에 비해 '동아시아학'은 지역연구로서의 동아시아 연구와는 다르며, 오히려 그것을 비판하는 입장에 있다고 필자는 생각한다.

지역연구라는 학문 분야는 주지하듯이 20세기에 미국에서 탄생한 것으로, 19세기 유럽의 학문 분야에서는 연구대상이 아니었던 비-구미지역의 현실을 연구하기 위해 만들어졌다. 오늘날의 많은 학문 분야는 19세기 유럽에서 탄생한 것인데, 이른바 사회과학에 속하는 정치학, 경제학, 사회학 그리고 인문과학의 한 영역인 역사학 등은 유럽 및 유럽 사람들이 새로이 이주하면서 건설한 국가 영역을 그 연구대상으로 삼았다. 그에 비해 비-구미지역을 연구하는 학문은 '문명' 지역을 대상으로 한 동양학과, '비-문명' 지역을 대상으로 한 인류학이 새롭게 생겼던 것이다. 이처럼 19세기 유럽의 학문 분야는 각기 연구대상 지역이 뚜렷하게 나뉘어 있었던 것이다. 지역연구는 이러한 기본적인 틀 자체는 그대로 둔 채 미국의 세계 전략적인 관점에서 비-구미지역의 현실을 분석하여 거기서 유효한 정책을 입안하는데 필요한 정보를 얻기 위해 만들어진 것

이다.[134]

하지만 아주 다양한 비-구미지역의 현실을 분석하면서 효과적인 정책적 함의를 얻는다는 것이 그리 쉽지 않기 때문에 그 어려움을 극복하기 위한 방법으로 고안된 것이 다름 아니라 로스토우의 근대화론이었다. 즉, 근대화론은 비-구미지역의 다양성을 사상(捨象)하여 수적으로 파악할 수 있는 몇 가지 지표를 설정함으로써 각 지역의 '발전 단계'를 측정하고 거기서부터 유효한 정책을 도출하려는 의도를 가지고 있었다.[135]

오늘날 근대화론의 파산은 분명하지만 그런데도 여전히 구미의 대학, 연구소에서는 비-구미지역에 대한 연구체제를 그대로 유지하고 있다. '동양학연구소', '동양학부', '아시아·아프리카학부' 등의 명칭이 그것을 단적으로 말해주고 있는 것이다. 이러한 학부와 연구소들이 설치되어 있다는 것은 역사학부나 철학과, 문학과 등과는 별개로 비-구미지역의 연구가 보편성을 가지고 있지 못하다는 인식 때문일 것이다.

지역연구로서의 동아시아 연구가 이상과 같은 것이라면 동아시아학은 그에 대해 비판적인 입장에 있다. 즉, 동아시아 지역을 내재적으로 연구함으로써 유럽에서 태어난 지금까지의 학문분류 자체를 다시 검토하는 것이 동아시아학의 기본적인 목적일 수 있는 것이다.

알기 쉬운 한 가지 예로 유교가 종교인지, 아닌지를 문제 삼는 경우가 있었는데, 이럴 때 일반적으로 전제되는 것이 기독교적인 종교 개념이었다. 또한 지금까지 주자학 연구에서 중점적으로 논의되었던 문제는 이기론(理氣論)이라고 할 수 있지만 이런 현상도 주자학의 일부분에 불과한 이기론이 유럽적인 철학의 방법에 친근성을 갖고 있기 때문에 많은 연구자의 관심을 끌게 되었던 것이라고 볼 수 있다. 대단히 포괄적인 존재인 주자학을 분해한 다음 그 일부분만을 연구해온 셈이다.

이러한 현상은 말할 것도 없이 유교, 주자학의 연구에 한정된 일이 아니다. 다음으로 역사연구 분야에서 지금까지의 동아시아사 연구가 얼마나 유럽적인 관점으로, 바꿔 말하면 동아시아 내재적인 관점이 아닌 시각으로 행해졌는지를 검토해보기로 한다.

2. 동아시아사 연구에서의 유럽 중심주의

　지금까지의 한국사 연구, 동아시아사 연구에 있어서 유럽 중심적인 입장이 얼마나 일반적이었는지, 그 예는 쉽게 발견될 수 있지만 그 중에서도 전형적인 사례가 시대구분의 문제이며, 특히 '중세' 혹은 '봉건제' 문제가 가장 심각하다고 여겨진다. 여기서 봉건제 문제라고 하는 것은 서유럽 중세의 사회체제를 표시하는 'feudalism'의 번역어인 '봉건제'를 동아시아의 역사 파악에도 적용하려고 하는 경향을 의미한다. 이러한 경향은 러·일전쟁을 전후한 시기에 일본에서 자국의 역사에 적용되었고 1930년대 이후에는 한국사, 중국사에서도 적용되기에 이르렀으며 지금도 많은 연구자에게 지지를 받고 있다.[136]

　물론 봉건제 개념을 동아시아사에 적용하는 것에 대한 비판이나 저항이 존재하는 것도 사실이지만 그런 경우 봉건제 개념을 대신해서 중세 개념이 많이 사용되는데, 그 역시도 유럽 중세가 암묵적으로 전제되어 있는 것이 일반적이다.

　새삼스레 말할 것도 없이 시대구분 문제는 역사연구에 있어서 대단히 중요한데, 거기에는 중세 혹은 봉건제라는 유럽적인 기준이 통용되고 있으며, 또한 교과서나 일반 개설서에도 그러한 면이 반영되어 있다. 그러나 이러한 현상은 동아시아사, 한국사를 내재적으로 이해함으로써 지금 동아시아사회가 안고 있는 문제를 극복하고 미래를 개척해나가는 데 필요한 역사의식의 형성을 방해하고 있다. 따라서 여기서는 세계사, 동아시아사, 한국사의 시대구분의 문제를 구체적으로 검토하기 위해 고등학교 '국사'와 '세계사'의 교육과정 해설 그리고 교과서와 한국사 개설서를 살펴보기로 한다.

1997년 이후 실시된 제7차 교육과정—제7차 교육과정 해설서는 교육인적자원부의 홈페이지를 통해서 볼 수 있다—에 따르면 고등학교 사회과는 '정보화 · 세계화 · 개방화 사회로의 변화'가 요구하는 새로운 자질을 가진 시민을 길러낼 것을 그 목표로 함과 동시에, "인간의 존엄성과 자아실현 및 타인과의 상호작용을 강조하고, 타인에 대한 배려를 경험하도록 하며, 전통문화의 이해를 통한 문화 정체성의 확립과 공동체 의식의 회복이 강조되어야 할 것"을 내세우고 있다. 이어서 국사 교육의 성격으로 "우리 민족의 문화 전통을 확인시켜 민족사 전개에 적극적으로 참여하게 하는 정신을 길러준다. 따라서 우리 민족의 역사를 바르게 이해하기 위해서는 우리 민족의 모습을 민족사적 차원만이 아니라 세계사적 차원에서 상호 관련적으로 파악하는 것이 필요하다"고 말하고 있다.

여기서 말하는 민족사적 차원과 세계사적 차원을 상호 관련적으로 파악하기 위해 고등학교 국사 교과서에서는 'Ⅲ. 통치구조와 정치활동' 각 장의 첫 부분에 해당 시기의 세계사를 약술해놓고 있다. 그 중에서 중세 부분을 보면, "고려는 새로운 통일 왕조로서 커다란 역사적 의의를 지닌다. 고려의 성립은 고대사회에서 중세사회로 이행하는 우리 역사의 내재적 발전을 의미한다. 신라말의 6두품 출신 지식인과 호족 출신을 중심으로 성립한 고려는 골품 위주의 신라보다 개방적이었고, 통치체제도 과거제를 실시하는 등 효율성과 합리성이 강화되는 방향으로 정비되었다. 특히, 사상적으로도 유교 정치이념을 수용하여 고대적 성격을 벗어날 수 있었다"고 하여, 고려의 성립을 중세의 개시로 파악한 다음, 같은 시기의 세계사가 서술되어 있다.

10세기 초 중국에서는 당이 멸망하고 5대 10국이 흥망하는 가운데 사대부라는 새로운 지배층이 성장하였다. 5대의 혼란을 수습한 송은 중앙 집권적인 황제 독재 체제를 구축하고 과거 제도를 강화하여 문반 관료 중심의 문치주의 체제를 확립하였다. … 이 시기에 주희가 체계화한 성리학은 중국은 물론 우리나라를 비롯한 주변의 여러 나라에 큰 영향을 끼쳤다. … 일본은 9세기 중엽 국왕권이 약화되고 지방 호족이 장원을 소유하고 무사를 고용함으로써 특유의 봉건 제도를 갖추기 시작했다. … 한편, 서양은 게르만 족의 이동으로 고대사회에서 중세사회로 전환하였다. … 서유럽에서는 봉건 제도가 성립되어, 왕권이 약화되고 지방 분권 체제가 이루어졌다. 봉건 제도의 경제적 단위는 귀족과 기사들이 소유한 장원이었다. 장원의 토지를 경작하는 농민은 대체로 부자유 신분인 농노로서, 이들은 장원의 주인인 영주와 토지에 예속되어 있었다.

여기서 지적되어야 할 것은 세계사적인 중세의 기준이 애매하다는 점이다. 예를 들어 중국의 경우 어떻게 해서 송대 이후를 중세로 볼 수 있는지, 아무런 근거도 제시하지 않고 있다. 또한 고려를 설명하는 데 있어 유교적 정치이념의 수용을 중세의 지표로 제시하고 있는데, 그것을 단순히 받아들인다고 하더라도, 중국의 경우 유교가 정치이념으로 확립된 한대 이후를 과연 중세로 볼 수 있는지에 대해서는 의문을 가질 수밖에 없다. 또 중국과 비교해서 서유럽과 일본의 봉건제가 명시적으로 제시되어 있는 데 비해 중국이나 다른 지역에 대해서는 봉건제와 같은 분명한 개념으로 중세가 전혀 설정되어 있지 않다. 따라서 고려의 성립을 왜 중세의 개시로서 파악할 수 있는지, '개방성, 효율성, 합리성' 등을 그 지표로 제시한 것이라고도 생각할 수 있지만 그 지표가 세계사적으로 공통되는 것인지도 또한 애매하다.

'근세'의 경우도 마찬가지다. "(조선의) 정치구조는 권력의 집중을 방지하면서 행정의 효율성을 높이는 방향으로 정비되었다. 관리 등용에 혈연이나 지연보다 능력을 중시하였고, 언로를 개방하여 독점적인 권력 행사를 견제하였다. 아울러 6조를 중심으로 행정을 분담하여 효율성을 높이면서 정책의 협의나 집행 과정에서 유기적인 연결이 가능하도록 하였다. 조선은 고려에 비하여 한 단계 발전된 모습을 보여 주면서 중세사회에서 벗어나 근세사회로 나아갔다"고 조선의 성립을 근세의 지표로 파악한 다음, 세계사에 대해서는 이렇게 설명하고 있다.

14세기 후반 중국에서는 명이 건국되어 전통적인 한문화가 회복되었다. 명대에는 강력한 전제 황권이 확립되고 시민 문화가 발전하였다. 명은 15세기 초 대외적으로 팽창하여 인도양과 아프리가 동해안까지 국위를 떨쳤다. …

　일본에서는 14세기에 무로마치 막부가 수립되었다가 15세기 중엽에는 전국시대가 되었다. 16세기 후반 전국시대의 혼란을 수습하였으나 조선 침략에 실패하고, 에도에 새 막부가 설치됨으로써 집권적 봉건 제도가 마련되었다. 이 시대에 일본은 평화와 안정을 이루고 크게 발전되었으며, 특히 네덜란드와 교류하면서 서양 문물을 수용하였다. …

　한편, 14세기부터 16세기에 이르는 동안 서유럽에서는 중세 봉건사회가 무너지고 새로운 근대사회와 근대 문화가 싹트기 시작했다. 이 시기에 일어난 르네상스, 새로운 항로의 개척과 유럽 세계의 확대, 종교 개혁 등은 바로 근대의 시작을 알리는 큰 움직임이었다.

이상에서 볼 수 있듯이 근세에 대해 서유럽 경우에는 근대의 개시기로 파악하는 반면에 중국사의 경우에는 명대 이후가 왜 근세인지 아무런 언급도 없다. 또한 한국사에 관해서도 조선이 고려보다 '한 단계 발전'되었다고 말할 뿐, 적극적으로 근세로 파악할 수 있는 근거를 밝히지 않았다. 한편 일본에 대해서는 봉건제도라는 개념이 사용되어 있을 뿐 아니라 유럽과의 교류에 대해 특기되어 있는 것이 눈에 띈다.

　이상과 같은 고등학교 국사 교과서의 구성을 놓고 볼 때 다음과 같은 특징들을 지적할 수 있을 것이다. 첫째로 한국사를 고대, 중세, 근세, 근현대로 구분하고 있는데 그 시대구분의 근거가 애매하다. 둘째로 중세 부분에서 서유럽과 일본에 대해서만 '봉건제'라는 개념으로 파악한 데 비해 다른 지역의 경우는 무엇이 '중세'의 특징인지 명확히 제시하지 않았다. 셋째로 시대구분의 기준이 유럽에 있다고 판단할 수밖에 없다. 넷째로 한국사의 시대구분에 있어서 일국사적인 관점에서만 파악되어 있고 중국사나 일본사 혹은 동아시아사 전체의 시대구분이라는 관점은 전혀 안 보인다.

시대구분의 근거를 유럽에 두고 있다는 것은 세계사의 교육과정 해설 및 교과서에 아주 뚜렷하게 나타난다. 고등학교 세계사는 ① 시간, 공간 그리고 인간 ② 문명의 새벽과 고대문명 ③ 아시아 세계의 확대와 교류 ④ 유럽의 봉건사회 ⑤ 아시아 사회의 성숙 ⑥ 유럽 근대사회의 성장과 확대 ⑦ 아시아 세계의 근대적 발전 ⑧ 제국주의와 두 차례의 세계대전 ⑨ 전후 세계의 발전 등 전체 아홉 가지 부분으로 구성되어 있다. 여기서 중세에 해당되는 부분은 ③과 ④인데, 유럽의 봉건사회가 독립된 편으로 구성되어 있는 것이 주목된다.

유럽의 봉건사회를 독립적으로 다룬 근거를 살펴보자. 먼저 ④ 유럽의 봉건사회 편에 포함되어 있는 '유럽 세계의 형성'이라는 주제와 관련해서 "근대 이후 세계를 주도하는 유럽 세계에 대하여 그 형성과정과 문화 요소를 학습하는 것은 현대 세계를 이해하는 데 있어서도 유효"하다고 지적하면서, '중세 유럽사회의 변화'란 주제에 대해서는 "역사 학습에 있어서 변화에 대한 인식이 매우 중요한 과제라는 점을 고려할 때 본 주제의 의의는 크다"고 하여 유럽을 '특권화'할 근거를 제시하고 있다.

이러한 교육과정 해설을 전제로 고등학교 세계사 교과서는 같은 시기의 아시아에 비해 유럽 중세에 많은 분량을 할당하고 있다. 게다가 국사와는 달리 세계사 교과서에는 유럽 이외 지역의 전근대사에 대해 아무런 시대구분도 하지 않았기 때문에 세계사가 마치 시종일관 유럽을 중심으로 발전해왔던 것 같은 인상을 주도록 구성되어 있는 것이다.

이상에서 보았듯이 현행 고등학교 역사 교육에서는 유럽 중심주의가 강세이다. 다음에는 교과서에 채택되지는 않았지만 학계에서는 큰 비중을 차지하는 한국 봉건제론에 대해 살펴보기로 한다. 한국사에 봉건제 개념을 적용하려고 하는 입장은 여러 가지가 존재하는데 여기서는 그 대표적인 사례로 한국역사연구회 편, 『한국 역사』를 소개한다. 이 책은 남북국시대부터 조선시대까지를 중세로 보는 입장에 서서 한국의 중세가 봉건제사회였음을 다음과 같이 주장한다.

이 책에서는 중세를 봉건사회의 성립, 발전, 해체의 역사로 다루었다. 그런데 '봉건제(feudalism)'라는 용어는 서유럽의 역사에서 끌어낸 개념이기 때문에, 이를 우리 역사에 적용할 경우에는 많은 혼란이 따르고 있다. 연구자에 따라서는 봉건제의 개념을 법제사적 또는 사회사적 개념으로 엄격히 제한하여 사용할 것을 주장하면서 이를 우리 역사에 적용할 수 없다고 하는 경우도 많다. 그러나 여기서는 봉건제를 인류역사발전의 보편적 단계로 이해하는 사회구성체론에 입각한 개념으로 사용하였다.

일반적으로 봉건사회는 생산과정에서 개인적 성격을 갖는 소경영과 이를 기반으로 하는 봉건적 대토지소유제를 경제적 기초로 하여 이루어지는 사회로 이해된다. 그런데 같은 봉건사회라 하더라도 민족과 지역에 따라 특수성을 가지게 마련이다. 유럽의 봉건사회는 영주-농노제와 분권적 정치형태를 특징으로 하는 한편 아시아의 봉건사회는 지주-전호제와 중앙집권적 정치형태를 특징으로 한다. 그러나 이러한 일반적 유형 구분을 넘어서서, 보편성과 특수성을 고려하여 한 나라의 역사에서 중세의 기점과 기본적인 토지소유관계를 구체적으로 해명하는 작업에는 많은 논란과 어려움이 따르고 있다.

이러한 사정을 고려하면서 우리나라 중세사회의 특징을 살펴보면, 먼저 지주제와 신분제를 바탕으로 하였음을 지적할 수 있다. …

이러한 지주제와 신분제를 바탕으로 하여 정치적으로는 중앙의 정치조직과 지방제도, 군사제도 등에서 중앙집권체제를 이루었으며, 지배층은 관품과 관직체계 등을 통하여 방대한 관인조직 속에 편제되었다. 사상과 지배이념 부문에서는 보편적 세계관과 봉건적 지배질서의 논리를 제공해주는 불교와 유교가 발달하였다.[137]

이 책은 봉건제의 일반적인 내용으로서, 소경영을 기반으로 한 대토지소유의 존재와 신분제라는 두 가지를 지표로 삼아 그것을 한국사 속에서 발견해내려고 하는 입장임을 알 수가 있다. 이러한 지표는 말할 것도 없이 유럽의 봉건제를 염두에 두고 도출한 것인데 여기서 전형적인 유럽 중심주의를 찾아볼 수 있다. 왜냐하면 이러한 태도는 근대 이후에 세계를 지배하게 된 유럽의 역사 발전 모델을 근대 이전 시기에 대해서도 적용하려 하는 것이기 때문이다. 그러나 근대 이후 세계를 지배하게 된 유럽이 전근대에 있어서도 다른 지역보다 앞서 있었다고 볼 수 있을까? 그렇지 않다면 근대 이전의 세계사는 어떻게 구상해야 되고, 그 속에서 한국사는 어떻게 자리매김할 수 있는 것일까?

3. 동아시아사 속의 한국사를 위하여

몇 가지 전제된 문제들

위에서 검토한 바와 같은 역사연구, 역사 교육에서의 유럽 중심주의를 극복하고 참된 의미의 내재적 관점에서 한국사를 파악하려 한다면, 먼저 고려되어야 할 몇 가지 문제가 있다. 첫째로 역사연구에서 아주 중요한 의미를 가지는 비교사의 방법에 대한 문제이고, 둘째로 시대구분을 할 때 그 공간적인 범위의 문제이며 셋째로는 중국사의 전개를 어떻게 파악할 것인지의 문제이다.

첫째로 위에서 본 중세 혹은 봉건제와 같은 시대구분의 개념은 비교사적 분석을 전제로 한 것이라고 할 수 있다. 즉, 다른 지역의 역사와 비교한 결과 한국사의 특정 시기를 중세 혹은 봉건시대로 보고 있는데, 그 비교의 기준이 유럽에 있다는 것은 이미 지적한 대로이다. 그러나 이러한 방법이 비교사의 방법으로서 정당한 것인지는 의심스럽다. 프랑스의 중세사가인 마르크 블로크는 역사연구에 있어서 비교사의 방법으로 두 가지가 존재한다고 하는데, 하나는 직접적으로 아무런 영향관계가 없는 두 사회에서 비슷한 현상이 존재할 경우이고, 또 하나는 서로가 영향을 주고받는 관계에 있는 두 사회에서 비슷한 현상이 존재할 경우이다. 블로크는, 비교사적 연구에 있어서 이들 두 가지 경우를 그다지 구별하지 않는 것을 흔히 볼 수 있는데 그 둘은 엄밀하게 구별돼야 한다고 주장한다. 즉, 전자의 경우에 비슷한 현상이 존재하는 이유는 인간 정신의 기본적 동일성같이 아주 일반적인 것 이외에는 찾아볼 수 없기 때문에 역사연구에 별로 도움이 되지 않지만, 후자의 경우에는 비교사적 연구가 의미를 가질 수 있다는 것이다.[138]

이러한 블로크의 지적을 상기한다면 유럽을 기준으로 한국사에 중세 혹은 봉건제 개념을 적용하는 방법은 전자의 경우에 해당하는 것으로서, 엄밀한 의미의 비교사적 연구방법을 적용할 수 없는 영역일 수밖에 없다. 왜냐하면 적어도 16세기 이전에 유럽과 동아시아 혹은 한국 사이에 직접적으로 주고받은 영향관계가 있었다고 생각할 수 없기 때문이다.

이와 관련해서 한 가지 더 주의해야 할 것이 바로 일본의 봉건제 문제이다. 위에서 본 바와 같이 한국의 역사 교육에서는 일본에 대해서도 봉건제 개념을 적용하고 있다. 이러한 이해는 아마도 일본 국내의 주류적 견해를 반영한 것으로 보인다. 그러나 유럽과 직접적인 관계가 없었던 일본에서 왜 유럽과 비슷한 봉건제가 성립했다고 볼 수 있는지는 잘 이해가 가지 않는다. 일본 봉건제론은 일본이 러·일전쟁에 승리하면서 이른바 세계적 열강의 일원으로 등장했던 시기에 일본과 유럽의 역사적 동질성을 주장하기 위해 '발견'된 것으로서, 처음부터 이데올로기적인 성격이 강한 역사 인식이었고 일본사 연구의 탈아(脫亞)적인 경향을 보여주는 주장이었다.[139] 스탈린식의 '세계사의 기본 법칙'을 인정할 경우를 논외로 하면 일본 봉건제론은 근본적으로 재검토되어야 한다고 생각한다.

둘째로 시대구분의 공간적 범위의 문제에 관해서는 먼저 유럽의 시대구분이 유럽 전체를 대상으로 한 것임을 상기할 필요가 있다. 예를 들어 마르크스가 고전 고대적, 중세 봉건적 그리고 근대 부르주아적 생산양식을 세계사의 전진적 시대로 파악했을 때 특정 나라를 대상으로 하여 그러한 시대구분을 했던 것은 결코 아니다. 이른바 '세계사의 기본 법칙'은 어느 나라도 똑같은 역사 발전을 겪는다는 것이지만 스탈린이 소련의 일국 사회주의의 역사적 정당성을 주장하기 위해 만든 것에 불과할 뿐이고 역사적인 근거는 전혀 결여되어 있다.

  마르크스뿐만 아니라 현대의 역사 교과서에 이르기까지 유럽의 시대구분은 다 유럽 전체를 범위로 해서 설정되어 있는데, 한국사의 시대구분에 대해서만 일국사적인 관점에서 파악해야 할 이유는 어디에 있는가? 따라서 한국사의 시대구분에 있어서도 역시 동아시아 전체의 시대구분을 전제로 해야 할 것이다. 특히 고려와 조선의 성립시기가 우연치 않게 동아시아 전체의 역사적 대변동기였음을 상기하면 한국사의 시대구분이야말로 동아시아 전체의 시대구분에 있어서 핵심적인 문제가 아닌가 싶다.

  셋째로 중국사의 전개과정을 파악하는 문제에 관해서는, 그것은 먼저 동아시아사 전체의 시대구분과 관련해서 가장 중요하면서도 어려운 문제라고 할 수 있다. 국사 교과서에서는 아무런 규정도 없이 송대 이후를 중세, 명대 이후를 근세로 파악하고 있는데, 이는 학계의 현상을 반영한 것으로서 일면 이해가 가는 부분이 없지는 않다. 그러나 어쨌든 중국사 시대구분의 애매함은 한국사, 동아시아사의 시대구분을 애매하게 만들고 있는 가장 큰 원인이며 한국사, 동아시아사가 세계사 속에서 차지하는 위치가 불분명해지는 원인이기도 하다.

구체적인 방향

그러면 이러한 현실을 타개하고 내재적인 동아시아사, 한국사를 파악하기 위해서는 어떠한 문제들이 해결되어야 하는가?

우선 중국사의 전개과정에 관해서는 10세기부터 18세기까지, 혹은 적어도 16세기까지는 중국이 세계에서 가장 선진적인 사회였다는 사실을 토대로 시대구분을 할 필요가 있다. 당대 후반부터 혼란 상태에 빠졌던 중국사회는 송에 의해 통일되면서 새로운 문명단계에 올라갔다고 생각된다. 송학(宋學)과 그것을 집대성한 주자학, 과거제의 확립, 실력을 위주로 한 관료 등용 제도와 그에 따른 신분제의 해체, 농업과 상공업의 비약적인 발전과 상품·화폐경제의 진전 등이 그 대표적인 사례들이다.

이러한 중국의 상황과 비교할 때 같은 시기의 유럽은 훨씬 후진적인 사회였다. 유럽의 봉건사회는 고대 제국이 붕괴하는 과정에서 나타나는 분권화의 한 예로서 다른 지역과 공통된 성격을 많이 가진 것으로 간주되는데, 중국 송대 이후의 집권적인 관료 통치체제는 그것보다도 훨씬 이루기 어려운 체제였다.[140] 그럼에도 불구하고 유럽 봉건사회를 기준으로 해서 중국사, 동아시아 역사를 규정하는 일은 큰 잘못이 아닐 수 없다.

고등학교 세계사 교과서에서는 송학, 즉 주자학에 대해 극히 간략한 기술밖에 나오지 않는다. 왜 송학이라는 사상운동이 이 시기에 일어났는지, 그 운동은 무엇을 과제로 삼았는지 등에 대해서는 아무런 설명도 없는 것이다. 주희는 중국 역대의 최대의 학자이자 사상가인데 유럽의 근대 계몽사상가보다도 냉대를 받고 있는 셈이다. 이것을 곧 전형적인 유럽 중심주의라고 할 수 있을 것이다.

봉건제와 관련해서 한 가지 더 지적하고 싶은 것은, 유럽의 봉건제 시기는 끊임없는 전쟁과 내란의 시대였다는 사실이다. 유럽의 근대화는 이러한 상태 속에서 어떻게 하면 전쟁에 모든 국민을 동원할 수 있는가를 추구하는 과정이었다고 볼 수 있으며, 근대 국민국가라는 것 역시도 그러한 과제에 대한 해답으로 나온 체제였다고 생각할 수 있다. 이것은 오늘날의 학교 교육에서 강조하는 평화 문제와 깊은 관계가 있다고 할 수 있는데, 15세기부터 19세기까지 지속된 동아시아의 평화—물론 16세기 말부터 17세기 전반에 이르는 예외적인 시기가 있기는 했지만—에 대한 평가는 전혀 없이 유럽 봉건제를 높이 평가하는 태도는 재검토할 필요가 있다고 생각한다.

앞으로 해명되어야 할 과제로서는 송대 이후 중국에서 왜 위와 같은 현상들이 나타났는지, 특히 사대부라는 비세습적인 지배층을 중심으로 한 체제가 어떻게 해서 천 년 가까운 오랜 기간 동안 지속될 수 있었는지 등이 중요하다고 생각한다.

다음으로 한국사 연구와 관련해서는 중국사의 전개과정에 대한 이해가 결정적으로 중요하다는 점을 밝혀둔다. 말할 것도 없이 국가 성립시기부터 한국의 역사는 중국에서 많은 영향을 받았다. 특히 조선시대에는 다른 시기보다도 더욱 많은 영향을 받았는데, 그때 배우려고 했던 중국의 문명은 위에서 지적한 대로 세계 최고였다. 여러 가지 면에서 명대 중국과는 사회 발전의 수준이 달랐던 조선시대 한국사회는 그대로 중국모델을 수용하는 것 자체가 쉬운 일이 아니어서 당연히 이것저것 수정해가는 가운데 수용할 수밖에 없었는데, 그러한 과정을 구체적으로 밝히는 작업이 아직 미흡한 것 같다. 그리고 한 가지 더 중요한 것은, 그렇게 수정하면서 수용했다 해도 왜 그렇게까지 깊이 수용하려 했는지도 아울러 해명해야 한다. 이 두 가지 문제가 해소되어야 한국사의 세계사적인 자리매김이 가능케 되는 것이 아닐까?

이와 관련해서 족보의 문제를 예로 들어보자. 주지하듯이 오늘날과 같은 족보의 형식은 중국 송대에 시작되어 주변의 여러 지역, 즉 한국, 베트남, 류큐(琉球), 일본 등에 보급되기에 이르렀다. 중국의 족보는 세계 각 지역에 존재하는 가계 기록과 비교하면 아주 특이하다고 할 수 있다. 왜냐하면 대부분의 가계 기록은 방계 후손을 제외한 형태로 구성되어 있는데 비해 중국의 족보는 방계 후손들도 모두 수록하는 것을 원칙으로 하기 때문이다.

중국의 족보가 양적으로 방대한 이유가 바로 여기에 있다. 이러한 특이한 형식의 가계 기록이 중국에서 만들어지게 된 이유는 과거제의 확립과 그에 따른 지배계층의 비세습적인 성격 때문이었다고 생각할 수 있다. 즉 과거에 합격해서 지배계층에 들어간 사람도 그 지위를 후손에게 세습할 수 없기 때문에 방계 후손까지 포함한 친족집단을 형성해서 그 집단 구성원 내부에서 지속적으로 과거

합격자가 나오도록 종족이 형성되었다고 생각할 수 있는 것이다. 따라서 족보는 송대 이후의 중국사회가 신분제적인 성격을 상실하게 된 것과 깊은 관계를 가진 것으로 볼 수 있다. 반면에 류큐나 일본같이 신분제적인 성격이 강한 지역에서는 족보이면서도 방계 후손을 기록하지 않는 형태의 가보(家譜)가 만들어지게 되었던 것이다.

그렇다면 한국에서는 왜 중국과 같은 형태의 족보가 제작되었는가? 물론 한국의 족보가 중국과 다른 특색을 갖고 있다는 것—특히 16세기까지의 이른바 초기 족보의 경우—은 잘 알려져 있지만 여기서 중요한 것은 한국의 족보에도 중국과 마찬가지로 방계 후손이 다 포함되어 있다는 점이다. 앞에서 지적한 대로 중국의 족보는 중국사회의 비신분제적인 성격과 깊이 관련된 가계 기록이었다. 그런데 보통 전형적인 신분제사회로 간주되어 온 조선시대 한국사회에서 왜 중국과 같은 형식의 족보가 편찬되었던 것일까? 이러한 질문은 조선시대의 신분제 이해에 있어 핵심적 관건이라고 볼 수 있는데도 불구하고 지금까지 한 번도 제기되지 않았다.[141] 한국사를 내재적으로 파악하기 위해서는 이러한 상태를 고치는 일이 시급한 과제일 것이다.

14장

21세기 동아시아연구와

대학의 역할

1. 동아시아 각국의 대학 편성, 그 문제점

　현재의 대학은 세계적으로 공통된 조직편성을 가지고 있다. 예를 들어 필자가 재직하고 있는 성균관대학교의 경우 자연과학, 인문과학, 사회과학이라는 세 개의 큰 부문으로 나누어져 있으며 각 부문에 다양한 학과가 설치되어 있다. 그리고 그 학과 편성도 나라마다 혹은 같은 나라 내부에서도 대학마다 약간의 차이가 있기는 하지만 대동소이하다. 이러한 대학의 편성 방식은 말할 필요도 없이 근대가 되면서 서구의 교육 시스템을 수용하는 과정에서 생긴 것이다.

　월러스타인(Wallerstein)은 19세기 서구에서 새로운 학문체계가 만들어졌다고 지적한 바가 있다.[142] 즉 자연과학, 인문과학, 사회과학이라는 세 개의 큰 영역이 설정되는 것과 동시에, 인문과학으로서는 역사학, 동양학, 인류학이라는 세 개의 분과 학문이, 사회과학으로서는 정치학, 경제학, 사회학이라는 세 개의 분과 학문이 성립했다는 것이다. 이러한 근대 서구 기원의 학문체계에 근거해서 현재의 대학이 구성되어 있는 것이다.

　필자는 이러한 현재의 대학 편성이 가지고 있는 문제점을, 그 성립과정으로 거슬러 올라가 검토함과 동시에 21세기의 대학, 특히 동아시아의 대학이 어떠한 방향으로 나아가야 할 것인지에 관해

검토해보려고 한다. 이울러 동아시아학술원이 목표로 해야 할 방향을, 20세기에 새롭게 생겼다고 여겨지는 이른바 지역연구라고 하는 학문 분야와 관련시켜 논의해 보고자 한다.

전통과의 단절

19세기 말부터 20세기 초에 걸쳐 동아시아 각국에서 대학이라는 조직이 성립되었는데, 그 과정에는 다음과 같은 문제점이 내재되어 있었다고 생각된다. 그 문제점이란, 첫째로 전통적인 학문 및 교육과의 단절이며, 둘째로는 인문과학과 사회과학의 단절이다. 이 밖에 자연과학의 독립이라고 하는 문제점도 지적할 수 있겠지만 자연과학에 관해서는 논외로 하겠다.

우선 전통적인 학문이나 교육체제와의 단절이라고 하는 문제에 관해서 말한다면 일본 도쿄대학의 예가 그 전형이라고 생각되기 때문에 그 경과에 관해 조금 자세하게 검토하기로 한다.[143]

1877년에 설립된 도쿄대학은 동아시아에 있어서 최초의 근대적인 대학이라고 할 수 있는데, 도쿄대학 창립에 앞서 1870년에 '대학(大學)'이라는 기관이 설립되었다. 이 '대학'은 도쿠가와 막부의 교육기관이던 쇼헤이코우(昌平黌)—일명 쇼헤이차카(昌平坂) 학문소라고도 하며 1797년에 설립되었다—를 대학 본교로 해서 그 주축으로 하는 한편, 반쇼시라베쇼(蠻書調所 1857년에 설립)를 다이가쿠난코우(大學南校)로, 종두소(種痘所)의 계보를 잇는 의학교(1868년)를 다이가쿠토우코우(大學東校)로 지칭하면서 설립된 것이었다. 그리고 처음에는 대학 본교에 있어서의 '황학(皇學)', 즉 신도(神道)에 관한 연구를 중시하고 서양으로부터 수입된 여러 학문도 '황학'이 이끌도록 구상되어 있었다.

그러나 대학 본교의 국학자, 한학자, 양학자 사이에 격렬한 내분이 생기면서 결국 1871년에는 대학 본교가 폐지되기에 이르렀다. 그 결과 1877년에 '대학'을 대신해서 설립된 도쿄대학은 남교의 후신인 도쿄 가이세이(開成)학교와 동교의 후신인 도쿄 의학교만을 계승해서 설립되었다. 따라서 도쿄대학은 도쿠가와막부 말기가 되면서 만들어진 서구의 학문을 연구하는 기관만을 계승하여 설립된 것으로서, 쇼헤이코우의 전통은 계승되지 않았다고 할 수 있는 것이다.

다만, 도쿄대학에서 일본 연구가 존재하지 않았던 것은 아니다. 도쿄 가이세이학교를 계승해서 설치된 문학부 안에 일한문학과(日漢文學科)가 있었으며 게다가 1882년에는 문학부의 부속시설로서 고전강습소(古典講習所)가 신설되었다. 특히 고전강습소는 18세기 이래의 국학의 전통을 계승하는 것을 목표로 만들어진 기관으로서 역사, 문학, 어학 등의 종합적인 교육을 지향했다는 의미에서 주목할 만하다.[144] 그 중심 인물로 활약했던 사람도 고나카무라 기요노리(小中村淸矩)라는 국학자였다. 그러나 이 고전강습소는 원래 일본 국학 연구의 후계자를 확보한다는 명목으로 정부에서 설치를 인정해준 것으로, 항상적인 조직이라기보다는 임시적인 조직으로서 한계성을 처음부터 갖고 있었다. 그리고 도쿄대학이 제국대학으로 개편되는 가운데 고전강습과는 폐지되었고 그 이후는 국사학과, 국문학과에서 개별적으로 일본 연구를 담당하게 되었는데, 이러한 체제가 기본적으로 현재까지 유지되어오고 있다.

여기에 한 가지 더 전통과 관련하여 중요한 것으로 유교교육, 유교연구의 문제를 들 수 있다. 앞에서 말한 것처럼 도쿠가와시대의 유교 교육기관이었던 쇼헤이코우의 전통은 끊어졌는데, 1870년대 후반부터 유교 부흥이라고 할 수 있는 움직임이 활발하게 전개되었다. 그것은 근대적 국민국가를 구축하는 데 있어서 국민 도덕의 중요성을 인식하게 된 것과 연관된 움직임이었지만, 그러한 가운데 모토다 에이후(元田永孚)가 천황의 측근으로 중용되는 사태도 생겼던 것이다. 유교의 중시는 이윽고 '유학강요(幼學綱要)'라는 형태로 초등교육에 있어서의 유교적 도덕교육을 중시하는 일이 구체화되기에 이르렀는데, 도쿄대학은 초등교육의 이러한 움직임과 다른 방향으로 가게 되었다.

도쿄대학의 방향 설정에 결정적인 영향을 준 사람은 이토 히로부미(伊藤博文)였다. 그는 1879년에 고등교육의 기본 방침에 관해 논하면서 유교를 배척하고 서양 학문을 중심으로 해야 함을 강조했다. 즉 한학을 배운 사람은 정담(政談)을 좋아하는 경향이 있는데 대학에서는 이러한 폐단이 생기지 않도록 '공예 기술, 백과의 학', 즉 서양의 학문을 배워야 한다고 역설했던 것이다.[145] 이토의 이러한 생각은 도쿄대학이 제국대학으로 개편되면서 구체화되었으며, 그것은 단지 도쿄대학에 한정된 문제가 아니라 일본의 대학 전체에 큰 영향을 주었다. 따라서 일본에서는 초등교육에 있어 유교적인 도덕교육이 중시된 반면, 고등교육에서는 전통과 단절된 서양 학문 중심의 체제가 만들어져 나갔던 것이다.[146]

이상에서 살펴본 일본의 현상은 중국이나 한국에 있어서도 마찬가지로 찾아볼 수 있다. 중국 최초의 근대적 대학인 북경대학의 전신은 1898년에 청조 정부에 의해서 설립된 경사대학당(京師大學堂)이다. 이 경사대학당은 의화단 운동의 혼란 속에서 폐교나 다름없는 상태로 있다가 신해혁명 이후 서구의 학문을 연구·교육하는 기관으로서 다시 태어남과 동시에 이름을 북경대학으로 고쳤다.

한국의 경우 최초의 근대적 대학으로서 설립된 것이 경성제국대학이었으므로 일본의 대학제도가 그대로 적용되었다는 것은 말할 필요도 없다. 다만 한국에서는 조선시대의 최고 교육기관이었던 성균관이 현재의 성균관대학교에 계승되어 있으므로 일본이나 중국과는 다르다고 볼 수도 있다. 그러나 성균관대학교가 전통적인 학문과 교육제도를 계승했다고 할 수 있는 점은 유교학과가 존재하고 있다는 면에 한정되어 있다. 그리고 그 유교학과도 동양철학과와 하나가 되어 있기 때문에, 유교의 철학적인 면만을 계승한다고 볼 수밖에 없다. 유교를 철학적인 면으로 한정해서 파악하는 것은 서구로부터 철학이라고 하는 학문이 수입된 결과로서, 전통의 계승이라고 하는 면에서는 문제가 있다고 생각된다.

이와 같이 동아시아에 있어서 대학이라는 제도는 그 이전의 전통적인 것과는 단절된 상태로 출발한 것이며, 대학에서 수행되는 연구와 교육도 당연히 서구로부터 수입된 것일 수밖에 없었다. 앞에서 지적한 자연과학, 인문과학, 사회과학이라는 3대 부문의 편성도 서구의 그것에 따라 성립되었는데, 여기서 한 가지 더 전통적인 학문과의 단절을 상징적으로 나타내는 현상으로서 도서의 분류

방법의 변화를 지적하고 싶다.

도서를 어떻게 분류하는가는 단순한 기술적 문제기 아니라 학문의 체계화와 그것을 지탱하는 사상, 세계관의 문제이다. 일본의 이나미 료이치(井波陵一)는 도서분류법을 '앎의 좌표'라는 인상적인 말로 표현했는데[147], 이 말이 나타내듯이 도서분류는 지식을 정리할 때 좌표축으로서의 역할을 한다.

주지하는 바와 같이 동아시아 세계에서는 전통적인 도서분류 방식으로서 사부분류(四部分類)라는 것이 있었다. 중국은 한대의 『칠략(七略)』을 시작으로 도서분류의 긴 역사를 가지고 있는데, 수대에 완성된 사부분류는 경(經), 사(史), 자(子), 집(集)의 네 가지를 기준으로 했으며 그 이후로 표준이 되었다. 그리고 사부분류는 중국만이 아니라 주변의 동아시아 지역에서도 수용되면서 19세기까지 동아시아 공통의 도서분류법으로서 권위를 인정받아왔다.

이 사부분류는 유교 고전과 그 주석서에 의해 구성되는 경부(經部)가 맨 처음에 놓여 있는 것에서 볼 수 있듯이, 유교가 특별한 지위를 차지하고 그 다음에 사(史), 즉 역사가 중시되어 있다. 이와 같이 사부분류는 전통시대 동아시아의 세계관을 뚜렷하게 반영한 것이어서 지식, 학문의 분류체계(hierarchy)를 나타내는 것이기도 했다.

비슷한 현상은 이슬람사회에서도 찾아볼 수 있다. 즉 10세기 후반에 만들어진 『목록서』에 나타난 십부분류가 그 이후 이슬람사회의 도서분류의 기준이 되었다고 하는데 이 십부분류도 계전(啓典 이슬람교, 유태교, 크리스트교 등의 성전(聖典)을 가리킨다)부터 시작한다. 아마 인도에도 고유한 도서분류 방법이 존재했으리라 생각되는데, 어쨌든 간에 이러한 세계 각 지역에서 독자적으로 존재하고 있던 도서분류법이, 근대 이후 서구의 십진분류법으로 교체되었다.

현재 한국이나 일본의 도서관에서는 한국 십진분류법과 일본 십진분류법에 따라 대다수의 도서가 분류되어 있는데 이것들은 1876년에 만들어진 듀이(Dewey) 십진분류법을 기초로 하되 거기에 한국, 일본의 고유 사정을 참작하면서 작성되었다. 그리고 전근대의 서적, 특히 한문 서적은 전통적인 사부분류에 의하므로 다른 서적과는 분리되어 있는 실정이다.

중국은 사정을 약간 달리하고 있다. 청대말에 양계초(梁啓超) 등에 의해 새로운 도서분류가 시도된 바 있으나 충분한 성과를 거두지는 못했다. 그리고 중화인민공화국이 성립된 이후 독자적인 분류법이 만들어지게 되었다. 1973년에 만들어진 중국 도서관의 도서분류법은 22개 부문으로 구성되는 대분류를 근거로 한다. 그리고 이 분류에서는 맨 처음에 마르크스주의, 레닌주의, 모택동주의에 관한 부문을 세우고 있어서 사부분류에서 경부가 차지했던 특권성을 계승한 것이라고 볼 수 있다. 그러나 그 이외의 분류에서는 십진분류법과 큰 차이가 없다. 따라서 이것은 전통적인 사부분류와 십진분류 사이의 절충적인 성격을 띤 것이라고 볼 수 있다.[148]

어쨌든 이렇게 해서 서구의 학문이 수용되는 가운데, 도서분류법도 크게 변화했는데, 그것은 단지 도서분류법의 변화에 머무르는 것이 아니라 지식의 체계, 세계관의 변화—좌표축의 변화—까지도 가져오는 것이었다. 이 과정에서 그 이전의 서적은 별도로 분류되어, 도서관에서도 다른 장소에 배치하게 되었는데, 그것은 지식의 단절을 상징하는 현상이라고 말할 수 있겠다.

인문과학과 사회과학의 분리

다음으로 19세기에 서구의 학문 체계가 수입됨에 따라 생긴 두 번째 문제로 지적한 인문과학과 사회과학의 분리에 대해 검토해 보기로 한다.

서구에서 성립한 인문과학과 사회과학에 있어서는 앞에서 지적했던 대로 전자의 경우 역사학, 동양학, 인류학이라는 세 개의 분과 학문이, 그리고 후자의 경우 정치학, 경제학, 사회학이라는 역시 세 개의 분과 학문이 설정되었다. 여기서 주의해야 할 점은 이러한 분과 학문이 단순한 학문의 분류에 머무르는 것이 아니라 그 연구대상의 지역을 달리했다는 점이다. 즉 서구 이외의 지역 가운데 고전문명이 존재했다고 생각되는 지역을 대상으로 하는 학문으로서 동양학이 설정되었으며, 고전문명이 존재하지 않았다고 생각되는 지역을 대상으로 하는 학문으로서 인류학이 설정됨과 동시에, 그 이외의 네 개의 분과 학문은 모두 서구 지역을 대상으로 하는 학문이었다는 말이다. 환언하면 서구 이외의 지역은 역사학이나 사회과학의 연구 대상으로 보지 않았던 것이다. 그 이유는 서구 이외의 지역은 역사가 결여된 지역, 즉 역사적 발전을 볼 수 없는 지역이며, 또한 사회과학의 방법론을 적용할 수 있는 시민사회가 형성되어 있지 않은 지역이라는 데에 있었다.

그런데 동아시아 지역에 서구 기원의 학문이 수입되어 대학이 설립되는 과정에서 인문과학 분야에서는 다음과 같은 현상이 생겼다. 즉 인문과학은 철학, 사학, 문학이라고 하는 세 개의 분야로 나누어졌는데, 앞에서 소개한 도쿄대학의 경우가 그러했듯이 그 가운데 자국에 대한 연구가 자리를 잡게 되었던 것이다. 뿐만 아니라 중국철학이나 한국사, 일본문학 등의 학과가 설치되어 연구와 교육이 추진되는 체제가 만들어지게 된 현상은 서구의 학문체계에서는 상정되어 있지 않은 것이었다.

인문과학에 비해서 사회과학 분야에서는 사정이 달랐다. 서구연구가 주류의 위치를 차지하면서 정치학, 경제학, 사회학 부문의 자국 연구는 극히 부진한 상황이 오래도록 계속되었던 것이다. 제2차 세계대전 이후 미국은 패권국으로서의 지위를 획득함과 동시에 그 세계 전략의 일환으로서 세계 각 지역의 현상에 관한 지식과 그것을 기초로 한 정책연구가 필요했다. 그것을 위한 학문 분야로서 지역연구(area studies)가 탄생했던 것이다. 그 방법은 서구를 보편으로, 서구 이외의 지역을 특수한 사회로 전제한 것이었다. 경제학에 있어서의 이른바 저개발 경제론이나 개발도상국에 대한 연구 등이 이러한 경향을 단적으로 나타내고 있다. 런던대학의 SOAS(아시아・아프리카학부)에서 전형적으로 볼 수 있듯이 지금도 구미의 대학에서는 아시아나 아프리카에 대한 연구가 정규 학부, 학과와는 별개의 기관에서 행해지고 있다.

이와 같이 서구의 학문이 수용되는 과정에서 인문과학과 사회과학이라는 구분이 받아들여졌을 뿐만 아니라, 인문과학 분야에서는 자국에 대한 연구가 나름대로 위치를 차지하게 된 데 비해서 사회과학 분야에서는 서구에 대한 연구가 압도적인 비중을 차지한 결과 인문과학과 사회과학의 분리라고 하는 새로운 문제도 생기게 되었던 것이다. 그리고 이러한 역사적 과정은 현재까지도 영향을 미치고 있으며 특히 사회과학 분야에서 심각하다. 즉 사회과학에서는 아직도 구미의 이론을 수용하고, 그것을 바탕으로 자국을 연구하는 수입 학문으로서의 성격을 현저하게 띠고 있는 것이다.

물론 인문과학 분야에서도 문제가 없는 것은 결코 아니다. 철학, 사학, 문학이라고 하는 세 개의 분야로 나누는 것 자체, 그리고 방법론에 있어 서구 기원의 방법론을 그대로 받아들이고 있다는 점도 되짚어봐야 한다. 특히 방법론의 문제점을 잘 나타내고 있는 것이 사학과 철학 분야이다.

사학에 있어서는 서구적인 시대구분을 전제로 하여 자국사를 연구하는 방법이 지금도 지배적이다. 그 때문에 노예제사회니 봉건제사회니 하는 서구 기원의 개념을 기준으로 해서 동아시아의 역사와 사회를 연구하거나 시대구분을 시도하는 일이 널리 보급된 것이다. 그 때문에 많은 혼란이 생겼는데, 그 중에서도 가장 전형적인 것이 봉건제 문제일 것이다. 즉 중국에서는 봉건제의 시점을 전국시대에 두는 견해가 있는가 하면 명대말, 청대초에서 찾는 견해도 있어서 봉건제의 시점에 관해 2000년의 견해차가 존재하고 있는 실정이다. 이러한 사태는 한국사와 일본사에서도 볼 수가 있는데, 그것은 서구 기원의 봉건제 개념을 기준으로 하여 동아시아의 역사를 이해하려고 하는, 근본적으로 잘못된 방법 탓이다.

또한 철학이라고 하는, 종래 동아시아에는 존재하지 않았던 명칭의 이 학문 분야는 사학이나 문학 이상으로 곤란한 문제를 떠안게 되었다고 생각한다. 지금까지의 동양철학 연구에 있어서는 주자학의 연구가 압도적인 비중을 차지해왔는데, 그것은 주자학의 이기론(理氣論)이 서구적인 철학의 방법을 적용하기 쉬웠기 때문이다. 그러나 앞에서도 지적한 것처럼 유교와 주자학은 단지 철학적인 측면뿐만 아니라 종교적이고 정치적·경제적 측면 등 다양한 내용을 가진 것이었다. 그러한 유교에 대한 연구가 철학과에 의해서 전유되었기 때문에 다양한 문제를 일으키게 된 것은 아닐까?

유교에 있어서의 종교적 측면을 경시 내지 무시―유교가 종교인지 아닌지에 관한 물음 자체가 이것을 잘 나타내고 있다―하는 문제와 불가분의 관계에 있는 것이 종교학의 문제일 것이다. 현재와 같은 의미로 종교라는 말이 사용된 것은 19세기 후반의 일본에 있어서 'religion'의 번역어로서 이 말이 쓰인 후부터인데, 역시 한국이나 중국에도 이 종교라는 말이 전파되었다. 게다가 이것은 단지 번역의 문제에 머무르지 않고, 동아시아에 있어서의 종교 그 자체에 큰 영향을 주게 되었다. 왜냐하면 서구의 크리스트교는 종교를 구성하는 두 개의 요소, 즉 비언어적인 관습 행위인 'practice'와, 개념화된 신념 체계인 'belief' 중에서 후자가 차지하는 비중이 극히 큰 종교였기 때문에 체계적인 'belief'를 갖지 않는 것은 종교로 간주하지 않거나 혹은 뒤떨어진 종교라는 생각이 동아시아 세계에 침투하게 되었던 것이다.

이러한 서구의 종교 이해의 유입에 대응해서 그 때까지만 해도 일본에서는 많은 종파로 나누어져 통일체로서의 실체를 가지지 않았던 불교가 종교로서 자각을 가지게 되었으며 교리적인 연구도 진행되었다. 그리고 대학에 있어서 종교학은 철학계에 자리를 차지하게 되어 교리적인 연구를 주로 하는 반면에 'practice'에 관련되는 부분은 버림받게 되었는데, 나중에 민속학이 생기면서 이 부분의 연구를 담당하게 되었다. 현재에도 일본이나 한국의 대학에서 불교계의 대학이나 크리스트교계의 대학을 제외하면 종교학과에 있어서 일본이나 한국의 종교에 관한 연구가 방계적인 지위에 머무르고 있는 것도 이러한 영향을 받았기 때문이라고 생각할 수 있다.[149]

2. 전통과의 단절을 왜 문제시해야 하는가?

이상에서 말한 것처럼, 동아시아 각국에서는 근대에 들어서고 나서야 서구의 학문과 교육체제를 수용했고 그 과정에서 전통과의 단절이 생기게 되었다. 그렇다면 전통과의 단절이 왜 문제시되는 것일까? 나는 그 가장 큰 이유로 동아시아사회가 일찍부터 여러 가지 면에서 서구의 근대가 일구어낸 것들을 선행적으로 실현하고 있었다는 점, 따라서 보통 전통이라고 간주되는 것들이 근대 이후에도 생명력을 계속 유지하면서 현재적인 의미를 가지고 있기 때문이라고 생각한다. 바꿔 말하자면 동아시아사회에서는 전통과 근대의 연속적인 측면이 다른 지역보다 현저하다는 말이 되는데, 현재의 학문체계나 대학의 제도는 이러한 연속성을 올바르게 파악하는 데 큰 장애가 되고 있다. 따라서 21세기 대학의 위치와 역할을 생각할 때, 이 점을 인식하는 것이 가장 중요하다고 생각된다.

그렇다면 동아시아에 있어서의 전통과 근대의 연속성이란 구체적으로 어떠한 현상을 근거로 하는 것인지 여기서는 그 점을 개략적으로 논의하도록 하겠다.

중국의 경우

송대 이후의 중국은 근세 혹은 초기 근대(early modern)라고도 부르듯이, 동시대의 다른 사회와 비교할 때 독특한 국가와 사회를 형성했다고 할 수 있다. 그것은 서구에 있어서 16~17세기 이후에 형성되기 시작한 근대사회와 유사한 측면을 많이 가지고 있었다. 이러한 점을 단적으로 나타내는 것이 과거제의 확립과 그것을 기초로 한 관료제 국가체제의 수립이었다. 과거제도는 새삼스레 말할 필요도 없이, 출신계층이나 신분에 구애받지 않고 개인의 능력을 시험해서 관료를 선발하는 제도이다. 이 제도는 수대에 시작된 이후 송대에 들어와서 완성되었는데 그에 따라 중국에서는 통치를 담당하는 계층이 신분제와 관계없이 선발되었던 것이다.150)

서구에서는 근대가 되어서야 처음으로 실시하게 되는 시험에 의한 관료 선발이라는 시스템이 중국에서는 송대에 확립되었다는 이야기이다. 그런데 과거제는 시행하기가 그리 쉬운 제도는 결코 아니었다. 즉 그것을 시행하는 데는 몇 가지 조건을 갖추고 있어야 했다. 누구든지 시험을 볼 수 있다고 하는 과거의 이념이 탁상공론이 아니라 실제적으로 보장되기 위해서는 인쇄 기술이 발달하여 서적이 널리 보급되어 있어야만 했다. 송대 이후의 인쇄 기술의 발전, 명대 이후의 서적 출판 건수의 폭발적 증대 등의 현상은 과거의 이념을 현실화하는 중요한 조건이었던 것이다.

또한 시험이 공정하게 실시되기 위해서는 채점 기준이 명확해야 했는데 이 조건을 채워준 것이 주자학의 관학화였다. 송대의 과거에서는 유교에 관한 지식을 묻는 과거시험의 기준 자체가 분명히 있었지만 채점 기준은 명확하지 않아서 정권 담당자가 바뀌면 채점 기준도 바뀌는 사태가 반복되었다. 그러나 원대에 들어 1315년에 재개된 과거시험 이후, 주자에 의한 유교 경전 해석을 채점의 기준으로 하는 방식이 확립되었고, 청대 말기에 과거가 폐지될 때까지 이 기준이 유지되었던 것이다.

물론 중국의 경우에도 과거시험에 있어 만인에게 동일한 기회를 제공한 것은 결코 아니었지만, 다른 사회에서 통치를 담당하는 지배계층의 지위가 신분제에 의해서 결정된 것과 비교하면 중국의 특이성은 부정될 수 없다. 그리고 통치를 담당하는 사회신분이 존재하지 않게 되면서 신분제 자체가 큰 의미를 가지지 못하게 되었다. 이것은 여타의 전근대사회와 결정적으로 다른 점인데, 중국에서 이러한 일이 가능했던 이유는 시장경제가 발달했기 때문이다. 전근대사회에 있어서 신분제를 필요로 했던 가장 큰 이유는 신분제를 바탕으로 해서 사회적 분업을 조직할 수 있다는 데 있었다. 송대 이후의 중국사회에서는 근대사회와 같이 시장경제를 통해서 사회적 분업을 조직하는 것이 가능했던 것이다.[151]

이와 같이 과거를 실시하여 뛰어난 인재를 얻기 위해서는 다양한 조건이 필요했는데 이러한 체제를 지지, 옹호한 것이 바로 유교였다. 즉 유생들은 이러한 체제야말로 고대의 성인들이 말한 이상적인 체제라고 주장했던 것이다. 송대에 들어와 현저하게 나타난 유교의 혁신 운동, 즉 송학의 대두는 전통의 발견이자 창조라고 할 만한 성격을 가지고 있었다. 서구에서는 근대가 되면서 전통의 발견과 창조를 널리 볼 수 있었다고 주장하고 있는데[152], 중국 송대에도 이와 비슷한 현상을 찾아볼 수 있다.

송대에 있어서의 전통의 발견과 창조를 단적으로 나타내는 것이 유교와 종법주의(宗法主義)의 부활이다. 주지하는 바와 같이 한대에 관학화된 유교는 불교 전래 이후, 지배적 사상으로서의 지위를 위협받게 되어 도교와 아울러 3교 정립이라는 상황이 계속되고 있었다. 송학의 운동은 이러한 상황을 극복하고 유교를 재확립하려 한 것이었는데, 그 과정은 유교의 재발견인 동시에 유교 창조의 과정이기도 했다. 극단적인 표현을 쓴다면 유교는 송학 운동에 의해서 처음으로 체계적인 사상으로서의 모습을 갖추게 되었다고 말할 수 있는 것이다. 신유교의 탄생이라기보다도 유교 그 자체의 창조였다.

종법주의의 부활과 그에 따른 종족(宗族) 형성의 문제도 전통의 발견과 창조를 잘 보여주는 예이다. 종법주의는 고전에 그려진 왕후 일족의 내부 질서였는데, 송대에 들어와 사대부들이 이것을 실천하기 시작했다. 종족의 형성과 족보의 편찬, 가례 규범화의 움직임 등이 그 구체적인 현상이다. 종족은 고대 이래의 혈연집단인 것처럼 오해 받는 경우도 있지만, 송대 이후 형성되기 시작한 극히 새로운 형성물이다. 그리고 과거제 확립에 따른 사회의 유동화라고 하는 상황 속에서 종족은 사회의 안정성, 지속성을 담보하는 조직으로서 발전해 나갔던 것이다.

한국의 경우

상술한 바와 같이 송대 이후의 중국은 다양한 면에서 특이한 양상을 나타냈는데, 이러한 중국의 영향을 가장 많이 받은 나라가 바로 한국이다. 특히 조선이 건국되면서부터 그러한 움직임이 본격

화되었고, 그 과정에서 독특한 국가체제와 사회체제가 만들어졌다.153)

한국에서는 고려시대에 이미 과거가 실시되고 있었지만, 관료 등용 제도로서의 지위를 확립하게 되는 것은 조선시대에 들어온 이후이다. 그런데 위에서 지적했듯이 과거라고 하는 제도는 그 이념을 현실화하기 위해서는 몇 가지 조건이 필요했다. 한국의 경우, 그러한 조건들이 충분히 갖춰지지 않은 상황에서 중국의 과거제도를 수용하게 되었으므로, 과거의 성격도 중국과 다른 것이 되지 않을 수 없었다. 그 차이점을 단적으로 나타내는 현상이 양반이라고 하는 계층의 성립과 그들에 의한 과거의 독점이었다. 즉 원래 만인에게 열린 제도였던 과거시험이 양반이라는 사회적 신분에 속하는 집단에 의해 전유되었을 뿐만 아니라, 양반의 지위가 세습됨에 따라서 통치를 담당하는 신분적 계층이 등장하게 되었는데, 이러한 현상은 중국과는 전혀 다른 것이었다.

이처럼 조선시대의 한국은 과거를 실시하고 그것을 통해 선발된 관료가 통치한다는 중국과 같은 체제를 내세우면서도, 그 내막에 있어서 중국과는 상당히 다른 사회가 형성되었다. 그러나 그렇다고 해서 다른 지역의 전근대사회와 같이 신분제가 지배하는 고정적인 사회가 된 것은 아니었다. 과거시험은 상층 엘리트에게 유리하게 운용되었지만 그들이 합격자를 완전히 독점할 수 있는 것도 아니었다. 한미한 가문 출신자가 과거에 합격할 기회 자체는 항상 존재했고 상층 엘리트라도 과거에 합격하기 위해서는 격렬한 경쟁을 거치지 않으면 안 되었다. 그러한 의미에서 지배계층의 지위가

세습에 의해서 보장되어 있던 많은 전근대사회와는 달랐던 것이다.154)

17~18세기에 본격화되는 종족의 형성이나 족보 편찬의 움직임도 조선시대 한국사회의 특색을 잘 나타내준다. 한국에서는 중국보다 훨씬 큰 종족이 형성되었고 족보의 편찬도 중국 이상으로 활발했던 것으로 보이는데, 가례의 실천이라는 면도 중국 이상으로 사회에 깊숙이 침투했다. 이러한 여러 현상들은 조선시대의 국가체제와 사회체제의 특색, 특히 양반이라는 지배계층이 가지고 있던 폐쇄성 및 개방성과 결부시켜서 이해하지 않으면 안 될 것이다.

일본의 경우

한국이 송대 이후 중국사회의 변화를 가장 깊이 수용한 사례였다고 하면, 그것과 대척적인 위치에 있던 것이 일본의 경우이다. 송대 이후에 있어서도 일본과 중국의 관계가 없었던 것은 결코 아니며 무역은 당대보다 더욱 활발하게 행해졌고 일본 승려로서 중국에 건너가는 사람도 끊이지 않았다. 선(禪)의 본격적 수용은 일본 사회에도 큰 영향을 각인했다. 그러나 송학, 주자학에 관해서 말하면 사정이 달라진다. 주자학 자체는 벌써 13~14세기에 걸쳐 일본에도 알려져 있었지만, 그것이 일본의 사상계에 큰 영향을 주지는 않았고 하물며 중국이나 한국과 같이 주자학적 이념에 의거하는 국가체제를 만들려고 하는 움직임은 전혀 존재하지 않았던 것이다.

그것은 송대에 시작된 동아시아의 큰 역사적 변동의 영향권에 일본이 들지 못했다는 것을 나타내는데, 지금까지의 일본사연구에서는 그 일국사적인 시야 탓으로 이러한 인식이 결여되었을 뿐만 아니라 오히려 그것을 '탈아(脫亞)'의 움직임으로서 적극적으로 평가하려고 하는 견해가 지배적이었다고 할 수 있다. 환언하면 일본 중세의 '탈아'가 메이지유신 이후 근대화의 역사적 전제로서 긍정적으로 평가되어 왔던 것이다.

이러한 이해가 전면적으로 잘못된 것이라고는 할 수 없겠지만 문제는 이러한 일본의 '고립'이 가진 긍정적인 면만을 강조하는 반면에 그것이 가진 부정적인 면에 대해서는 무시해왔다는 데 있다. 부정적인 면을 상징하는 것이 일본에 있어서의 무사정권의 장기 지속과 거기에 동반한 내란의 빈발, 왜구나 임진왜란과 같은 대외 침략의 움직임이었다.

또한 이러한 역사인식 때문에 실제 이상으로 일본의 고립이 강조되어서 동아시아 지역과의 깊은 관계나 그 속에서 받은 다양한 영향이라고 하는 문제가 경시되는 결과를 가져왔다. 일본 중세 이후의 다양한 변화, 예를 들어 농업 생산에 있어서의 집약적 벼농사의 발전이라든가, 목화 재배의 보급에 의한 의복 혁명, 상품 화폐 경제의 진전 등은 동아시아 지역 전체에 공통되는 움직임이었음에도 그 연관이 무시되었던 것이다.[155]

일본의 대학에서는 동아시아와 관련된 다양한 학과나 전공이 존재하지만 그 대부분은 중국을 연구대상으로 하는 기관이다. 한국을 대상으로 하는 연구 및 교육기관은 극히 불충분하다는 점이 첫째의 문제점이라면, 둘째의 문제점은 동아시아에 일본이 포함되어 있지 않다는 것이다. 이러한 일본 대학의 체제를 바꾸는 일도 21세기의 큰 과제라고 생각할 수 있다.

3. 전통과 근대의 이분법을 넘어서

　최근 필자는 한국의 족보에 대해 깊은 관심을 갖게 되면서 연구를 진행하고 있다. 족보는 아마도 조선시대부터 일제시대에 걸쳐서 한국의 모든 출판물 중에서 최대의 비율을 차지해 온 출판물이었을 뿐만 아니라, 지금도 매년 방대한 양의 족보가 계속 발간되고 있다. 그럼에도 불구하고 족보에 대한 연구자의 관심은 그다지 높은 편이라고는 생각되지 않는다. 족보라는 것이 전근대적인 문화의 유물로서 부정되어야 할 전통이라는 통념이 이처럼 저조한 관심의 원인이 아닐까 싶다.

　그러나 내가 보기에 한국의 족보는 결코 전근대적인 유물이 아니라 오히려 근대의 산물이다. 즉 지배계층의 고정화를 부정하고 새로운 사회계층이 사회적 상승을 이루기 위한 장치로서 족보가 존재해 온 것이며, 그래서 조선시대부터 현재에 이르기까지 방대한 족보가 계속 간행되어온 것이다.

　중국 송대에 만들어지기 시작한 족보라는 계보 기록은 한 사람의 후손을 망라하는 기록으로서 세계적으로 유례가 없는 독특한 것인데, 그것은 중국사회가 신분제를 없애면서 생겨났다. 중국의 족보에 등장하는 사람들은 다양한 계층, 다양한 직업의 사람들이다. 이 점은 지배계층의 계보를 기록한 다른 지역의 계보 기록과는 전혀 다른 중국 족보의 특색이다. 이러한 족보가 한국에 도입되고 난 후, 처음에는 지배계층인 양반들의 전유물이었던 족보에 양반이 아닌 사람들이 등장하게 되었다. 왜냐하면 족보라는 가계 기록의 성격상, 그것을 막을 방도는 원래부터 없었기 때문이다. 모든 사람이 족보를 가지게 되고, 따라서 모든 사람이 양반으로 되었는데, 이러한 움직임은 18세기부터 현재까지 계속되고 있다.

이러한 입장에서 볼 때 조선시대, 특히 그 후기와 19세기 이후의 사회는 연속되어 있다고 하겠다. 그런데도 지금까지 학문의 편제, 대학의 구성은 이러한 연속적인 면을 파악하는 데 결정적인 약점을 안고 있다. 족보연구를 예로 든다면 조선시대의 족보는 주로 가족사나 엘리트 연구의 자료로서 이용되었을 뿐, 국가체제나 사회체제를 보여주는 자료로서는 이용되지 않았다. 하물며 20세기 이후의 족보에 관해서는 연구 자체가 거의 존재하지 않는 것이 현실이다.

족보의 데이터베이스 작업을 생각해 보자. 그것을 위해서는 사학이나 사회학은 물론 정치학, 경제학—족보의 출판 동향은 경기 변동을 민감하게 반영한다고 생각된다—등, 기존의 많은 분과 학문의 학제적 연구가 필요할 뿐만 아니라 아마 현존의 분과 학문에서는 취급할 수 없었던 방법론을 개발해야 할 것이다.

그 외에도 한국 족보의 특징을 이해하기 위해서는 중국이나 베트남의 족보, 류큐(琉球)나 일본의 가보 등의 자료와 비교하는 연구도 불가결하다. 지금까지 비교연구의 주류는 서구와의 비교였다. '정약용은 한국의 루소다!'라는 식으로 말이다. 동아시아의 비교연구, 그것도 서구의 기준이 아니라 독자적인 비교 기준이 요구되지 않으면 안 된다.

이러한 예는 족보연구만이 아니라 다른 많은 주제에 대해서도 마찬가지일 것이다. 성균관대학교의 동아시아학술원은 이러한 연구를 추진하기 위해서 설립되었다. 그것은 단지 기존의 학문을 자명한 전제로 하면서 그것을 학제적으로 융합시키고자 하는 것이 아니라, 동아시아라는 대상에 맞는 새로운 학문 방법론의 수립을 목표로 하고 있는 것이다.

참_고_문_헌_

1. 기초 자료

『안동권씨성화보(安東權氏成化譜)』(1476)
『청주한씨세보(淸州韓氏世譜)』(1617)
『밀양박씨족보(密陽朴氏族譜)』(1620)
『갑오보(甲午譜)』(1654)
『밀양박씨족보(密陽朴氏族譜)』(1662)
『광산김씨선원록(光山金氏璿源錄)』(1665)
『연안이씨족보-갑술보(延安李氏族譜-甲戌譜)』(1694)
『신사보(辛巳譜)』(1701)
『재교첨수 청주한씨족보(再校添修 淸州韓氏族譜)』(1704)
『광산김씨족보(光山金氏族譜)』(1715)
『연안이씨세보(延安李氏世譜)』(1729)
『갑인보(甲寅譜)』(1734)
『밀양박씨족보(密城朴氏族譜)』(1742)
『삼교첨수 청주한씨족보(三校添修 淸州韓氏族譜)』(1748)
『후갑인보(後甲寅譜)』(1794)
『잠영보(簪纓譜)』(1820년경, 국립중앙도서관 소장)
『정미보(丁未譜)』(1907)
『만성대동보(萬姓大同譜)』(1930)
『광산김씨족보(光山金氏族譜)』(1939)
『신축보(辛丑譜)』(1961)
『성씨(姓氏)의 고향(故鄕)』(1989, 중앙일보사 편)
『대구서씨세보(大邱徐氏世譜)』(2003)
『안동권씨대동세보(安東權氏大同世譜)』(2004)

『국조문과성보(國朝文科姓譜)』(연대미상, 국립중앙도서관 소장)

2. 국내 문헌

강덕상 편, 『현대사자료 조선(2)』, みすず書房, 1966.

강덕상, 『여운형 평전 Ⅰ - 조선 3·1 독립운동』, 신간사, 2002.

국가보훈처 편, 『3·1 운동 독립선언서와 격문』, 2002.

김석형, 『조선 봉건사회 농민의 계급구성』, 사회과학출판사, 1957.

김성우, 『조선중기 국가와 사족』, 역사비평사, 2001.

김인걸, 「조선후기 신분사 연구현황」, 근대사연구회 편 『한국중세사회 해체기의 제문제』 (하), 도서출판 한울, 1987년.

김필동, 『차별과 연대』, 문학과지성사, 1999.

김흥규, 「정치적 공동체의 상상과 기억 - 단절적 근대주의를 넘어선 한국/동아시아 민족 담론을 위하여」, 『현대 비평과 이론』 30, 한신문화사, 2008.

미야지마 히로시, 「조선시대의 신분, 신분제 개념에 대하여」, 『대동문화연구』 42, 성균관대학교 대동문화연구원, 2003.

반병률, 「해외에서의 대동단 조직과 활동」, 『한국근현대사연구』 28, 한국근현대사학회, 2004.

송준호·와그너, 『조선문과방목』 CD ROM판, 2002년, 동방미디어.

송준호, 『조선사회사 연구』, 일조각, 1987.

송준호, 「과거제도를 통해서 본 중국과 한국」, 『조선사회사연구』, 일조각, 1987.

신복룡, 『대동단실기』, 도서출판선인, 2003.

원창애, 『조선시대문과급제자연구』, 한국정신문화연구원 한국학대학원 박사논문, 1997.

유승원, 『조선초기 신분제 연구』(을유문화사, 1987).

와그너 저, 이훈상·손숙경 옮김, 「조선시대 출세의 사다리」, 『조선왕조 사회의 성취와 귀속』, 일조각, 2007.

이성무, 『조선초기 양반 연구』, 일조각, 1980.

이승화, 『연안이씨의 사마시와 문과시: 방목을 중심으로 한 조사 연구』, 뿌리문화사, 2001.

장석흥, 「조선민족대동단 연구」, 『한국독립운동사 연구』 3, 독립기념관 한국독립운동사연구소, 1989.

지승종 김준형·허권수·정진상·박재홍 공저, 『근대사회변동과 양반』, 아세아문화사, 2000.
최영호 「조선전기 과거제도와 양인」, 이화여자대학교 사학과연구실 편역, 『조선신분사 연구』, 법문당, 1987.
何炳棣 저, 조영록 역, 『중국과거제도의 사회사적 연구』, 동국대학교 출판부, 1993.
한영우, 『조선시대 신분사 연구』, 집문당, 1997.

3. 외국 문헌

水林 彪, 『封建制の再編と日本的社會の確立』, 山川出版社, 1987.
塚田 孝, 『身分制社會と市民社會』, 柏書房, 1992.
マイケル·L·ブシェ저·指昭傳·指珠惠 역, 『ヨーロッパの貴族—歷史に見るその特權』, 刀水書房, 2002.
宮嶋博史, 「朝鮮時代の科擧 全体像とその特徵」, 『中國·社會と文化』22, 中國社會文化學會, 2007.
渡邊浩 「'礼' '御武威' '雅び'——德川政權の儀礼と儒學」, 笠谷和比古 編 『公家と武家の比較文明史』, 思文閣出版, 2005.

미_주_

1) 이 글은 『역사비평』 60호(2002년)에 발표한 것이다. 당시 편집진한테서 지금까지 필자의 연구이력과 조선시대 연구, 토지조사사업 연구에 대해 써달라는 부탁을 받았다. 필자가 도쿄대학을 퇴직하고 2002년 5월부터 성균관대학교 동아시아학술원에 근무하게 된 것을 계기로 해서 조선후기의 역사상(歷史像) 및 그와 관련된 토지조사사업에 대해 내 나름대로의 이미지를 정리하고자 했다.
2) 이 논문은 『アジアから考える6—長期社會變動』(東京大學出版會, 1994)에 게재되어 있음.
3) 이 글은 진상원(陳商元)의 번역으로 『인문과학연구』 5(동아대 인문과학연구소, 1999)에 게재되었던 글이다.
4) 島田虔次, 『朱子學と陽明學』(岩波新書, 1967), 14쪽.
   시마다 겐지, 김석근·이근우 옮김, 『주자학과 양명학』(까치, 1962), 20~21쪽.
5) 足立啓二, 「中國封建制論의 批判的 檢討」(『歷史評論』 400號, 1983) 참조.
6) John Durand, "Historical Estimates of World Population; An Evaluation", *Population and Development Review*, 3, no. 3, (New York, 1977) 참조.
7) Colin McEvedy and Richard Jones, *Atlas of World Population History*(Penguin Books, 1978). 이 추정치는 듀런드의 것보다 인구수가 대체로 적고 또 중국 고대의 추정치에 큰 차이가 있어서 같은 방법으로 세계 인구에서 차지하는 각 지역의 비율의 변화를 산출하면, 중국은 첫 번째 집단에 속하게 된다.
8) 위의 그래프에서 실선은 권태환, 신용하 「조선왕조시대 인구추정에 관한 일 시론」(『동아문화』 14, 1977)의 추정이고, 점선은 Tony Michell. 김혜정 옮김, 「조선시대의 인구변동과 경제사」(『부산사학』 17, 1989)의 추정이다. 둘 다 30년 간격으로 수치를 제시하고 있다.
9) 이태진, 「고려후기의 인구증가 요인생성과 향약의술 개발」(『한국사론』 19, 서울대학교, 1988) 참조.

10) 高谷好一,「アジア稲作の生態構造」,『稻のアジア史』第1卷, 小學館, 1987) 참조.
11) 이러한 통설적 이해의 확립에 큰 역할을 한 것은 周藤吉之,『宋代經濟史硏究』(東京大學出版會, 1962)에 수록된 논고들이다.
12) 渡部忠世・櫻井由躬雄 編,『中國江南の稻作文化』(日本放送出版會, 1984) 79~89쪽.
13) 足立啓二,「宋代以後の江南稻作」(『稻のアジア史』第2卷, 小學館, 1984)와 大澤正昭,「'蘇湖熟天下足'-(虛像)と(眞實)のあいだ」(『新しい歷史學のために』179, 1985), 大澤正昭,『陳敷農書の硏究 - 12世紀東アジア稻作の到達点』(農産漁村文化協會, 1993) 등을 참조.
14) 嵐嘉一,『日本赤米考』(雄山閣出版, 1974) 참조.
15) 졸고,「朝鮮兩班社會の形成」(アジアから考える 4卷『社會と國家』, 1994).
16) 『태종실록』6년(1404년) 5월 임진.『세종실록』1424년 지리지, 1501년경. 李載龒,「16세기의 양전과 진전수세(陳田收稅)」(『손보기박사 정년기념 한국사논총』, 1988) 304쪽.『반계수록』(1591년-1).『증보문헌비고』권148(1591년-2), 같은 책 권142(1721년).
17) 졸저,『朝鮮土地調査事業史の硏究』(東京大學 東洋文化硏究所, 1991) 76~77쪽.
18) 宮嶋博史・松本武祝・李榮薰・張矢遠,『近代朝鮮水利組合の硏究』(日本評論社, 1992) 제1·2장 참조.
19) 한국의 건답직파법이나 밭못자리 기술 발달의 구체적인 상황에 관해서는 다음의 졸고들을 참조.「朝鮮農業史上における15世紀」(『朝鮮史叢』3, 1980),「李朝後期における朝鮮農法の發展」(『朝鮮史硏究會論文集』18, 1983).
20) 졸고,「朝鮮兩班社會の形成」(アジアから考える 4卷『社會と國家』, 1994).
21) 동아시아의 정치 지배층이 토지소유에서 분리되었다는 특징은 이 지역에서 근대적인 토지의 변혁을 신속하게 수행케 한 기초 조건이 되기도 했다. 이 점에 관해서는 졸고,「東アジアにおける近代的土地變革-舊日本帝國領土內を中心に」(中村哲 編,『東アジア近代經濟の形成』, 靑木書店, 근간 예정) 참조.
22) 柳田國男,「日本農民史」(『定本柳田國男集』第16卷, 筑摩書房, 1931, 1992) 173쪽.
23) 山縣千樹,「華北における現存諸部落(自然村)の發生」(國立北京大學 農村經濟硏究所, 1941) 1쪽.
24) 상게서 30쪽.
25) 『한국민속종합조사보고서-전남편』39쪽.
26) 상게서 52~84쪽에 따라 작성.
27) 『경상북도 지명유래 총람』(경상북도 교육위원회, 1984).

28) 졸고, 「朝鮮兩班社會の形成」(アジアから考える 4卷, 『社會と國家』, 1994).
29) 嶋陸奧彦, 「大邱戶籍にみる朝鮮後期の家族構造の變化 - 父母と同居する子を中心に」(『朝鮮學報』 144, 1992) 참조.
30) 上田 信의 다음과 같은 일련의 연구 참조. 「地域の履歷 - 浙江省奉化縣忠義鄕」(『社會經濟史學』 49-2, 1983). 「地域と宗族 - 浙江省山間部」(『東洋文化研究所紀要』 94, 東京大學, 1984). 「中國の地域社會と宗族 - 14~19世紀の中國東南部の事例」(『世界史への問い』 4: 社會的 結合, 岩波書店, 1989).
31) 조선시대 양안의 장부 양식에 대해서는 졸저 『朝鮮 土地調査事業史の 研究』(東京大學 東洋文化研究所, 1991) 참조.
32) 宮川滿, 『太閤檢地論·第3部·基本史料とその 解釋』(お茶の水書房, 1963).
33) 王鈺欣·周紹泉 主編, 『徽州千年契約文書』 宋·元·明編, 20권(花山文芸出版社, 1991).
34) 宮川滿, 전게서 참조.
35) 결부제의 역사적 변천에 대해서는 졸고, 「朝鮮 農業史上における 15世紀」(『朝鮮史叢』 3, 1981) 참조.
36) 졸저, 『朝鮮 土地調査事業史の 研究』(東京大學 東洋文化研究所, 1991) 참조.
37) 이영훈, 「朝鮮初期 5 結字號의 成立過程」(『古文書研究』 12, 1997) 참조.
38) 졸고, 「東아시아에 있어서 近代的 土地變革」, 中村哲 편 (『동아시아 자본주의의 형성』, 靑木書店, 1994).
39) 지금까지 조선시대의 신분, 신분제에 관해 이론적인 고찰을 시도한 대표적인 저서는 다음과 같다.
    1. 김석형, 『조선 봉건사회 농민의 계급구성』(사회과학출판사, 1957).
    2. 이성무, 『조선 초기 양반 연구』(일조각, 1980).
    3. 유승원, 『조선 초기 신분제 연구』(을유문화사, 1987).
    4. 송준호, 『조선사회사 연구』(일조각, 1987).
    5. 한영우, 『조선시대 신분사 연구』(집문당, 1997). 김필동, 『차별과 연대』(문학과지성사, 1999).
    이 가운데 김필동의 저서에 연구사가 잘 정리되어 있지만 거기에서도 조선시대의 국가와 사회가 왜 신분제를 필요로 했는지에 대해서는 별로 관심을 기울이지 않은 듯하다.
40) 김인걸, 「조선 후기 신분사 연구현황」(근대사연구회 편, 『한국 중세사회 해체기의 제 문제』(下), 도서출판 한울, 1987) 355쪽.

41) 塚田 孝,『身分制社會と市民社會』(柏書房, 1992) 9쪽.
42) 水林 彪,『封建制の再編と日本的社會の確立』(山川出版社, 1987) 272쪽.
43) 상게서, 73쪽.
44) 국가적 신분과 사회적 신분을 구별해서 파악할 것을 처음으로 지적한 연구는 김석형, 전게서를 들 수 있다.
45) 이런 문제에 관한 최신의 성과로서 김성우,『조선중기 국가와 사족』(역사비평사, 2001)를 들 수 있다.
46) ブッシュ(2002).
47) 근대 이후의 양반 문제에 대해서는 지승종 외,『근대사회변동과 양반』(아세아문화사, 2000)가 아주 흥미롭다.
48) 이 글은 2003년도 학술진흥재단의 지원에 의해 연구되었던 논문(KRF-2003-074-AM0010)을 형식상 약간 수정한 것이다.
49) 조선시대 양반의 이러한 특징에 관해서는 졸고『조선시대의 신분, 신분제 개념에 대하여』(『대동문화연구』, 2003) 42쪽 참조.
50) 송준호・와그너,『보주 조선문과방목 CD-ROM』.
51) 문과시험의 개방성을 강조한 연구로서는 최영호,『조선전기 과거제도와 양인』(이화여자대학교 사학과연구실 편역,『조선신분사연구』, 1987)이 대표적인 것이지만 소수 의견이다.
52) 송준호,「과거제도를 통해서 본 중국과 한국」(『조선사회사연구』, 1987) 참조.
53) 원창애,「조선시대 문과급제자 연구」 44, 66쪽.
54) 졸고,「朝鮮時代の科擧全体像とその特徵」(『中國社會と文化』 22, 2007) 참조.
55) 이승화,『연안이씨의 사마시와 문과시-방목을 중심으로 한 조사 연구』(뿌리문화사, 2001) 참조.
56) 안동 권씨의 족보에 관해서는 졸고「'안동권씨성화보'를 통해서 본 한국 족보의 구조적 특성」(『대동문화연구』 62)에서 논한 바가 있다.
57) 송준호・와그너, 전게 자료.
58) 에드워드 와그너, 이훈상・손숙경 옮김,『조선시대 출세의 사다리』(『조선왕조 사회의 성취와 귀속』, 일조각, 2007). 원 논문은 Edward W. Wagner, "The Ladder of Success in Yi Dynasty Korea", *Occasional Papers on Korea 1* (1974).
59) 이 세 문중의 급제자 총수가 〈자료 12〉에서 표시한 숫자와 다르지만 여기의 급제자 수는 송준호・와그너,『보주 조선문과방목 CD-ROM판』에 의거해서 필자가 독자적으로 산출한 숫자이다.

60) 편자 및 간행년 불명의『국조문과성보(國朝文科姓譜)』에 이러한 예가 소개되어 있는데, 거기서는 10개 사례가 나온다. 그러나 마지막에 나오는 창원 황씨의 사례는 잘못된 것이다.
61) 송준호·와그너, 전게 자료 참조.
62) 何炳棣, 조영록 역,『중국 과거제도의 사회사적 연구』(동국대학교 출판부, 1993).
63) 졸고,「朝鮮時代の科學全体像とその特徵」(『中國社會と文化』22, 2007) 참조.
64) 渡邊浩, 2005,「'禮', '御武威', '雅び'―德川政權の儀禮と儒學」(笠谷和比古編,『公家と武家の比較文明史』思文閣出版) 233쪽에서 재인용.
65) 박희진·차명수,「족보에 나타난 인구변동, 1700-1938」,『한국의 장기경제통계 I ― 17~20세기』(2003).
66) 石南國,『韓國の人口增加の分析』(1972, 勁草書房).
67) 권태환·신용하,「조선왕조시대 인구추정에 관한 연구」(『대동문화』14, 1977).
68) 김건태,「조선후기 인구파악 실상과 그 성격」(『대동문화연구』39, 2001).
69) 박희진,「조선후기 가계당 평균구수 추세-족보를 이용한 가족재구성을 중심으로」(『경제사학』33, 2002).
70) 박희진·차명수, 전게논문.
71) 이 글에서는 일관해서 '근세'라고 하는 단어를 쓰고 있지만, 그것은 16세기 이후의 동아시아를 유교적 근대라는 개념으로 파악해야 한다는 필자의 개인적 주장에 의한 것이다. 유교적 근대라는 개념에 관해서는, 졸고「유교적 근대로서의 동아시아 '근세'」(이와나미 강좌『동아시아 근현대 통사 1.동아시아 세계의 근대』, 이와나미 서점, 2010) 참조.
72) 우에다 마코토,「전통 중국―'분지', '종족'에 보는 명청 중국」(講談社, 1995).
73) 중국의 가족결합에 관한 연구사 및 특히 그 취약성에 관한 논의에 관해서는, 아다치 케이지(足立啓二)의『전제 국가 사론-중국사로부터 세계사에로』(柏書房, 1998) 참조.
74) 마크·피터슨(김혜정 역),『유교 사회의 창출-조선 중기 상속제와 입양제의 변화』(일조각, 2000).
75) John Duncan, *The Origins of the Choson Dynasty*(University of Washington Press, 2000). 덩컨에 대한 비판으로서 Miyajima Hiroshi, "On the construction process of the surname/ancestral seat descent groups in Korea as seen through genealigies", *Sungkyun Journal of East Asian Studeis*, vol.10-1, (2010) 참조.

76) 졸고, 「조선의 족보와 '만들어지는 전통' – 안동 권씨의 족보 편찬사」(久留島浩, 趙景達 편, 『국민국가의 비교사』, 有志舍, 2010).
77) 달레(금용권 옮김) 『조선 사정』(헤본사 동양문고, 2006) 207~208쪽.
78) 달레의 저술의 배경, 그 내용의 특징 등에 관해서는 상기의 『조선 사정』 동양문고판에 들어 있는 가지무라 히데키(梶村秀樹)의 해설을 참고.
79) 김필동, 『한국 사회조직사 연구–계 조직의 구조적 특성과 역사적 변동』(일조각, 1992) 321~336쪽.
80) 김삼수, 『한국 사회경제사 연구』(박영사, 1964).
81) 이영훈 「18·19세기 대저리의 신분 구성과 자치 질서」(안병직·이영훈 편, 『맛질의 농민들—한국 근세 촌락 생활사』, 일조각, 2001).
82) 이 일기 자료에 관해서는, 『예천 맛질 박씨가의 일기』 1~6(한국학중앙연구원, 2002~2008)의 제1권에 수록되어 있는 이영훈의 해제가 자세하다. 또한 이 일기의 무대인 맛질에는, 함양 박씨 일족과 함께 안동 권씨 일족이 세거하고 있는데, 그들은 필자의 저서 『양반—그 역사적 실체를 찾아서』(도서출판 강, 1996)에서 자세하게 언급한 권별의 형인 권의의 후손들이다.
83) 졸고, 「사망의 계절적 분포와 그 시기적 변화」. 이 논문에서는 박씨가의 일기와 함께, 전후한 시기의 자료도 이용하면서 사망의 계절적 분포가 어떻게 변화했는지를 밝히려고 했다. 기후가 한랭한 한국에서는 겨울의 추위가 건강을 해치는 최대의 요인이며, 늦겨울로부터 초봄에 걸쳐 사망이 집중하는 현상을 볼 수 있었다. 그러나 19세기 후반 이후, 이러한 사망의 계절적 집중이 완화되었는데 그 배경으로서 생활 조건의 개선이 있었던 것이 아닐까 추측한 것이 본고이다. 또한 일본과 같이 대체로 온난한 지역에서는, 반대로 늦여름부터 초가을에 사망이 집중하고 있었던 것이 알려져 있다.
84) 스즈키 에이타로, 「농촌 사회 연구 법론」(촌락 사회학회 편, 『촌락 사회의 연구법』, 刀江書院, 1938) 5~6쪽.
85) 스즈키 에이타로, 「조선의 촌락」(동아사회연구회 편, 『동아 사회 연구』, 生活社, 1943) 2월과 8월 6쪽.
86) 옹원보, 『청대휘주 지역사회사 연구』(汲古書院, 2003) 124~128쪽.
87) 옹원보의 저서에서는, 이인회의 사례로서 하나의 예만이 소개되고 있다.
88) 柏佑賢, 『경제 질서 개성론』 Ⅰ~Ⅲ(인문 서점, 1947~8).
加藤弘之, 「이행기 중국의 경제제도와 '포'의 윤리 규율—백우현의 재발견」(中兼和津次 편, 『역사적 시야에서 본 현대 중국 경제』, 미네르바 서점, 2010).

首藤明和, 『중국의 인치 사회―또 하나의 문명으로서』(일본경제평론사, 2003).

89) 민족주의 형성에 관한 논의를 잘 정리한 글로서 김홍규, 「정치적 공동체의 상상과 기억-단절적 근대주의를 넘어선 한국/동아시아 민족 담론을 위하여」(『현대 비평과 이론』 30, 한신문화사, 2008) 참조.

90) 한국에서의 유교적 국가체제 형성과정에 관해서는 마르티나 도이힐러 저, 이훈상 역, 『한국사회의 유교적 변환』(아카넷, 2003) 참조. 조선왕조가 문명주의의 입장에 서 있었다는 것을 단적으로 보여주는 현상으로서 문과급제자 중에 많은 귀화인(歸化人)들이 포함되어 있었다는 사실을 들 수 있다. 이 문제에 관해서는 다른 논문에서 논할 예정이다.

91) 국가보훈처 편, 『3·1 운동 독립선언서와 격문』, (2002).

92) 국가보훈처 편, 상게서.

93) 姜德相 編, 『現代史資料 朝鮮(2)』(みすず書房, 1966) 54~55쪽.

94) 姜德相, 『呂運亨 評傳 1 朝鮮 三·一獨立運動』, (新幹社, 2002) 제7장.

95) 강덕상, 상게서, p. 287.

96) 강덕상, 상게서 p. 331.

97) 강덕상, 상게서 p. 331~332.

98) 신복룡, 『대동단실기』(도서출판선인, 2003).
장석흥, 「조선민족대동단 연구」(『한국독립운동사 연구』 3, 한국독립운동사연구소, 1989).
반병률, 「해외에서의 대동단 조직과 활동」(『한국근현대사연구』 28, 한국근현대사학회, 2004).

99) 원문은 일본어로 되어 있는데 이 인용부는 신복룡의 번역이다. 신복룡, 상계서 81~82쪽.

100) 신복룡, 상계서 84쪽.

101) 주자학이 결코 도쿠가와 정권의 지배사상이 아니었다는 문제에 관해서는 ヘルマン オームス, 黑住眞・清水正之・豊澤一・賴住光子 譯, 『德川イデオロギー』(ぺりかん社, 1990) 참조.

102) 阪本英樹, 『月を曳く船方―清末中國知識人の 米歐回覽』(成文堂, 2002) 113~114쪽.

103) 이 글은 김도형의 번역으로 원 논문에 관해서는 주 71) 참조.

104) 內藤虎次郎, 『支那論』(文會堂書店, 1914).
宮崎市定, 『東洋的近世』(敎育タイムス社, 1950).

John K. Fairbank, *East Asia : the great tradetion*(Houghton Miffin, 1960).
105) 岸本美緒,「東アジア東南アジア傳統社會の形成」,『岩波講座世界歷史 13』, 岩波書店, 1998).
106) H. R. Jauss, 轡田收譯,『挑發としての文學史』(岩波書店, 1999).
107) 與那覇潤,「中國化論序說日本近代史への一解釋」(『愛知縣立大學文學部論集』57, 2008).
108) 垣內景子,『'心'と'理'をめぐる朱熹思想構造の研究』(汲古書院, 2005) 155쪽. 木下鐵矢,『朱熹再讀:朱子學理解への一序說』(硏文出版, 1999) 9쪽.
109) 木下鐵矢,『朱子學の位置』(知泉書館, 2007) 543~544쪽.
110) 상게서, 546~549쪽.
111) 木下鐵矢,『朱熹再讀:朱子學理解への一序說』(硏文出版, 1999) 394~350쪽.
112) 상게서, 351~352쪽)
113) 張翔・園田英弘,「'封建'・'郡縣' 再考: 東アジア社會体制論の深層」(思文閣出版, 2006).
114) 기노시타는 공자의 부계 중시 입장과, 왜 그래야만 했는지의 문제에 관해서 무룬쑨(牟潤孫)의 연구를 인용하면서 논하고 있다. (이 점에 대해서는 木下鐵矢,『朱子學の位置』, 知泉書館, 2007의 285~288항 참조). 공자나 주희에게서 부계 중시의 문제, 나아가서는 유교, 동아시아에서 젠더 문제를 생각하는 데 있어 매우 중요한 지적이라고 생각한다.
115) 岸本美緒・宮嶋博史,『世界の歷史 12 明淸と李朝の時代』(中公文庫, 2008) 469~472쪽.
116) 費孝通(鶴間和幸ほか譯),『鄕土中國』(學習院大學東洋文化硏究所調査硏究報告 49, 2001) 23쪽.
117) 海部岳裕,「梁漱明の理」(『東洋文化』90, 東京大學東洋文化硏究所, 2010) 200쪽.
118) 寺田浩明,「傳統中國法の全体像:「非ルール的な法」というコンセプト」(『比較と歷史のなかの日本法學比較法學:への日本からの發信』, 早稻田大學比較法硏究所, 2008).
119) 상게논문, 584~585쪽.
120) 무라카미 준이치(村上淳一)는 포스트모던의 법질서에 대해서 다음과 같이 이야기 한다. "이제 사회질서는, 일시적으로, 다양화하는 가치와 생활 스타일의 혼돈 속에서 나오는 추출물로서밖에 성립할 수 없다. 평형상태는 달성된다고 해도 즉시 붕괴하고, 새로운 추출물을 기다릴 수밖에 없다. 안정된 생활세계의 윤리성으로 돌

아가는 것은 구미 국가들에서는—특히 다양한 소수민족이나 인종적인 요소를 품고 있으므로—이미 불가능해졌다"(이 점에 대해서는 村上淳一, 『"法"の歷史』, 東京大學出版會, 1997의 180쪽 참조.) 이 말과, 데라타가 묘사하고 있는 전통 중국에서의 법의 존재양식은 대단히 비슷한 데가 있다.

121) 黑田明伸, 『貨幣システムの世界史 : '非對稱性'をよむ』(岩波書店, 2003).
122) 岸本美緖, 「土地を賣ること・人を賣ること : '所有'をめぐる比較の試み」, 三浦徹 ほか(『比較史のアジア 所有・契約・公正』, 東京大學出版會, 2004).
123) 상게서, 29~30항.
124) 西英昭, 『"臺灣私法"の成立過程 : テキストの層位學的研究を中心に』(九州大學出版會, 2009).
125) 江夏由樹, 「關東都督府, 及び關東廳の土地調査事業について : 傳統的土地慣習法を廢棄する試みとその失敗」(『一橋論叢』 97-3, 1987).
江夏由樹, 「滿州國の地籍整理事業について : 「滿地」と「皇室」の問題からみる」, (『一橋大學研究年報經濟學研究』 37, 1996).
126) 杉山正明, 『モンゴル帝國と長いその後』(講談社, 2008).
127) 그 일례로서 기노시타는 왕양명의 경우를 들고 있다. 즉 왕양명은 『대학』의 '격물치지(格物致知)'에 대해서 이 '물(物)'은 '사(事)'의 의미라고 하는 주희의 이해를 무시한 채로 주희를 비판했지만, 이러한 오해 때문에 도리어 주희 사상의 계승자로서의 의미를 가질 수 있었던 것이라고 보고 있다.(이 점에 대해서는 木下鐵矢, 『朱熹哲學の視軸 : 續朱熹再讀』, 硏文出版, 2009의 제7장 참조.)
128) 일본의 주자학에 대한 이해에 큰 영향을 끼쳤다고 생각되는 마루야마와 시바 료타로(司馬遼太郞)에 대해서, 기노시타는 이 두 사람이 주희의 「사창기(社倉記)」를 한 번도 읽지 않았을지도 모른다며 의문을 제기하고 있다.(『木下鐵矢, 『朱子 : <はたらき>と<つとめ>の哲學』, 岩波書店, 2009의 2~3쪽 참조.)
129) 졸고, 「조선시대의 신분, 신분제개념에 대해서」, (『대동문화연구』 42, 성균관대학교 대동문화연구원, 2003).
졸고, 「토지대장의 비교사 : 양안・검지장・어린도책」(『동아시아 근세사회의 비교 : 신분・촌락・토지소유관계』, 혜안, 2006).
졸고, 「朝鮮時代の科擧 : 全体像とその特徵」(『中國 : 社會と文化』 22, 中國社會文化學會, 2007).
졸고, 「조선후기지배계층의 재생산구조 : 비교연구를 위한 초보적 탐구」, (『한국사학보』, 32, 고려사학회, 2008).

130) 宮崎市定 (1987)
131) 이 글은 『역사비평』 편집부의 의뢰를 받아 67호(2004년)에 게재된 것이다.
132) 졸고, 「동아시아의 근대화, 식민지화를 어떻게 이해할 것인가?」(『국사의 신화를 넘어서』(휴머니스트, 2004) 참조.
133) 이철성, 『조선 후기 대청(對淸)무역사 연구』(국학자료원, 2000) 참조.
134) 이러한 문제에 대해서는 졸고「동아시아의 근대화, 식민지화를 어떻게 이해할 것인가?」, (임지현·이성시 엮음, 『국사의 신화를 넘어서』, 휴머니스트, 2004) 참조.
135) Walt W. Rostow, *The Stages of economic groth: a non-Communist manifesto*(Cambridge University Press, 1960) 참조.
136) 일본 '봉건제'론과 한국의 '봉건제'론에 대해서는 졸고「일본 '국사'의 성립과 한국사에 대한 인식; 봉건제에 대한 논의를 중심으로」(김용덕 외『근대 교류사와 상호인식I』(아연출판부, 2002) 및 졸고「日本史·朝鮮史硏究における'封建制'論: 1910年~1945年」(근간 예정) 참조.
137) 한국역사연구회 편, 『한국 역사』(역사비평사, 1992) 68~69쪽.
138) 마르크 블로크, 高橋淸德 역, 『比較史の方法』(創文社, 1978) 6~10쪽.
139) 미야지마, 주 136) 논문 참조.
140) 봉건제보다 중국과 같은 관료제적인 국가체제의 형성이 훨씬 어렵다는 문제에 대해서는 영국의 저명한 경제학자인 힉스(John R. Hicks)의 『경제사 이론: 시장으로 본 경제사』(새날, 1998) 참조.
141) 조선시대의 신분제에 대한 새로운 이해를 시도한 논문으로 졸고「조선시대의 신분, 신분제 개념에 대하여」(『대동문화연구』 42, 2003) 참조.
142) Immanuel M. Wallerstein, *Unthinking social science: the limits of nineteenth-century paradigms* (Polity Press, 1991). 일본어 번역본은, 本多健吉·高橋章監譯, 『脫=社會科學: 19世紀パラダイムの限界』(藤原書店, 1993) 참조.
143) 도쿄대학의 설립 과정과 초기의 역사에 관해서는 寺崎昌男, 『增補版 日本における大學自治制度の成立』(評論社, 2000) 참조.
144) 고전강습소의 역사에 관해서는 藤田大誠, 『近代國學の硏究』(弘文堂, 2007) 참조.
145) 高等生徒ヲ訓導スルハ, 宜シク之ヲ科學ニ進ムヘクシテ, 之ヲ政談ニ誘ヘカラス, 政談ノ徒過多ナルハ, 國民ノ幸福ニ非ス, 今ノ勢ニ因ルトキハ, 士人年少稍ヤオ氣アル者ハ, 相競フテ政談ノ徒トナラントス, 蓋シ現今ノ書生ハ, 大抵漢學生徒ノ種子ニ出ツ, 漢學生徒往, 口ヲ開ケハ輒チ政理ヲ說キ, 譬ヲ攘ケテ天下ノ事ヲ論ス,

故ニ其轉シテ洋書ヲ讀ムニ及テ, 亦靜心研磨, 節ヲ屈シテ百科ニ從事スルコト能ハス, 却テ歐州政學ノ余流ニ投シ, 轉タ空論ヲ喜ヒ, 滔, 風ヲ爲シ, 政談ノ徒都鄙ニ充ルニ至ル, 今其弊ヲ矯正スルニハ, 宜シク工芸技術百科ノ學ヲ廣メ, 子弟タル者ヲシテ高等ノ學ニ就カント欲スル者ハ, 專ラ實用ヲ期シ, 精緻密察歲月ヲ積久シ, 志嚮ヲ專一ニシ, 而シテ浮薄激, ノ習ヲ暗消セシムヘシ, 氣シ科學ハ, 實ニ政談ト消長ヲ相爲ス者ナリ, 若シ夫レ法科政學ハ, 其試驗ノ法ヲ嚴ニシ, 生員ヲ限リ, 獨リ優等ノ生徒ノミ其入學ヲ許スヘシ, (伊藤博文, 「敎育議」, 敎學局 편『敎育ニ關スル勅語渙發五十周年記念資料展覽圖』, 1941) 90~91쪽.

146) 寺崎 전게서, 38쪽 참조.
147) 井波陵一, 『知の座標: 中國目錄學』(白帝社, 2003) 참조.
148) 여러 가지 도서 분류의 역사에 관해서는 정필모, 『圖書分類法槪論』(한국학술정보, 2005) 참조.
149) 근대 일본에 있어서의 종교 개념 성립과정에 관해서는 磯前順一, 『近代日本の宗敎言說とその系譜』(岩波書店, 2003) 참조.
150) 중국 과거의 개방성에 관해서는 何炳棣의 『중국과거제도의 사회사적 연구』(동국대학교 출판부, 1993) 참조.
151) 많은 전근대사회에 있어서 신분제가 필요했던 문제에 관해서는 졸고 「조선시대의 신분, 신분제 개념에 대하여」(『대동문화연구』) 참조.
152) 에릭 홉스봄 지음, 박지향 외 옮김 『만들어진 전통』(휴머니스트, 2004).
153) 조선시대의 유교적 국가체제의 성립과정에 관해서는 마르티나 도이힐러 지음, 이훈상 옮김 『한국사회의 유교적 변환』(아카넷, 2003) 참조.
154) 조선시대 지배계층의 재생산 메커니즘에 관해서는 본서 제5장 참조.
155) 일본사회의 '근세화' 문제와 그에 관한 일본 사학계의 연구 경향에 대한 비판으로서 졸고 「평화의 시각에서 다시 보는 일본의 '근세화'」(『창작과 비평』 136, 2007) 참조.

찾_아_보_기_

ㄱ

가방지배(街坊之輩) | 219, 220
가족 | 49, 68, 78, 79, 80, 133, 187, 199, 200, 214~223, 226~231, 240, 242, 294, 332, 353, 354, 359
건전직파법(乾田直播法) | 39
검지장(檢地帳) | 33, 101, 107, 108, 112, 116, 117, 123
결부제(結負制) | 25, 108, 121, 122
결수(結數) | 61, 62, 63
계(契) | 149, 232~241, 347
고나카무라 기요노리(小中村淸矩) | 393
고케닌(御家人) | 123
고쿠다카제(石高制) | 108, 113, 118, 122
공계(貢契) | 234
과거시험 | 185, 314, 404, 405, 407
과거제 | 134, 156, 161, 164, 178, 307, 376, 386, 404, 406
과전법 | 37, 120, 122
관수관급법(官收官給法) | 37
광산 김씨 | 170~172
교구등록부(Parish Register) | 86, 193, 194, 197, 199, 201
교토대학 | 16, 17, 21
구로타 아키노부(黑田明伸) | 338, 356
구메 구니타케(久米邦武) | 271, 272, 274, 275, 278, 279, 280, 282, 284, 286~289, 291, 294~296, 298~300, 302, 304, 305, 309, 313~315, 317
군역(軍役) | 40, 107, 108, 113, 118
권태환 | 54, 55, 195
글로벌리제이션 | 326, 343
기노시타 데츠야(木下鐵矢) | 328, 331, 332, 333, 334, 342, 345, 347
기시모토 미오(岸本美緒) | 319, 321, 320, 339
김건태(金建泰) | 85, 139, 195, 205, 207
김용섭(金容燮) | 19, 20, 22, 24
김필동 | 233~236
김해 김씨 | 172

ㄴ

나우케닌(名請人) | 33, 106, 108, 117, 118
나이토 코난(內藤湖南) | 319
나카무라 사토시(中村哲) | 19
남녀 균분 상속 | 78, 227
남양 홍씨 | 165, 171, 175
내재적 발전론 | 26, 41, 43
네스트박스 구조 | 214
네트워크 구조 | 214
노비제 | 344
『농사직설(農事直說)』 | 38

ㄷ

다이가쿠도우코우(大學東校) | 393
다이묘(大名) | 41, 42, 69, 123, 124, 187
다이코 검지(太閤檢地) | 67
다카야 요시카츠(高谷好一) | 57, 58
대구 서씨 | 175~177
대동문화연구원 | 84
도서분류법 | 396, 397, 398
도쿄대학 | 16, 18, 26, 28, 29, 83, 90, 109, 113, 392, 393, 394, 399
「독립선언서」| 249, 250, 254, 255, 264
동계(洞契) | 233~235
『동국벌열보(東國閥閱譜)』| 189
동도서기(東道西器) | 313, 317
동래 정씨 | 175, 176
동사적 관계 | 215, 216, 218, 221, 223, 224, 228, 236, 238, 239
동성촌락(同姓村落) | 76
동시(童試) | 157
동아시아 근세론 | 319, 321, 322
『동아시아사에 있어서의 가족과 인구(Family and population in East Asian History)』| 200
동아시아학 | 371, 372
동아시아학술원 | 83~85, 90, 205, 392, 413

ㄹ

량쑤밍(梁漱溟) | 335, 336, 339

루이 앙리(Louis Henry) | 85, 193
루이추이롱(劉翠溶) | 201
류큐(琉球) | 312, 348, 352, 365, 366, 388, 389, 412

ㅁ

마루야마 마사오(丸山眞男) | 346
마르크 블로크 | 383
『만성대동보(萬姓大同譜)』| 189
맛질 | 236~238
맬서스(Thomas Robert Malthus) | 198, 201, 202
명사적 관계 | 216, 217, 221, 224, 225, 230, 231, 236, 238, 239, 242
무과 | 136, 141, 156, 157
무과급제자 | 157
무반(武班) | 154
무사(武士) | 33, 41, 42, 66, 69, 70, 108, 123, 132, 139, 142, 153, 154, 160, 187, 265, 271, 290, 376, 409
무인정권 | 55, 56
문과 | 156~158, 160, 161, 163~165, 176, 178, 179, 183, 186
문과급제자 | 157, 161~168, 170~174, 176~187, 189
문명주의 | 248, 249, 253~255, 257, 262, 263, 265, 266
문반(文班) | 154, 376
문중(門中) | 76, 163, 174, 176~185,

227
문화 유씨 | 170, 171, 176
『미구회람실기』| 271, 275
미야자키 이치사다(宮崎市定) | 319, 321, 322, 347
민족자결주의 | 265
민족주의 | 247, 248, 249, 265, 266
밀양 박씨 | 166, 167, 169

ㅂ

박희진(朴熙振) | 195, 196, 201, 203, 207
반남 박씨 | 172, 173, 175~177
백영서 | 94
베트남 | 38, 345, 346~348, 360, 388
별감(別監) | 242
봉건제(feudalism) | 32, 43, 47, 306, 333, 339, 374, 377, 379, 381, 380, 383, 384, 387, 400, 401
부락문제연구회 | 16
부역황책(賦役黃冊) | 35
불량계(佛糧契) | 234

ㅅ

사교계(社交契) | 234
사대부 | 35, 39~42, 46~48, 50, 66, 68, 70, 108, 146, 154, 184, 376, 387, 406

사마시(司馬試) | 157, 158
사부분류(四部分類) | 396, 397
사전(私田) | 37, 120~122
사창(社倉) | 328~331, 334
『삼술기』 | 273, 279, 307
상계(喪契) | 233, 234
「상주경자전안(尙州庚子田案)」 | 102
생원시(生員試)
샤를르 달레(Charles Dallet) | 233
섭진국천천수장(攝津國天川水帳) | 116, 117
「섭진국천천촌검지장사(攝津國天川村檢地帳寫)」 | 106
성관집단(姓貫集團) | 89, 161, 163~167, 169~177, 179
성균관대학 | 30, 83, 84, 391, 395, 413
『세계 인구의 4분의 1(One Quarter of Humanity)』 | 202
소농사회 | 36, 49, 50, 51, 66, 68, 69, 71, 72, 77, 79, 78, 80, 81, 92, 327
소농사회론 | 42, 43, 91, 327
속읍(屬邑) | 126
송계(松契) | 233, 234
송준호 | 161, 163, 181
송학(宋學) | 46~48, 264, 386, 387, 405, 406, 408
『쇄미록(鎖尾錄)』 | 67
쇼군(將軍) | 69, 123
쇼헤이코우(昌平黌) | 392~394
수도작(水稻作) | 37~39, 41, 57, 59, 60,

431

64, 65
수조권(收租權) | 24~26, 37, 105, 108, 113, 119, 120
순흥 안씨 | 176, 179
슈몬 아라타메 초(宗門改帳) | 194, 199
시마 무츠히코(嶋陸奧彦) | 79
시카타 히로시(四方博) | 34, 35, 138, 193
식년문과(式年文科) | 158
식리계(殖利契) | 234
신분제 | 7, 32, 34, 35, 70, 86, 127~145, 148, 150, 187, 189, 218, 339, 347, 381, 386, 387, 389, 404, 405, 407, 411
신용하 | 54, 55, 195
『심청』 | 355, 360, 361
십진분류법 | 397

ㅇ

아편 | 342, 343, 352, 357
안동 권씨 | 167~172
안동 김씨 | 165, 172, 175
『안동권씨성화보(安東權氏成化譜)』 | 167
알성시(謁聖試) | 158
야나기타 구니오(柳田國男) | 73
양계초(梁啓超) | 397
양무운동 | 277, 316, 343
양반 | 33~37, 39~42, 50, 60, 61, 66, 67, 69, 70, 78, 88, 96, 105, 106, 108, 122, 141~144, 149, 153~156,

158, 160, 161, 165, 181, 182, 184~187, 189, 190, 229, 236, 238, 242, 347, 353, 407, 408, 412
양안(量案) | 19, 22~26, 33~35, 101~112, 114, 256
양전(量田) | 33, 63, 103, 105, 109, 120, 121, 124
양천제(良賤制) | 134
어린도책(魚鱗圖冊) | 25, 35, 101, 103, 105, 106, 108~114, 123
업(業)론 | 339
여운형 | 254~257, 261
여흥 민씨 | 170, 172, 175
역사인구학 | 84~88, 193, 194, 196~208
연망(social network) | 239
연안 이씨 | 165, 166, 172, 175
오쿠보 도시미치(大久保利通) | 270
우에다 마코토(上田信) | 80, 215, 217~223, 228, 230, 236
울라마(Ulama) | 47
월러스타인(Wallerstein) | 391
위전(圍田) | 57~59
유교 | 28, 45~48, 92~96, 226, 234, 253, 262, 264, 291~294, 308, 309, 312, 314, 316, 322~327, 333, 334, 343, 354~348, 372, 377, 381, 394~396, 401, 404~206
유교적 근대 | 7, 94, 95, 322~326, 334, 343, 345, 347, 348

유럽 중심주의 | 381, 387

의령 남씨 | 175

이기론(理氣論) | 373, 401

이성계 | 120

이에(家) | 78, 80, 132, 146, 217

이영훈(李榮薰) | 22, 119, 121, 236~240

이와쿠라 사절단 | 272~276, 300

이인계(二人契) | 238, 239

이적동세(異積同稅) | 119, 121

이타가키 류타(板垣龍太) | 95, 96

이태진 | 55, 56

이토 히로부미(伊藤博文) | 270, 393, 394

『인구론(An Essay on the Principle of Population)』 | 197

인구사 | 54, 193~197, 200, 203

일진회 | 259, 261, 262

ㅈ

자민다르(Zamindar) | 68

『잠영보(簪纓譜)』 | 189

잡과 | 156

장덕이(張德彝) | 272~275, 277, 279, 280, 284, 286, 291, 294, 297, 296, 298, 300, 302, 305, 307, 309, 310, 312~316

『재술기』 | 273, 275, 277, 279

전계(廛契) | 234

전의 이씨 | 176

전주 이씨 | 164, 167, 168

전협(全協) | 258, 261

절무제(折畝制) | 115, 118, 119, 122, 123

절수(折受) | 37, 112

절수제(折受制) | 122

정단보제(町段步制) | 25

정약용 | 93, 413

제국의회(帝國議會) | 42

『제민요술(齊民要術)』 | 20, 67

조선민족대동단 | 249, 257~259, 261, 262

『조선토지조사사업사의 연구』 | 29

조준(趙浚) | 121, 122

족계(族契) | 233~235

족보 | 201, 204, 206, 207, 226, 229, 230, 388, 389, 406, 408, 411, 412, 413

존 듀런드(John Durand) | 52, 54

종법주의(宗法主義) | 406

종족(宗族) | 133, 219, 220, 223, 224, 229, 230, 248, 333, 389, 406, 408

좌수(座首) | 242

주자학 | 35, 39, 40, 42, 45~50, 69~71, 96, 136, 142, 176, 226, 248, 264, 327, 328, 331, 334, 345, 346, 373, 387, 401, 404, 408

주희(朱熹) | 322, 327~334, 336, 337, 345, 346, 387

중간단체 | 139, 146, 147, 149, 327, 343

중국적 근대 | 323

중체서용(中體西用) | 313, 315, 316

『중화제국의 구조와 세계 경제』| 356

증광시(增廣試) | 158

지역연구(area studies) | 371, 372, 392, 399

지조개정(地租改正) | 42, 64

직역(職役) | 34, 35, 105, 106, 127, 138~141

직전법(職田法) | 37, 122

진부(陳敷)의 『농서』| 58

진사시(進士試) | 157

진주 유씨 | 170, 171

진지(陳地) | 61, 63

질록처분(秩祿處分) | 42

ㅊ

차명수(車明洙) | 194, 195, 196, 201, 203, 206, 207

채널 구조 | 214, 225

청송 심씨 | 174~176, 179

청주 한씨 | 170, 171

촌락 | 60, 61, 68, 73~78, 80, 109

최익환(崔益煥) | 258, 259, 261

친족 | 78~80, 185, 214~216, 218, 220~223, 226~231, 236, 240, 242, 354, 389

『칠략(七略)』| 396

ㅌ

탈아(脫亞) | 43, 91, 265, 384, 409

토니 미첼(Tony Michell) | 54, 55

토지조사사업 | 20, 24~27, 30, 31, 33, 36, 64, 93, 96, 221

ㅍ

파평 윤씨 | 170~172, 228

페이샤오통(費孝通) | 335, 336, 338

폐번치현(廢藩置縣) | 306

포삼제(包蔘制) | 363

풍산 홍씨 | 175~177

풍양 조씨 | 176

피에르 구버(Pierre Goubert) | 193

ㅎ

하타모토(旗本) | 69, 123, 187

학계(學契) | 234

학원분쟁 | 16, 18

한글 | 253

한산 이씨 | 175

항해술기(航海述奇) | 270, 272~275, 277, 279, 306

해럴(Stevan Harell) | 201

향신(鄕紳) | 225, 242

향안(鄕案) | 242

헤이널(John Hajnal) | 198

형용사적 관계 | 221, 223~226, 230,

231, 236, 238

호적대장(戶籍臺帳) | 34, 35, 84~87, 89, 127, 134, 135, 138~140, 142, 144, 193, 195, 196, 204, 205, 207

호핑티(何炳棣) | 185

화(和) | 314

화폐 | 118, 338, 339, 352, 355, 365, 409

화혼양재(和魂洋才) | 313, 315

황석영 | 351, 367

황학(皇學) | 393

후쿠자와 유키치(福澤諭吉) | 265

『휘주천년계약문서(徽州千年契約文書)』 | 109, 112